【经典解读系列】

论语志玥

第一册

宋纪贤 著

整理：宋晓宇 钟铮 詹未明 陈德语

南京出版传媒集团
南京出版社

图书在版编目(CIP)数据

论语志钥 / 宋纪贤著. -- 南京 : 南京出版社,
2024. 12. --(经典解读系列). -- ISBN 978-7-5533
-5091-2

Ⅰ. B222.25

中国国家版本馆 CIP 数据核字第 20244TX150 号

从 书 名　经典解读系列
书　　名　论语志钥
作　　者　宋纪贤
出版发行　南京出版传媒集团
　　　　　南 京 出 版 社
　　　　　社址:南京市太平门街 53 号　　邮编:210016
　　　　　网址:http://www.njcbs.cn　电子信箱:njcbs1988@163.com
　　　　　联系电话:025-83283893、83283864(营销)　　025-83112257(编务)

出 版 人　项晓宁
出 品 人　卢海鸣
责任编辑　周　伟
装帧设计　石　慧
责任印制　杨福彬

排　　版　南京布克文化发展有限公司
印　　刷　南京京新印刷有限公司
开　　本　787 毫米×1092 毫米　1/16
印　　张　32
字　　数　456 千字
版　　次　2024 年 12 月第 1 版
印　　次　2024 年 12 月第 1 次印刷
书　　号　ISBN 978-7-5533-5091-2
定　　价　78.00 元(全二册)

用微信或京东
APP扫码购书

用淘宝APP
扫码购书

序　言

宋老师《论语志钥》将付梓，征序于予。予乐而读之，本书是宋老师自2021年10月起《论语》读书会的讲稿，由众弟子整理编辑而成。宋老师从小醉心于儒家经典，多年来致力于儒学研究，将儒家修齐治平之学向社会推广与践行。他开办华圣国学，向社会宣传传统儒学礼仪，既有为青少年免费开办的亲子教育，教人修身养性，又有旨在面向企业家和社会精英，传承华夏道统，培福修德的企业家家族学修体系，以期培养出福德智慧具足的志士仁人与能穷理尽性的贤人君子。吸引了很多有志于学习儒门学问，深做功夫，利益社会的学生弟子。

他开办的《论语导读》《论语初讲》《周易义理》等课程，从读经书开始，逐句串讲大义，结合人生和社会经验，让人深入理解其含义，并且逐步概括综合，上升到理论，形成《知识改命，培福修德》《企业家识人之道》等系列课程，深受社会好评。

宋老师《论语》读书会每周日举办一次，距今为止已经进行了100期。他讲解《论语》很有自己的特色。首先，贯通大义。历史上的论《论语》注本，多是按照章节、逐字逐句的注疏，本书没有严格按照《论语》的篇章逐字逐句地讲解，而是着重讲经书大义，沿着《论语》内在的逻辑线索漫谈，把看似无关联的语句，巧妙地串联在同一个核心主旨下，给读者带来全新的启发。本书对于《论语》中的每一句话，都不是孤立看待的，而是用全息、系统的观点，从各个不同角度阐发论证，这样就没有支离《论语》，从而展现出别开生面的生命气息。其次，道术结合。自古以来，儒家义理之学显明而术数不彰。大部分人都将《论语》视为纯粹的道德箴言，只读出了文字的表层信息，而未能从术数的角度把握《论语》的核心精神。宋老师潜心研究《周易》几十年，以其深厚的易学功底和融会贯通的象数思维，带领读者走入《论语》深层的思想世界，从道和术两个方面深入解读中华文化的密码。本书中有大量图例，如模型图、结构图等，都是宋老师运用阴阳、五行、天干地支等术数模型解读《论语》的精彩实践。再次，以经证经。宋老师从不拘泥于各家各派的门户之见，他善于从表面的差异中找出中华文化的共通性，从中华民族道统的高度看待各家经典，直指大道本源。《论语》虽属儒家经典，但是在学习《论语》的过程中却离不开儒家其他经典的旁证甚至佛家、道家的镜鉴。本书采取“以经证经”的方式，帮助读者从各个学派、各个角度全面的理解《论语》本身。

《论语》是孔子一生教育言行与处世思想的总结，也是圣贤为后人留下的在世间修行的大法，更是治国平天下的心法，告诉我们要在心性、世间的纵横之间把握一个中道。要想真正读懂《论语》，读懂中华传统文化，必须效法孔老夫子“述而不作，信而好古”的精神，对经典、圣贤、天地君亲师升起无比的信心，一念忠信，心法可传。

宋老师常说他继承的是儒家的道统。他不是单纯地研究儒家的学问，而是在推广践行儒家的内圣外王之道、修齐治平之学。其为人也颇具古人之风，他待人仁厚，举止安详，文质彬彬，言信行果，颇像宋明时代的理学家。他从十多年前就开始参与孔强卫先生发起的夫子庙祭孔典礼，积极参与南京儒家礼仪研究会的儒学推广活动，每日静坐焚香读经书，推广开办免费国学班，培养爱好传统儒学的青少年，就是与朋友宴谈吃饭，也本于忠恕之道，一以贯之。

《论语》一书，很多人都读过一些，但除了记几句名言，又像完全没读过一样。朱子在《论语序说》中引程子曰：“今人不会读书。如读《论语》，未读时是此等人，读了后又只是此等人，便是不曾读。”经典不只是知识，经典是圣贤修身功夫学问的真实记录，不能仅把《论语》当作课外书阅读。孔门弟子将孔子走过的路、说过的话记载在《论语》中，可见圣人之言不是悟出来的，而是行出来、证出来的。因此我们同样可以沿着圣贤的足迹，按照圣贤对人对己的要求，将这一条修行之路再走一遍。如此读《论语》，便可超凡入圣，内圣外王，实现人生价值。

宋老师此书，就是帮助读者认识《论语》、践行《论语》、修身养性的一把钥匙，也是践行孔子儒学的一条捷径。

愿读者由读《论语》而登堂入室，读圣贤书，做圣贤人。

（孔庆茂，2024 年 7 月 27 日）

自 序

《论语志钥》之成书，是偶然，也是必然。

本书缘起于华圣国学团队每周一堂的《论语》课，自 2021 年至今已经 100 堂课了。2023 年底，学生朱云杰、郭容暄开始推动我出版，协调各方面资源，才有了出书的想法。这本书囊括了前 40 讲的内容，最初是由我的团队录音，后经钟铮、陈德语、胡若仪等同学整理成文字；王耀楠、杨霁洪等同学作图，最后由宋晓宇整合、编辑。因此，本书的语言风格较为平实，这是由讲稿性质所决定的，同时我们也希望它能够保留一些原始的生命气息在。在讲课时，不仅会按照《论语》本身的意蕴直言而去，也会根据现场人员有一些当下、应机的发挥。此之曰偶然。

几十年来，我个人一直致力于文化研究，近年来又形成了团队做文化推广的事业。可以说，《论语》课的讲述、乃至于本书中的内容，是我心中一直存在的，现在只是在众缘和合下呈现出来而已。此之曰必然。

当然，真正要把古人的智慧付诸语言、文字，并不容易。在表达过程中，也难免会产生某些误差、遗漏。若有讲解不到位的地方，毋庸置疑是老师的责任，还请各方大德仁者不吝赐教。多年来，我常说中国文化是由信契入的，我也要求同学们听课不要只动脑，而要先用心听，课后再仔细思考。本书也具有同样的特色，所以希望有机缘、有兴趣翻开这本书的读者，也要有开放的心态。

《论语》之伟大，在于其“述而不作”。首先是夫子本人的“述而不作”，他将上古圣贤的道统、心法和典籍进行了集大成的汇总，为华夏民族保留了源头活水；其次是历代孔门后学的“述而不作”，其中凝结了夫子及其弟子、时人的生活场景和思想精华，故《论语》之编排必有其深意。同学们认为我解读的《论语》有独到之处，很有特色，然而每当听到这样的话我内心便十分惶恐，就会提示：这不仅仅是我个人的解读，而是经典中本来就蕴含的，我最多可以算一名翻译官、搬运工，也算“与时偕行”吧！只不过是将孔子他老人家的大道，用今天人们能听懂的语言、结合当前的实际需要“翻译”出来而已，这也是我的“述”而不作吧！

总书记说“文化是一个国家、一个民族的灵魂”。中华民族要生生不息，走向复兴必然要有文化自信。《论语志钥》之成书，离不开传统文化复兴浪潮的推动。身为华夏子孙，必须主动继承、积极吸收历代圣贤文化。本来的《论语》讲述，只是针对团队内部的，其出版则可以扩大传播范围，影响更多的国人，让更多的人对传统文化升起信心，乃至信仰。

此书是我个人见解的集结，希望它能够为读者提供一些新的视角。由于这只是我一家之言，我非常欢迎任何形式的批评和建议。

在这里，感恩天地君亲师护佑，感恩一切道统传承，感恩历代圣贤“述而不作”，特别感恩文化复兴的时代，感恩党和国家！在多年来的文化研究过程中，要特别感谢南京儒家礼仪研究会前会长孔强卫先生（已故）、现会长南京艺术学院教授孔庆茂先生、秘书长孔开屏女士；感谢南京善护念服饰文化有限公司邬新华先生、松辉国际徐劲松先生、南京柯林恩倪电子科技有限公司李蓉女士；感谢成书过程中所有付出心血的华圣同学们；特别感谢文化出版工作者詹未明女士的奔走、联络；真诚感谢南京出版社对我们的大力支持。

宋纪贤

甲辰大暑于南京翠屏山福德居

目　录

第一册

第四讲

第五讲

第六讲

第七讲

第八讲

第九讲

第十讲

第十一讲

第十二讲

第十三讲

第十四讲

第十五讲

第十六讲

第十七讲

第十八讲

第十九讲

第二十讲

第二册

第二十一讲

第二十二讲

第二十三讲

第二十四讲

第二十五讲

第二十六讲

第二十七讲

第二十八讲

第二十九讲

第三十讲

第三十一讲

第三十二讲

第三十三讲

第三十四讲

第三十五讲

第三十六讲

第三十七讲

第三十八讲

第三十九讲

第四十讲

第一册

第一讲

从语言开始

现代人通常借助注释和翻译读《论语》，有时反而很难理解《论语》的原义，这是因为我们用现代的语言系统去理解两千年前的语言系统，很多地方都是说不通的，所以造成了理解困难。翻看众多《论语》译本后，不免让人产生疑惑——《论语》讲述的好像都是简单的道理，如“有朋自远方来，不亦乐乎”，倘若道理真是如此浅显，为何又能被奉为儒家之经典？《论语》成书于战国，距今已有两千多年，现在汉字的含义和那个时代的含义相比已经发生了很大的变化。纵观汉字演变史，据传仓颉造字有二十八个，春秋汉字有七八千个，现在仅常用汉字就有 3 500 个左右，并且使用的是简体字，以白话文作为书面语，所以，同样的一个字，其中所承载的信息已经发生了极大的变化。我认为古人的信息被稀释了，或者说我们的语言包含的信息量已经减少了，难以通过现在的文字直接进入当时的场景。如果无法找回《论语》时代的语言场景，又何以读懂《论语》呢？

因此，在解读《论语》时，涉及一些对文意理解至关重要的字，本书也会详细解释一番，以帮助大家更好地进入《论语》的世界。

从文行忠信说起

《论语·述而第七》:“子以四教:文、行、忠、信。”在这四教里面,“文”是阴性的,“行”是阳性、显露于外的,也就是敏于事而慎于言。若就四教之间的关系来说,则“传文必有信,笃行必依忠”。

孔子讲的“文”不是我们今天学文的“文”,而是天文,宇宙的“文”(也可以理解为“纹”),即宇宙的纹理,比如日月运行的轨道、九大行星的轨道、太阳系中其他天体的运动变化等,代表的是天道真相和规律。

所以圣人的“文”不是为了表现、炫耀,也不是我们现代理解的文章、文字等,而是用来载道的,“文”字背后承载了很多场景,蕴含了丰富的信息。

“文”是在特定的场景中传承的,是一种内部心法,传给有德弟子。在路上随意找个人讲道理,别人不一定会理睬。所以对世人要敏于行而少言,即使对待自己的朋友也要点到为止。夫子对子贡说:“忠告而善道之,不可则止,毋自辱焉。”

对于天道信息,也就是“文”,在传承时如若没有“信”是做不成的。这就是“传文必有信”的道理。曾子说:“吾日三省吾身”,第一个就是“为人谋而不忠乎?”行也离不开忠,所以叫忠于行而信于文。有同学要和我来学习,他已经40岁了,问我要不要再考什么学历,又担心将来建设文化产业收入会有问题。我对他说,学习践行孔夫子的学问,如果不能活得很好,那夫子不就是在害后代子孙吗?这个道还能传承两千多年吗?孔家凭什么是天下第一家?就凭他文行忠信!

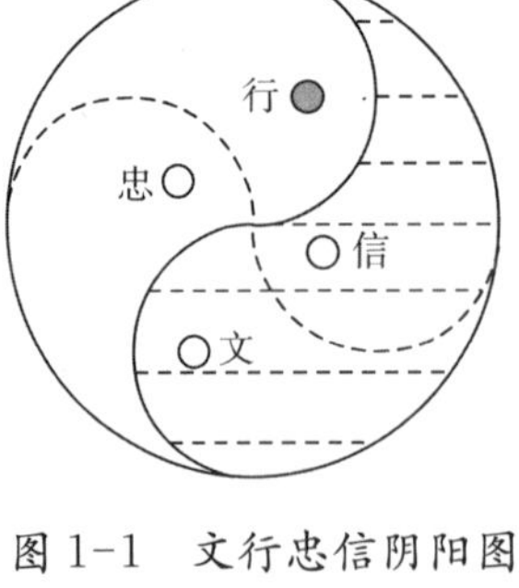

图1-1　文行忠信阴阳图

在图1-1的模型图里可以看到:文为阴,阴里面有信;行为阳,阳里面有忠。文行忠信，阴阳平衡。

说到阴阳，就不得不说中国文化的五行，其实文行忠信就对应五行。首先说明，五行的方位是上南下北左东右西的，和现在的“一般定向法”是不一样的，因为古代的君王都是坐北朝南、面南而治天下，为了尊敬帝王，所以在古代不管是地图还是家宅建造图纸，大都是用上南下北的方位观。

在图 1-2 中，文主智，为水，所以文在北边；行为金，在西边；忠信为土，在中间。为什么孔子只讲水、金、土这三个板块，不讲火（礼）和木（仁）？因为孔子罕言仁。而做到文行忠信就需要在礼上显化，所以那两个板块是独立出来的。

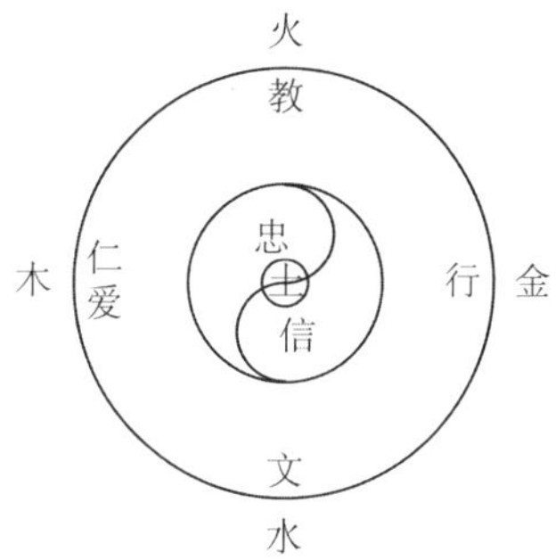

图 1-2　文行忠信五常图

仁对应的是爱（人），故文行忠信是枝干，爱才是根本。孔子的学问以仁为本，仁体现为爱，爱贯通于文行忠信四教上，然后施于教化，通过礼来显化于外。所以仁是核心，礼是显化，爱（文行忠信）是知行功夫。

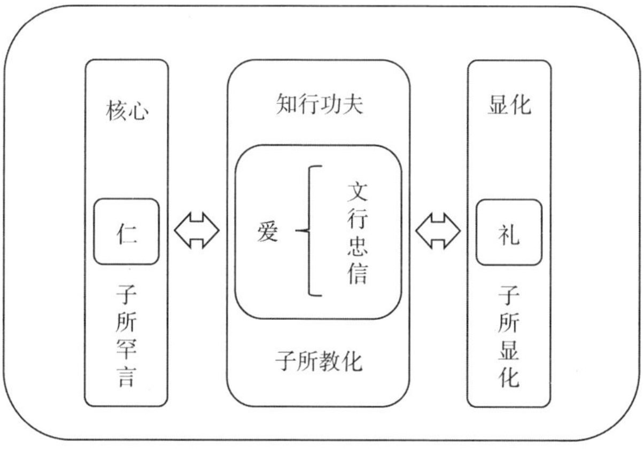

图 1-3　知行演礼仁

文行忠信是为了解决仁和礼中间的问题，如果只讲仁或只讲礼，没有文行忠信的话都是空的。解决了仁的问题，爱就有着落点了，然后再去显化礼，这样概念就明晰了。

《论语》的中心思想——孔门五大核心原则

学习《论语》前，需要先明确孔门五大核心原则，现在我把这些内容帮大家从《论语》里梳理出来。

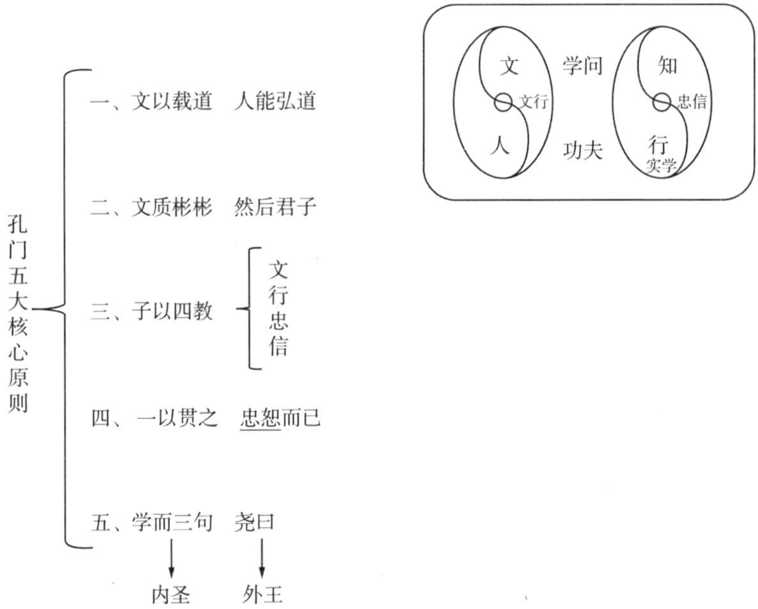

图 1-4　孔门五大核心原则

第一个是文以载道，人能弘道。《论语·卫灵公第十五》：“人能弘道，非道弘人。”君子圣贤，人才培养，一定是学问功夫并重、知行合一的。

第二个是文质彬彬，然后君子。文质彬彬是文武之道，君子之道既不能偏倚文，也不能偏倚武。《礼记·杂记下》中也记载为：“一张一弛，文武之道也。”

第三个是文行忠信，即子以四教，讲具体的仁（核心）是什么。

孔子很少讲仁，经常讲礼，而且他讲礼的时候是用实践来讲礼的，所以文行忠信四教可以这样来解读：仁是子所罕言的，文行忠信是子所教的，礼是子所显化的。这是孔子的文化核心。更白话点说，孔子很少讲仁，文行忠信是孔子天天要教、学生天天要学的，然后走上社会实践就是礼的显化。

第四个是一以贯之，忠恕而已。一以贯之，既是方法论也是核心思想。《论语·里仁第四》载："子曰：'参乎！吾道一以贯之。'曾子曰：'唯。'子出，门人问曰：'何谓也？'曾子曰：'夫子之道，忠恕而已矣。'"一以贯之的就是忠恕之道，文行忠信的"忠信"也就显现出来了。

第五个是孔子的学而三句和尧曰（《论语·学而第一》《论语·尧曰第二十》）。学而三句即"学而时习之，不亦说乎？有朋自远方来，不亦乐乎？人不知，而不愠，不亦君子乎？"是讲内圣之道。《尧曰》篇是讲外王之道的。为什么学而三句是内圣之道，尧曰是外王之道？为什么孔子是圣人，从《论语》篇次这精妙的逻辑设计就能窥得一二。《论语》虽然是由后人编汇而成，但也是把圣人的核心要义依次放在一起才成为儒家经典的。所以我们读《论语》时一定要用心体会，切不可等闲视之。

讲到这，《论语》的中心思想就梳理完成了，明白了这五条，就把《论语》的精神领悟到了。《论语》给我们讲了什么？许多人学《论语》学不进去，学了多少年也不知道学《论语》的意义和方法。现在，我告诉大家，《论语》是不假外求的，它自己就能解释自己。

言辞说教

正式讲《论语》之前，我们先了解孔子系辞的方法论。孔子是怎么做学问的？孔子研学的方法论可以简单分成 ABCD 等很多内容，今天讲的内容，就是言辞说教。

孔子学问有言辞说教的成分，从文字本体讲，凡是孔子"言"的

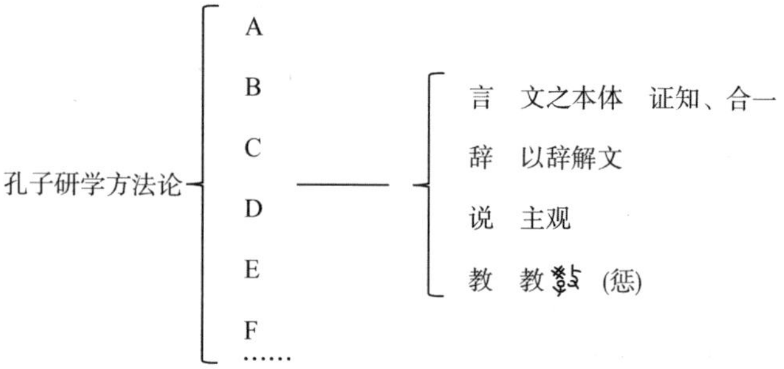

图 1-5 孔子研学方法论

时候就是文之本体。

首先讲“言”。“言”的音，这个音不是拼音，而是宇宙之音，呈现出来就是“观”，因为“言”是上天垂象，我们要去观这个象。“言”的象（释义）如图 1-6 所示，是一划开天立太极。上面的螺旋是太极，三横为乾、为天道，下面的“菱形”为四象，切勿以为是“口”。许多人之所以读不懂《论语》，从一个“言”字开始就理解错了，但按照这个解读立刻就能理解了，《论语》也就透彻了。《论语》末尾为什么说“不知言，无以知人也”，这“言”到底是什么？原来是万物说法、上天垂象！所以说圣人立教就是“言”，孔子所言的就是讲宇宙本体的。

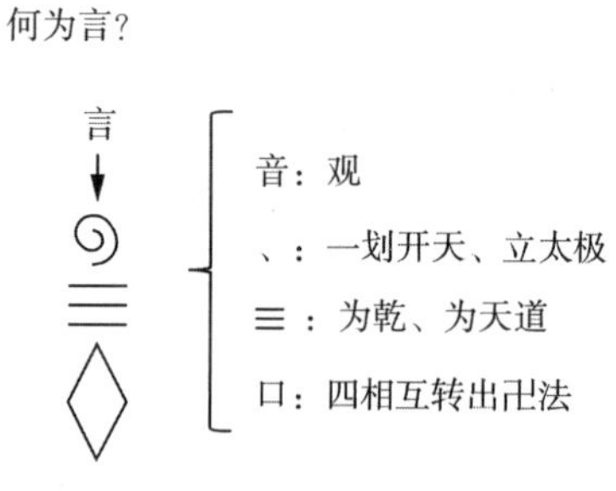

图 1-6 “言”的象（释义）

再来讲“辞”。“辞”是一个“舌头”加一个“辛”，“辛”在古代是“制约、克制”的意思，“辞”的意思就是对舌头加以束缚，延伸意是“有所节制的表达”，也可以说“辞”是修饰过的，这就叫“以辞解文”。

那么，“说”是什么意思呢？我认为“说”带有主观色彩，它在这里的发音是“shuì”。很多人读《论语》是“学而时习之，不亦说（yuè）乎”，我认为其实应该念“不亦说（shuì）乎”。

接下来看看这句话——“学而时习之，不亦说（shuì）乎”：

“学”的繁体字是“學”，可以看成在一个坛上，上面有一个老者伸出两只手，捧着爻辞（道），坛下面有一个小子伸出手去接爻辞，如图 1-7。一个老人在台上捧着道，传给台下的年轻人的场景，所以“学”的本意是授受。“爻”在古代表示天文的意思。

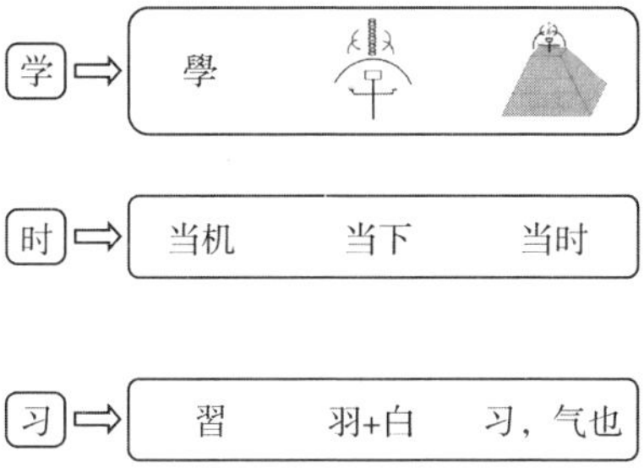

图 1-7　图解“学、时、习”

被老者捧于手中的爻辞是孔子所学的《易》。有人说孔子五十岁学《易》，其实孔子五十岁不是学《易》，而是学《易》的方法论。在孔子成年之后，他就学《易》了，如果他不知道《易》的意思，怎么去指导学生？孔子三十岁就收徒了。五和十是河图生成次第的指代，也就是“爻”。

孔子研学的方法论和言辞说教都是师在往下传授，而“学”和言辞说教有所不同。“学”是直接授受，就像一张白纸，不是自己先去思考、书写，而是先充分地接纳、承当，将原件直接复印到白纸上，速度最快、内容最完整，这就要师徒上下配合好。所以古人“学”特别注重尊师重道，如果上下的次序、位置反了，还能复印上去吗？这显然不行，而且“学”要应“时”，“时”是当机、当下、当时的意思。我们要学的东西，当下就要与我们合一，如果当下没学到，事后也难以学到的。你学的是知识，是宇宙真相，不要被文辞束缚了。所以，孔子的学问方法论第一是“言”，第二是“以辞解文”，比如《系辞》。

“说（shuì）”可用于上级对下级，不断地给他们解读，去说服他们，所以我认为在这里“说（shuì）”的意思就是让对方高兴，让对方听下去，最终能学会，也就是说服、沟通、说通的意思。

如果老师向学生传道，毫不刻意地直接讲就是“言”；铺开来讲就是“辞”；进行详细阐述、表达就叫“说（shuì）”；如果“说（shuì）”还不行，就开始要“教”了。

“教”的甲骨文像一个老者拿一个棍子敲着学习者说“给我学”。“教”带有强制、惩治的意思，相当于揍着学，学错了还要惩戒改过的意思。

“言”要知言，翻开《论语》，“不患人不己知，患不知人也”，这个“知”就是指知言，再看“不知言，无以知人也”，孔子说人知己就是知言，不知言何以知人也。知言就是天人合一，是要证知。宇宙的本体都找到了，那自己也肯定知道了，要达到合一才能叫知言。什么是证知？就是立刻明白，比如我现在讲的是文字，文字的后面是宇宙的真相，我讲完后你或许就能明白文字后面的宇宙真相是什么了。

所以，“言”是要证知的，“辞”是有所节制地进行解说。这个“说（shuì）”就带有点科普的意思，能让大家通俗易懂地理解清楚。“教”就是强制性的，你不学也得学，甚至还要逼着、揍着学，当然现在这样做已经不可行了，现在的老师和古代的“师”有本质的区别，后面会有详解。

被忽略的“学而时习之”，内藏大道

子曰：“学而时习之，不亦说乎”，孔子很慈悲，用说服的方法去教弟子们。如果孔子说“学而时习之，不亦言乎”，这恐怕就没有几个人能学会了。

云杰同学（宋老师的弟子）说，孔子也写了《系辞》，其实就是写给少数人看的。确实如此，我认为，现如今对于大多数学生而言，就是“学而时习之，不亦说乎”，很多人把“说”理解为快乐，叫人要快乐地学习，在我看来实属偏离孔子的本意了。

那么，这个“说”里面到底有没有快乐的意思？我认为，如果说“通过快乐的方法叫你学习”是可以的，但不是说“直接为了快乐而快乐”的。“说”跟“悦”关系不大。通过快乐的方法让你学，这是“说（shuì）”的意思。“说”是说服，说服你有快乐吗？说服你得叫你痛快，所以它含有快乐的意思，但是你能把说服的“说”和愉悦的“悦”画等号吗？不能，我认为难以把“悦”看成是“说”的通假字。

学而时习之，这个“时”很容易被忽略。时很重要，为什么叫“一时”？就是没有过去、没有未来、没有当下，无所执着于时，叫“一时”，不是二时。“吾道一以贯之”的“一”就是“一时”的“一”，孔子说的“一以贯之”就是在说不二法门，一就在时上。这个“时”是什么样的境界？我认为就是完全觉知的状态。这里很关键！《论语·学而第一》的第一句到底是什么意思？就比如我现在教你们的时候，如果你们能够充分相信老师，不轻易怀疑，完全把心打开，这就完全学了。如果老师刚一讲，你就开始想着很多问题准备开始提问了，你已经不只是在“学而时习”了，因为你在只顾着提问的时候就是先怀疑、先辨析，因为你有自己的主观，这样学的话肯定学不完全，也会累，所以前面也提到，这只是知识工具的学习。而真正的“学”是充分地接纳、承当，把原件一下子复印到学习者心中，是毫不费力的。所以老师和学生在传道上是有位序的，如果学生没有怀着恭敬心去学习接收，是学不全，也收不全的。

习者气也

“习”的繁体字是“習”，上面是羽毛，下面的“白”是什么呢？我认为是气，所以习者，气也。宇宙中与白有关的东西，大多是具有高能量的。与白有关的字，比如柏、泊、伯、泉、皓等，也是如此。

柏——松中老大，伯——大伯，都是位份排第一的；泉——有泉

白	柏	木
	泊	水
	伯	人
	泉	水
	皓	气

图 1-8 解“白”

的地方就是地中精华，皓——气中的那种高能量的气。那么，白是什么东西？有一种解释说圣人的血是白的，叫白虹贯日。在古代，真炁的颜色就是白色，人修炼到真炁的状态或者说人修炼到一定程度可以修炼出真炁。宇宙的真炁也是白色的，乳白色的气，是先天的。有人说，黄色是代表财富的颜色，红色是代表尊贵的颜色，绿色是代表权力的颜色，蓝色是代表智慧的颜色，黑色是代表邪恶的颜色。

我认为，“習”是宇宙间的一股浩然真气，这股浩然真气把鸟的翅膀托起来，鸟在扇翅膀的时候煽动、引发真气，是真气把它托起来的。人为什么也要“習”呢？人通过自身的行为、实践去引发身上的这种真气，这种皓气，这种正气，这种真正的能量。启动身上的生命真气，然后用这种真气去修炼、践行。“时习之”就是无所思，任何时候都是那个状态，每时每刻都在启发真气。老师传授你一个道理，授完之后，你每时每刻都得把学问放在心里，这就叫“学而时习之”。换种说法，把这里的气比作人的呼吸、鸟的飞翔、司机开车更容易理解。大家很少想过怎么呼怎么吸，鸟飞翔也不是思考怎么飞，开车开久了也是这样，经验丰富的老司机开车可以凭借本能、一种下意识的反应来开车。老师教东西就如同压水井，老师最开始会将水引进去，后面持续出水就要你下功夫了，你一停，这个状态就丢了。电动机需要电来转动，我们学习背后也有股气、愿心或者愿力在做功，推动着我们行进。通过不断地下功夫，最后学习就如同呼吸，成为我们生命深层的行为。欧阳修《卖油翁》中有句话表达得很贴切：“我亦无他，唯手熟尔”。

学而知命

孔子出于慈悲，传道的时候，还要不断地去说服对方，启发对方。当做不到“时”和“习”的时候，孔子就去引导对方，这叫“学而时习之”，学习方法、学习态度、教学方法也同时在其中了。在我看来，传道需要说服对方，所以在这里要用说（shuì），这就叫言辞说（shuì）教。现在为了便于知识传播，我们使用说（shuō）即可，但我认为它在古代就是说服的意思，通过喜悦、痛快的手段来传道。《论语》最后一章是“不知命，无以为君子也”，再反观“学而时习之”，孔子向我们授受的究竟是什么？其实授受的是天命，是天道，有了天道才能知天命。所以说“十五而志于学，三十而立，四十而不惑”，就是为了“五十而知天命”。十五岁开始学，一直学到五十岁，就是为了知命，所以学是十五岁开始做的事情，知命是五十岁需要实现的事情。这样从十五岁到五十岁就实现了“学而时习之”乃至于“知命”的过程。

云杰（宋老师的弟子）说，这个“学”其实学的是修行之道。那肯定是道，修行之道，孔子就是道人。孟子说“我善养吾浩然之（正）气”，其实就是在做这个事情。善养浩然之气就是时习浩然正气，让浩然正气能够像呼吸一样成为生命的一部分。

那么，为什么现在修行之道没有了？我认为是因为孔子当年的修行系统没传下来。孔子的学问有全面的修行系统，有严格的传承系统、法脉系统、心脉系统和操作系统，它是次第分明的。但是后来，由于秦始皇焚书坑儒，使儒学遭受重创，导致了儒学传承的断层。在我看来，孔子的经典流传下来了，但完整的系统套路没有了，最后孔子失传的修行系统就从佛教那里借了，因为佛教的各种系统都是很全的。换句话说，孔子传下来的经典是有的，本体的完整的修行系统套路没有了，但是我们从留下来经典的只言片语中也能知道，孔子是有形成本体的全面的系统的。“学而时习之”，从十五岁到五十岁不断地学，然后知命、以为君子。《论语·尧曰第二十》云：“不知命，无以为君子”又从反面表达了相同的意思，要是学到五十岁还不知命，学到最后还成不了君子，可谓是白学了。这里提示一下，他是反话正说，他反过来说是想表达一个正的意思，他其实说的是正话，就是说一个君子是一定要知命的。

知礼立世，不亦乐乎

“有朋自远方来，不亦乐乎”，乐是什么？我认为，乐是乐器。《诗经》有云：“我有嘉宾，鼓瑟吹笙。”有客人来了，有美酒，还要弹琴，弹琴吹笙奏乐以示欢迎，然后要在饭桌周围舞蹈，来愉悦客人，这是中国的古礼、宾礼。

“有朋自远方来，不亦乐乎”，这个“乐”在我看来不是乐（lè），是乐（yuè），也就是礼乐教化的一个场景。在这前面（“学而时习之”）讲的是君子，是君子系统，是明明德，是君子个人的问题，是个人的修行功夫。“有朋自远方来”就扩大到社会团体，开始涉及齐家治国平天下，开始亲民了。

孔子在《论语·里仁第四》说“德不孤，必有邻”，也可说成“德不孤，必有朋”。如果那个人是坏人，大家都想远离，住在这儿大家都躲起来，不跟他一起住。这样的人连邻居都没有，哪还有什么朋友？

朋友来了，邻居再聚集，就会形成一个村庄了。就像孔子的墓地，本来那里也是一个荒野，后来子贡守墓 6 年，然后弟子、后续弟子都陆续回来，最后成了村落，成了城镇。所以说做学问也不能孤行，要众行，人是活在社会中的，“有朋自远方来”是指人要交往互动、交流沟通、互学互习。“朋”也有侣的意思，朋侣的“侣”就是道友。古人有句话叫“孤学无成”，有的人死读书很容易就“攻乎异端”，跑偏了，钻进牛角尖里面，平时也不和同学朋友联络交流，出了问题也不能及时发现。

朋友来了要干什么？要有美酒，要鼓瑟吹笙，要跳舞，当然了最后实现的是快乐，要用这些去悦对方。但是这个“乐”我认为不能读成 lè。现在还能在很多地区看到一些影子，比如农村里面祭祀，或者逢喜事，搭戏台，吃得都很丰盛，大家都很开心。在春秋战国之前，汉族和现在少数民族一样，能文善武，也能歌善舞，不管到哪说唱就唱。孔子既会喝酒也会唱歌，孔子唱歌很厉害，孔子能豪歌。古人唱歌是吟唱，在这个礼乐的过程中人就被教化了。现在企业为什么做文化、做活动、搞团建，因为那种氛围是很开心很快乐的，这也可以说是企业内部的礼乐教化。

“学而时习之”讲的是得了传给自己的道之后，就要去修，这就是“时习之”。从时间的角度来说，“学而时习之”是十五岁之后做的事情；“有朋自远方来”是十五岁到五十岁之间做的事情，要研学，广交朋友。“君子不重，则不威；学则不固。主忠信。无友不如己者。过，则勿惮改。”就是所有比我厉害的、比我好的人，我都去广泛交往，那么“无友不如己者”，许多人认为我们交朋友都是比我们好的，我认为不是的，是互相的，别人有这条长处，我们就跟他学；我有个另外的长处，别人跟我学，教学相长。所以在我们眼里，所有人都比我强，这是一种谦卑，把自己放得很低。

“有朋自远方来”是讲礼的，对应《论语·尧曰第二十》，结论是“不知礼，无以立也”。“有朋自远方来”是不是立世之道？所以它是讲人如何立世的。

这样看来，“学而时习之”是学为君子，“有朋自远方来”是知礼立世。

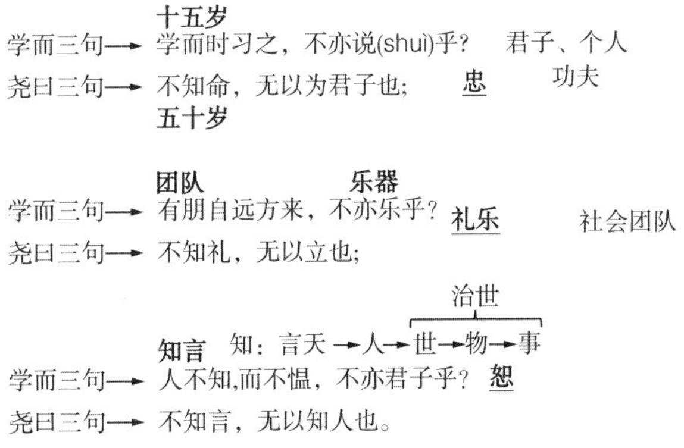

图 1-9　学而三句、尧曰三句

君子忠恕不愠，内圣而外王

“人不知，而不愠，不亦君子乎”，这句比“学而时习之，不亦说乎”的境界更高了，是在前面的基础上，我们要进一步学为君子。君子该怎么做？如何恰到好处地做好一个君子？方法就是“人不知，而不愠”。

这个“知”，有人说是知我，其实知我是下一个层次的。首先是不知，人不知就是人不知言或者人不知天。人不知天、不知言，不知道真相，就是没有悟道。人不知，我知，也可以进一步理解为人要是不知道我的知，或者不知我，那么他无论做什么事情，我都原谅他，宽容他。“人不知，而不愠”是讲恕道的。

人不知天、不知言、不知人，不知道真相，就是没有悟道。什么是愚昧的人？人不知就没有智慧、没有聪明、没有开化，不知道真相的人、没有得道的人，这不就是愚昧的人吗？再举个例子，老师把道传给大家，授受完了有人也没有得到那个真道，就叫不知。得过道、得了“学”的人、被授受过的就叫“知”，没有得授受的就是叫“不知”，这是不知的本意。所以说知与不知，真的“学而”就自然知了，得了“学”的就叫知，没得“学”的就叫不知。这三句所讲的内容再进一步亲证，就是《大学》里明德、亲民的境界了。

看到这里，《学而》篇的结论就告诉我们了，“学”的是什么？“学”的中间传输的是什么？上面的老者传授给小的是什么？传授的是言。《论语》最后一句话也给了我们启示：“不知言，无以知人也”。

那么，有了学问，即知言，就可以知人，知人就可以知世，知世就可以治世，就可以务实做事。这里就有了次第，知的次第是知言、知天、知人、知世、知物、知事，到了这里就能开始治世了。一个君子肯定是能知人、治世的。

从这些次第中就可以看出来为什么不知言无以知人了，知言才能知人，不知言何以知人，不知人怎么知世，怎么去知物，怎么去知事？《大学》说“物有本末，事有终始。知所先后，则近道矣”，这里说的是同样的道理。先能知言，是不是就知道本末、终始、先后了？不知言怎么能知道本末、终始、先后呢？所以说我们在研究《论语》的时候，还要去读《大学》《中庸》，以经知经，以经证经，经史互参。

前面讲的学而三句和尧曰三句，《论语》通篇进行了广泛阐述和解释，如何“学而时习之”，如何“有朋自远方来”，如何“人不知，而不愠”。这三句分别是讲学为君子、知礼立世、忠恕君子的。前两句其实都是讲内圣之道，向内求的，但是落到最后一句就变成外王了，所以这六小句，三句是内圣，三句是外王。圣人是从内圣开始，继而落地到外王，《论语》就是从内圣开始讲起，最后到实现外王。

云杰问：外王的核心一个是礼乐教化，一个是恕道，还有一个是什么？是不是自己必须要有内在心性的修养？

宋老师回答：这里的关键是“学”，许多人不知道“学”，“学”就是有传承，得不到传承、心法，就无法谈“学”。许多人对“学”不够理解，所以就卡在那里了。

立家、立业、立身

座堂（弟子）问：我们如果知了礼乐之学的话，到底立的是什么？

宋老师回答：好问题，“不知礼，无以立也”，立的是什么？“有朋自远方来，不亦乐乎”这就叫知礼，知礼就可以立了。那么，立的究竟是什么呢？来看看，三十而立就是三十知礼而立，把这两句话组合在一起，就是乐而知礼而立之。

孔子十五而志于学，那十五岁不就立学了吗？接着就是立世了，然后就立名（份）了。“名不正则言不顺”，把自己的位序、身份给确立，这就是立名。立学、立世、立名，三个“立”立完了，接着就是立家、立业、立身了。立家、立业、立身是实的，是落地的，是在立学、立世和立名的基础上的。所以我们一定要有传承，失去传承真是太可怕了。有人问，宋老师你是怎么知道这些东西的？当你把这些经书读透了，自然而然这些道理就会通。

云杰问：立世、立名怎么来的？

宋老师回答：立世就是把自己在社会的身份、名分立下来。“名”不是名誉，是名分。丈夫是立名吗？当然是，你娶媳妇，你就是丈夫。同时你是你爸爸的儿子，你在公司、单位工作，是经理、文化工作者、工程师，你的名分、身份就立下来了。这就是礼的核心。孔子说“名不正则言不顺，言不顺则事不成”，讲的正是立世、立名的重要性。

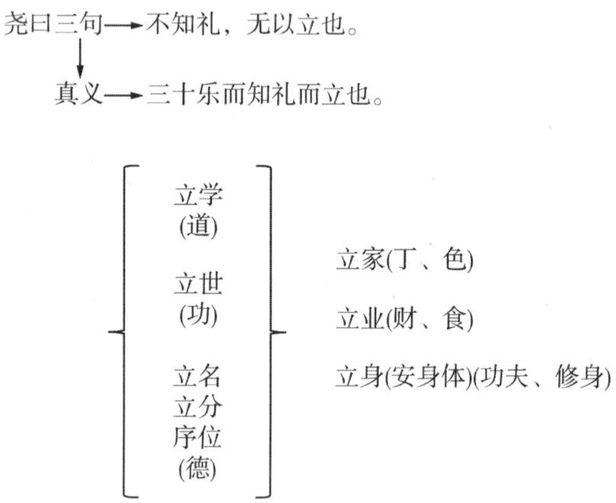

图 1-10　立家、立业、立身

这里的立身可不是现在有人说的那样，仅仅是在世间立一个人设、立一个身份，他们把立身给混淆了。立身是功夫、修行、修身。

立学是立道，立世是立功，立名就是立德。立家是解决丁的问题，立业是解决财的问题，立业就是建功立业。立身是安身立命，但安命不等于知命。这里面没有说立言的问题，要等到五十岁才谈言。

第一讲就讲到这里，提示一下，这里讲的是纯粹的心法，学习要生起恭敬心。同时我讲的这些话或许是会遭到质疑的，因为我的一些观点与常见观点可能不太一样。现在大家学习的时候保持怀疑、思辨，我这样讲很容易就招来抨击。但是我认为这些并不只是知识，需要像婴儿吃母乳那样天然的接受。学传统文化，学道，如果仅带着学知识的态度，很多东西是难以吸收的，尤其一些大脑里已经灌注了太多杂乱观念的成年人。我在讲道、传道的时候需要保持权威不容置疑，一旦置疑这些信息就接收不完全了。我过去一直强调这一点，所以在这里要跟大家说明一下这个问题。以前讲课的时候，课堂上经常有人问我怎么知道的。我说这些都是文化的传承，孔子间接告诉我的，可以理解成“文以载道”吧。

第二讲

中华斯文

中国文化的精髓可以用“斯文”来概括。在《子罕》篇中，孔子说：“天之将丧斯文也，后死者不得与于斯文也”，可见“斯文”是孔子所倡导的礼乐文化的核心。斯文源于天道，天道有阴阳，斯文中也包含了文和武。将斯文融入我们的日常生活，就是知和行，文武即知行。孔子所教授的核心内容是文行忠信，其中包含知、行两个层面，而文行忠信合在一起就是知行合一。

我认为“知”不仅仅是知识，它还是有心的，是宇宙的实相。我们的现实生活是宇宙的一部分，必然与宇宙的实相相统一，例如日月运行是宇宙的实相，而人们则按照这种秩序来过生活。然而，如今一些人只追求知识而不肯付诸实践，这是不合道的。《学而》篇探讨的正是知行合一的问题，如子曰“学而时习之”，“学而”即为求知，“时习之”则为行，这里的知识不仅仅局限于书本上的知识，也包括生活的学问，这一点通过子夏说的话就可以得到例证。子夏曰：“贤贤易色；事父母，能竭其力；事君，能致其身；与朋友交，言而有信。虽曰未学，吾必谓之学矣。”

要实现知行合一，关键在于“学而时习之”中的“时”。子夏在《子张》篇中说得非常好，“日知其所亡，月无忘其所能，可谓好学也已矣。”在《子罕》篇中，孔子对待颜回的评价——“语之而不惰者，其回也与!”以及“吾见其进也，未见其止也。”知行合一并没有捷径，需要苟日新，日日新，又日新，每一天都是朝着宇宙真理更进一步的新起点。正如蘧伯玉年五十而知四十九年非，每天都在进取之中，和自己的生命博弈，让自己不断完善。

文行合一，其实就是天人合一，因为文的背后是天。“文”这个字本身就包含天道的爻，承载着天道的信息。忠信讲的是人道人伦，符合世间的规则并能够知行合一，这就是忠信。忠信的对象并非单纯对某个人或某个组织，忠的维度非常高，忠是加了心的中，而中是天道自然，所以忠信的对象还是天道。在践行忠信的过程中，如能用“恕”加以制约，做到一个人既有忠信又能“恕”，这就是大义。在生活中，当别人做不到完全的忠信时，孔子倡导以恕道待之，这是孔子宽容与道义的体现，其中包含着极大的慈悲之心。我们在学习《论语》时应抓住文行忠信。除此之外，文行忠信还蕴含着许多重要且具有现实意义的内涵，有待后续进一步阐释。

文行忠信如图 2-1 所示，上方代表“行”，下方代表“文”，“忠信”则分别位于左右两侧。一般来说是天文在上而人行在下，这里为何将“文”置于下方？因为我们需要将天道的信息落地，将抽象的天道用人间的文进行表达，让人更容易感受到天道。此外，还可以将“文以教，行有爱”合为一体，形成“文教爱行”。文行忠信本身就是一种爱，是知行合一的功夫。我认为孔子之所以罕言仁，是因为仁是真相，仁需要行出来方才有意义，所以孔子罕言，假如言了，却没有行仁也是空的。孔子讲文行忠信，是为了解决仁与礼的问题。孔子通过具体的文行忠信来教化世人，再以礼显化。如果只讲仁和礼，没有文行忠信，那么仁与礼也没办法实现。因此，解决了仁的问题，爱就有了着落点，进而以礼显化仁，于是万事万物就清晰了。

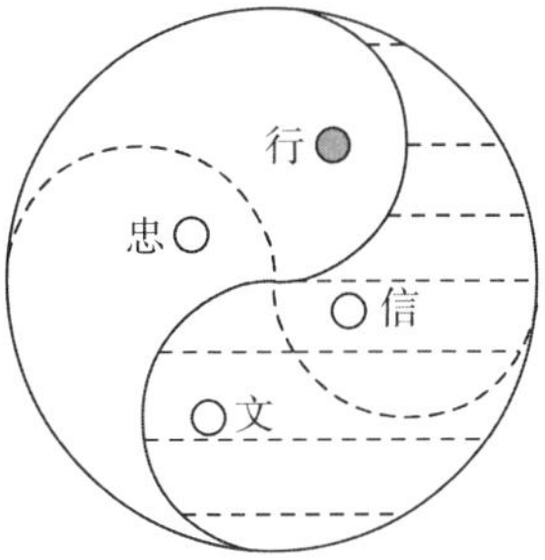

图 2-1　文行忠信

文质彬彬，然后君子

文是载道的，人是可以弘道的。然而，人若不文，便无道可弘。因此，人能弘道，首先需要通过文来载道。我认为这其中存在着一种辩证关系：人以弘道，就是以人弘道，要想弘道就要落实到人，而以文载道，弘道的道在文里。道需要人以弘之，文以载之。所以传承道就需要人和文合一，人和文一定要合一，才能将道传承下去。

人能弘道最终要落在行，而行以忠信为准则。忠信属于人伦的范畴，伦是天理人文化的体现，简称伦理。伦就是规则、准则的意思，它如同一个个圆圈一样界定了行为的范围。人不要出伦，比如在兄弟关系中，我们是一家人，不是陌生人，所以面临困难时理应相互扶持，这即为伦常。

虽然行和忠信是人道层面的，但最终是和文相统一的。如果脱离了文，忠信也就无所着落。人所表现出来的行和忠信，都必须符合文所载的道。这个文也是中国人念兹在兹、世世代代追求的那个"斯文"。一旦这个文没有了，文化也就断绝了。所以孔门的五大核心原则，第一个就是"文以载道，人能弘道"。其实最终还是落到我们知行人文上面，核心内容还是文行忠信。

那么，怎样的人才能载道和弘道呢？孔子给出的答案是君子。什么是君子？子曰："质胜文则野，文胜质则史。文质彬彬，然后君子。"我认为这里说的质和文，其实就是知和行，"文质彬彬"则代表知行合一，一个真正能载道和弘道的人必然是知行合一的人。如今人们提及"文质彬彬"往往会联想到古代书生形象，似乎有些柔弱，这其实是一种误解，这种观点过于强调文而忘了质，可以说是文弱书生，但不是文质彬彬的君子。真正的君子既有文史之气，又带有野性真实的血性之质。文是斯文，质其实就是本质、实质，彬彬是指文和质相互均衡、协调的样子，既不过于文，也不过于质。"文质彬彬，然后君子"，讲的是君子中道。

文有两层含义，一是指斯文本身的意思，二是指文化。举例来说，一些人可能叛逆，缺乏敬畏心，没有组织纪律意识，缺乏合作精神，这样的人就被认为缺乏文化，像小老虎一样到处横冲直撞，在这种情况下，有必要对其进行“驯化”，就像给牛鼻子拴根绳子一样。从这个角度看，文其实就是指被驯化、加工过的，已经把野蛮的成分化掉了。

“质胜文则野”表明人内在也有野性一面，人的本质中蕴含着一股血性之气。粗放、野性、力量、灵敏、攻击、活力等都是武的特点，因此质中包含着武的因素，但质不完全等于武力。人性本真即是质，人的本来面貌、天性、本能都可谓质，文是对质进行的修饰。

文史之气和身体的生命血气要互相制约，偏于文容易导致缺乏行，而过分偏于武则会使人变得野蛮。“文质彬彬”类似文武彬彬，但二者不是相等的，将高层次的“文”等同于文武中的“文”，或者将高层次的“质”等同于“武”，都是不正确的。在质中固然包含着武的元素，但武并不等同于质。实际上，“文质彬彬”具有文武彬彬的特点。“彬彬”就像一片树林中的花草树木在风中一起舞动一样，既有风吹草动现牛羊的自然典雅，又有沙场秋点兵的肃穆和庄严，整齐划一，纪律严明，这便是“彬彬”的具体形象。

不知《易》无以解《论语》

《论语》是讲教化的，具体施教的方法就是文行忠信，施教的原则是忠恕一以贯之。教化的目的旨在引导人们树立“修身、齐家、治国、平天下”的志向，最终让人实现内圣外王的境界。要想把《论语》讲清楚，需要追溯到十三经，乃至上古文明，而上古文明的核心就是道统。因此，我们需要知道道统中一以贯之的是什么。

除《论语》外，《大学》《中庸》都是孔子教化的思想，儒家的中心思想和方法论等关键心法都在其中，只有把经典读通了，才会发现它们都是一以贯之的。《大学》《中庸》都出自《礼记》,《礼记》成书于战国,离孔子的时代不远,现在主流观点认为《礼记》是汉朝时期的产物,也有可能是在流传过程中被后人进一步梳理完善,具体时间有待进一步考证。《大学》《中庸》和《易传·系辞》也是一脉的,如果把《大学》《中庸》看作是《系辞》中的两篇文章,并不会有不和谐的地方。

《大学》和《中庸》都有经章,经章之外的部分如果说是曾子和子思撰写的,也比较符合实际情况。其实,这些经典就是孔老夫子当年教学的内容。就像现在我讲的一些思想,比如说被某人整合后用自己的语言表达了出来,后人不知道缘由就会认为是某人的思想,然而实际是他老师的思想。思想和文化这个东西,源头很重要,如果没有源头,传承只会是一片黑暗。

《论语》《大学》《中庸》都是讲教化的,其实,"教"带有一定的强制性,在教之上还有"说",能够说服他人,就可避免使用强制的方法。比"说"更高级的是"辞",《荀子·正名》言:"辞也者,兼异实之名以论一意也","辞"是帮助理解"言"的,用"辞"说明学习者已具备主动性。"言"是上天垂象,不是想学就能学会的,而是需要一定的境界和领悟力。

据我所知,上古文化的表达体系采用的是"言辞说教",这实际上是《易经》的编排手法。《易经》里有文言、辞(卦辞)、爻辞、彖辞、象辞和系辞。"文言"只出现在乾坤二卦中,实际上可以理解成升华,"辞"是对原文的直译直解,"文"则是升华于天道的意思。"说"其实是为了方便大众理解而降维了。"教化"本身包含两个层面,一是礼,二是惩戒。教化一方面引导人们如何行事,另一方面也必须对破坏规则的行为进行武力惩治,上一讲也提到教包含惩的意思。

"言辞说教"这个系统和《易经》系统很接近,如果再放大,"言"之上还有"音",合起来就是音、言、辞、说和教。我认为音是隐藏的,天道没有显现的元素之一就有音,是天道发出来的声音。其实这个声音古人早就有记载,老子讲"大音希声",人所能感知到的声音是有限的(通常在 20 Hz 到 20 000 Hz 之间),还有很多存在但是人听不到的音。音是隐藏起来的，它是一种宇宙的真相，是道的显现。

“言”本身就有太极两仪，即乾坤之象。我们仔细看“言”这个字的结构，上面一点是先有太极，中间三横是后有乾，接着下面是口，其实这个口既指大地的承载，也指万物说法，也代表上天取象。“辞”有文辞和言辞，文的维度是很高的，中国的古文称为文言文，其中“文”位于“言”之前。现在的《易传》是孔子用文言给系上去的，“辞”是介于“言”和“说”之间的，“辞”这个字是“舌”加“辛”组成的，“辛”代表刀，用以规范舌头所说的内容，因此“辞”与“言”非常接近，但它还不是“言”，它比“言”维度低一些。我们只有把这些“辞”找出来，才能知道《论语》在讲些什么，因此若不读《系辞》，基本上无法领悟到《论语》的微言大义，例如《学而》篇的第一条。换言之，不知《易》是难以研究中国文化的。

知命而学，立世以礼

《论语·学而第一》第一条：

子曰：“学而时习之，不亦说乎？有朋自远方来，不亦乐乎？人不知，而不愠，不亦君子乎？”

学之后需要“时习”。一个人如果只学，不习，肯定是不行的。一个人得到了传承，还要去不断演绎它，不能停留在纸上谈兵的口头功夫。《论语》开篇的“学而时习之”蕴藏着天地大道。这里特别强调，孔夫子的《系辞》实际上是给少数人看的，或者说只有那些能从《系辞》中凝聚出精华的人才能看懂，大多数人只看到了冰山一角。

“习”的究竟是什么？现在有一个词叫习气，所以“习”的是一股气。如果你只用大脑堆积知识，而没有真正的“习”，就无法带动生命之气。因此，“学而时习”是在推动生命这股气息的运转。《论语》中就有这股子气，所以当你阅读《论语》时，你能感觉到一种生命的气息在流动，如果你在读的时候能把这股气读出来，那你就是真正读进去了。

“习”这个字，繁体是“習”，有人说下面不是白而是一个鸟头，后面两个小翅膀，这种说法也说得过去。而我强调的是翅膀扇动，带动了这股气。鸟习的是这股气，当这股气和鸟的身体合一时，就可以飞行了。我们现在学习孔子、学习《论语》时，如果不能将这股气理出来，是难以学到《论语》中的大道的。其实这股气就是一以贯之的那股道气，读《论语》就是与这股一贯的道气合一，所以学习《论语》需要不断地下功夫去读，书读百遍其义自见。

《学而》篇第一句和《尧曰》篇最后一句——孔子曰：“不知命，无以为君子也；不知礼，无以立也；不知言，无以知人也。”是互相呼应的。有一个细节需要注意，《学而》篇第一句是“子曰”，而《尧曰》篇最后一句是“孔子曰”。我认为在《论语》中，凡是“子曰”出现时，都是从弟子的角度说的；当“孔子曰”出现时，则是站在天下世间的角度说的。因为世人称孔子为孔子，而孔子的徒弟称他为夫子，因此有了“夫子曰”并进一步简称为“子曰”。

“夫子曰”是传承弟子的，“孔子曰”是教化天下的，《论语》的首尾两篇就把其中心思想最简单地提示出来了。《论语》流传了两千多年，这一点却似乎没有被清晰地揭示出来，这或许是孔子之后，尤其是两汉之后的圣贤有意为之。如果说是孔子之后的圣贤没有看到，我认为这种可能性比较小。

“学而时习之”这里的“之”是知识，可以引申为“学”，所以也可以说是“学而时习学”。“学而时习之”对应孔子说的“不知命，无以为君子也”，解决的是知命、实现君子之道的问题；“有朋自远方来，不亦乐乎”对应孔子说的“不知礼，无以立也”，是解决一个人以礼立世的问题；“人不知而不愠，不亦君子乎”对应孔子说的“不知言，无以知人也”，解决的是恕道的问题。可见，学而三句和尧曰三句都是围绕着人生、生命而言的。那么，学为什么与人生有关呢？学的终极目标是什么呢？要想解决这个问题，首先需要了解人生是什么。

凝神聚气以为神，神魂魄散是为鬼

人就是一个生命，通常我们所说的“人生”是指人的一面，而没讲生命的另一面。人的一面指的是世间显现出来的人生，但这并不能代表完整的生命本身。如图 2-2 所示，我认为生命实际上由命和身两部分构成。人来自天地，是天地这个环境孕育而生的。当我们出生时，实际上还没有命，比如有刚出生就夭折的婴儿，他来到这个世间命还没有完全启动的时候就结束了，那一声啼哭还没发出就消散了。

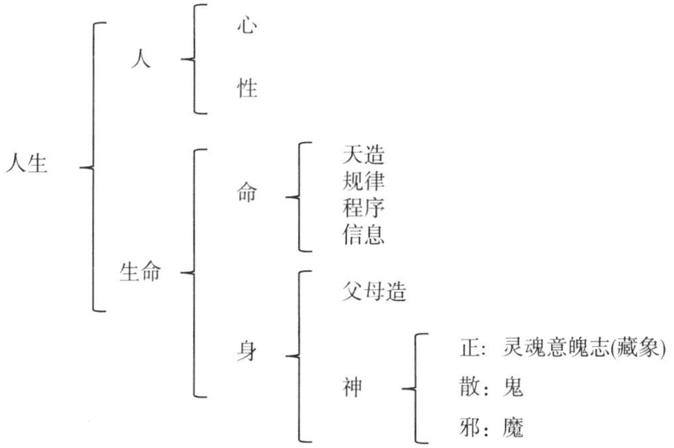

图 2-2　人生、生命图

命是如何产生的呢？在我看来，命之于天，命是天造的，身是父母造的。我们一出生，就有一个肉身，但这还不能称之为人。一个人必须有心、有性，才能称之为人。有身就有神，这个身是困住神的一个皮囊。每个人都有一个神，父母造我们的身，神也同步而来。神就是灵，也可以称为魂，包含了魂魄志意（藏象）。《发现黄帝内经》一书中提到一个观点，即我们的第二套生命系统是灵性生命，它构成了一个独立的生命系统。

我认为父母造的身是一个骨肉之躯，神长在这个身中。如果我们把神魂魄意志聚到一起，便成为神。若我们的神魂魄意志散了，最后就会变成鬼，如果进一步作恶就变成魔。此处提及的神魂魄鬼，并非一般人所称的神魂魄鬼，实际上在现实生活中，我所说的这种神魂魄散的情形非常普遍。举例来说，有酒鬼、赌鬼、饿鬼等，现今或许还包括“手机鬼”“网络鬼”等，这些人过度沉迷于外物，导致他们的神魂魄意志已经无法凝聚，这就是鬼，如果进一步因为自己沉迷外物而去伤害别人，这就是魔了。所以神魂魄意志是一股正气，它升华凝聚就成了神。反之，如果不能凝神聚气，散了就化为鬼；若走向邪，则化成魔。所谓鬼，实则是一个正常人的神魂魄意志分散的表现。

我认为命是天造的，命有一定规律。命是天地信息的呈现，是一股气，这股气运行时就叫运气。运气从我们发出生命的第一声啼哭时开始启动，与此同时，命的齿轮也转动了。一个人的生命信息坐标就是时间点，而时间点所对应的宇宙信息就是一个人的命。命中携带两种信息，一种是固定不变的信息规律程序，另一种则是关于天道的信息。我们出生时“啊”的一声就开始承接天道了，这种天道信息是一种“觉”。然而大多数人的“觉”都在沉睡，因此生活中看似我们醒着，其实仍在睡觉，睡觉（jiào）就是睡觉（jué）。事实上，大多数人都在睡眠中，真正能够醒来的人太少了。一个人的心性显现在外就是社会，整个社会系统背后其实是一个心性系统的显现。正因如此，圣人才说“人心惟危”，人心很危险。一个人可能当面称赞你，却在背后攻击你。人就是如此，做到真正心口如一是非常难的。

在世间，人人都标榜自己是好人，而常说自己是好人的人反而可能是坏人。如何能够确认自己是一个好人？其实很简单，当你意识到自己是个坏人的时候，你已经是个好人了。因为当一个人能看到自己的恶的时候，这个人已经善了。如果你只看到别人的恶，或者臆想别人的恶，觉得自己很厉害时，那你可能就是恶人。如果不谈善恶，我们站在成长的角度上来看，当我们觉察到自己的不足时，我们已经在成长了。

认识到自身的不足对一个人来说非常难，而要让别人帮助他认清自身的不足更是难上加难。所以，一个人如果想改变另一个人的认知，最难！因为人们通常都活在小我中，一切以自己为中心，符合他习性的他就认同，违背他习性的他就厌恶。然而，天理不是由自己的喜好来定的，想要改变一个人的认知，首先需要破除小我，只有小我破了才会开始新的认知。若无法超越个人小我，认知便无法改变，这个人将永远原地踏步。这种情况太多了，现在很多人在三十多岁后心性趋于稳定，人生余下的几十年一直维持在这个状态，身体在衰老而心性却未跟着成长，时有感慨自己还是少年，但镜中人却已两鬓斑白。

《论语》是以人为核心，解决人生问题的经典之作。《论语》还有另一种称呼，即“伦语”，一个是论述的“论”，一个是伦常的“伦”。不知是圣人故意为之还是巧合，用“伦语”的音，而用“论语”的形。因此，《论语》是即“论”且“伦”，用“伦语”时是站在生命伦常的角度讲的，用“论语”时是站在天下世间的角度讲的。

举个例子来说，《大学》中提到的“亲民”，是親民还是新民，在学术上一直存在争议。实际上，对自己叫新民，对世间叫親民，两种说法都没问题。看“新”这个字，是“亲”旁边加一个“斤”，而“親”是一个“亲”旁边加一个“见”。当你把看到的人都以亲人之心待之，这就叫親民；当你拿个斧头准备修理世间的时候，这就叫新民。親民是用慈悲的心怀去爱世间，是爱的层面；而新民是站在解决世间问题的角度，为了提升人的认知从而改造世间，是行的层面。无论是将“亲民”理解为親民还是新民，都取决于个人的解读角度，没有对错之分，不必过于纠结。

当我们苟日新又日新的时候，也可以称之为苟日亲又日亲。就像这本书一样，如果仅仅是来改变大家的认知，没有带着慈悲和爱，那它的能量是不够的。如果这本书是为了改变读者，只能叫新民，那它便可被称作新民书；如果书中带着慈悲、带着爱和亲，那它便是親民书。这和教育自己的儿女是同样的道理，既要親也要新。

从人生的视角来看，人需要持续成长，最终我们都需要不断“新”自己。所以现在可以回答学习的终极目标是为了实现自我的持续成长，不断自我更新，自我进步，进而提升生命的维度。

改造命运，升华命运

我们在谈人生时，常常站在社会层面讲“我这一生要干什么事儿”“我如何过这一生”，这些都是从世间功业角度来规划人生的，然而，若仅从这些方面来理解人生，则显得过于狭隘了。

我们生而为人，除了要在世间生存，更重要的是解决内圣的问题。内圣需要人去立命改命，这首先需要认命。认命属于内圣的部分，但这里所说的认命不是屈服于命运。如果我们用命来覆盖社会，认为命运主导社会的一切，这便是宿命论，是有问题的。首先要确定一点，我们的命是向天道升华，而不是沉沦于世间。如果要向天道升华自己的命，我们就需要先立命，进而改造自己的命运。孔子说“五十而知天命”，人如果向宿命倾斜，这便是通常所说的迷失于命运，迷在命中了。因此，从内圣的角度讲，是要认命，而不是迷命。一个人的境界向天道升华是认命，而沉沦于世间宿命则是迷失于命运。

我们所说的认命是指接受自己当下和过去的生命信息。这个生命信息就是宿命，它包括你的缺点和优点，你的父母子女，你的身高、血型、基因等所有生命中的信息。接受这些信息就是认命，也就是活在当下。很多人不认命，活在过去和未来的幻想中，这都是不认命的表现。一个人在社会中做事，首先要看清自己并接受宿命。接受宿命并不意味着迷信宿命，凡夫俗子是迷信宿命，而君子圣贤是在这个基础上，再根据自己的实际情况，立命做事。

因此，认命在世间社会中有两条线：第一条是认命线，第二条是迷命线。认命是宿命，宿命也是认命，但如果仅仅是认命就没有下文了，依然活在泥泞中，认而迷命并不能解决自己的问题。一旦认命了，就要改造命运，升华命运，这是认而立命。因此，迷命即认而迷，立命则是认而行，这是圣人指引我们走的道路。认命而迷命的人，勉强可以给他定义成认，但实际上是一种盲从。这种认命的维度很低，现在很多迷信的人就是这种情况。这种人迷在宿命中，丧失掉了进取精神。我们中国人真正的认命是要打通命运的关卡，实现生命的超越。

古代圣贤在天、命和人这三个区域，也会去认知并解决身的问题。但是一般会回避怪力乱神，对于神鬼魔是持回避的态度，保持中庸，存而不论。

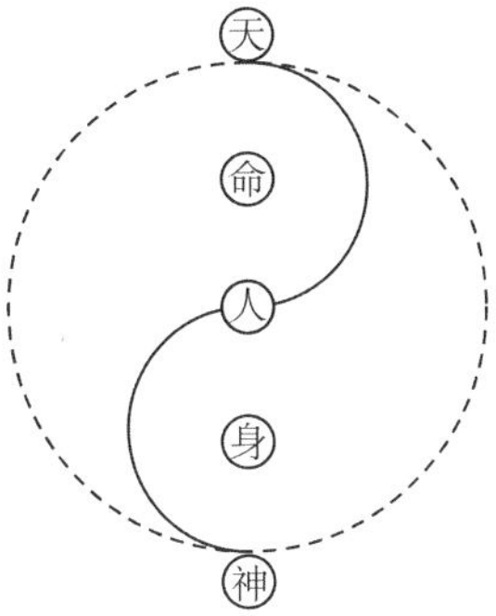

图 2-3　天命人身神

孔夫子的学问以修身为基础，修身如同修剪，修剪的是对物质有欲望的肉身。修剪之后，要解决心性和命的问题，因为二者相互影响，最后实现由宿命到天命的升华，这就是修身的次第。如图 2-3 中从身上升到人和命，人和命是中国文化中不可忽视的两个关键点，中国人是从修身往上走，而不是往下沉沦于低级欲望中。

时命合一，知己知天

孔子弟子是如何编《论语》的？关键就在“学而时习之”的“时”上。如果没有“时”，仅仅是“学”，这与犬马并无区别。举个例子，一匹经过训练的马可以表演马术，它也可以“学”，也是通过学习掌握了表演。然而，动物没有“时”，所以驯兽师就用各种方法刺激他们的“时”出现。这里的“时”与佛家所说的“一时”，以及《大学》中的“在”有着同样的意思。“时”就是当下有“觉”，你的心不在过去不在未来，就在现在。小时候我们都学过小猫钓鱼的故事，小猫的心没有在钓鱼这件事上，被其他外境带走就是“不时”，而猫妈妈能钓到鱼是因为她的心“时”刻在钓鱼这件事上。现实生活中，保持这个“时”非常困难，人的注意力很容易被带走。因此，“时习之”就是能把注意力一直集中在学习上而不散乱，这是很厉害的功夫。

我们要一边“学”一边“习”，还要活在当下，这些都是为了解决知命的问题。所以孔子说："不知命，无以为君子也"。知命的境界就是君子的境界，知命之后就是知天，也就是五十而知天命。人要知天必须经过知命这一环节，人只有知命，然后才能知天，人不知命无以知天。子曰："唯天为大，唯尧则之"，也可以说"唯天为大，唯命则之"，"尧"是认命的人，并且做到了与"命"合一，所以"唯尧则之"也就是"唯命则之"。时也，命也，学而时习之是解决"时"的问题，最终是解决"命"的问题，实际上是"时"与"命"合一的问题。

为什么我强调"不亦说乎"的"说"的读法？小孩子学习的时候要加以说服，不学的时候还要适当的批评，合适的时候再夸夸他。其实成年人也如此，人性中都有堕落之处，人是很难活在当下的。为什么要时习？因为要找到他高兴的那个时机，然后在那个高兴的时机去复习、去训练。训练必须抓住合适的时机，时机很重要。传学的时候需要说服，进行训练时同样要说服，而且要找到恰当的那个时机点，不到那个时机他学不进去。小猫最后没有钓到鱼，猫妈妈一通教育，在这个时机下小猫听进去了，猫妈妈教育的时机掌握的刚刚好。"学"是解决知的问题，"习"是解决行的问题，而知行之间它有时间点，就是"时"。知行合一一定是有个时间点，因此，当我们在某个时间点突然有所醒悟，有所觉知，那个点就是我们应该行动的时间点。如果要说服一个人，当然要使之快乐，如果别人不开心是没办法说服的。

"有朋自远方来"，"朋"可能是一个人也可能是一群人，是个体的对立面。"朋"其实指的是社会系统，在一群人的社会中，我应该如何对待他人，如何在人群中自处，如何在社会中立足？这就需要礼。礼是解决如何立于世间，立于社会的问题的。在古人看来，礼很重要，解决了礼和立的问题，也就能立于世间、立人和立身。

"人不知，而不愠，不亦君子乎"是解决知人的问题，也就是知人知天的问题。"有朋自远方来"，知礼立世；"人不知，而不愠"，知言知人。这两句都是围绕人在做文章。实际上是为了诠释"人、身、天、命"这四个字。

孔门之学主要沿着修身、立人和知命的路线，最终达到知天的境界。"子不语怪，力，乱，神"，对于神的层面孔子采取回避的态度。

孔子虽然罕言天命，但是罕言并非不言，而对于怪力乱神则是不言不语。孔子对怪力乱神存而不论，也没去否定。

人、身、天、命这四个字具体而言，人身属于世间，它表现在两个方面：往内走依托着家，往外走依托着国，人处于家国之间。家、国、人就构成了世间，继续往上升就是天下。以家为坐标，向前追溯祖先，向后繁衍子孙后代。以国为坐标，向前追兴，向后追亡，因为有国就会有兴亡，追兴是继承好的，追亡是要居安思危。

儒家以世间为中心，因此儒家不谈神，而且要敬而远之。

儒家没有谈及到神的层面，而是以人身为坐标，进而上升到天和命。在我看来，以人身为坐标，我们的人生大致有三个去处：第一个导向到天命，是儒家追求的方向；第二个导向出离出世，不愿意留在世间；第三个导向是沉迷在世间。

《论语》全篇都围绕着学而三句和尧曰三句做文章。首先解决的是“学而时习之，不亦说乎”，这是内圣部分，内圣是要知命的。天命的导向就是导人知命，知命最后达到知天，知天就是觉悟。想要知命，儒家给出的方法论是“不亦说乎”，同时要抓住“时习”这个“时”，也就是每时每刻、念兹在兹，这个过程既要说（shuì）也要说（yuè）。内圣功夫做好了，就可以入世做外王的功夫了。“有朋自远方来，不亦乐乎”这句话体现了儒家的外王之道，外王入世解决社会问题，最终实现“不知礼无以立”，即知礼立世。

无论是内圣还是外王，最终都是要归于自身，进而提升自己的生命维度，都要为自己负责，所以称作“为己之学”。“人不知而不愠”，这里看似是对别人的宽恕，其实是自己的放下。别人知不知，为何自己要愠？其实还是自己这颗心动了。“人”是对标己的，别人做得不好、别人不理解我、别人不尊重我……无论别人是有意还是无意，如果我们不因此而起情绪，矛盾和争端自然会终止消散。因此，对己之外应持宽恕和放下的态度。但是对己之内，如果是己不知，则不能宽恕。因为不知己，肯定是不知言、不知天的，还要继续努力下功夫。

圣人之道，知言为己

《学而》篇最后一句："不患人之不己知，患不知人也。"

"患"可以理解为在乎、计较，我认为"不患人之不己知"有两种可能：第一种是我不在乎人不己知，己知是指别人不自知他自己；第二种是我不在乎别人不了解我（自己）。这两种情况实际上说的都是别人，别人自己不了解他自己和别人不了解我自己，我都不在乎，因为我做不了别人的主。然而，如果我不了解别人则是不能宽恕的。

"患不知人"，不知言，无以知人也。知人首先要知己，知己就是为己，人要对自己负责。别人不知我和别人不知己，这两个都不重要，都不是我的忧患，我的忧患是我不知道别人，因为不知别人就意味着还没有做到知己。圣人之道知人也，要想解决知人的问题，就要知言，而知言就是为己之学。

为学君子，生命中道

我们的人生是什么？如果人活着只是为了度过这一生，这种人生未免有点遗憾。人生不仅要解决人的问题，还有命，人要知命，知命后还要进一步知天。知命属于内圣之学，我们的人生是知命知天，从人生向上行，进而追求天道，知命知天后再进一步和外王统一起来。

内圣之学有两种，一种是传统文化的天道追求，另一种是佛家的出世追求。外王也分成两种，一种是通过外王实现知天，另一种是外王而沉迷于世间。

在我看来，中华文明是以生命为坐标而建立的内圣之学和外王之道。我们要通过内圣外王升华自己的生命，这最终还是"为己之学"。

古人多数情况下是先追求内圣之学，通过心和性的升维来实现知命，进而达到知天。知天实现内圣之后，最后还要回到世间，使外王之道圆满。但是，无论是内圣还是外王，如果脱离了“为己之学”，外王就会沉迷于世间，内圣则会迷信神明。

在图 2-4 的阴阳鱼中，圈内就是中道，圈外的迷在世间和迷信鬼神都是不中道的。迷在世间多是为了功名利禄，迷信鬼神则是盲信怪力乱神，这都是孔子所不语的。儒家走的是天道，是觉悟之道。“子罕言利与命与仁”，为什么子罕言仁？因为仁如果不能落于行动，不能落于内圣外王，就是空的。况且，仁不是独立的，仁体现于文行忠信之中，仁显现于爱。人应当对自己的生命负责，进而知天为己。所以不要迷信功名利禄，不要迷信宿命，也不要迷信抽象的仁，这些孔子罕言的事物并不是人生的追求。

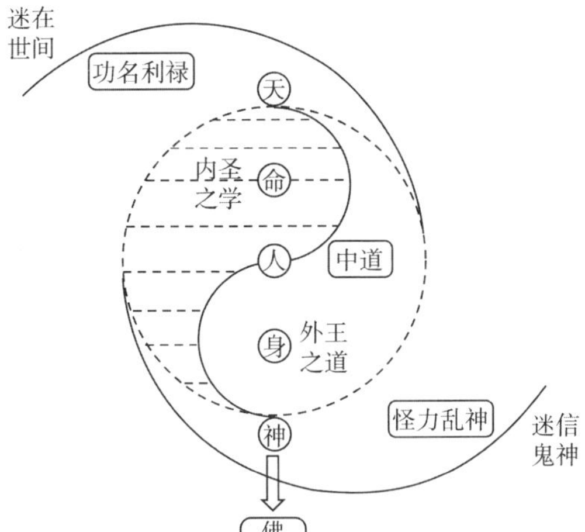

图 2-4　生命中道图

图 2-4 中有四块内容，第一个中道板块是内圣之学和外王之道；第二个是世间的功名利禄；第三个是世间的怪力乱神；第四个是佛家开辟的生命和灵魂的觉悟之道。

《学而》这一篇讲的是为学，学的是为君子之道，而君子之道就是圣贤之道，即内圣外王之道。《论语》对于出世离世很少提，对于世间迷信的怪力乱神孔夫子更是不语，至于世间的功业利和抽象的仁，孔子都是罕言的。孔子之所以罕言利、命和仁是因为这三点都有弊端，言命可能会迷命，言利往往会迷利，言仁则容易导致假大空。

孔子的学问传承的是内圣和外王之道，内圣外王之道的核心还是忠信。因此，在中国文化中始终不离忠信。“人不知，而不愠”强调的是忠恕之道，“不患人之不己知，患不知人也”讲的是为己之道，通过为己之道实现知己，然后知人，进而实现知人从政。

为己知人，知人从政

《论语·尧曰第二十》第二条讲的是具体的外王之道：

子张问于孔子曰：“何如斯可以从政矣?”子曰：“尊五美，屏四恶，斯可以从政矣。”子张曰：“何谓五美?”子曰：“君子惠而不费，劳而不怨，欲而不贪，泰而不骄，威而不猛。”子张曰：“何谓惠而不费?”子曰：“因民之所利而利之，斯不亦惠而不费乎? 择可劳而劳之，又谁怨? 欲仁而得仁，又焉贪? 君子无众寡，无小大，无敢慢，斯不亦泰而不骄乎? 君子正其衣冠，尊其瞻视，俨然人望而畏之，斯不亦威而不猛乎?”子张曰：“何谓四恶?”子曰：“不教而杀谓之虐；不戒视成谓之暴；慢令致期谓之贼；犹之与人也，出纳之吝谓之有司。”

君子之学知人从政，有五种情况称作五美，并讲述了应如何做到：“君子惠而不费，劳而不怨，欲而不贪，泰而不骄，威而不猛。”君子应该懂得给予民众实惠，应该善于使民以时，满足他们的需求，同时不让他们生起贪念。做法是“因民之利而利之”则“惠而不费”，我认为这里是指不能无条件地施与民众好处，而要让他们有所承担后再给好处，如此才能避免滋生贪心。

现在很多有善心的企业家积极从事慈善，他们的善举令人钦佩，但是直接给予金钱或物品的做法也可能会滋生不劳而获的贪念，这种慈善行为的成效值得深思。或许可以借鉴孔子的思路，举个例子：相较于直接给一个村子捐钱，不如出资让他们去修路，既解决了就业，也修缮了道路，钱也是劳动所得，便不易滋生不劳而获的贪念。为政的宗旨在于防止民众欲望膨胀而生起贪心，因此要引导民众“欲仁”而不是“欲利”，欲仁而得仁，从而避免滋生贪心。

君子对自身的要求是“无众寡，无小大，无敢慢”，我认为这里的“敢”是勇的意思，“慢”是散漫懈怠，是不勇敢的表现。“斯不亦泰而不骄乎”，可以看出君子泰然自若，从容不迫的风度。“君子惠而不费，劳而不怨，欲而不贪”是讲民的，“泰而不骄，威而不猛”是讲君子自身的。“君子正其衣冠，尊其瞻视，俨然人望而畏之”，描述了一个君子的形象，要衣帽整齐，穿起来能够让人肃然起敬。君子内在表现出俨然之气，而非令人畏惧，想要逃避。

随后，子张又问何为四恶？子曰：“不教而杀谓之虐”，即没有事先对民众进行教化，就对他进行惩治，这叫虐待。“不戒视成谓之暴”，即没有事先给他约定标准，就觉得他就应该干得很好，这是一种暴行。“慢令致期谓之贼”，下了一个命令，但是不加以督促，结果到期没有完成，就加以惩罚，这就是贼，这和放纵民众犯罪没有区别。“犹之与人也，出纳之吝谓之有司”，“与人”就是给予的意思，给人们发放福利时，如果像古代地主小斗出大斗进，这就是一种非常刻薄吝啬的手段，为政者不应像专门管理一项事务的人那样斤斤计较。

《尧曰》篇最后，又回归内圣之道。孔子曰：“不知命，无以为君子也；不知礼，无以立也；不知言，无以知人也。”《论语》开篇结尾之深意，值得读者反复咀嚼，细细体会。

第三讲

《论语》是记录孔子及其弟子言行的语录文集，主要讲述的是内圣外王之道。中国文化的主要精神就是内圣外王，然后由内圣外王再追溯到中国文化的道统精神。

溯源——“学”的本意

《学而》篇有子曰：“其为人也孝弟（悌），而好犯上者，鲜矣；不好犯上，而好作乱者，未之有也。君子务本，本立而道生。孝弟也者，其为仁之本与!”有子这段话是讲“仁”与“孝”的。这一条是《学而》篇的第二条，第一条是讲“学”的，那么《论语》一开始为什么要先讲“学”紧接着讲“孝”？其实“学”与“孝”有很紧密的联系，我们先来看“学”这个字，如图 3-1。

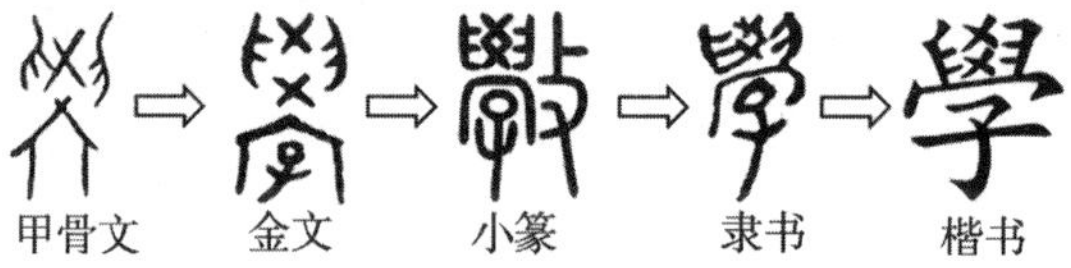

图 3-1　“学”的字形演变

我们知道，古人造字之初造的是象形文字，是以形来表意的，每一个字最开始其实就是一幅画，经过历史上不断地简化、演变才变成我们今天所见的样子。我们看“学”的甲骨文，以为例：上面是一双手，表示先辈；中间是个坛，表示庄严肃穆；下面是小子，表示后代，“学”字的甲骨文就是在描绘这样的场景。

这双手是先祖、先辈的手，“学”的对象就是我们的父、祖或者师。因为在古代，父、祖、师、天都处于同等的位置上，以祖配天，以师配天，以父代祖，所以这双手就是我们的父、祖、师，也就是先辈得道之人。

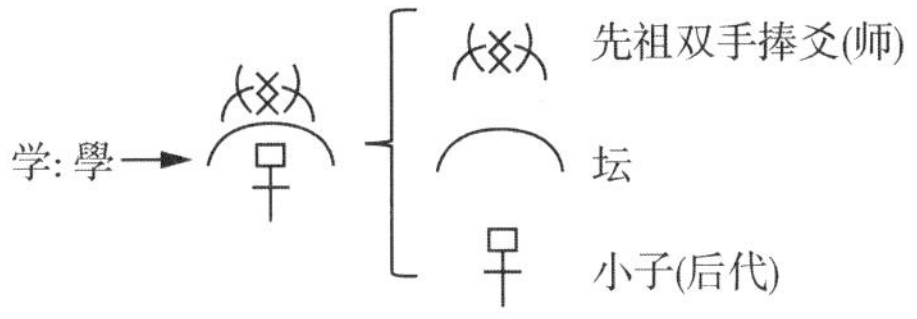

图 3-2　“学”的释义

从图 3-2 中，那双“手”中捧着的是爻。八卦中有阳爻（—）阴爻（--），八卦是《易经》的核心元素，是以象解道的。许多人以为《易经》只是江湖算命的工具，非也。《易经》虽涉阴阳，但它不仅是道家经典，也是儒家经典，为儒家六经之首，更是诸子百家共同的经典。《易》为群经之首，大道之源，诸子百家都要学《易经》。

“学”经过以上解读，其本意为祖先用证悟的那双手，把证悟的正理——道，在一个庄严的场所传承给后辈小子。后辈小子在这个庄严的场所就要祭天、祭祖、拜师，接受传承。

因此“学”本身就有祭祀、传承、载道的含义，它既是动词也是名词。而且“学”还是一个过程，“学”中的半弧形代表“坛”（现在叫宝盖头，其实我认为叫宝坛头更合适），有坛的地方有祖、有道，也就一定要有祭祀和供养，否则就不叫“坛”了。比如北京的天坛、地坛，就是古代皇帝祭祀天地的场所，叫“坛”。现在的烈士墓、纪念碑，有祭祀先烈（祖）的功能，也属于“坛”，以及各地的祠堂、庙宇、道观等，都属于“坛”的范畴。

《论语》开篇为什么是《学而》?

知道了“学”的本意，我们再来看，“学”字去掉这双“手”，去掉宝盖头，剩下的符号和“孝”（图 3-3）的甲骨文非常相似。另外，《礼记 · 王制》《礼记 · 礼运》和《孟子》中都曾记载上古的教育制度中有老人居学以教弟子的情况，也有学者认为，“孝”字与老、教、学、效、校，古音相近，意义相关，可视为一组同源词。

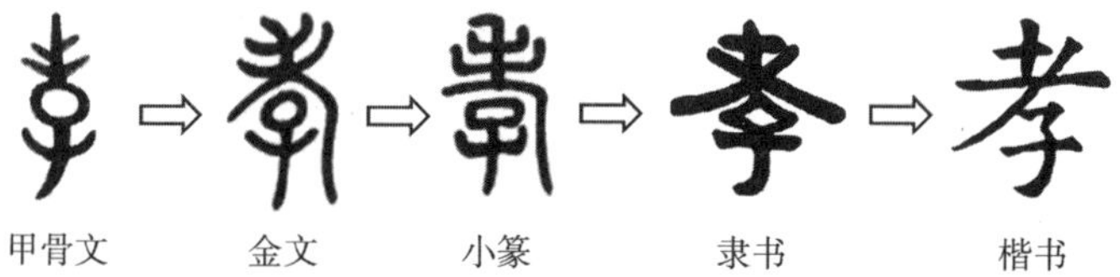

图 3-3 “孝”的字形演变

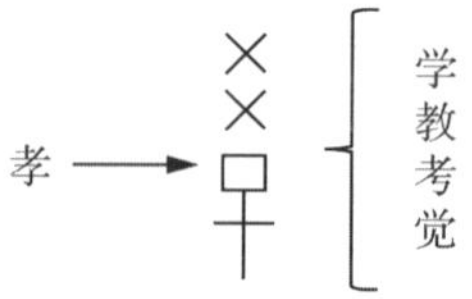

图 3-4 “孝”的同源字

《说文 · 教部》释“教”为“觉”。《玉篇 · 子部》亦有言：“学，觉也。”汉代的《白虎通 · 辟雍》讲得更清楚：“学之为言觉也，以觉悟所不知也。”宋代理学家朱熹在解释《论语》时写道：“学之为言效也。人性皆善，而觉有先后。后觉者必效先觉者之所为，乃可以明善而复其初也。”可见，学，觉、教、效等字与孝、老、考等字通释的做法古已有之（图 3-4）。

我们今天这个时代，“孝”比较常用。那么，“考”是什么？我们的祖先又叫祖考，“考”是追溯探索。因此“孝”也是对祖先、天道进行不断地探索，皈依回归，寻找源头。我认为孝并不只是现在人理解的，上面是个老人，下面是个小子托着老人，这就把“孝”理解浅了。“孝”的本意是让后代小子明理得道。明理得道以后，自然会感恩和孝敬老人，自然会尊重传承，接受传承，对天地君亲师自然就有所交代，自然就能做到养老送终。

所以，《学而》篇首先讲“学”，紧接着追本溯源就讲“孝”了。因为“孝”要通过“学”来彰显。孝为体，学为用，这就是《学而》篇的编排思路。我们开始为什么要花这么大工夫来梳理“学”和“孝”的关系？因为《论语》是有内在逻辑关系的。在我看来，《论语》就是一棵树，哪个杈，哪个叶，我们都要很清楚，做不到这个怎么进入《论语》的语境，又怎么能读得懂呢？

由孝申悌，由顺而忠

有子是孔子一个非常得力的学生，他对孝道和传承有深刻的理解，他说作为一个人，首先要把孝摆在第一位，孝的延伸就是“顺”与“悌”，以孝为本，显诸“顺”和“悌”。孝顺父母，就要让父母的思想、观点和理念得以延展，让父母的心气顺畅，要顺从父母，听从父母的教诲，而不要忤逆犯上。与此同时，出于孝道的要求自然而然也就扩展到“悌”，我们要把父母的所有儿女，乃至于祖先的所有儿女一视同仁，都用恭敬亲爱的态度与他们和睦相处，让父母放心，这样才算孝。孝道、悌道的扩大，就是“四海之内皆兄弟也”，这是孝道最广义的推扩与泛化。四海之内都皆兄弟了，那家里的兄弟姐妹当然更是一体了。反过来说，如果一个人只孝顺自己的父母，但是对其他的兄弟姐妹有所保留，其实还是不孝。

“悌”这个字，最早是不加竖心旁（忄）的，本字就是“弟”，意为次序、次第，加了“忄”就人文化了，加了人文、人伦的东西。孝顺父母需要有一颗孝心，孝敬孝养、色难的也是这颗心，我们对父母的所有后代都加以爱护关怀、一视同仁就叫“悌”。一个人达到了孝悌之境，就可以算得上“仁者”了。若能因孝以至于仁的境界，这已经是很高的境界了。

有子的这句话也是正话反说，反话正说的。按理来说，一个人如果孝悌，就意味着能听从父母的建议，顺从父母的教导，这就是“顺上”。如果说某人自称孝悌之人，但其行为举止却屡屡犯上、抗上，忤逆父母及其他长辈的教诲（“上”可代指所有地位在己之上的人，如天地君亲师），那么这个人其实根本谈不上孝悌。所以有子说这样的人是很少的（鲜矣），也就是说大部分人不会这样，只要孝顺了自己的父母，一般就不会忤逆犯上。

不好犯上就是“顺”，犯上的反面就是顺上，顺上就是臣服。没有臣服之心的人是不可教、不能收为学生弟子的。否则的话，你就天天跟他博弈，他也天天跟你斗心眼，因为他天天在犯上，没有臣服之心。没有臣服之心的人难以摆正自己的位置，有臣服之心的人往往才会忠，这就是忠孝一体表现。由孝悌而臣服，由臣服而忠心，自古忠臣出于孝子之家，其原理就在这里。

忠孝乎？愚忠愚孝乎？

讲到这里可能会有争议，大家不是要讲自由平等吗？臣服会不会滋生愚忠愚孝？这里有必要纠正一下，我认为愚忠愚孝是到了封建社会后期，君主专制发展到顶峰时的情况，而孔子最初讲的是“君使臣以礼，臣事君以忠”。在古代，臣对君的忠也是对等的、双向的，君对臣也要以礼相待。这一点孟子讲得更清楚，《孟子·离娄下》中记载：“孟子告齐宣王曰：‘君之视臣如手足，则臣视君如腹心；君之视臣如犬马，则臣视君如国人；君之视臣如土芥，则臣视君如寇雠。’”古代的知识分子是非常有独立人格的，非常有自己的气节、操守。但是双方一旦缔结了君臣关系，某个士子一旦认可了对方作为自己的君，将会终身追随，竭力效忠（比如诸葛亮）。因此，我们不能把臣服和愚忠愚孝混为一谈。

忠是如此，孝也是一样的。《孔子家语》记载了孔子教导弟子曾子“小杖则受，大杖则走”的故事。这个故事常常被用来教导人们不要盲孝，然而，很多人却忽略了孔子说这句话的出发点是“不陷父亲于不义”。大家看，圣人的学问从来都是活泼泼的，处中圆融的，因为孝有大孝小孝，义也有大义小义，小杖则受是孝，大杖则走同样是尽孝，两者之间并没有冲突。所以，圣人告诉我们的是孝顺父母，而不是盲孝，行孝中也要有智慧，也要有义在。

其实说白了，孝就是把父母当作父母来敬爱，忠就是把上级当成上级来尊重，是所谓“君君，臣臣，父父，子子”。当我们行孝、尽忠的时候，我们所处的就是“子”的位置、“臣”的位置。

平等乎？差等乎？

那么，君臣、父子之间是平等的吗？当然不是，而是有区别的。这种有区别的关系，就是有差等的体现。什么是差等？差等就是有区别的爱，比如爱自己的父母和爱邻居的父母是有差别的、有先后的，一个深一个浅，一个近一个远。《礼记·祭义》中的“立爱自亲始”就是这个道理，因此，儒家所倡导的差等之爱既符合天理，又合乎人情。

那么，自由平等的是什么？是我们生而为人的人格。但是每个人的智力、能力、家庭背景、资源等等，是生而平等的吗？事实上也并非如此，有的人天资聪颖，也有的人智力残缺，这些因素都不是由人力所能决定的。所以在这里，大家不要走偏了，对于人和人在后天成就上的差别，就要“三人行，必有我师”，就要“天行健，君子以自强不息”。但是对于人和人在闻道先后、道德修养、师生地位乃至上下级关系这类的客观差别要予以承认，摆正自己的位置和心态，用谦卑、臣服的心去吸收前辈的智慧。如果在这一方面还认为双方是平等的，那就失去了对上位者的尊重。带着自己的傲慢、习性、偏见去做事和学习，还能跟老师学到什么呢？最多也就勉强学到点知识，至于背后的大道是难以体会到的。

孝之本立，而人道生

所以，孝悌忠顺就是“本”。有子接着说“君子务本，本立而道生。”这个“道”我认为指的是人道，而不是天道。假如说由于你的孝顺，导致天道运行都变化了，太阳从西边出来了，这是不可能的。所以这个“道”指的是人道，作为人道的孝顺也只显现出世间的美好，距离天道的维度还有些距离。这里再看老子说的“人法地，地法天，天法道，道法自然”，这几句话中间有个次第。地球万物顺应四季而生，地球围绕着太阳转，太阳系绕着银河系运动，这是更高维度的孝顺，是宇宙天地的孝顺。假如一个星体很有自己的想法，想要脱离星系的引力自己到处转，那就是星体的“不孝”，也就无法稳定地自转公转。所以孔子讲“为政以德，譬如北辰居其所而众星共之”，天体之德如此，人之德也如此，每个人都要在自己的轨道上，才能有自己的德。正如《大学》所言：“为人君，止于仁；为人臣，止于敬；为人子，止于孝；为人父，止于慈；与国人交，止于信。”我们要认清楚自己的位置，扮演好这个位置的角色，这就是有“德”了。

就天道而言，一个人的心如果不顺应自然大道，更高层次的信息自然就把人屏蔽掉了，也就无法认知到更高维度的智慧。所谓的“顺应天道自然”，其实就是校正自己的“频率”，安守自己的“本份”，让自己和天道信息（君亲师）同频，进而接收更高维度的智慧。

儒道一家

我们再来看“孝道天地人”（图 3-5），它最上面的符号代表爻，爻的上面是天。孝是小子在孝，小子的上面是爻，也就是说，孝是人道，孝的上面是天道，孝推扩到忠，忠就是地道。因此，《论语》的这句话其实特别符合老子“人法地，地法天，天法道，道法自然”的思想。

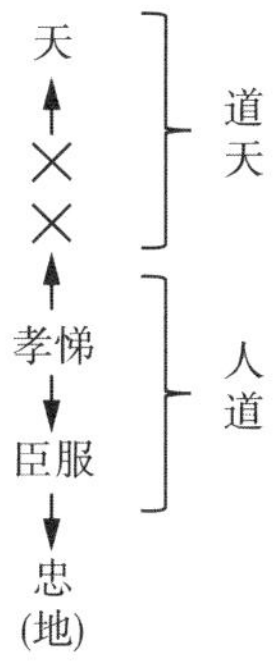

图 3-5　孝道天地人

我们千万不要把老子的精神和孔子的精神对立起来，他们只是两个解读体系，各有侧重而已。老子更侧重于自然生命的规律，倾向于天道；孔子更倾向于家、国、天下，倾向于人道。人道的上面是自然天道，天道在生命中的彰显是人道，二者互为表里。人道做好了，人道、地道自然就合一了，人法地，地法天，天法道，道天合一，就都通了。

孝悌和臣服属于人道的范畴，臣服不是让你低人一等，而是需要意诚心正，要有致知格物的功夫。但是，致知格物的功夫其实没那么容易。说难也难，说易也易，比如小孩子不知道什么叫臣服，也不懂格物致知，让他去做他自然而然地就做了。反而是当人长大了，有了自己的好恶，有了分别心，不管是对是错，他先看看喜不喜欢再决定。所以臣服是要去掉分别心，回归到孩子“诚”的状态。为什么孩子的学习力、吸收力是最强的？就是因为孩子“诚”，他们是一张白纸，所以可以最大程度地吸收学习。然而现在学的环境有所变化，人们的习性也改变了。在信息爆炸的时代，真正传道的“师”或许很难找到了。即便遇到真正的师，人们的分别心也让人很难臣服，又谈何学道、传道呢？

何者为本

再往下看，这句话里面的“君子务本”是什么意思？《大学》也讲：“物有本末，事有终始，知所先后，则近道矣。”“本”就是事物的根本、本质、本体，就像树的根，有根脉，才能生长出枝、叶、花、果。有子的这句话是在说，君子的人生、行为一定要和孝、天、道合

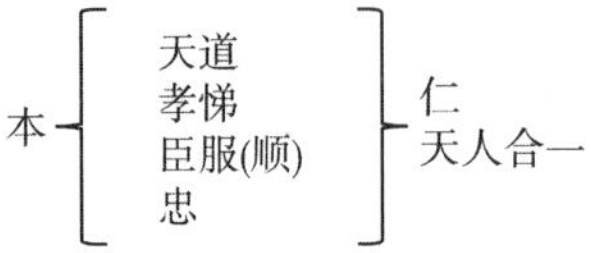

图 3-6　何者为本

为一体。当确立了这个本体之后，人道生焉，世道生焉，美好生焉，万法生焉。最后结论，孝悌就是本："孝弟也者，其为仁之本与"。（图 3-6）

这里面出现一个问题，为何《论语》由孝悌直接讲到了仁？仁是孔子思想的核心，在《论语》中曾被反复提及。仁的内涵广大精深，实际上，从天道到孝悌、臣服（顺）、忠，这些合起来都属于仁的范畴。仁的具体内容就是天道、孝道、顺道、忠道等。孝道里面自然包含了悌道，所以叫孝悌之道。

而且，要注意，有子这里说的"君子务本"，指的不光是孝悌，而是由孝悌生长出来的所有内容。其中既包括人道（孝悌、臣服），也包括天道（诚），还包括地道（忠），这些内容合而言之，可达乎仁，因为仁是贯通天地人的，是合一的。

立世行仁

我们知道，孔子一生的志向就是恢复周礼，所以孔子谈"礼"比较多，孔子又"罕言利与命与仁"，对"仁"谈论的比较少。那么仁、礼二者之间是何种关系？相对而言，仁是一种爱的感情，礼是外在的表现，礼有礼仪、礼器、礼节等物质或行为载体，所以仁和礼一个是内，一个是外，仁礼互为补充。

在中国文化中，仁义是本，礼是外显，礼的背后还有利在，比如礼物、礼金。礼的实现也需要钱财用度，换句话说，礼是面子，利是里子。有人说夫子天天谈仁、谈礼，好像没有谈到过利，子罕言利。实际上这是因为仁的背后自然有利，礼的背后也自然有利。利不应当是一个刻意追求的东西，而是藏在仁、礼之中的副产品。打个不恰当的比方，仁礼正如我们吃的饺子，利则是里面的馅。吃饺子前我们看不到馅，吃着饺子自然也吃到了里面的馅。如果只是为了吃馅，那吃的也就不是饺子了，可能也就不好吃了。

儒家经典《大学》在篇末论及生财之道：“生财有大道：生之者众，食之者寡；为之者疾，用之者舒，则财恒足矣。仁者以财发身，不仁者以身发财。未有上好仁，而下不好义者也；未有好义，其事不终者也；未有府库财，非其财者也。”就是在说这个道理。仁的背后是有财富的，因为“爱出者爱返，福往者福来”。一个人若以仁爱存身，以仁义立世，每天都在做好事，做对他人、社会有价值的事，自然而然会得到相应的回报。《大学》对道德和财富的关系说得好：“是故君子先慎乎德。有德此有人，有人此有土，有土此有财，有财此有用。德者，本也；财者，末也，外本内末，争民施夺。是故财聚则民散，财散则民聚。”因此，要妥善处理好礼和利的关系，不要因为里子而伤了面子，也不要光顾面子而没有里子。

孔子说“不学礼，无以立”，仁、礼、利都要服务于君子立世这个目的（图 3-7）。在仁的思想指导下，无论是面子还是里子都不能害人，都不能违道。君子在行仁的前提下既要讲面子，也要讲里子，要好看，也要实用，最终目的是立世。

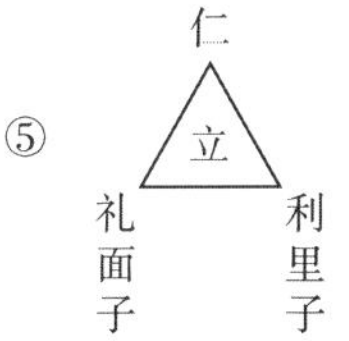

图 3-7　仁礼利关系图

有些人一味为了谋利，把面子做得很足，实际上却是假仁假义、伪善，这样怎么能长久？有些企业出问题也是因为谈了太多的利，而缺乏礼。只谈里子，没有面子（礼乐教化），就变成了赤裸裸的利益交换，没有半点人情味可言。如果企业雇佣员工只是为了谋利，不顾及员工个人的身心健康、心性成长，那么员工在更大的利益面前出卖企业也就不奇怪了。这样的企业谈何立世？又如何能长久？

在这里，有子告诉我们，如果掌握了孝—悌—忠—顺—仁，就能立世，就能在世间立于不败之地。

孝仁结构

最后我们来梳理一下，有子的这段话可以分为四个层次，如图 3-8 所示。一是由孝悌推到顺；二是由孝悌、顺推到忠；三是由孝悌、顺、忠推到本；四是由本推到仁。这中间我们还讲了孝与学的关联和仁、礼与利的关系，讲了本立而道生是何者立？何者生？这段话的结构可以用下面这张图来表示：

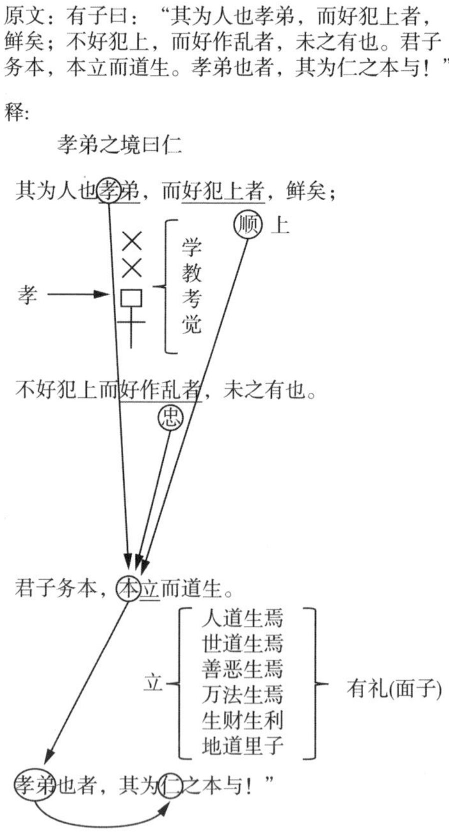

图 3-8　孝仁结构图

我们知道，《学而》篇主要是讲“学”的，但是学离不开孝。所以孔子开篇先讲了学，随后有子又讲了什么是孝，又由犯上与否引出顺，作乱与否引出忠，进而由孝推出忠顺，再引出天道、人道、地道。总的来说，孝、顺、臣服即人道，忠是地道，再往上就是天道。

君子务本，狭义的本当然是指孝，广义的本则是与孝相关的整个系统，即囊括了天道之诚、人道之顺、地道之忠在内的整个孝悌系统。当生命的大本大源确立了，则“本立而道生”，所生之道的内容也有很多，孝本既立，人道生焉，世道生焉，善恶生焉，财富生焉，万法生焉……

有学生问，君子务的是本，而这个本又是孝悌，那与忠顺有什么关系？忠和顺是由孝悌推出来的，有孝悌自然就忠顺了。有子的这段话就是在用犯上、作乱来反证这一点，孝悌忠顺是连在一起的。孝悌忠顺皆是本，这个本立，则万物生，财与利也自然来了。这中间是从天道落到人道的生命，从人的生命再推广到世间，从纵向的天人关系变成横向的社会关系，落到世间的治理上来。

“孝弟也者，其为仁之本与”这一句是《学而》篇的核心。孝悌既为仁之本，那么到最后其实也不仅仅是孝悌了，而是一套孝悌的系统，从孝悌出发，向上追溯到天道，向下追溯到地道，共同组成了仁之境。仁之究竟义是贯穿天地人三道（或曰天地人三才之道）的，仁者即达天人合一的境界。所谓的“天人合一”其实是天地人三者合一。我们看这个“仁”字，是不是既有人（单人旁），也有天（上面的一横），还有地（下面的一横）？所以“仁”字就是天地人三者合一。从这里大家看，老祖宗的智慧绝对不偏，只看后人能否了悟。

针对这段话的结构逻辑，我们这一讲有几个重点，如图 3-9 所示：一是有子给仁下的定义，二是由学解读到孝、教、觉；三是孝—顺—悌；四是本；五是仁。我们可以从以上理论引申出两个三角模型：其一为孝—顺—悌（中间为忠心）的孝心模型，其二为仁—礼—利（中间为立）的立世模型。

为什么能把仁礼利联系在一起？因为“本立而道生”，所生之道包括世间万法，当然也包括财和利。也就是说，仁道最终还是要回归实

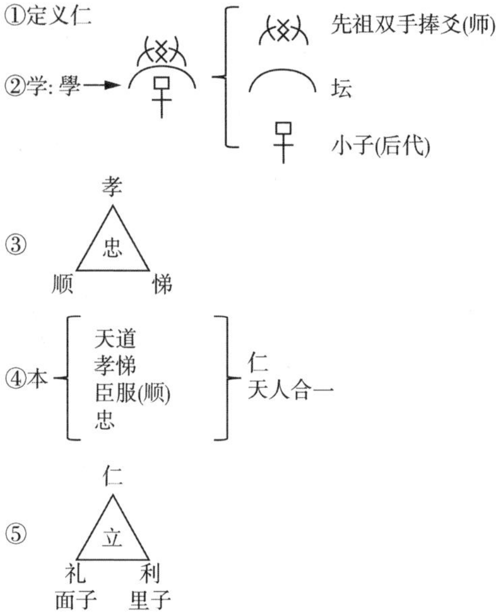

图 3-9　本讲示意图

处，实处即是财和利；复礼最终也要落到实处，也是落到实在的东西、利益上。儒家所讲的仁义礼智这些道德层面的东西虽然是虚的，但是虚的东西一定是要实的东西来配合，而且虚中有实，实中有虚，虚到极致自然生实，实到一定程度自然务虚。"仓廪实而知礼节，衣食足而知荣辱"说的就是这个道理。

虚实结合，阴阳相济，这就是大道！

读其书，想见其为人

我们读《论语》如何读？用什么心态读？有一句话说得好："读其书，想见其为人。"那么，我们应该如何看待孔子呢？

孔子是在历史上真实存在过的人物，他首先是一个有血有肉的人，跟我们一样会哭会笑，他有父母、妻子、儿女，也喝酒，也唱歌，年轻的时候也很是潇洒。作为一个普通人，孔子也是要解决生存问题的，他也要有谋生的手段，要养家糊口。只不过孔子选择的职业比较特殊，我认为他可以称得上是历史上第一个民办教师，因为以前是“学在官府”，孔子首创“学在民间”，广收弟子，打破了贵族对于知识的垄断。在孔子那个时代，他就已经以“博学”闻名了，《论语·子罕第九》记载：“达巷党人曰：‘大哉孔子！博学而无所成名。’”孔子自从“十五有志于学”之后便倾心研究儒家学问，君子六艺（礼乐射御书数）、上古六经（《诗》《书》《礼》《乐》《易》《春秋》）他都会。孔子的收入来源主要是招收弟子的“学费”，古称“束修”。这样的孔子是一个生活版、现实版的孔子。

但是，孔子不仅是一个单纯的教书匠，他教授儒家经典、君子六艺的目的是求道、悟道、传道。他对弟子的教导也是因材施教，针对弟子的心性特点、资质偏向来予以针对性的启发。他自己更是一个好学之人，“朝闻道，夕死可矣”（《论语·里仁第四》），他通过不断的修身实践和经历各种磨炼，最终达到了“五十而知天命，六十而耳顺，七十而从心所欲，不逾矩。”（《论语·为政第二》）的圣贤境界。也就是说，孔子生命的起点是和我们一样的，是普通人，但孔子生命的终点则是悟道、证道、传道的圣人。孔子在当时的时代就已经被一部分人尊奉为“天纵之圣”“天之木铎”，是当时社会上的最博学者之一，后来又被后人尊为孔圣人、至圣、至圣先师、大成至圣文宣王先师、万世师表等。

我们读《论语》，要想真正汲取孔子的精神力量，一定要向圣贤版的孔子学习。我们今天谈的就是圣贤版的孔子、天人合一的孔子，而不是与帝王将相合作的政客版的孔子，也不是生活版的孔子，只有从这个角度才能真正继承儒家的道统。

宋代理学家程颐先生说：“今人不会读书。如读《论语》，未读时是此等人，读了后又只是此等人，便是不曾读。”我们读书，一定要努力体会圣人之意，力求与圣贤合二为一，把孔子教导弟子的话当作说给自己来听。要知道，学问是从恭敬中得来的，希望大家摆正心态，读完《论语》都能有所得。祝福大家！

释"恭""敬"

前文我们细讲了有子论"孝为仁之本"一条，接下来，我们不按顺序讲，从《学而》篇的第六、七、八、九句开始讲，因为这几句都是承接着"孝"这个话题而来的。

第六条——子曰："弟子，入则孝，出则悌，谨而信，泛爱众，而亲仁。行有余力，则以学文。"这句话是讲师道的，"弟"是指子弟、徒弟。年龄小一点的叫"子"，年龄大一点的叫"弟"，徒弟即徒子徒弟，"徒"就是追随、跟着的意思，跟着我学习的兄弟就是"徒弟"。古代的老师有时候称学生为兄弟，比自己年纪稍长一些的称"兄"，比自己年龄小的称"弟"。老师对徒弟以兄弟相称，这是一种不以师位自居的谦卑，相当于抬高了徒弟的地位，把他视为手足兄弟看待，也是一种亲近的体现。但是作为学生不能忘了自己的身份，换言之，上对下是可以的，下对上就不好了，作为弟子如果和老师称兄道弟，有轻师慢道的嫌疑，弟子对老师还是要恭敬。

那么，什么是恭敬呢？"恭"和"敬"的区别是什么？我们先来看看这两个字的造字起源（图 3-10）。

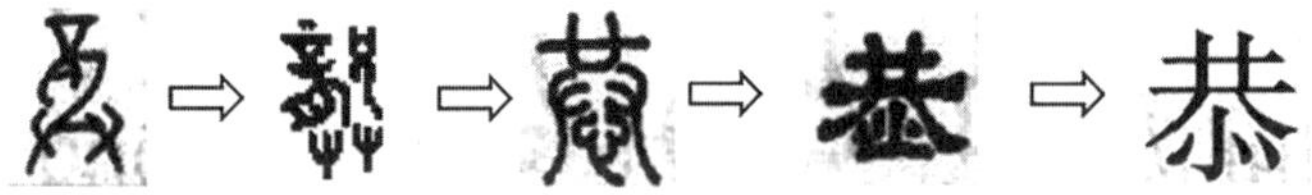

甲骨文　　金文　　小篆　　隶书　　楷书

图 3-10　"恭"的字形演变

在甲骨文中，"恭""龚"通用。最早写作，上面的符号是龙，下面的两只手是共（表供养），造字本义为虔敬的供养神龙。金文在此基础上加了（祝祷）变为；小篆分化出了"龚"和"恭"字，将龙的元素略去，添加了（心），突出供养的诚心，隶变后写为现在的

“恭”字。从“恭”字字形演变的过程中可以看出，“心”的地位有所突出。无论供奉的对象是什么，最重要的是有一颗真诚恭敬的心。

“敬”据我所知最早见于西周金文（图3-11），字形从苟（jì）从攴（pū）。关于它的本义，说法不一。一种说法是会意字：甲骨文左边是个口，右边是一只手（又）拿着棍子或鞭子，表示手举着木棍，用口吆喝着，传出“戒”“慎”的意思，这就是“敬”。小篆的左边变成了个“苟”字，“苟”为牧羊人用口吆喝羊群，右边仍然是手拿木棍或鞭子，意思未变。楷书是由小篆楷化而成，本义为警告，是“警”的本字。一说这种构型是表示手持棍棒使人恭敬，其本义是对人尊重，有礼貌；也有人认为，“敬”字左边的“苟”不是人形，而是一条狗的形状，右边的“攴”指棍棒，也就是用棍棒教训狗，对主人要顺从、恭敬，其本义也是对人尊重、有礼貌。现代文字学家郭沫若也认为“苟”是狗之象形文，但他认为狗多用于警卫，“敬”即“警”之初文。

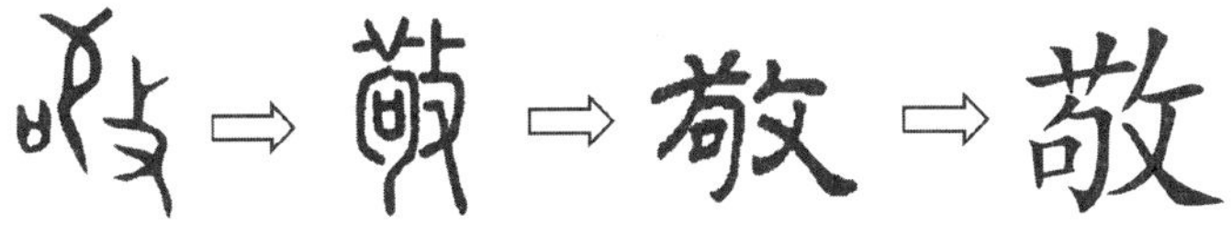

图3-11　“敬”的字形演变

说法虽然不一，但所指的意思大概相同，且从字形中也能明显看出棍棒或辫子的意象，无论是牧羊人、驯犬人还是手持棍棒的老师，都有一种自上而下的警醒、教训的意味在。如果放到师生传道的场景看，敬就是态度严肃地敲打对方，敲打的目的不是伤害、鄙夷、蔑视对方，而是为了让学生端正严肃，醒悟明白。

在《说文解字》中，“恭”和“敬”都是整齐严肃的意思：“恭，肃也。从心，共声。”“敬：肃也。从攴、苟。”我们现在基本不讲二者的区别，连用为“恭敬”一词。但是从造字本义来看，“恭”偏向内，“敬”偏向外，“恭”为主动自觉，“敬”有外在的强力训导。不过，在历史上这两个字的内涵也发生过对调，“恭”变成了显现的外貌举止，“敬”变成了内心的敬意。最早在《尚书·洪范》中就有“貌曰恭”的说法，经学家的注释也认为“在貌为恭，在心为敬”。朱熹曰：“敬者，恭之主于中者也。”敬变成了一种德，即内心的诚敬。因此“恭敬”二字连用就变成了不仅外在行为谦恭，内在也秉承着敬意的意思。

弟子对于老师要有一种真诚、彻底的恭敬，有的人外表很谦卑，但是内心其实不服，这只做到了“恭”，却没有真正的“敬”。真正的恭敬是言行一致、心行一处的，是由于对师道、师位、师德、师才发自内心的认可而产生的一种尊重、亲近之情。弟子做到了真诚、彻底的恭敬，才有可能和老师心心相印，从而得到老师的真传。所以，作为弟子，一定要摆正自己的位置，摆正师父的位置，在弟子的位上就按照弟子的行为准则来约束自己。

《论语》的这一条后来被清代李毓秀化用为《弟子规》的总纲，以这一条所提到的标准来进一步细化，成为清代以来著名的蒙学读本。什么是蒙学？就是古代的小孩子最早开蒙用的教材。打个不恰当的比方，类似于我们今天的幼儿园或者小学一年级课本。《弟子规》这本书直到今天也有广泛影响，但是我们要知道它的原则、精神是从《论语》那里来的。

首句“弟子，入则孝，”现在有多种解释，我也提供一种解释：把弟子解成“悌子”，就是具备孝悌之德的孩子。为什么这样解？因为“弟”“悌”本通，而且后面出现了“孝”，所以解释成孝悌之子也可以。意思就是兄弟、孩子、学生、年轻人们，要“入则孝，出则悌”，在父母面前就孝顺父母，离开父母兄弟之间就要做到“悌”，同辈之间互相爱护。

“谨而信”就是谨慎而守信，不能轻言妄语、狂妄自大，更不能欺骗。因为人无信不立，信是人的立身之本，没有信，这个人说的话也就没有人会听了。所以要谨言慎行，做一个踏实可靠、值得别人信赖的人。

“泛爱众，而亲仁。行有余力，则以学文”这几句话点出了儒家教育弟子的核心原则，就是教人做一个人，而不是学习的工具。学做人是根本，学文是末。教育孩子不能本末倒置，忽略孩子的人格养成，要把孩子的德行放在第一位。前面所说的孝、悌、谨、信、爱、仁，这些都是“行”。在本书的一开始我们也提过子之四教“文行忠信”，“行”就是其中之一。古人是先做后说，先武后文，先质后文，文质彬彬，然后君子。当把“行”做到了、做好了之后，如果还有精气神，还有剩余的时间，就要学点“文”。这里的“文”是纹饰，比如修辞，语法，逻辑，辩论这些东西，和文言的“文”是不同的概念。

总之，这一条告诉我们，弟子的“本”第一是孝悌，第二是忠信谨信，第三是爱人，以此展开，六个“行”做到了再学“文”，学一些六艺、六经等具体的学问。这是孔子他老人家教育弟子的总纲领、总目标，告诉我们先学本，后学末的道理。

贤贤易色

子夏曰：“贤贤易色；事父母，能竭其力；事君，能致其身；与朋友交，言而有信。虽曰未学，吾必谓之学矣。”这一条是讲什么才是真正的学问，孔子教学生要重实轻虚，抓住根本。里面包括五个层次，第一是“贤贤”，第二是“易色”，第三是“事父母”，第四是“事君”，第五是“与朋友交”。

先谈谈子夏，子夏是孔子的高徒，“孔门十哲”之一，姓卜，名商，字子夏。孔子的易学就是子夏传承下来的，著有《子夏易传》传世。子夏易学一脉传到焦赣（字延寿，著有《焦氏易林》），再传到京房（著有《京氏易》）。子夏这个人很有才能，《论语·先进第十一》言：“德行：颜渊，闵子骞，冉伯牛，仲弓。言语：宰我，子贡。政事：冉有，季路。文学：子游，子夏。”子夏在德行、言语、政事、文学这四科中以文学著称。

子夏是这样说的：第一要把贤人当贤人，第二要易色。有的学者是把“贤贤易色”联系在一起解释的，如杨伯峻的《论语译注》中翻译为“对妻子，重品德，不重容貌”，钱穆的《论语新解》中翻译为“一个人好其贤德胜过其好色之心”。我认为略有牵强，不如将两者分开来解释，“贤贤”是在说如何对待贤者的事情，“易色”是在说如何切换角色的事情，一码归一码，不必强解。

这个“易色”可能不太好理解，我认为是说我们在生活中要随时切换角色，根据不同的场景来带入社会角色，这里的“色”有角色和脸色双重意思。先说角色的意思，礼有一个大的原则就是礼别异，要将不同角色的人区分出来，用不同的态度去对待他们，做到“父子有亲，君臣有义，长幼有序，夫妇有别，朋友有信”，这才是礼。所以“易色”在我看来就是要在不同的人面前，调整自己的角色，用符合这个伦理关系的礼来要求自身。贤贤要易色，父父要易色，子子要易色，君君要易色，臣臣也要易色。父亲见了儿子要有威严，儿子见到父亲要表现恭敬，这才是符合礼的做法。

再来说脸色，子夏问孝，子曰：“色难”。根据我的理解，这里就是说在父母面前维持自己好的脸色是很难的。

《礼记·祭义》言：“孝子之有深爱者必有和气，有和气者必有愉色，有愉色者必有婉容。”即使一个人在行为上能够做到很好的赡养父母，或许也很难控制自己的情绪，可能在有意无意中给父母甩了脸色看，这样就容易伤到父母之心，所以孔子说“色难”。联系到这里，我认为“易色”就是要及时调整、转换自己的脸色。

我们在社会上要扮演各种角色，而且要随时进入角色。为什么家庭矛盾那么多，或许就是因为不懂得“易色”。这个道理用通俗的话来讲就是“人设”，很多人一辈子只活在一个固定的人设中，团队中做领导的当习惯了领导，回到家里还是领导的作风，无法将自己切换到夫妻的角色、子女的身份中，还是按照当领导时的言行作风，这是很严重的家庭问题。举一个极端的例子，商人如果将从商的角色带入家庭，用商人的方式对待父母、子女、爱人，那就没有感情可言了，全是利益和算计。由此可见“易色”多么重要！一个人如果能做到“易色”其实就到达了“君子不器”的境界，“不器”就是不被任何器物、角色所限制，一直在“道”上，对于任何角色都能够很好地胜任、转换。

下面三句具体阐述，“事父母，能竭其力”就是老老实实的侍奉父母，不留私，不惜力，相当于把自己的一切都给父母，这就是无我的境界。我们想一想，父母对子女好的时候会考虑利益得失吗？真正爱孩子的父母恨不得把自己的一切都给孩子。反过来子女孝顺父母也是一样，当你把一切都给了父母的时候，父母的一切也就是你的了，父母毫不保留地爱子女，子女也毫不保留地孝顺父母，双方的亲情、爱意才能真正地流通。“事君，能致其身”，就是在为国尽忠的时候把自己的肉身都交出去，将生死置之度外。事父母是在说家，事君是在说国，古代是家国一体，家国同构的，因此这两句话可以合起来说，即事家事国竭力致身。这里我们不要孤立地理解，原文说“事父母能竭其力”，难道事父母就不应该致其身了吗？当然也要致其身；原文说“事君能致其身”，难道就不用竭其力？当然也要。这其实是古人一种特殊的表达方法，叫作“互文”，表面上各有侧重，实际上要求我们全部都要做到。

第三句，“与朋友交，言而有信”。我认为这里不是指天的言，是指人的言，其中也包括语、谈、说、话、议的意思。但是言的时候必须有信，语、谈、说、话的时候不一定要有信，也可以闲谈、漫谈，古人也不是那么死板的，而是视场合和实际情况决定。

最后“虽曰未学，吾必谓之学矣”，既呼应了上一条“行有余力，则以学文”，又呼应了第二条“孝弟也者，其为仁之本与”，因为前面说事父母、事君就是在讲孝悌忠信，在社会中我们切换各种身份、做到易色，最终还是服务于更好的孝悌忠信，也就是那个不变的道。一个人只要做到了孝悌忠信，即使没有任何学问、任何知识，子夏也认为你掌握了天道。前一个“虽曰未学”的“学”指的是文化知识，后面“吾必谓之学矣”的“学”指的天道，两者是体用关系。所以第六条孔子说，作为弟子要先做到孝、悌、谨、信、爱、亲仁，这些就是学之本、学之体；行有余力了，才去学文，再去学那些文化知识。

孝悌忠顺，勿惮改

子曰：“君子不重，则不威；学则不固。主忠信。无友不如己者。

过，则勿惮改。”这一条也与学相关，学的目标是成为君子。这里就开始阐述君子的标准（图 3-12）：第一点重威，第二点择善固执。所谓择善固执就是不要朝三暮四，不要轻易改，一改，“时习之”的“时”就没有了，功夫就练不成了。人这一生志于学的时间是有规律的，所以孔子说十五志于学，为什么不说四十、五十志于学？因为不在那个时间段了，这就和农作物一样，什么季节种什么作物，错过了时节，土地就荒废了。

君子之学
- ①重——威 → 学：深厚
- ②固：择善固执 → 学：固，扎实牢靠(不虚浮、虚伪)
- ③主——忠信 → 学：忠信(核心)
- ④无友不如己者

友如己者
团队
有朋自远方来
德不孤，必有邻

图 3-12　*君子的标准*

那什么叫“不重则不威”呢？重是深厚的意思，威是形成的气象，就好比腹有诗书气自华，这就是君子重而威。如果能做到这样，学就会固。固对应的是牢，也就是实，不浮华、不虚假、功夫深厚扎实。“主忠信”是学的核心，忠信就是学习的主要内容。为什么要先学忠信，而不是学知识、技能？这就是圣人的高明之处。一个懂得忠信的人，他的学才是真学。或许并非所有的孩子都对学习抱有真正的热情，从这点上说，他们在某种程度上不是忠信的，不是发自内心的，所以圣人说一定要从忠信着手。

前面我们提到的孝悌忠顺，其实已经涵盖了社会的各种关系，包括了父子兄弟、君臣朋友。在处理这些关系的时候，一定要有信。有了信，大家打交道就不会互相怀疑、博弈，不会消耗，效率自然就高了。怎么才能有信呢？其实，孝悌忠顺具备了，自然就实现了信。做到孝悌忠顺的人不可能不讲信，所以应该是孝悌忠顺（信），简称为忠信。有的人把忠和信分开理解，忠是忠诚、忠心，信是信实，诚信。忠信也可以合起来理解，中心为忠，忠信就是发自内心的信，实实在在的信。信是贯穿孝悌忠顺的，我们行孝的对象是父母（也是天道），悌的对象是手足兄弟，忠的对象是家和国，顺的对象是气场。有天道、有兄弟、有家国、还顺气，所以孝悌忠顺自然就到信了。

后面又讲“无友不如己者。过，则勿惮改。”这里是双重否定等于肯定，把“无”和“不”去掉，就是“友如己者”，意为同气相求，寻求与自己志同道合的朋友。一个人要是主忠信了，抓住了学问的根本，就会自然而然聚集起一个团队，这不正是“有朋自远方来”的道理吗？运用在企业管理上就是建设团队的方法，运用在治国齐家上也是同样的道理。换言之，忠信之人会吸引来和他一样的朋友，所谓物以类聚，人以群分，不用太刻意的挤进什么圈子，核心还是提高自己的修养，己是梧桐树，必引凤凰来。

“过，则勿惮改”意为知错即改、有错必改，相互劝善是朋友很重要的一个功能，互相提醒，互相改过，切磋琢磨，共同进步。人总是很难发现自己的过错，但是旁观者清，别人往往能一针见血指出自己的过错，这就是朋友的意义所在。对于过错，自省是一部分，由别人指出的又是一部分。意识到了错误，千万不要“惮改”。“惮”是很多人都容易犯的毛病，因为人的心理天然有一种自我保护机制，不愿意承认自己错了，会本能地认为错的是对方、是环境，而不是自己。仿佛“承认自己错了”会给自己带来“我很弱小、我不值得、我不好”的感受，所以人们容易讳疾忌医，不愿承认错误，就算被别人指出来了，也不愿意面对，更不用提改过了。

这一点说到底还是跟忠信有联系，忠信就是实事求是，不自欺欺人，如实、如是地看待自己的缺点，不追求表面形式，直面缺点，并加以改正。更有甚者，把自己的缺点经常拿出来晒晒，以此作为勉励。

“主忠信。无友不如己者。过，则勿惮改”这三句也对应了“君子务本”。因为忠信是根本，交友的时候要忠信，改过的时候也要有忠信。自己是个忠信可靠的人，才会有朋友来跟你交往，自己能够做到不自欺欺人，才能知错即改，不断提升。一个人如何才能成为君子？要通过学。如何学？要主忠信。

儒家为我们指出了普通人超越自身的君子之道。学为君子，就是不断地提升自己的生命境界，久而久之，实现超凡入圣的转化。圣人设教，是让我们超越食色，以至君子、圣贤。下面就来谈一谈圣人施教的良苦用心，谈一谈人的层次（图 3-13）。

一、道
二、艺
三、衣冠
四、色：兴趣爱好等
五、食：民以食为天
（四、五）禀性　冥迷

图 3-13　人的层次

超越食色

人最基本的需求是填饱肚子，所以“民以食为天”。民者，冥也，是指可怜的、蒙昧的人，也就是没有开窍的人。食的层次之上是色，色有两个意思，一个是欲望，一个是各种兴趣爱好，这都是人的秉性所在。人的第三个层次是衣冠，即包装、遮羞的意思。再高一个层次是艺，最后就是道了。

为什么突然讲层次维度？因为改过就是超越原来的层次。人只有改过，才能从低维向高维提升。食色是人的本能，也是人的基本需求，但是过度追求食色，一直停留在食色这个层次就是“过”了，首先要把“食之过”改过来。原始道家把人称为倮（luǒ）虫，我由此联想，人这种动物喜欢吃，它像虫子一样腐蚀地球，就像啃苹果一样把地球啃得千疮百孔。其实人本来是可以不吃或者少吃的，而且会因为吃得病，但是吃习惯了，不吃就饿，成了饿病。

色有两个意思，一是欲望，沉迷欲望就会得各种各样的病。二是兴趣爱好，人喜欢各种有趣味性的东西，如果过度沉迷，叫玩物丧志。

比如有的年轻人过度沉迷游戏，过度追求各种不同的娱乐等，这都是色，叫声色犬马，所以要改过。

然后到了衣冠，这个时候，人开始文明起来，但是又爱慕虚荣，天天要琢磨衣服怎么穿，怎么搭配，鞋子有多少，帽子有多少，一天换几套等，迷恋衣冠而忘记穿衣服的本质是一种文明，是让人更自在的东西。古代的衣冠不但有遮羞取暖的作用，还可以配合人修行，所谓的修行就是修正行为，修行其实就是改过。

再往上到了艺的境界，通过“六艺”来覆盖人的食色之性，让人超越对衣冠食色的迷恋。所以，圣人制礼作乐是要引导我们从凡夫之境走向圣人之境的。换句话说，周孔之道，包括西周的礼乐文明，实际上可以看作是一种修行的法门，是一个礼乐修行系统，让人活在礼乐中，活在修行中，活在教化中。这样，一方面可以提高自己的修行、修养，另一方面也能教化万民。那些对礼乐不感兴趣、不尊重礼乐、不愿意追随礼乐的人，只能是凡夫。反之，追随礼乐的修行者就是修士。凡夫与修士，也可以叫小人与君子。孔子一生志在恢复西周的礼乐之教，让每个人都成为圣贤君子，恢复上古时代的大同之治，让众生各安其位，各得其所，达到万物和谐，天人合一的境界。

那么，对比一下何为凡夫？何为修士？凡夫有壳，被低级的食色欲望所染、所困，圣贤是要我们把壳一层一层地去掉，让我们的见识一点点地升维，让我们的身体和心灵都达到清净通透的状态，达到“心开意解，神明生也”的境界。所以，修士就是通过不断地改过，把过去不好的自己否定掉，一级一级地螺旋式上升，这都是从“过，则勿惮改”延伸而来的。

慎终追远，恕道在先

下面第九条是在讲“寿”。曾子曰：“慎终，追远，民德归厚矣。”“终”是指善终。如何善终？我认为有六个标准：第一，衣食有靠；第二，有后为大，血脉有传承；第三，道业有传，自己的理想有人继承；第四，顺心康宁，身体健康，身心安泰；第五，善继光大，为子孙所敬重，子孙也能继承善德；第六，慎终、慎死。慎终是指慎重地对待人的晚年从养老到死亡入土的那段时间，终是死前的那一段时间，死就是死的那个时候，这个叫慎终。后人上香烧纸、祭祀追怀、安顿庙堂叫追远。现代有些人处理亲人的死亡非常简单，甚至有些人只知追远，不讲慎终了。

慎，就是慎其时，慎其地，慎其人，慎其机，慎其礼。死的时间不好，埋的时间不好，下葬的日子选不好，埋葬的地方选不好，可能会对子孙产生不好的影响。而且丧葬的仪式很重要，要有礼节，现在某些区域还保留着这些民俗。在古代，下葬的时候有些八字与死者犯冲的人需要回避，一般男眷在坟前，女眷在后跟随，等死者入土为安了，女眷也来围着土堆转一圈祭拜，这些仪式都属于慎终的一部分。追远则是缅怀、祭祀，追念莫忘。做到了慎终和追远，民德才能归厚，此为礼教。

圣人为了教化世人，创造了一个礼教的生活环境，让那些蒙昧的世人生活在充满礼教的场景中，通过环境去教化世人，把礼乐文明融入生活，融入言行，融入骨血，融入基因，而且世代延习，这样民众的德行自然变得浑厚，就会回归厚道，这套程序设计就能实现民族整体思想的上流，多么伟大的工程！如果人人都把死去的亲人简单处理了，民德怎能浑厚？人文思想如果衰败，带来的结果是内在的空虚，社会整体思想的下迁。所以，不慎终，不追远，民德就不是归厚了，而是越来越薄了。现在有些人是亲戚不上门，邻居不串门，过年也不往来，仅在网上发个信息，发个图片，送个祝福，这可能会造成人情味变得越来越淡，人的尊严或许难以得到充分的尊重和彰显。其实，礼乐文明的衰落从孔子那个时代已经开始了，对此，孔子还说“尔爱其羊，我爱其礼”批评学生子贡不懂得礼的宝贵。老祖宗的智慧是经历过时间的考验才能显现出来的，如果丢失了再去捡回来又需要几代人的时间。

进一步思考，慎终追远体现了什么精神？体现了中华民族的恕道精神。人死为大，恕道在先。人什么时候最大？生的时候和死的时候，所以到终的时候就是人死为大了。无论这个人一辈子做了多少好事或者坏事，到了临终之际，全部都盖棺论定了，即使生前有什么过错也会原谅他，这里面就体现了一种恕道精神。在丧葬之礼中，古圣先贤就是通过礼乐的形式来表达慎终追远这样的内容，从而实现教化的目的。慎终追远显现在礼乐教化中，发扬在民德归厚时，落实在恕道上。

巧言令色鲜矣仁

讲到这里，与孝相关的几条就讲解完成了。

讲完了孝，我们再回到前面看，《学而》第三条是在讲什么是仁。子曰："巧言令色，鲜矣仁"，这句话是一种感叹之辞。巧言令色者，是指那些光说漂亮话而没有实在的内涵，只会一味阿谀奉承、投其所好的人。这里将巧言令色者定义为"小人务末"，与上一条的"君子务本"相对应。

第二条有子论孝与仁的关系，讲"孝为仁之本"，这里就紧接着从反面讲"什么不是仁"，即巧言令色不是仁。这里的"鲜矣"同样是圣人之谦辞，孔子没有一概而论地说巧言令色的人必不仁，而是说"鲜矣"，也就是很少，可能也有，但是特别罕见。

这里第二条和第三条的论述方式非常类似，第二条说"其为人也孝弟，而好犯上者，鲜矣；不好犯上，而好作乱者，未之有也。"也是这样，其实是一个确定的道理，但没有用"意，必，固，我"的方式来表达，话没有说满，仍是给少数人留了机会。

曾子“三省”

第四条，曾子曰：“吾日三省吾身：为人谋而不忠乎？与朋友交而不信乎？传不习乎？”这一条也是承接前文而来的。第二条讲了“君子务本”的道理，第三条反向举例“小人务末”，小人把心思花费在说漂亮话上，而没有抓住孝才是仁的根本。这一条是反过来加以补充，我们要君子务本，不要小人务末，所以曾子用自省的口吻说“三省吾身”，实际上是拿自己举例子，用正话反说的方式告诉我们要忠、要信、要传而习之。

这几条涉及的人物也值得玩味，开篇是子曰学而三句，然后是有子说孝为仁之本，有子说完孔子做反面补充巧言令色鲜矣仁，孔子补充完曾子接着说吾日三省吾身，曾子说完孔子再举例，延伸到治国。

有子所说的“孝为仁之本”是对开篇学而三句的升华，将“学”与“孝”联系起来，将“孝”升华到“仁”，那么学而三句最终也可以用一个“仁”字概括。然后学了要传，传了要承，在整个传承的过程中都要有“习”。这里曾子所反省的“传不习乎”也再次呼应了学而三句的“学而时习之”。从第一条到第四条，中间正是“时”，虽然历经了不同弟子之口，但内在的逻辑和道理是一以贯之的，就是“学而时习之”。

曾子曰：“吾日三省吾身”，“三”是虚指，不是一天反省三次，而是一天中多次地反省自己，多次地用这三条标准来检验自己。“吾身”是我身不是他身。比如“为人谋而不忠乎”这一条，是把自己放在臣子的位置上讲的，假如读这句话的人是君王，那就应该改为用君王的标准来自省了，就可能改为“为人君而不敬乎”。所以，重要的是自省，自省要结合自己的实际情况、地位、缺点等内容量身定做，有针对性的自省、改过。

曾子说的这三条极具参考意义，自省的时候要有智慧，不是单向的反省自身，而是可以双向解读，一味地埋怨自己是不好的。比如“与朋友交而不信乎”，反过来就是朋友对我有信乎？我们傻乎乎地相信别人，而不知道别人是否值得相信，这就叫仁而不智。

最后一条反省的标准，曾子归纳为“传不习乎”，将孔子之意（学而时习之）归纳得非常精准，且逻辑严明。这里的反省本身，就是一种“习”，就是把学做君子、圣人的标准比照在自己身上，看看自己哪里还没有做到。

仁恕爱民

下面，孔子举了一个例子：“道千乘之国，敬事而信，节用而爱人，使民以时。”

千乘之国，这是对内部的臣民讲的，不是从外部讲国与国之间的关系，意思就是，治理有千乘兵车之国要怎么做，这是说给诸侯听的。古制天子有天下，诸侯有国，大夫有家。虽然是在讲治国之事，但还是落在内圣上，说给治理者的注意事项，最后显现到外王，到治理天下。

首先是“敬事”，就是敬畏审慎地对待政事，朱子说“敬其事而信于民也”，治理者若是玩世不恭、朝令夕改，百姓就会丧失对官府的信心，这是在政治方面的。“节用而爱人”说的是经济方面，“节用”就是要节约财政开支，不要乱搞铺张浪费。而“节用”的目的是“爱人”，也就是把钱恰当地花出去，要给百姓以实实在在的恩惠。何以爱人？需公平分财，利益均分，圣人说过，何以聚人？曰：财。所以，爱人就是愿意给百姓分财，让他们过上好日子。

“使民以时”有两层意思，首先是对应在古代农耕社会，老百姓种地需要看天时，比如春天就要播种，秋天就要秋收，在这个时候不能让百姓离开土地去服徭役。也就是说，农闲的时候可以使民，但是农忙的时候不能使民，要找准时机，否则容易引起民怨。在古代，百姓有服兵役、徭役的义务，比如国家役使百姓出兵打仗，以前叫缴皇粮，出皇役。“使民以时”，就是使用民力一定要选择好时间，不能耽误了农业生产。

另一层意思是因为民本身的特点，民就是普通老百姓。其实古代很多帝王都希望民智开，并不想让民蒙昧，只是因为古时候交通不便利，教育手段不发达，所以难以开智。没有开化的民很容易被工具化，也就很容易被利用。没有开化的民，是“以利为之”的，所以要“使民以时”。那么，反面就意味着，与圣人，与君子，与成年人，与开化的人合作是可以“不以时”的。历史上的仁人君子，做出很多伟大事迹，没有一个是因为贪图小利而去做的。泰伯三以天下让，文天祥留取丹心照汗青，内在都有一种气节在支撑，所以说君子圣贤做事情是以“义当为之”为标准的，气节是民族的脊梁，是“举直错诸枉”的“直”。如果有一天社会中失去这种气节，到处宣扬的都是小利，那么这个民族可想而知是没有未来的。但是，作为一个施政者，不能苛求老百姓都是圣贤君子，因此“使民以时”中还包含了仁、恕思想。统治者如果要用老百姓，要看在什么时间用他，民出多少力，就要给民多少收益，应该讲得清清楚楚，多一天民都可能会有怨言，少一份收益也可能会有怨恨。对待这样的民，就要按劳分配，干多少活给多少收益，这也是“使民以时”的道理。

这一篇我们从第二条有子论“孝弟为仁之本”开始，随后沿着“孝”这个话题转到第六条“入则孝，出则悌”的总原则、第七条子夏论“贤贤、易色、事父母、事君、与朋友交”的要求，再接着“虽曰未学，吾必谓之学矣”的思路来到第八条，即君子之学要“主忠信”“过，则勿惮改”，又由改过的话题延伸到恕道，体现在第九条“慎终追远，民德归厚”上。细细梳理来，中间确有一条逻辑在。以上是由孝延伸出的一个序列，此外还有从仁延伸的序列。第三条从反面讲什么是不仁，第四条从反面讲自省和忠信、传而习之的道理，第五条举例讲治国安民之道。这就是《论语·学而第一》前面几条内在的逻辑。

第四讲

学的核心

上一讲我们提到学与孝的关系，总的来说，学的核心是孝，孝的核心是爻，爻的核心是天道。天之爻，象也。所以孝的核心要义就是天人合一（天之上乃道，天之下是人）。

那么，天如何与人合一？我认为其实天永远都与人合一，只是有时人不愿意与天合一。人易多思、多虑、多欲、主观、自私、自满、自以为是。图4-1，我们看“学”的甲骨文抽象出来的这个符号，下面这个子是儿子，是小子。“学”的甲骨文就传递出这样一个信息：人只有无我，才能达到天人合一，只有把自己放在儿子、小子的位置上才能学道、传道。因为学的内容是天道，是天之爻象，人在天道面前要学会臣服、恭敬，只有把那个自私自利、自傲自大的“小我”去掉了，才有可能实现天人合一。

图4-1　天人合一

学道的方法

学道的第一个方法是要“无我”，把那个多私多欲的“小我”去掉，这就是“无我”。“无我”的最高境界就是信，信就是毫不怀疑地相信和毫无保留地接受。信为道源功德母，学生信不信老师是一切的前提，如果不信，就别提什么学道传道了。韩愈《师说》言：“师者，所以传道受业解惑也。”老师最重要的职责就是传道，但是传道不是只靠老师一个人就能完成的，学生要对老师有百分百的信心，道才能真正传达过来。传道的过程类似打电话，需要双方都在一个频道上才能接通，因此师要有道，生要有信。学生如何才能有信呢？就是放下我执我见，放下自己的私意，这就完全靠学生自己了。

老师的职责除了传道之外还有授业，授业要低一个层次。授业即技术性内容的教授，比如“六艺”等，对于技艺这类的学习要量才取用，因材施教，这是老师的功夫。其实授业之后还有怎么辅助、如何交友等问题。老师和学生之间不仅仅是师生的关系，还有友朋的关系，学生与学生之间也是一样。《论语·颜渊第十二》云：“曾子曰：‘君子以文会友，以友辅仁。’”就是在讲友朋的作用。其实在孔子那个时代，老师和学生们之间是一种类似于“学习共同体”的关系，大家围绕着共同的目标（道），师生之间教学相长，学生们之间也相互切磋琢磨，友朋在其中发挥了十分重要的作用。

在我的理解中，传道的过程不容置疑，需要先充分吸收，但是传完道之后就是可以思考、讨论的了。在传承、接受老师之道的前提下，学生再拿出来反刍，向老师请教自己没有弄懂的东西，老师回答学生的疑问，这就是解惑。

老师也并非天天都在传道，也有坐而论道的时候，而且有时候是在不经意间把重要的心法传给学生。传道与论道的时机，学生不一定清楚，但老师很清楚，什么时候在传道，什么时候在论道。老师在传道的时候学生要百分百地用心，一心一意跟着老师的思路走。用心不要执着于形迹，不是说学生挺直腰板、正襟危坐就是用心，而是心在老师那里，只要跟着老师的思路，学生哪怕轻松自在地歪着、躺着都可以。我们观察一下孩子的学习，孩子和大人不一样，孩子一般很难老老实实坐着，经常一边摆弄这个一边摆弄那个，看起来像是在玩，但实际上是在玩中学。我们身边经常有同学读书诵经、做功课，自己在那边摇头晃脑地读，身边的孩子也没特意管，就由他在旁边玩，一段时间下来发现孩子都会背了。这就很神奇，好像孩子也没学，但是他学了，因为他在用心听。孩子和成年人不一样，成年人的念头太杂了，容易被念头带走，反而是孩子在一边玩的同时，处于心无杂念的状态，不经意间就灌输进去了，效率很高。

我再举个例子，现在假如门口突然出了车祸，大家都跑过去看一眼，三分钟后回来，多数人都能把现场讲得绘声绘色，什么车和什么车撞了，有没有人受伤，摔哪里了，受伤的人哪里有血迹，都能讲得很清楚。为什么就看短短几分钟，就能把事情说那么清楚呢？再比如你第一次见到恋人，当时是怎样的情形，自己的心情、状态，每个小动作，都记得很清楚，为什么？因为那个时候你肯定是用心的。所以当我们全身心投入的时候，不知道什么原因就能记得很清楚。归根结底就是一句话——学习要用心。

学道的第二个方法是要“全息整体”，意思是不能一字一句地学，而要整体关照，进入全息的系统。我认为如果把《论语》一句句地讲，就把经典支离了，《论语》要全息、整体地讲，这一条要由老师负责。有人把《论语》看作一条条的道德戒律，认为每一条是相互独立、没有顺序的，这说明没有真正读懂《论语》。《论语》是孔子及其弟子的言行记录，记载的就是孔子的生活本身，是活着的。谁会在生活中一板一眼，非要给自己的每一句话都安上严格的逻辑？那人岂不是成了机器人。所以，要进入《论语》的情景中去，活在《论语》的世界里，这样才能明白每一句话背后的深意以及孔子所传递的大道。

学道的第三个方法是要摆正自己位置，叫做“正位”，正位的问题要师生共同负责。学习中国传统文化，如果摆不正位置是没法传的。

有些人不忍心好东西没了传承，甚至要跪着去传道，跪着怎么可能把道能传好！法不轻言，道不轻传，只有来学，未闻往教。跪着只能传学问、习惯这些世间的东西，道是不能跪着传的，道不能逆流而上啊。老师有道，就像装满了水的容器，老师要从高处往低处倒，学生要懂得谦卑居下，以空杯的心态去接收，才能收到。如果学生不懂得正位，自己的瓶子歪歪斜斜都要倒了，怎么接收能量？如果老师也不懂得正位的道理，处于学生之下，反而把学生高高地放在老师之上了，怎么教？所以，正位的根本还是信的问题，如果学生不信老师，就是求着让他来学也没用，最多就传授他一些生活的习惯，传一点道德知识，让社会风气变好一些，道还是传不了的。

这是师道的问题，我们学习经典，其实就是以经典为师。中国的四书五经是用文言文写就的，文言传的是什么？我认为，言即天道，所以我们要对经典保持充分的信心，不要轻易产生怀疑。一个人在学习的时候如果没有谦卑心态，而是有成见、有私见的来学，一直想着跟老师较劲、挑毛病，是永远学不会的。学的时候是绝对不能轻易起疑的，学完之后要观，观的时候就可以起疑了。如果观时没有疑问，说明没有思考，等于没学。观的时候一定要疑，但学的时候，必须全情投入，一心一意。

学道方法
- 无我 — 信(学生负责)
- 全息整体(不一句句地学)(老师负责)
- 正位(师生共同负责)

图 4-2　学道方法

学习传统文化的五个障碍

有的时候我们读不懂传统文化，往往是因为存在五个障碍。第一个障碍是文字障，第二个障碍是我执障，第三个障碍是缺少信，第四个障碍是学习的方法论出现问题，第五个障碍是没找到路径。

文字障有两个层面：第一是不识文言，第二是句读的障碍。句读的障碍多是由后人主观妄解和传承之脉断层造成的，我们首先就要突破文字障。文字障的突破需要积累和耐心，读的多了，研究的多了，久而久之就能听懂古人的话。我执障是自己障碍自己，需要放下一己之私见，调整好自己的心态。再来说信，有时我们的生活方式较为缺乏信的环境，现在常宣传师生平等、学术自由，我认为学“术”可以是自由的，但学“道”是有规矩的，否则每个人自由摸索就好了，还要老师有什么用？方法论和路径需要靠老师来指点，所谓“师父领进门，修行靠个人”，大家千万不能忽视“师父领进门”的作用，不要盲修瞎炼一辈子，结果连门都没有入。

我们总结了学不懂传统文化的五个障碍，之后要怎么做？在我看来有一个大道至简的方法，可以把这五个障碍都突破。说起来很简单，就是老实读经。老祖宗的东西要捡起来，一定要下功夫去读，初读的时候先别管什么意思，功夫到了几十遍、几百遍再说。在反复诵读经典的过程中，文字障慢慢地就不是障碍了。读的时候口在读，耳在听，其实也是心在听，这是用圣贤的知见覆盖自己原本的知见，我执障也会慢慢淡化。当我们读到一定状态，和圣人心心相印，信的感悟就出来了。方法的问题前面已经提到过，就是先不要只顾着用大脑去思考，而是要先用心，在读诵的时候千万不要先纠结这句话是什么意思，这个词是什么翻译，而是直接用心灵先去感受、玩味。最后，知道了要读经，但是读什么经？读书的路径，这个也很重要。为了给大家方便，我几十年来总结、摘录了一些重要的内容，叫作“五大基础功课”。这五个基础功课看起来只是经典的摘录，但其实是路径，是进入中国传统文化的五个基础法门。如下所示：

儒家之门：《大学》经章；

《论语》精选：学而第一，乡党第十，先进第十一，尧曰第二十。

易之门户：《乾》《坤》；

道家之门：《道德经》精选：1、38～42、48、81章。

佛家之门：《般若波罗蜜多心经》。

修身在行

纵向来说，道是贯通天人的，前面我们讲了爻、孝、学，学的下面就是行，行即修身。那么，修身包含哪些内容？我们来看子夏是怎么说的。

子夏曰："贤贤易色；事父母，能竭其力；事君，能致其身；与朋友交，言而有信。虽曰未学，吾必谓之学矣。"

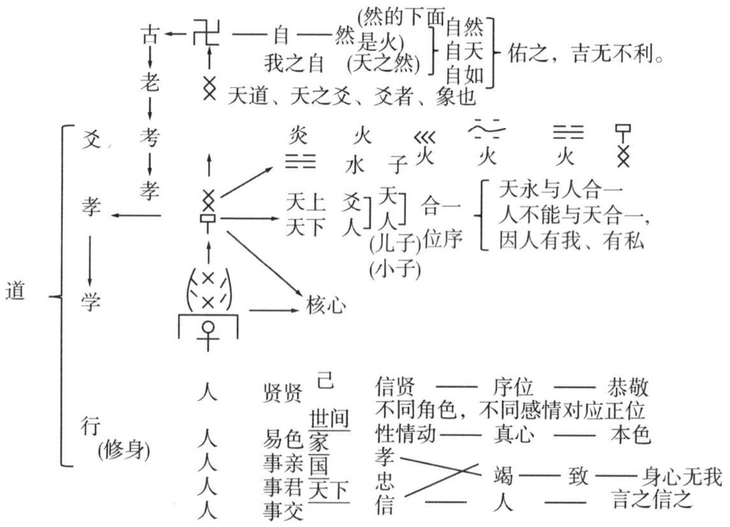

图4-3　衍道图

子夏列举了这么几条内容：第一条贤贤，第二条易色，第三条事亲，第四条事君，第四条与朋友交。贤贤我认为是指把贤人当贤人，把老师当老师，也就是信。大家学习的时候有没有把老师当做老师？侍奉父母的时候有没有把父母当做父母？可以类比体悟。那么，贤贤的第一条标准就是信贤，第二条就是序位，第三条就是恭敬。一个人如果能够做到对待贤人有信，摆正序位，然后有良好的态度，恭敬贤人，自然学问就能出来。

易色，乃动性情也。易色我认为是性情要动，要真实，要真心。色是本色，就是不要作伪，不要伪善，随着我们的真心去应世，而且要用不同角色、不同感情去对应。做儿子的时候应该是什么态度，做父亲的时候应该是什么态度，就用对应的色。有同学说这不是变色龙了吗？不是的，这是由人的角色地位决定的，用对待儿子的态度去见父亲，肯定不行。在我看来易色就是指我们要摆正位置，换句话说也就是正位。

事亲是孝，事君是忠，孝忠要竭、致。那么，要竭、致到什么程度？要做到身心无我，高度的牺牲奉献，这就是古人说的修身。根据我的理解，修身的核心要义是牺牲自己，把自己当作贡品，供养出去，给众生。完全无我，是为修身。知道了修身的意思，一下就明白相应的境界了，就是完全无我的献出自己，自觉觉他，自度度人。

与朋友交还是在讲信。信是对于人而言的，人如果无信，那和野兽有什么区别？所以说“人无信不立”。子夏讲“与朋友交，言而有信”，注意，这里用的是“言”，而不是“说”。第一讲我们就提到过言、辞、说、教的区别，在我看来“说”是为了悦，你夸我、巴结我、巧言令色，我都不信，只有“言”的时候我才信，这个“言”就是天理、天象、真相。因此，合乎天理的我信，不合乎天理的我不信。一个人作出的承诺、诺言，也要符合天理，才能够信。《史记·孔子世家》记载了这样一则故事：孔子一行周游列国，在卫国的蒲地遇到叛乱队伍，蒲人既无法战胜孔子一行人，又怕放他们回到卫国被卫灵公知道了派人来消灭他们，于是双方议和，要求他们不要回卫国国都帝丘，更不要到卫灵公那里说这里造反。这是一次强制性的议和，孔子本来不想答应，但不答应的话无法离开，只好进行盟誓。孔子一行刚刚离开蒲邑，孔子马上吩咐大家返回帝丘。弟子就问：“我们刚才与蒲人盟过誓，难道能不遵守吗？”孔子说“要盟也，神不听。”就是说那是他们强迫我们盟的誓，神灵不会听的，既然是强迫所立，也就没有必要遵守了。我们看，孔子在大是大非面前，没有被这种低纬度的小信所束缚，因为信一定要合乎天道，对于这种违道的誓言，就无所谓信与否了。

以上所讲的几条，都是我们落到“行”的内容，背后都是道！能做到这些的，方可以称之为“行者”。

爻者，天之象

再研究一下爻。爻其实就是天道，爻者，天之象也。

我们看“爻”字的构成，上下的构件都是×，写成符号是卍（音同“万”），代表太阳系、银河系。“爻”就是象天道运转之形（银河系旋转的样子），告诉我们天人合一的道理，人要跟宇宙合一。“爻”的上下两个构件也可以摆成卍，指世间万物，上天垂象，背后就是自、然。我们今天都把自然当作一个词，非也。自是我之自，然是天之然。

这个“自”，是本来光明、清净的自性，用儒家的话来讲就是“明德”。当你处在自性中清清楚楚、明明了了的时候，就是“自”的状态，而这个“自”的状态和宇宙“天之然”的状态是合一的。

“然”是什么？“然”就是本来如此，用现在的话来解释就是“……的样子”或者“……的状态”，如此这般的如此，本来如此的如此。这个“然”是燃烧的“燃”的本字，“然”字下面本身就是一把火，四点底它不是水，是火，就像烹饪的“烹”一样。变成“燃”，火的意思更明显了。我们想想为什么是火呢？因为天幕顶上都是星光，宇宙中是一个又一个的星球在发光，光是火散发的一种能量。比如太阳为什么有光亮，因为太阳一刻也不停地在进行超高温的能量发散运动，所以我们说它发光发热，光、热也是火散发的能量。那么我们看“爻”这个字，像不像两个火叠加？两个火就是“炎”。如果要透过爻象看天道的本质，那就是以火为代表的能量。

自、天佑之

《易经》里有一句话——“自天佑之，吉无不利”，这是易道的核心要义，也是中华文化的一个密码。一般人都把它理解为“得到天的庇佑所以吉祥顺遂”，却忽略了“自”的含义。我认为就像爻之自、然一样，这里面既包括我之自，也包括天之佑。自天佑之，也叫做自然佑之，自如佑之，就是指自、天合一的状态，也就是回归道的状态，所以是吉无不利的。在我看来，人处于这个光明的自性当中，与天之然（宇宙的本来）合一，合一后就没有分别，就实现了主观与客观的统一。其实在这个时候连主观客观的分别都不会有，有念头还是主客为二，这里完全是物我两忘、天人合一了，自然没有所谓的我执。这样的境界才叫作“如来”，所谓如来，如其本来。处于自己和如其本来的那种状态，来保佑自己，结果当然是无往不利。

如果人没有处于“自”的那种状态，只知道一味地外求，那么去求谁都没用。人要先自佑，再得天佑，用《易经》的话讲是“自天佑之”，用儒家的话讲是“天人合一”。其实这些都是“方便说”，大道的境界是相通的，只不过各有侧重。

卍的符号也是“万”字，这个字从上天垂象的角度是天人合一，从人道的角度也可以把它理解成“古”，也就是“老”，“老”就是“考”，“考”就是“孝”。万字再延伸还有很多词，古、老、考、孝都是这个意思。我们平时说的孝不仅局限于对父母要孝顺，天人合一才是真正的孝。我们说的孝顺祖先，其实就是把祖先当成天，从他们身上秉承这种天道的正向能量，这就是中国文化中“以祖配天”的道理。

一般先人的墓碑上写的是先考、先妣，先考如果写成“先老”行吗？写成“先古”行吗？我认为都是一样的。有些人的智慧出不来，是被前文提过的“文字障”碍住了，就执着那几个字之间的分别，不明白背后的大道。学中国文化，如果不懂文字背后的道理是无法深入领悟的。同学们如果读到这里还没有感悟，就先下功夫去研读基础功课，如果没有读过《大学》《中庸》《论语》，想理解这些不容易。遇到不理解的也没关系，不要急于求成，更不要死记硬背，硬记下来是没有意义的。

不孝即灾

再来看“孝”，上面是火（爻），即“炎”，下面是“子”，“子”也就是坎。因为在十二地支中，“子”对应水，故水就是坎卦。如果将水和火倒过来写，水在上，火在下，就变成了灾。正过来，火在上，水在下就是孝。因此，正过来是孝，反过来就是灾，孝的反面是灾，不孝就是灾。一个人如果经常有灾，就说明他很可能不孝。用一句话总结——诸事不顺，皆由不孝。原理很清楚，上下都颠倒了还怎么顺？和天道作对，和大自然作对，破坏自然秩序这就是不孝，就会有灾。在我看来，这些都是中国文化的密码。

懂《周易》的同学知道，水在上，火在下（坎上离下）是既济卦䷾，既济卦是一个吉卦。有人问那这不是和灾矛盾了吗？哪个对呢？这里面涉及一个先天和后天的关系，也就是本体和致用的关系。中国文化的造字法有多种，有种说法是夏商周三代之前造的字都是先天的字，是本体的字；三代之后造的字都是后天的字，是从致用层面转化而来的。据说甲骨文就是一个分界线，因为甲骨文绝大部分是直接象形，是形而上的，后面的文字有的是简化而来，有的是不同写法之间相互融合、转化，距离造字本义已经很远了，所以是形而下的。也就是说，灾的写法是灾的本体，先天是水在上，火在下，代表灾；水火既济是后天演绎的六十四卦，后天是水在上，火在下，从这个卦六爻之间的对应关系来看比较吉祥。一个灾一个吉是由于方向的变化，后天致用的时候要倒过来。先天和后天，本体和致用为什么会相反呢？我们来看太极图。

明体达用

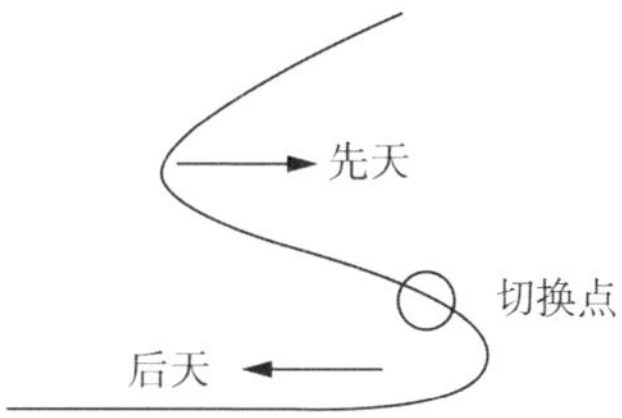

图 4-4　太极先后天

太极图中间的这个 S 形曲线，最上方的顶点代表天，自上而下的半弧形代表先天，所以图 4-4 中朝右的箭头就是先天状态下太极本来的运动方向，中间的圆圈是太极切换点，经过切换点之后的半弧形，运动方向就会发生改变，转为后天了，图 4-4 中朝左的箭头就是后天状态下太极经过切换点之后的运动方向。老子言“反者道之动”，也可以说“反者道之功”，功需要动，动了就有功，功和动本来一个意思。这就是物极必反的道理，因此本体和致用之间的方向才会相反。

后天致用的时候，一定不能失了先天。先天是里子，但是里子、面子往往是反的。有句话叫“菩萨心肠，霹雳手段”，那些指出你的痛点、错处的人，虽然让你不舒服，但多是真心为了你好。有些人遇到这样的情况就会恨他，但其实是要看到里面的菩萨心肠，应该感恩他。反过来也一样，你面对一个坏人，看他种种作恶，可你完全没有恨他，反而怜悯他，这就是菩萨心肠，但是现实情况中该用什么手段还用什么手段，可以用霹雳手段来让他觉醒改过。

讲这些是为了让大家知道，致用的时候也不能失去本体，如果没有先天太极的运动，后天方向的转变也不可能出现。失去本体，谈何致用？所以要在明体的基础上达用。讲清楚这个道理，前面的问题也就迎刃而解了。从本体上来讲，上水下火是为灾，上火下水是为孝（）。

既济未济，先天后天

既然提到了水火既济卦，我们再补充提问一下，六十四卦的终结是哪一卦？许多人都不知道这里面的奥妙。从《易经》的顺序来说，既济卦是第六十三卦，未济卦是第六十四卦。从先后天来讲，既济卦是后天，未济卦就回到先天了，那才是宇宙的本来面目，只有回到先天才是真正的开始。因此，到达终结的时候也是回到开始的时候。从什么地方开始？从先天开始。那么六十四卦的终结卦究竟是哪一卦？其实按理说是第六十三卦，以既济卦作为终结。既济卦虽然意味着圆满、成功，但是月一圆、花一开，也就到头了，所以立刻就又回到先天，以第六十四卦未济卦作为新纪元的开始。

整个六十四卦中有先天，有后天，只有乾、坤二卦是先天后天同讲，之后从屯、蒙、需、讼、师到最后的既济卦全是后天致用的，到未济卦又回到先天。从未济卦开始，再从先天开始，周而复始，生生不息。

回顾一下，今天我们论道，从学开始，学的核心是孝，孝的核心是爻，爻的上面是一个卍字，卍字就是自、然。如果太极先后天的图（图 4-4）不能理解，可以看整体的衍道图（图 4-3）。其实最终还是回到孝，孝沟通天和人，孝字的构件一个对应天上（爻），一个对应天下（子，即人），告诉我们在这个过程中要做到天人合一。而天人本来是合一的，孝本来也是合一的，只是人还未能与天合一。人为什么未能与天合一？因为人有我、有私。那么，如何去掉我、去掉私？要靠学。学的过程就是师道传承的过程，师道要求人无我、信、全息整体、正位。后面讲学最终要落实到行，行即修身，包括五个方面：贤贤，易色，事亲，事君，与朋友交。

贤贤，就是我们要信贤。信贤，自然就摆正位置了，摆正位置，就恭敬了。易色我认为是指我们在世间、六亲中摆正位置。这一点可

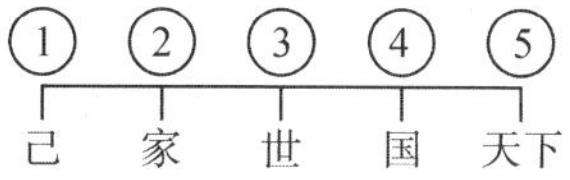

图 4-5　行道世间

以看行道世间图（图 4-5）。我们讲的“行”是在人道上行，是“天行健，君子以自强不息”。人首先是己，然后扩展为一个家，家之外是世间，世间无非就是国，国再放大就是天下，就是这五个层面。我们自己是人，家中六亲也是人，世间也是人，国家还是人，天下都是人，都是围着人做文章的。所以这个“行”是人要贤贤，人要易色，人要事亲、事君、与朋友交。贤贤是对己而言的，易色首先是讲家道的，从家道延伸到世间道，无论家内还是世间都要易色。然后事亲是家，事君是国，与朋友交是天下。与朋友交，言而有信，这样就是朋友满天下。所以做人第一件事是信（贤贤需有信），到了天下第一件事还是信，这就是信始信终。

人行于世的这五个层面，用《大学》的话来讲就是“修身、齐家、治国、平天下”，都是在讲一个人如何在现实生活中落地、修身，如何奉献自己的。这些内容是学来的吗？不完全是，在明理的层面可以说是学来的，但是最终要落实在行。这些东西做到了，才是真正的“学”。所以子夏曰：“虽曰未学，吾必谓之学也。”

真正的“学”是知行合一的，不只是外在的知识、技能的学习。注意，要区分本体的学和工具性的学，本体的学，如“学而时习之”是讲天人合一、道统传承的，直接就会落到行。本体之学是为了觉，“觉”是觉人道。做好人道的这些层面了，还需要学吗？目的已经达到，学作为一种方式也可以不再过于强调了。我们最终的目的是行道世间，觉悟人生的道理并做到，这才是根本。

无违于礼，顺气为大

前面我们由学论孝，《论语·为政第二》中也有几个弟子问孝的场景，所以这里接着孝这个话题，串讲一下《为政》篇的弟子问孝。先看《为政》篇第五条：

孟懿子问孝。子曰："无违。"樊迟御，子告之曰："孟孙问孝于我，我对曰，无违。"樊迟曰："何谓也?"子曰："生，事之以礼；死，葬之以礼，祭之以礼。"

这一条在讲孝顺。无违，顺也。无违什么？无违于礼，具体而言就是"生，事之以礼；死，葬之以礼，祭之以礼。"这里先区分了两种情况：父母活着的时候事之以礼，就是生而顺人，父母去世了之后事之以礼，就是死而顺天地。再进一步细分，葬之以礼是入土为安，找个风水好的地方下葬，属于地道。下葬了之后将祖先的牌位请回宗庙，时时祭祀，祭之以礼，就是配天而祭，顺应天道。因此，孝之大者，顺天、顺地、顺人也。从生到死的各个阶段都让父母顺心、安适，此之谓"事父母能竭其力"。有些人理解竭力过于狭义，我认为竭力不仅是指父母活着的时候尽力奉养双亲，也包括顺天、顺地的部分。

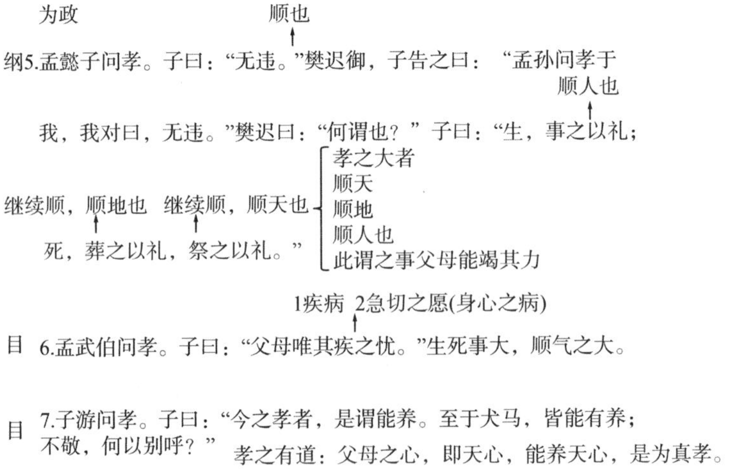

图 4-6　天心孝顺

孝之大者，顺也，顺是孝的核心要义。因此，这一句是孝之纲也。相较而言，接着的"孟武伯问孝""子游问孝""子夏问孝"就是具体的要点了。再来看《为政》篇的第六条：

孟武伯问孝。子曰："父母唯其疾之忧。"

这一条历来解读甚多，有人关注这个"其"是指的谁？我忧虑父母还是让父母忧虑我？大家不要过于纠结每一个字的意思，而是要沿着整体的脉络看老祖宗要给我们表达什么。既然这一条是在讲孝的，那首先应该是孝子担忧父母。换一下语序，就是“唯父母之疾忧”的意思。这是跟生死有关的事情，古代医疗手段没现在这么发达，生了病很容易死人，所以，父母一生病，孝子就非常牵挂、担心。这个“忧”是怕父母受疾病之苦、怕父母死去的忧虑。“疾”这里有两个意思，第一个是疾病，第二个是急切之愿。这个“疾”不仅仅指身体上的疾病，也包括心理的，比如父母心中有一个未了却的心愿，他就会一直揪心，合在一起就是身心之患。我们常说生死事大，人活着就是一口气，所以孝子一定要顺父母之气，不要逆着，逆父母之气就会惹得他们生气，人就容易生病。所以生死事大，顺气为大。顺着父母的气，别惹他们生气，就是孝。

孝之有道，敬顺天心

子游问孝。子曰：“今之孝者，是谓能养。至于犬马，皆能有养；不敬，何以别乎？”

《为政》篇第七条，叫做孝之有道，赡养父母能像养犬马那样吗？难道给口吃的就叫孝？这种孝是无道的。孝有养之义，但是养不等于孝，孝之中包括孝养、孝敬、孝顺等多个层面的内容。儒家还有一部专门论孝的经典，就是《孝经》。这里强调一下《孝经》的重要性，《孝经》是孔子的思想，只不过借曾子这一脉传下来。在我看来中华文明最核心的经典就是《易经》和《孝经》。《易经》是群经之首，大道之源，为诸子百家所共有，而《孝经》是儒家的核心经典。《孝经》开篇云：“孝者，德之本也，教之所由生也。”把孝与人的德性直接挂钩。据我所知世界各大文明体系中，只有中华文明把孝摆到非常重要的位置。俗语云“百善孝为先”，古代还有“举孝廉”的制度，非常重视一个人是否能做到孝，所以同学们不要忽视它，平时多读读《孝经》。

回到子游问孝这里，“不敬，何以别乎”就是说孝要有道，要有敬爱父母之心，即天心。能养天心，是为真孝，只养其身，则是假孝。不要执着字面上的东西，一定要知道核心要义，围绕道做文章，立刻就清楚了，有道无道的差别就在这里。归纳一下，这句讲的是父母之心，是天心，天心要敬、顺、爱。顺天心，就是顺父母的心，这才是真孝。

易色悦亲

子夏问孝。子曰："色难。有事，弟子服其劳；有酒食，先生馔，曾是以为孝乎？"

子夏问孝，这条（《为政》篇第八条）也属于下结论。子夏问孝，孔子说最难的是色难。色是什么意思？色是表情，就是我们现代人说的脸色，难就是不容易，就是说易色悦亲很难。易色我们前面讲过，就是顺着父母的颜色，配合父母的脸色，让父母高兴，悦亲、悦色，叫易色悦亲。子夏说色难就是配合父母的脸色，让父母欢喜很难，脸色虽然看起来很细微，但是非常难控制。现在有些人压力大，在外面对着陌生人的时候往往赔着笑脸，回了家对着自己最亲近的人却管不住坏脾气，对最爱你的人摆着臭脸，有时候还顶撞父母，让父母伤心，所以说色难。

色难是孔子先下一个结论，然后举两个例子：一个是"有事，弟子服其劳"，就是替父母、老师做事；一个是"有酒食，先生馔"，给父母、老师好吃的，而且让他们先吃。孔子问这是不是孝？大家认为这是孝吗？这里要注意，君亲师是在同一个位上的，对亲如此，那么对君、师也是一个意思。

事之、食之，孝之末也。给父母一些吃的，为父母做点事情，就认为自己是大孝子了？这种情况现在很常见。许多子女在外地工作，也很成功，父母的衣食住行都能安排得很好，以为给父母孝敬了很多的物质钱财就是对他好了，其实是自以为是。孝之大者，顺天无我也。

是顺着天而没有自己，这个孝不是你认为应该如何，而是急父母之所急，想父母之所想，诚心诚意，无我无私，始终以父母为优先。孝之本是孝顺悌，孝承天道，顺亲而悌。孝是上承天道，把君亲师顶在头上恭敬，顺是顺亲，悌是把兄弟当兄弟。狭义说，孝是顺父母，从根本上讲是顺天、顺自然。能顺天肯定也就顺亲了，也就做到悌了。

有些人的行为令人无法认同，父母怎么对他他就怎么对父母，这是在以利益交换的心来衡量亲情，谬矣！世道艰难，父母能给予生命，能悉心养育已是极大的贡献了，难道还强求父母提供锦衣玉食？常言道“儿不嫌母丑，狗不嫌家贫”，抱着利益交换观点的人本质上是自私自利的，达不到他的要求就会怨天尤人，不可能真心的爱父母，也不可能真心爱任何人。

继志述事，三年无改

子曰：“父在，观其志；父没，观其行；三年无改于父之道，可谓孝矣。”

这条（《学而》篇第十一条）是孔子下的结论，是在说做到什么样可谓孝。“父在，观其志”，志，朱熹解释为“心之所之”，也就是心中的那个意向、趋向。志向确立的前提是知，一个人立志要做什么事业、做什么人，与他的知相关。知什么？知命也。试想一个人如果不知命，怎么能确立恒久的志向？不知命，难立志也。“父没，观其行”，行的是什么？行孝也，行的就是具体的孝的行为，“三年无改于父之道”，行父之道也就是行天道也。孔子下结论说做到这三条，可谓孝也。

那么我们可以下一个定义：夫子所谓孝者，知天、孝亲、养三年、承三年者也。我把行父之道又分了两个层面，一个是养，一个是承。养三年是指守孝三年以回报父母的养育之恩，承三年就是传承父之志向，不要轻易改变，至少在他去世的三年中秉承父志。古代先皇去世，新帝即位，总是会强调秉承先帝遗志，也是这个道理。

《论语 · 阳货第十七》有著名的关于“三年之丧”的讨论：

宰我问：“三年之丧，期已久矣。君子三年不为礼，礼必坏；三年不为乐，乐必崩。旧谷既没，新谷既升，钻燧改火，期可已矣。”子曰：“食夫稻，衣夫锦，于女安乎？”曰：“安。”“女安，则为之！夫君子之居丧，食旨不甘，闻乐不乐，居处不安，故不为也。今女安，则为之！”宰我出。子曰：“予之不仁也！子生三年，然后免于父母之怀。夫三年之丧，天下之通丧也，予也有三年之爱于其父母乎！”

古人守孝三年，其实也是在修行，通过演天道来教化世人。孩子在婴幼儿时期需要在父母怀抱中精心呵护三年才能活下来，因此，父母去世为他们服三年之丧也是一种自然而然的感恩。生恩为大，难以为报，养恩亦大，服丧以还。除此之外，还有一个继志述事的方面。父母的肉体虽然去世了，但是他们的精神还在，孝子心中一直铭记父母平日里对自己的教导，因此我们应该秉承父母的遗志，了却他们的心愿。

养三年，承三年，是中国人骨子里的忠孝情怀，朴素且伟大，令人动容！

大孝好学，求师正己

讲到这里提醒一下，古人在讲孝、学的时候都是相通的。有的人可能感觉很乱，但其实是一个东西，只是从不同的视角描述。就好像我给大家讲课，也是同一个内容换个方式讲，这里虽然都是在讲“孝”，但我从头到尾都在讲“学”，整篇《论语》其实都在讲“学”。这一点大家要仔细体悟。

下面我们来看《学而》篇第十四条，这一条就转到“学”了。

子曰：“君子食无求饱，居无求安，敏于事而慎于言，就有道而正焉，可谓好学也已。”

这条也属于下结论，是孔子给“好学”下的四个定义：学也者，不求食，不求色，敏事知天，求师正己也。好学，就是孝；孝之大者，

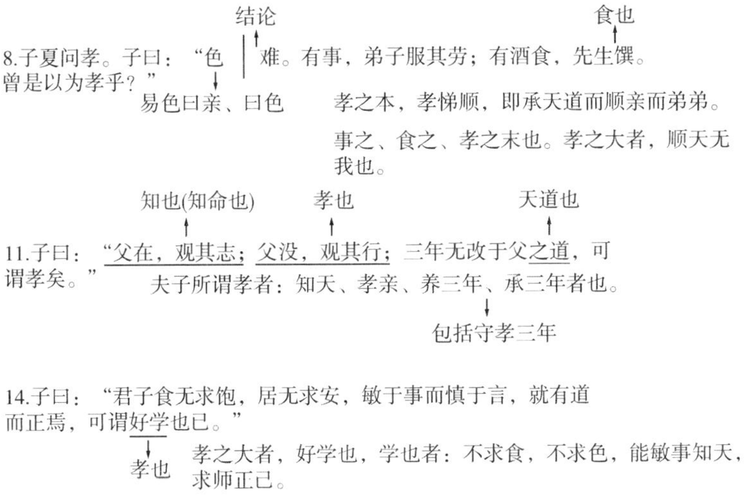

图 4-7　大孝好学

好学也。孔子的自我定位就是好学："十室之邑，必有忠信如丘者焉，不如丘之好学也。"（《论语·公冶长第五》）

首先"食无求饱，居无求安"讲的就是食色，这个色代指一切身外之物，包括穿无求奢、行无求名利等等。一个有志于学的人，如果还停留在追求食色的境界，那就太不应该了。学习之乐是超越食色的，能让人达到"发愤忘食，乐以忘忧，不知老之将至""不知手之舞之，足之蹈之"的境界。

"敏于事而慎于言"是说这个人能敏事知天。什么是敏事？敏是敏锐，言下之意是不要粗枝大叶、麻木不仁。敏事还包括耐事，就是能把事情做好，而且能耐心细致的做，这就是敏事。为什么知天？言为天理、天言，所以"慎于言"就是知天，这个人知天却不轻言、妄言，而是慎言。这里面还蕴含了一对言行关系，一定是行重于言，先行后言或者行而不言的。（"天何言哉？四时行焉，百物生焉，天何言哉？"出自《论语·阳货第十七》）

"就有道而正焉"是求师正己，有道就是指有师，而且是有道之师。好学是为了求道，那么世间人向哪里求道？求师也！这就是拜师求道。在古代非常重视道统传承，一些武学门派也特别讲究拜师学艺。

我认为对现在的人来说拜师反而难了，现在技术进步了可以在网上教学，动辄几十万人报名，课程结束却连老师是谁都不知道，可叹！

回也大孝，不愚知天

讲到好学那我们不得不提及一个人，就是颜回。孔子多次称赞颜回好学，甚至在颜回去世后说再没有别的人可称好学了。（哀公问："弟子孰为好学？"孔子对曰："有颜回者好学，不迁怒，不贰过。不幸短命死矣，今也则亡，未闻好学者也。"《论语·雍也第六》）

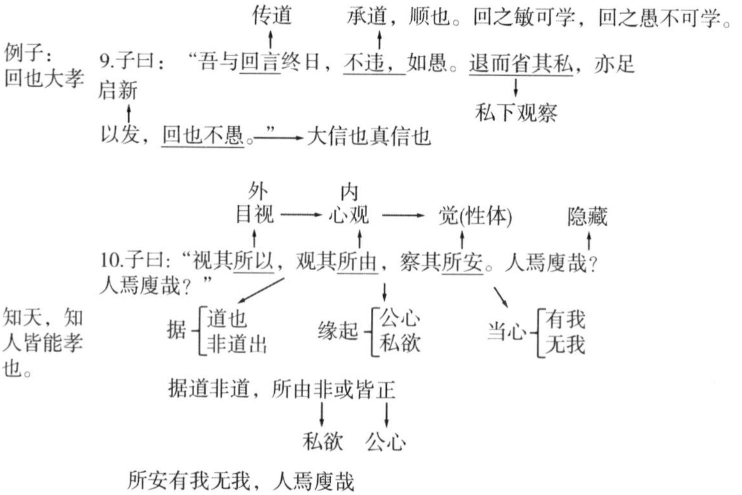

图 4-8　颜回知天

《为政》篇第九条就是在用颜回来举例。

子曰："吾与回言终日，不违，如愚。退而省其私，亦足以发，回也不愚。"

这里关键就在这个"愚"，回之敏可学也，回之愚不可学也。颜回的聪明是可以学的，他的愚却不是一般人可以达到的，也就是"其愚不可及也"。那么这个愚是不是愚信呢？非也，这反而是真正的信。

“吾与回言”用的是“言”，实际上是孔子向颜回传道。“吾与回言”是传道，“不违如愚”是承道。承道，顺也。老师向你传道你不必犹豫，双手捧着，身体打开向内吸纳就行了，难道还要尝一尝有没有毒，认一认这是不是传道？我们看颜回是怎么做的，“回也不愚”是信也，大信，真信也。如果做不到信，那还是不要学道了。我们平时听课也是一样，我经常提醒同学们不要只顾着记笔记，思路跟着我走就行了。我没有要求大家把所有东西一条不落都记住，其实你只要一个点领悟了就能融会贯通了。老师讲的时候最好就先用心听，为了方便理解，记一点笔记也没问题，但是一味记笔记，你在抓前面的东西就很容易错过后面更重要的内容，有时候道一闪而过，就错过了，这就是舍本逐末了。所以说在老师传道的时候不要怀疑，要信，先如实承道就好，承接之后再“退而省其私”，就是私下观察。“亦足以发”，“发”是启新的意思，回去再消化，也会产生新的启发。

颜回的“不违如愚”是信，既是学之信也是孝之信。前面我们说君亲师是在同一个位上，所以看起来是说师生传道的话题，其实也是在讲孝。这一条就是用颜回给我们举例子、做榜样，回也大孝，不违如愚。

知人之道

子曰：“视其所以，观其所由，察其所安。人焉廋哉？人焉廋哉？”

接下来讲第十条，先解决其中的一个生僻字，廋（sōu）有隐藏、裹起来的意思，古人藏在房子里，最早的房子是什么，是巢穴，所以“广”代表着山洞悬崖的房子；里面是叟，叟是老人的意思。合起来就是说老年人、老弱病残、弱势的人群都要藏在深处，他们是要被保护的。

这一条讲的是知人之道，我们不仅要知言知天，还要知人。怎么知人？孔子讲了三条标准，先是用目“视”，然后由心“观”，最后到觉“察”，察已经到性体了。我认为这三条是由外到内，再升华到觉。“所以”就是据，是呈现出来的果，据又分为道也、非道也，就是看他在不在道上；“所由”是缘起，缘起又分为公心和私欲，就是观他是出于公心还是私欲；“所安”是当心，即当下的心是怎样，又分为有我和无我。安住在什么上是性体层面的问题，也可以分为安在习性，觉性，还是本性上。从这三个方面入手，就可以知人了。“人焉廋哉”就是无处隐藏，哪里还能包裹住呢？这个人是个怎样的人，会清清楚楚、明明白白的显现出来。

看一个人有没有道，先从他外部的行为表现，用眼睛看就行了；然后看他的起心动念，有没有私心，有没有夹私货。比如说有人讲课，讲着讲着就开始销售让人掏钱，暗藏着其他的意图。现在的广告做得太隐秘了，很多软文、种草等等，让人防不胜防。与人交往的时候怀揣着目的，暗藏着酒色财气、功名利禄，都是所由皆非了，私欲就是非，公心才是正。所安是安在我上还是无我上，属于性体的层面。这里可以和《大学》里写的“知止而后有定，定而后能静，静而后能安，安而后能虑”同参。

温故溯新

子曰：“温故而知新，可以为师矣。”

温，是重复的意思；故，是过去的意思。故也通“古”，可以说是故人或故旧的、古老的事物。温故本身也代表学，把孔子当时的思想教给大家，这就叫温故。文言文也是故，我们学习《论语》就是温故，要理解孔子当时说的话本意是什么。比如教大家一个东西，大家从来没学过，所以要反复地温习、复习，这就是“学而时习”。老师正在教的时候，大家一直在接收，但只是当下的心里知道、认知了，还没有“习”，下了课，回去再按照老师讲的做，才叫“习”。学习的步骤是要先学，然后时习之，最后还要实证。证什么？证到孔子当时讲《论语》

的那种心，我们和孔子中间隔着两千多年，但还能知道《论语》原初的那个意思，这才叫温故。

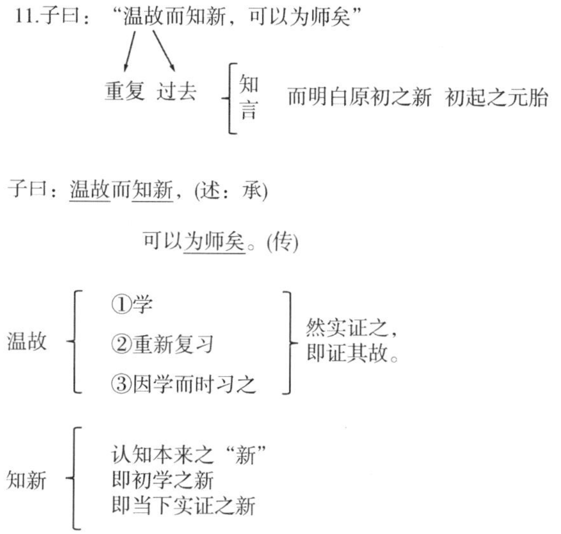

图 4-9 温故知新

知，是明了、明白的意思；新，是一开始的状态，也就是现在所谓的“初心”，用老子的话来讲，叫“复归于婴儿”，禅宗也要回到父母未生之前的样子，都是在讲最初的状态。所以，新不是崭新、全新，而是原来、本来的意思，很多人把“知新”理解成创新，我认为是片面的。如果大家都学习旧的然后进行创新，不就把原来那个旧的覆盖了、取代了？比如唐代学习晋代的，然后创新，和晋代已经不一样了；宋代再学习唐代的，再创新，跟唐代也不一样了；那么转几圈之后，原本的东西还存在吗？所以我认为新是指一个事物最初的那个状态。何况夫子说“述而不作”，在天道传承上可创新的有限，原原本本继承就足够好了，天道本来如此，如如不动，只待你去合天道。

温故知新合而言之，类似于我们拿着年轻时的照片，能联想到当年青春时代的美丽；拿着毕业照，能联想到当年同学之间的感情。用在学习上，就是通过复习迅速找到初学时的感觉，进而追溯到先贤们原本的初心。我们讲《论语》就是在本体上讲，不同于好多人只在枝叶上研究，如果只执着在文字上，是体会不到《论语》里的大道的。

“温故而知新”其实是述（承），“可以为师矣”就是传。能温故知新的人，就能回到原本的初心，是见道、见性的人，那肯定可以为师了。并不是谁都可以称“师”的，有些人经常把师挂在嘴边，三教九流都喊某某老师，他是真正的“师”吗？他只能是“师傅”，掌握知识、技艺而已，并不是真正的“师父”。

最后我们来梳理一下，第九条、第十条、第十一条，这三条为什么放在为政这里，跟孝有什么关系？因为亲师一体，可以孝亲，也可以孝师。第九条讲的是回也大孝，第十条讲的就是知天知人，皆能孝也，这其实都是讲孝的。只有把亲师当作一体的人，才可以做到孝。为了让大家更好地理解，我画一个君亲师的模型（图 4-10）给大家看看。从中庸之道的层面来看，左亲，右君，中间就是师。

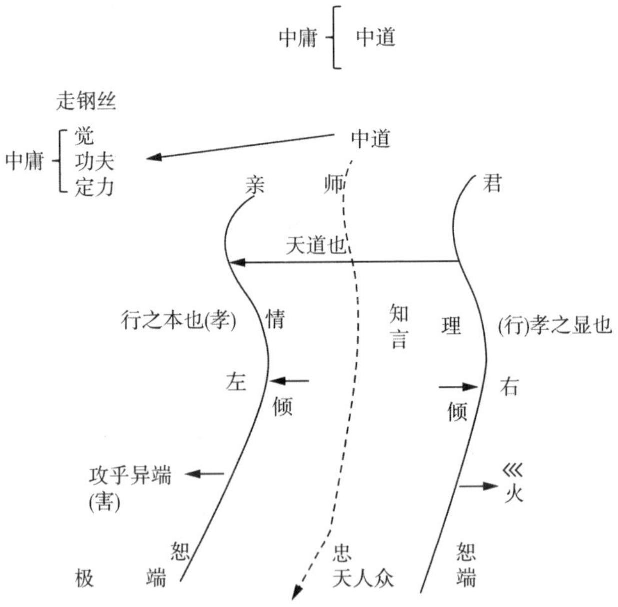

图 4-10　中庸之道

中庸之道

中庸的内容有很多，中道是其中之一。以图 4-10 这条路为例：左是亲，右是君，中间是天道也，也就是师，师在中道上。左右两边那条线就是“端”。何为端？端者，极也，端就是极。中庸之道并不是在正中间，而是一个范围。我们走路的时候很少是完全笔直地走直线，就算开车直线行驶的时候也会有些许的动态调整，在这条路中间，往左右两边靠都是“倾”，左倾、右倾都还是在中道上。这个图为什么叫中庸之道，中庸不等于正中，它不是绝对的，而是相对的、动态的，只要在两端之间的范围内都是中庸。就如同我们的情和理没有办法分成完全均等的两半，都是根据实际情况考量，在情理之间进行权衡。

因此，往左靠近亲，就是情，情就是孝；往右靠近君，就是理，理就是行；师在情理之间，师在中道上，这里老师就是讲知、言的。师的下面是忠，左右下面都是恕，在左右两端之内的叫作恕，两端之外就是攻乎异端，左端是害，右端是灾。所以恕是有边界的，在两条线外面的就不能恕了，因为它会对整个系统产生伤害，对于异端行为是没有必要恕的。恕在中道上，只要不出圈，不越界，一切都是可以宽恕的；不在中道上，专去干异端的事情，只会搞破坏，就没有必要恕了。孔子为什么一定要诛杀少正卯，必然是因为他脱离了中道。对于异端之害，是要除掉的，恕跟除同韵，可通。

君的下面是行，亲的下面是孝。君的这一面偏于理，更落在行为上；亲这一面偏向情，孝发乎人之本性。其实，行是天道，孝是天心。行者，孝之显也；孝者，行之本也。天下只有两个字，就是孝和行，中道就是行孝（孝行），不在孝和行之内的，就是害和灾。我讲的这些，一定要站在天道的角度去看，否则这些形而上的内容难以理解。

第五讲

现在我们要讲《论语》的框架，为了方便大家记忆，我作了一首《论语》目录诗，用的是“an”的韵，总共55个字概括了《论语》的篇章次序。为什么要作目录诗？因为《论语》是一个系统，它内部是有逻辑和次第的。

《论语》目录诗

学而为政始，
一　二
八佾里仁篇；
三　四
公冶长雍也，
五　六
述而泰伯焉；
七　八
子罕到乡党，
九　十
先进后颜渊；
十一　十二
子路随宪问，
十三　十四
卫灵公问阵；
十五
季氏将伐颛，
十六
阳货微子去，
十七　十八
子张尧曰全。
十九　二十

图5-1　目录诗

学习圣贤文化的态度——“述而不作”

我们学习孔子的学问，应该秉承他老人家“述而不作”的精神，忠实传承前人的智慧，这才是我们学习圣贤文化应该有的态度。中国文化非常讲究传承性，就比如孔夫子开了一家品牌店，货品质量有保障，广告宣传也规范，但是价格管理不善就会影响这个品牌的长期发展。学问也是如此，跟谁学习就是接收谁的系统能量，所以要梳理清楚传承谱系，传的内容是什么、出处从哪里来，都要知道。如果大家都去“作”而没有如实的“传”，最原初的学问就变味了，所以学习前人的经典一定要“述而不作”。

“述而不作”有一个前提，就是大家已经把经典读得滚瓜烂熟了。我们距离古圣先贤的时代已经太过久远，而且现代人学习传统文化还有五个障碍：文字障、我执障、信心障、方法论障和路径障。一般人很难进入，只有达到相当高的见地才能亲见孔子思想的本来面目。所以大家要反复诵读，重要的经典至少要读108遍。

上一讲提到的五大基础功课，儒释道各家都有入门的路径。这里简单解释一下为什么选择这些篇章。先说儒家的经典，《大学》和《论语》，《大学》我只选了经章部分，《论语》只选了《学而第一》《乡党第十》《先进第十一》《尧曰第二十》，因为这四篇是《论语》的纲领，就像捕鱼的网，提纲挈领先抓住那根绳，剩下的网自然就收在其中了。至于这四篇为什么是纲领，下面讲解目录诗的时候我会仔细分析。《中庸》是儒门最高心法，基础功课是引领大家入门的所以暂不涉及。

学道家的东西先看《道德经》，《庄子》中大量的寓言、重言、卮言，直接读很难品出味道。老子和庄子的关系，就像孔子和孟子的关系，他们之间是一脉相承的。读《道德经》要从第一章、第三十八到第四十二章、第四十八章、最后一章入手，这样大家读过之后就知道何为道，何为德了。学道家也要读《易经》，乾坤是易之门户，所以学《易经》要从乾坤二卦入手。

《心经》的很多道理和儒门的《大学》也相通，同学们感兴趣的话可以私下研究一下《大学》和《心经》内在的关系。

我们学习传统文化，不要有门户之见，儒释道三家各有所长，这些都是中华文化的精髓，他们虽然自成体系，但彼此并不是割裂的，而是可以相互印证的。所谓“他山之石，可以攻玉”也。所以我们讲《论语》也要把儒释道三家串起来讲。

正式讲《论语》全篇的框架之前，就先铺垫这么多。

《论语》的总体框架

《论语》整体的结构是总分关系（见图 5-2），《学而第一》是总论，基本上把《论语》二十篇涉及的各个道都说了一遍，接下来再分篇逐个说。

总
- 内经：（一）——（十）夫子曰
- （十）——（十一）夫子及弟子评述
- 外经：（十一）——（二十）

分
- 一——九　：孔夫子曰
- 十——十一　：评
- 十二——二十 ：外篇（尧曰第二十：外王）

图 5-2　论语总体框架

具体来看：前十篇是内经，皆为夫子曰，是讲内圣之道。第十一篇至第二十篇属于外经，是讲外王的。第十篇和第十一篇是孔夫子及弟子的评述，即孔子平常是怎么生活的，也有他对弟子的评价。第二十篇是专门讲外王的。

有的人可能会问为什么这么分？有没有什么依据？我们看《论语》前十篇开头的第一句：

《学而第一》　　子曰："学而时习之……"

《为政第二》　　子曰："为政以德……"

《八佾第三》　　孔子谓季氏，"八佾舞于庭……"

《里仁第四》　　子曰："里仁为美……"

《公冶长第五》　　子谓公冶长，"可妻也……"

《雍也第六》　　子曰："雍也可使南面……"

《述而第七》　　子曰："述而不作……"

《泰伯第八》　　子曰："泰伯，其可谓至德也已矣……"

《子罕第九》　　子罕言利与命与仁。

《乡党第十》　　孔子于乡党……

大家有没有发现，前十篇的第一句都是孔子开头的，只不过有的是子直接"曰"，有的是孔子"谓"某人，即针对某人发表看法。总而言之，前十篇都是孔子之意，里面的内容不管是哪个弟子说的，前后都会有孔子认可、互动，或者是纠正、补充，所以都可以视为孔子的说法，这就是我们划分《论语》结构的依据。

第十二篇到第二十篇为什么是外篇，因为不是孔子直接论道，而是以弟子或其他人问孔子开头的，接下来再看《论语》第十二篇到第十九篇的开头第一句：

《颜渊第十二》　　颜渊问仁……

《子路第十三》　　子路问政……

《宪问第十四》　　宪问耻……

《卫灵公第十五》　　卫灵公问陈于孔子……

《季氏第十六》　　季氏将伐颛臾……

《阳货第十七》　　阳货欲见孔子……

《微子第十八》　　微子去之……

《子张第十九》　　子张曰："士见危致命……"

最后《尧曰第二十》是外王的总结，用的是“尧曰……”开头。孔子在后世被称为“素王”，而三代的尧舜禹都是有位的，所以外篇总结用的“尧曰”而不是“子曰”，这就是《论语》篇章目录蕴含的规律。我们看，《论语》的篇章布局是极其严谨的，孔子的弟子也是证悟的圣人，才能这么巧妙地编排《论语》。《论语》的每一篇都有一个核心的话题，篇与篇之间存在一个内在的线索，功夫不到家是读不出来的。夫子自述“吾道一以贯之”，很多人不明白什么意思，其实已经蕴含在《论语》编纂的次序里了。

我之所以要作目录诗，也有这个用意在，同学们要记清楚每一篇的题目、顺序。如果连每一篇的标题都没记住，就相当于《论语》的地图、密码本都没掌握，怎么去挖掘里面的宝藏？所以同学们要先把目录诗背下来，再读五大基础功课《论语》精选的四篇（《学而第一》《乡党第十》《先进第十一》《尧曰第二十》），这几篇是读懂《论语》的关键，是打开《论语》的钥匙。

天干地支纪论语

讲完了《论语》整体的框架，接下来我们再从术数的角度来解读它。《论语》是中华民族的道统之树，可以用十天干和十二地支进行排列组合，但是现在鲜少有人这么讲。我多年研究《易经》和儒家传统文化，但却有两个经不讲，为什么？一个是《春秋》，自觉不敢讲、没资格讲；另一个是《尚书》，因为对先古之事没有足够考证，不敢乱讲。

《论语》的经纬：经（为政、八佾、里仁、公冶长、雍也、述而、泰伯、子罕、乡党）；纬（先进、颜渊、子路、宪问、卫灵公、季氏、阳货、微子、子张）。为什么这么划分？经纬的区别是什么？前面已经给大家展示过，前十篇都是孔子开头，第十二到十九篇都是其他人开头，所以前面是内经，后面是外经。内经孔子曰之是为经，为纲领，为主线；外经弟子问之是为纬，为情景、解释、例证，共同展现孔门“学习共同体”的全貌。《乡党》《先进》这两篇在示意图 5-3 中是用虚线表示的，因为这两篇属于有归纳性、导言性的两篇尤其是《先进》这一篇，有经也有纬，所以我们先把这篇放到纬上，并用虚线区分。这样划分之后再去看《论语》，每个版块就很清楚。

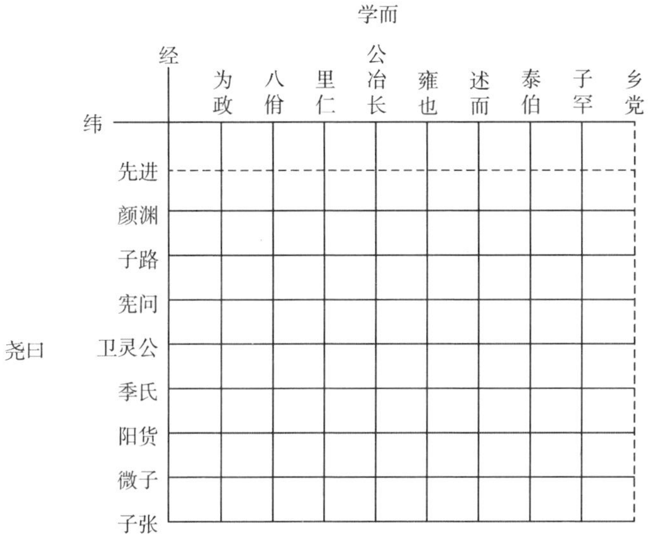

图 5-3 《论语》天干地支图

《论语》的内圣之道

讲完了整体框架、天干地支图，接下来我们进入《论语》的内经部分。内经里面再细分，《学而第一》是内经的总论，也是《论语》全书的总论。从《为政第二》到《子罕第九》乃是内圣八目，里面又分了为学与为道：为政、八佾、里仁、公冶长这四篇主要是讲为学的，雍也、述而、泰伯、子罕这四篇主要是讲为道的。《乡党第十》是讲夫子行状的，从夫子之气象、行为举止、衣食起居以证《学而》篇，内圣八目一以贯之。

《论语》内经前十篇
- 一、总经
- 二~九：夫子真意
- 十篇：夫子行状

图 5-4 《论语》内经的结构

《论语》前十篇主要讲的是内圣之道，可以与《大学》同参。《大学》所论用一个字概括，那就是“学”。这个“学”也是“学而时习之”的“学”，所以我们看经典之间是可以相互印证的，只不过一个是从这个角度讲，一个是从另一个角度讲。《大学》经章的三纲领、八条目点明儒家的内圣外王之道：格物、致知、诚意、正心是内圣功夫，修身、齐家、治国、平天下是外王功夫。放到《论语》里面，前十篇就是在讲内圣之道，后九篇就是在讲外王之道。在前十篇中，《学而》篇和《述而》篇非常重要，里面涉及了为学总论和为道总论，后面我们还会细讲。这里首先解决一个问题：为学和为道的关系是什么？

为学与为道的关系

为道包括为学，为道的首要前提就是为学，为学的最终目的就是为道。道分两步走，先拿起来，然后再放下。就像学武术，先把基础招式、套路都学会，这是为学；等到有一天把脑子里的一招一式都忘了，都变成行云流水下意识反应的时候，就是为道了。但从一开始学习的那些招式，其实也是为道的前期部分，本质上是一体的，都叫为道，只不过是前期为道就是为学，后期为道才是为道。

《道德经·第四十八章》言：“为学日益，为道日损”，如果不懂老子也难以读通《论语》。“为学日益”很好理解，小孩子学走路、学说话，都是从不会到会，增加了新的本领，所以是“日益”。那为什么又说“为道日损”呢？损是去、减、忘，就是放下，但是放下不等于放弃，就像我讲课的时候拿着笔在黑板上写字，写的时候不需要注意这个字的结构、笔画、大小等，只是随心所至。至于这个字最后怎么写出来的，我根本没有在意，自然而然，这就是道心合一。但是小学生刚学习写字的时候需要刻意练习，要想想怎么写、写多大、写得好不好等，这就是前期的为学功夫。

为学总论——《学而》篇提要

《学而》篇主要讲了学、习、孝、教，对应学问之道、行持之道、孝道和师道。合起来可以用一个词来概括，就是仁教，孔子之教也就是仁教。在《学而》篇里面，由于学而三句特别重要，不仅是这一篇的起始，也是整个《论语》的总纲，这里再来细讲。

学而三句的结构如图 5-5。学而是大前提（作谓语），三句都是讲学，所以是“学而时习之”“学而有朋”“学而人不知”，分别对应学问之道、待客之道和内修之道。

子曰：					
学而（谓语）	A—	时，	习之，	不亦说乎	
	B—	有朋，	自远方来，	不亦乐乎	待客之道
	C—	人不知，	而不愠，	不亦君子乎	内修之道

图 5-5　待客内修之道

先说“学而时习之”，这里的“时”实在是太重要了，“时”就是当下的状态。例如你上完课回去复习的时候，仍然保持在老师教你那个当下的状态，就叫作“时”。学《论语》就是要回到孔子的那个时代，回到孔子说那句话的当下。“习之”有两个意思，有复习的意思，也有行、实践的意思。比如子路同学，他虽然性格鲁莽，但是行动力很强，“子路有闻，未之能行，唯恐有闻。”老师教他一句话，他一定要把这句话做到了，再去学下一句话，这句话没做到，他就时时刻刻都保持在学而的那个状态，然后不断地去践行，不断地去行持，这就叫“学而时习之”。有人问子路不是学得挺好的，为什么最后结局悲惨？因为他没有化性。学问之道最后是要化性的，子路只做到了第一条，还没有做到“人不知，而不愠”的境界。

“不亦说乎”的“说”，我们认为读作 shuì，有说服的意思，意即懂得了这些，就可以去传播学问了。我们学习了，也行持了，接下来就要去传教了。先学，后习，再教，就是这个次第。这也是孔子所谓“温故而知新，可以为师矣”的道理，温故就是学，知新就是时习之，每时每刻都保持学而那个当下的状态，所以“温故而知新”某种程度上来说就等同于“学而时习之”。

而且，孝也是学，我们看学而三句下面紧接着就是有子曰“孝为仁之本”，原因就在这里。古人要“三年无改于父之道，可谓孝也”，说明我们要做到和父母一致才行，和父母一致也是温故而知新。我们在做学问的时候也不要忘记自己的父母，因为父母就是人生的第一任老师，孝道、师道是相通的。很多人一味执着于创新，什么都认为自己的才是对的，最后摒弃了父母行事的一套原则，我认为这也是一种不孝。一个人能做到孝，做到温故而知新，真正的学而时习之了，就可以为师了。作为师者，在传道的时候、授业的时候、论道的时候，应该时刻不忘孝，不忘温故而知新，才能做好一个“师”。

《中庸》里有一句话对孔子的学问总结得非常好，“博学之、审问之、慎思之、明辨之、笃行之”，这是对“学而时习之”最简单也最圆满的注释，最后要落在行上。学而之后应该怎么样？具体该怎么行？首先是“时习之”，然后自然而然吸引“朋来”，对于不理解我的人，“人不知而不愠”，人不知，但是我知就可以了。

学而三句做到之后，学而优则仕，就过渡到为政了，为政是讲内圣外王的，扩展到家国天下，中间包括六个道：学问、行持、孝道、师道、待客、内修之道。从《学而》学到最后到了《尧曰》，尧曰三句就是总纲了。

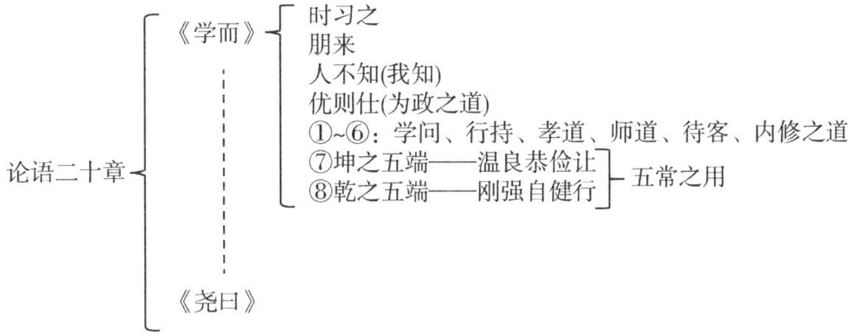

图 5-6　学而尧曰

《学而》篇之为政提要：坤德五端——温、良、恭、俭、让

前面我们讲过，《学而》篇不仅是内经的总纲，也是《论语》全书的总纲，基本上把二十篇涉及的各个道都说了一遍，其中讲孝道的内容最多，就知道孝道在中国文化中的重要性了。

这里我们单独来看《学而》篇的第十条，讲的是为政之道：

子禽问于子贡曰：“夫子至于是邦也，必闻其政，求之与？抑与之与？”子贡曰：“夫子温、良、恭、俭、让以得之。夫子之求之也，其诸异乎人之求之与？”

我认为“闻政”是参政的意思，也叫参闻其政，不光是指听闻。如果只是听说什么小道消息，知道点什么情报，那只能说是知道相关消息。“闻政”则是官府人员向孔子咨询、让孔子来提供参考意见。“与之”的“与”就是给予、告诉的意思，可以理解为就是别人告诉他的，但“与”的本意不能直接说成告诉。这里说夫子每到一个国家都会参闻其政，是求来的呢，还是别人给予他机会、告诉他的呢？子贡的回答内有乾坤。

我们看“温良恭俭让”是坤德之五端（见图 5-7），有坤德那么必然有乾德，乾德之五端曰“刚强自健行”。孔子的弟子颜回可以做到

“闻一以知十”，子贡可以做到“闻一以知二”，我们先不说知十，知二总应该做到了。看到了坤德，自然而然就有乾德，只是现在很多人看不到孔子的学问了。

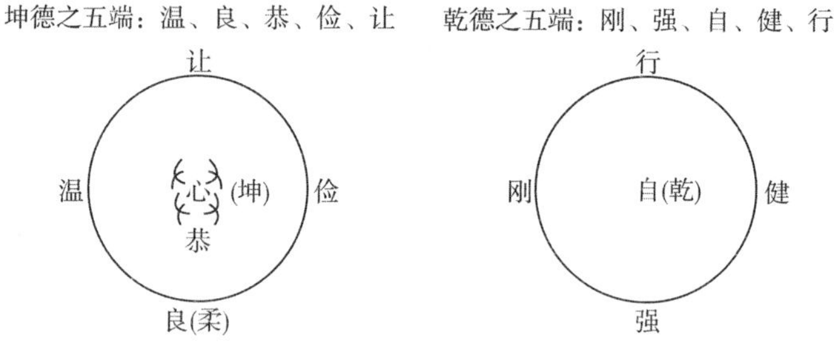

图 5-7　乾坤五端

乾坤二德

温对应刚，良对应强，有句话叫“柔弱胜刚强”。坤德居中的是那个“恭”字，恭是把心捧起来，那乾德还需要把心捧起来吗？不用了。乾德是自刚自强的，所以恭对应自；健主金，对应的就是俭；让不仅是最大的智慧，也是最大的行，所以让对应行。

这里重点讲讲“良”字，“良”字是从“艮”字演化而来的。艮就是止，止于什么？《大学》告诉我们止于至善、知止而后有定……很多人只知道进，少有人是知道止的。能知艮者，乃天下之大德，老子是最懂艮的人。在“艮”字上加一点，就是“良”字。“良”可以组成的字有很多，比如娘、粮、食、郎、廊等，娘是给我们母乳吃的，是给我们提供粮食的；郎是丈夫、儿子，是保护娘的；廊代表房子，是保护粮的。所以能懂得“良”字是莫大的智慧。

为什么孔子那时候要讲温良恭俭让？我认为是因为那时候的人们处于战乱之中，只能谈柔弱，不能谈乾道。为什么孟子要谈仁义？因为那时候的人大多数都不够仁义。可见，人们所谈、所追求的往往会留下时代的烙印。我们当今这个时代很安定、很和平，所以现在要讲乾道，要讲刚强自健行，但是与人相处还是要温良恭俭让的。

那这两德是干什么用的呢？第一是应用时代，第二是乾德、坤德都要归于五常之德（仁义礼智信）。五常是恒常不变的，而温良恭俭让和刚强自健行是可以变通的。比如在《论语》那个时代，温良恭俭让是对朝廷的，是对内部的，孔子通过温良恭俭让得以闻政；而孔子当大司寇的时候，诛杀少正卯，给当时萎靡不振的鲁国振奋了一下，这就是乾道精神。在不同情况下，该用什么就用什么，乾坤二德是可以变化的。

刚强自健行就是自我担当，是当下行持刚强不息的精神，是“我欲仁，斯仁至矣”的当仁不让，是天人合一的自信。温良恭俭让是对于系统内的，对应家道、地道、是用来厚德载物的；刚强自健行是对天道、外敌、丛林世界的。也可以理解为，温良恭俭让是做人层面的，也就是恕道；刚强自健行是对真理的追求，是做事层面的，可以算作忠道。乾坤之德就对应着忠恕之道。但无论是乾道的刚强自健行，还是坤道的温良恭俭让，最后都要归终于五常——仁义礼智信。仁义礼智信贯通内外，各显其用。

温良恭俭让以得之政

《道德经》言：“上善若水”，上善若水包含着坤德，假如没有大地作为支撑，水还能留存住吗？所以我认为老子讲的上善若水就是在赞叹坤德，赞叹坤之厚德载物。坤德的代表就是水，水是居下谦卑的，正因为孔子如此的谦卑、如此的温良恭俭让，才赢得了朝廷的信任。所以他每到一个国家，这个国家的重要人物都去找他咨询，向他问政。有人问政，孔子不就闻政了吗？闻政了不就参政了吗？所以原文的“温、良、恭、俭、让以得之”可以引申为“温、良、恭、俭、让以得之政”。

“夫子之求之也，其诸异乎人之求之与?”这句话我认为其实说不说都无所谓，孔子肯定不会像世间人一样厚颜去求取，孔子是高山仰止的，孔子的闻政也是吸引来的。

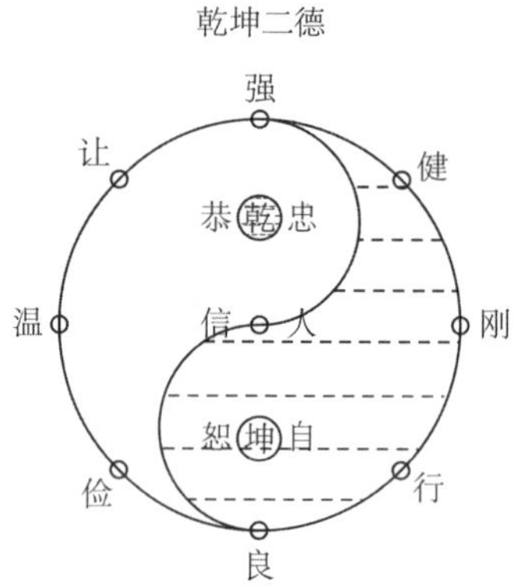

图 5-8　乾坤二德

有同学问这一篇为什么能用乾坤二德来讲，乾坤二德是从道的层面讲的。大家都知道太极阴阳图，在孔子之前就有太极，伏羲画卦就是从太极开始的。伏羲一划开天辟地，开天立极，就是立太极。卦是挂于太极。大家看看乾坤对应忠恕的图（图 5-8）就能明白了。

刚强自健行讲的就是忠道，忠于天道、忠于真理、忠于事等，温良恭俭让讲的就是恕道，所以乾坤二德讲的就是忠恕之道。《论语》所谓的“一贯之道”，曾子解为忠恕而已矣。有人执着于字眼，认为一贯之道是一，忠恕之道不是二吗？在我看来，这其实暴露出他不够懂中国文化，中国文化不是非黑即白的，怎么能不是一就是二呢？中国文化是既黑也白、一阴一阳、一多不分的，一贯之道就是一吗？它也可以是二，也是三，也是万物，这个“贯”就贯穿了万物。其实，一贯之道就是道，道可以包括很多内容，比如文武之道、奇正之道、太极阴阳之道、进退之道、得失之道，荣辱之道等，这里只是拿出来其中的一个具有代表性的词，叫忠恕之道。

第六讲

上一讲我们梳理了《论语》整体的框架，进入《论语》内经部分（前十篇）的讲解，其中，《学而》篇和《述而》篇非常重要，涉及了为学总论和为道总论，今天主要来细讲为道的部分。

道的五个纬度——德、理、象、数、法

子曰："述而不作，信而好古，窃比于我老彭。"

首先解决一个问题，孔夫子之"述"，述的是什么？有人从字面意思理解，认为"述"的只是上古的那些典籍，是知识层面的，但是他们忘了"文以载道"这四个字。古人为什么要著书立说，是为了载道、传道的，上古的圣贤更是如此。所以孔子所"述"的，表面看起来是上古典籍，实际是在继承典籍背后蕴含的大道，述的是道统。

道统的内容先不说，这里先从形而上的层面为大家提示一下道的演化次第，用《周易》的演化模型来看，太极点就是道，二仪就是德与道法，三才就是道、法、德，四相就是道、德、法、术，五行就是德、法、理、象、数。五行是解释道的，五行合起来就是道。这一段说的是方法论。

德、理、象、数、法分别是五个维度，道是超越这五个维度的，对这些维度采用的也是述而不作的方法。孔子讲道，是用德来代替的。因为和世人没有办法讲道，只能讲德，所以夫子讲"为政以德"，然后才落实到具体的"理、象、数、法"。孔子在生活中和别人交流的时候，很少谈理、象、数，最多就是谈理。理、象、数合起来就是道之

术，法就是世间法。

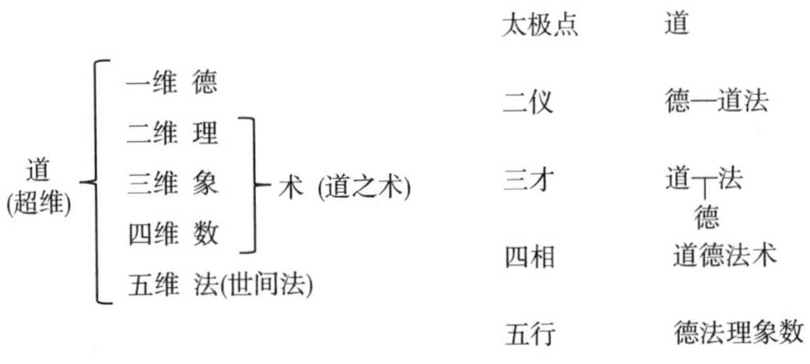

图 6-1　道的演化次第

孔夫子之述——仁、礼、命、利、学

孔子述而不作的具体内容就是仁、礼、命、利、学，既对应着五行的木、火、土、金、水，也对应人体的五脏：肝主木，对应仁；心主火，对应礼；脾主土，对应命；肺主金，对应利；肾主水，对应学。

木	火	土	金	水
仁	礼	命	利	学
肝	心	脾	肺	肾

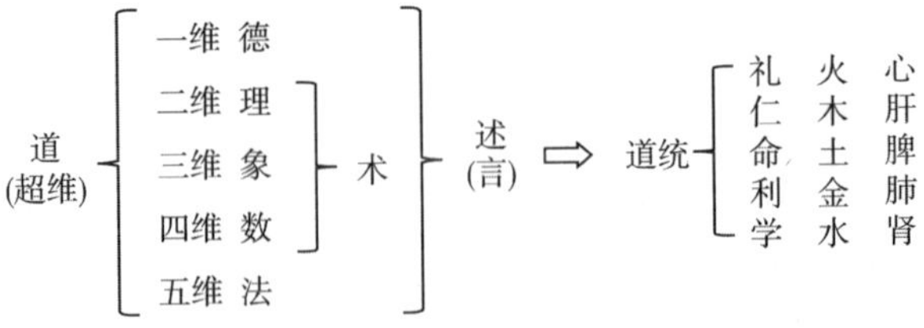

图 6-2　道的五个纬度

《论语·子罕第九》开篇言："子罕言利与命与仁"，有罕言那就有常言。利、命、仁罕言，在五常（仁义礼智信）中对应着义、信、仁，那五常中剩下的两个就是孔子常言的，即礼与智（学）。孔子谈得最多的是什么？最多的就是礼与学。礼是火，对应我们身体就是心；学是智、是水，对应我们身体就是肾。孟子讲得最多的是仁义，义属利，也就是木和金，是讲肝和肺的，所以我们说人不仁义和说人没肝没肺是一个道理。

孔子谈礼与学，很少谈仁义；孟子经常谈仁义。所以孔孟合其来就像一个十字，竖为孔子之学，横为孟子之学，这就是孔孟之道。其实孔子也有十字，只是"横"的没有解释出来。"礼—命—学"是天道，"仁—命—利"是人道，孔子把天道说得很人道，而孟子是把人道说得很天道。孔子说的东西很感性，把天道的东西往人道上放；孟子说的东西逻辑严明，把人道的东西往天道上靠。我讲的这些，是从形而上的层面论的，同学们如果听不懂，那就反复去读《论语》和《孟子》，从经典上去印证。接下来我们讲《述而》篇的具体内容，是形而下的层面，就会简单点了。

《述而》篇提要

先看《述而》篇的前三句：

子曰："述而不作，信而好古，窃比于我老彭。"

子曰："默而识之，学而不厌，诲人不倦，何有于我哉？"

子曰："德之不修，学之不讲，闻义不能徙，不善不能改，是吾忧也。"

上一讲我们提过，为道包括为学，为道的首要前提就是为学，为学的最终目的就是为道。

因此，学而、述而和信而就是为道的总纲、大前提。具体怎么为道还是要从为学开始讲，所以《述而》篇第一条讲了为道之法，第二条、第三条接着就开始讲为学了。

第一条，孔子“述而不作，信而好古”，这是讲为道的。孔子是怎么为道的？第一是述而（“不作”是“述而”的具体内容）；第二是信而，即忠实相信（对古代有信所以“好古”）；“窃比于我老彭”这句是总括。所以，这里提到的为道之法只有两个，述而和信而，后面的不作和好古是为道之法的具体展开。

述而要求学生老老实实、一板一眼地跟着老师学，不要自以为是、自作聪明，否则要出问题。信而是说学习古人的文化，一定要信。这就很类似后来严复提出的翻译核心准则——“信达雅”。夫子所说的信而和述而类似于“信达雅”中的“信”和“达”。严复所谓“信”就是不悖原文、不偏离原意，我认为这就是夫子说的充分相信原文，不轻易产生怀疑；严复所谓“达”是指不拘泥原文形式，但能让原文通顺明白，这也是夫子所说的“述”，即在不作的前提下，去传承原初的学问。所以为道之法也可以表述为“信”和“达”，也就是信而和述而，内心不要有怀疑，真实地呈现，前人怎么传，后人就怎么承，否则道是传不完全的。如果大家都要标新立异、开宗立派，道怎么可能传得下去呢？

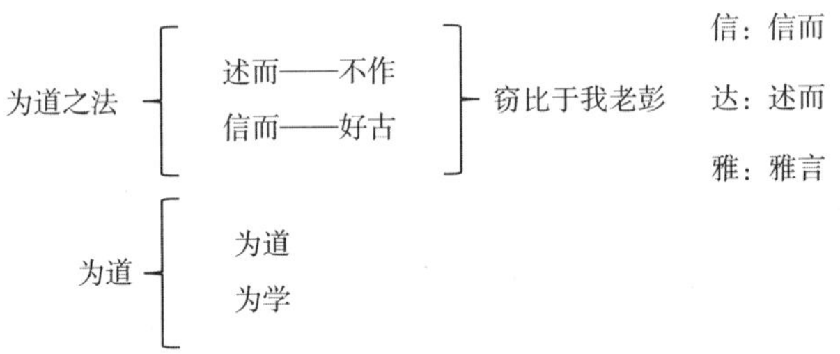

图 6-3　信而好古

第二条，“默而识之”实际上就是后面要讲的先天学习法——先读诵，读诵的时候完全用心，读诵之后就可以去观想了，这时候可以心脑并用。因此学而、述而、信而之后，下一步就是“默而识之”“学而不厌”，是具体的内容了，到“诲人不倦”就开始教学相长了。

为学四句

第三条，“德之不修，学之不讲，闻义不能徙，不善不能改”，这是为学四句，所为之学最终落在自己的修身成德上，因此也可以叫作为己之学。为己之学（见图 6-4）的第一条是德修，第二条是学讲，第三条是义徙，第四条是善改。

“德之不修，学之不讲”这一句可以与《道德经》同参。《道德经·第五十四章》言：“修之于身，其德乃真；修之于家，其德乃余；修之于乡，其德乃长；修之于国，其德乃丰；修之于天下，其德乃普。”据老子所言，德有五个次第：首先是真，真之后要有余，有余还要长久，长久之后还要丰满，丰满之后还要普及天下，这也是从己身到天下的次第。我们看，老子讲的这个次第和《大学》修身、齐家、治国、平天下的次第是不是一以贯之？都是由己及外，层层递进。

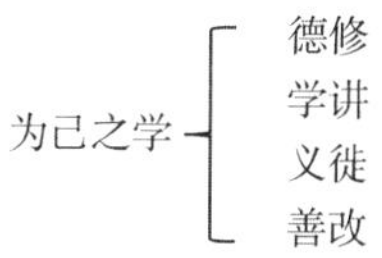

图 6-4　为学四句

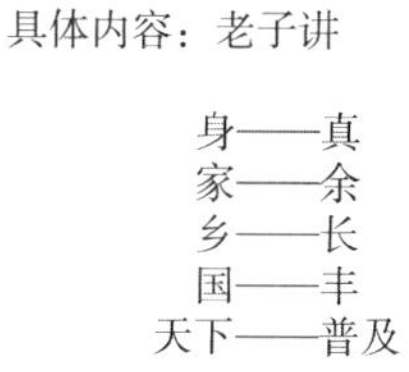

图 6-5　由己到天下

“德之不修，学之不讲”连起来还有一个意思，就是说如果没有修好德，所学的东西就不要去外面讲。这里面有一个传道的原则，比如我给你讲课，看起来是传授了知识，实际上是传递了能量；如果你自己还没修行好就急于传给别人，知识虽然没有损失，但是道损了；你再去传，这个能量就会持续衰竭，到最后没有能量甚至还会产生负的能量。这样道只是从你这里短暂经过，没有真正的“得道”。只有等你达到一定境界了，“德”厚了，获得老师的允许、认可了，你再传，才不容易出差错。所以大家千万要记住，在我们没有得道的时候，不要乱讲，讲了就意味着耗散了能量。我们学的是道，表现形式为知识，最终显现的是能量，道是通过知识的形式来表达能量的。

要理解“闻义不能徙，不善不能改”，先看孔子说过的“三人行，必有我师焉：择其善者而从之，其不善者而改之”（《述而》篇第二十二条），这就是闻义。闻义的地方，就是“师”所在的地方。对孔子来说，他既好学，又博学多才，所以学无常师，在哪里能够见义和闻义，哪里就是“师”所在的地方。我们如果还没达到圣人的心性就学无常师，恐怕是学不会的。只有孔子这种圣人才可以学无常师，一般人没有几个有资格这样做。因为凡夫只有随师而学、学有常师才会有定，有定才会有慧，才能学有所成。一般人的心性没有达到一定高度，不要轻易换老师，只有一门深入，认准一位老师去学才能学出来东西。

为己之道

前面提到的为学四句：德修、学讲、义徙、改善，都是为己之学，其实孔子所讲的“学”核心就是为己，孔子从很多角度讲过为己之学，比如儒门四科。儒门四科出自《论语·先进第十一》，是孔子对于弟子们的分类品评，通过树立四科的榜样来勉励大家。

儒门四科即德行、言语、政事、文学，讲的也是为己之道。

德行：颜渊，闵子骞，冉伯牛，仲弓。

言语：宰我，子贡。

政事：冉有，季路。

文学：子游，子夏。

儒门四科也和文行忠信相对应，德行、言语、政事、文学是孔子对应文、行、忠、信的四个表达方法：德行对应的是忠，言语对应的是信，政事对应的是行，文学对应的是文。

孔子之道讲的就是忠恕之道，那我们就先来看看何为忠。讲到忠有人就比较苦恼，工作中看不惯上级的一些做法，对其有意见，这个忠——德行：颜渊，闵子骞，冉伯牛，仲弓。
信——言语：宰我，子贡。（言）
行——政事：冉有，季路。
文——文学：子游，子夏。

} 儒门四科（先进第十一·第三条）

图 6-6　儒门四科

时候很难做到忠，即难以做到忠君。这个问题需要修正一下，儒家不是忠于君，而是忠于道。儒家在致用层面是忠于君，在本体上则是忠于道的。忠于君的根本原因是忠于道，这个君是国家的象征，而不一定是君王本人。中国古代的士君子，内心都有一杆秤，就是不违背自己的信仰。当君王不违道的时候，坚决追随；当君王违道的时候，则持保留态度，不去主动对着干，但是也坚决不盲从。

第七讲

德行直心

上一讲提到为学四句（德之不修，学之不讲，闻义不能徙，不善不能改，是吾忧也。），今天先来研究一下“德”这个字。

甲骨文　金文　小篆　隶书　楷书

图 7-1　德的字形演变

我们现在研究古文字，一定要追溯到甲骨文那个时代，去看造字本义。甲骨文作为迄今为止中国最早的文字系统，蕴含了大量的天道信息。《礼记》中写道：“殷人尊神，率民以事神。”殷人极度重视卜筮（shì），希望通过占卜的方式，达到人神之间的沟通，甲骨文就是殷人刻写在龟甲和兽骨上的占卜记录，透露着先民造字的玄妙。殷人造字是站在天道角度的，当时造字不是为了向百姓普及知识，而是为了贵族阶层用于祭祀，解决与天（上帝）沟通的问题才创造的。现代人一听“上帝”就以为是耶稣（God），这其实是西方传教士的“杰作”。“上帝”一词，中国古已有之，殷商时代就存在以“上帝”作为至上神的原始信仰。比如《诗经》多次记载：“殷之未丧师，克配上帝。宜鉴于殷，骏命不易。”（《诗经·大雅·文王》）

“荡荡上帝，下民之辟。疾威上帝，其命多辟。”（《诗经·大雅·荡》）“昊天上帝，则不我遗。”（《诗经·大雅·云汉》）等。所以一定要了解这个背景，不了解殷商的卜筮文化，就难以真正理解甲骨文的重要性。天道无古今，天道的本源是不变相通的。

我们来细看甲骨文的“德”字：

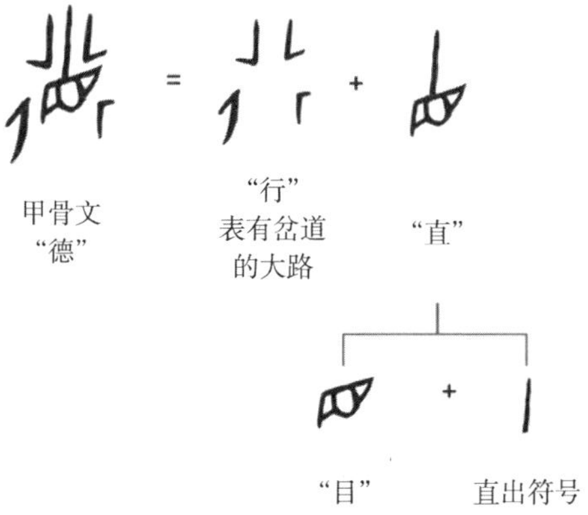

图 7-2　甲骨“德”字构成

“德”字甲骨文由两大部分构成（见图 7-2），外面的符号表示有岔道的大路，四个方向都能走通，相当于现在的十字路口。中间画了一只眼睛（目），上面延伸出一条线代表直出，直出向前。为什么有目？眼目是观，古人用眼目来代表观，但后来很多人都不知道是什么意思了。这个字描绘了这样一幅画面：一个人站在十字路口前，用眼睛观察，最终选择了直道而行。西周以后的写法（见图 7-1）下面都加了心的符号。“德”字底下为心，即用心看，也就是说在观天地、道路、观宇宙真相的时候，要用心观，心中所观和宇宙是合一的，这是德的本意。西周以后的“德”字由彳、直和心组成，所以德的本质就是直心，是形而上的。后面演化出双人旁（
）时就拟人化了。因此德的本意不是特指人，而是指天地人。

人在十字路口前要观天地之机，把自己的行为和天地统一起来，言行要合乎天道。用心观察之后则要自己决定，自作主宰，四方通达，究竟走哪条路，自己选择。也就是说，修德是为己之学，是修之于身，自我负责的。

我们看图 7-3。有同学不懂图 7-3 是怎么画出来的，先看内部的圆圈，中国古代的地图是上南下北左东右西，所以左侧是东方，东方生木，木主仁，所以为己之道的左侧对应五常就是仁；右侧是西方，西方生金，金主收敛、肃杀，所以对应义（义包括利）。义者，宜也，仁之所宜也，义是对仁的规定，义的核心还是讲仁。所以横向的这一条线代表的是人道，做人要有道德，最根本的就是仁义二字。

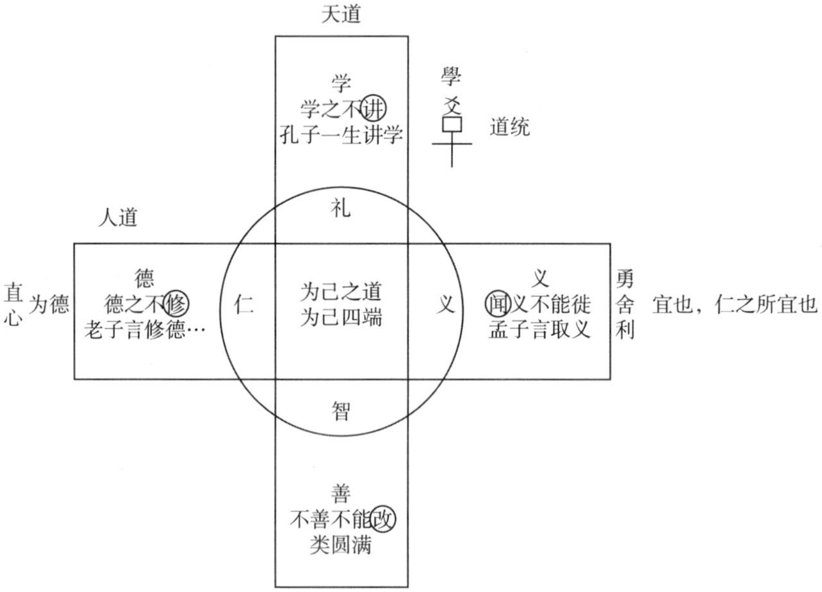

图 7-3　*五常之用*

纵向这条线，上面是南方，南方主火，火为离，离者，丽也，对应礼，礼是对人的纹饰、装饰，有礼的国家就叫华夏（服章之美谓之华，礼仪之大谓之夏）。下面是北方，北方主水，仁者乐山，智者乐水，所以北方对应的就是智。礼和智这条线是天道的下落，天道与人道的交叉点就是信，信居中央，为土，为脾，为大地，承载着人的自身（图中没有显现信）。人为己的最高境界就是这里，天道与人道交叠之处，天人合一。圆圈之外就是为学四句，也称为己之道：德之不修对应仁，学之不讲对应礼，闻义不能徙对应义，不善不能改对应智。

孔子说“古之学者为己，今之学者为人?”（《论语·宪问第十四》）这句话看似在古今比较，其实重点还是对今天这种求学心态的忧患，现在人多是为了他人去学习。我们学习应该是为自己的，为了自己的什么？为了自己道德的提升、心性的成长，然后为社会，我认为这才是真相。就像我在讲课的时候，我的德在增长，我的气脉在通，我这是在为己，大家只是顺便听听。所以“德”这个字，当我们用心观察这个世界时，眼睛所看的是现象世界，心所观的是宇宙的真相，如果被眼睛看到的事物之间的名相迷住，不知道真相，活在名相中就没有意义了。

讲完了德，我们再来谈谈学。学为什么放在了天道的层面，因为学是顶着天道，顶着爻。学者，孝也。孝的本质是道统。当帝王的政权不是为百姓而是为一小部分人的利益服务时，就失去道了，也就无法与天合一了。从这个角度说，“不忘初心”其实是对过往历史的反省和总结。为什么要不忘初心？因为要防止有的地方偏了，所以要回溯初心，进行校正。初心就是孝，就是民心，顶着爻，顶着天道，中国文化排在第一位的就是孝。所以学其实也是不断向百姓传播孝道、向天下传播孝道、向帝王传播孝道。只传播还不行，还要传得圆满，下面接受得圆满，做得圆满。

当前，我们处于一个历史的关键期。晚清李鸿章曾发出这样一句感叹：实为数千年来未有之变局！李鸿章讲的变局，是指晚清面临的内忧外患之危局。现在的世界格局已经和过去发生了翻天覆地的变化，中国已经日益走向世界舞台的中央，已经站到了前所未有的高度。中国必将实现中华民族伟大复兴，在全球的影响力也会举足轻重，我们的文化也有潜力成为世界主流文化之一。现在我们中华民族日益强大，要不忘初心，要挺起腰杆，发掘传统文化的精髓，增强民族自信，让优秀的传统文化得以更广泛、更好地传承。

为己四端做好了，就实现了内圣，修身也就完成了，这时候再来谈外王齐家。当然了，不能以为是等修身完成以后再齐家，古人是同步的，而且大部分是先成家后立业，孔子说的“三十而立”是立身立业立世，也就是说在三十岁之前已经完成了组建家庭、传宗接代的任务。四十不惑，已经明白一生所向了。五十而知天命，知命就是对自己有所交代。从三十岁到五十岁做的事业，到五十岁就有所成了。我们一般认为做事情十年有小成，二十年大成，假如二十年做不成一项事业，基本很难再做起来了，这时候往往就只能归结为命运了。这是外王的步骤，可是外王的前提是内圣，现在很多人都只顾着向外求，鲜少为己了，孔子忧的是这个情况。

圣人之境——回归生命

接下来我们跳到《乡党第十》，看孔子是如何为己的。

先讲一个有趣的现象：前文也提到过内经部分第一篇到第九篇都是“子曰”开头，第十篇是“孔子于乡党”开头，是有区别的。论语里面的“孔子曰”或者“孔子……”是站在外人的视角讲的，不是内部的学生弟子讲的。夫子和孔夫子也是有区别的，夫子是内部弟子直接叫的，孔夫子也是尊称，是外人叫的，当然了，孔子也是尊称，就是一般人都可以这样喊。

《乡党第十》一般人很容易忽视，因为里面没有道德训诫，几乎通篇都是白描，描述了孔子衣食住行的方方面面。但这一篇实际上很重要，讲的是圣人之境，是内圣之境。

孔子于乡党，恂（xún）恂如也，似不能言者。其在宗庙朝廷，便便（pián）言，唯谨尔。朝，与下大夫言，侃侃如也；与上大夫言，訚訚（yín）如也。君在，踧踖（cù jí）如也，与与如也。

“孔子于乡党”，乡党一方面是指孔子的乡党，另一方面也可以放大到市井百姓。“恂（xún）恂如也”，意为收敛自己关注他人，不要去冒犯和触犯别人。“似不能言者”，更是在言语上收敛，否则自己能言善辩，就显得别人无能了，也可能说者无意、听者有心，让别人觉得被讽刺了。夫子自道“六十而耳顺，七十而从心所欲，不逾矩”，“便便言”就是“七十而从心所欲，不逾矩”。“唯谨尔”的“谨”并不是束缚，而是心里很自在，自己很放松，但是外在表现出谦卑，类似于恭。孔子在乡党面前的状态是放松且自在，闲庭信步，但是没有任何傲慢，也带着小心谨慎的意思，因为那些人是不应与之纠缠的，既不得罪他，也不能傲慢，始终保持中道。

为什么在乡党面前要保持小心谨慎呢？俗话说得好，外来的和尚好念经，人们对于自己身边的人往往很难生信。唐代高僧马祖道一禅师出身贫寒，某日因故返乡，乡里邻居初时不知“马祖”为何方神圣，夹道而观，这时，后溪边一个洗衣服的老太太认出了马祖，哈哈大笑说：“他哪是什么圣人，不就是马簸箕的儿子吗？”于是人们一哄作鸟兽散（马祖幼时家贫，以织簸箕为生），马祖于是十分感慨，作偈一首：“为道莫还乡，还乡道不成。溪边老婆子，唤我旧时名。”（《为道莫还乡》）这一点，对儒释道三家来说都是如此。所谓“士别三日当刮目相看”，那是圣贤君子、士大夫才会这样刮目相看；就算你再厉害，凡夫俗子也难以对你刮目相看。

“君子不以绀緅饰，红紫不以为亵服……吉月，必朝服而朝”这一段是讲礼的。“齐，必有明衣，布。齐必变食……席不正，不坐”这几段讲的是孔子生活的各个方面，如祭祀、吃饭等细节。这些其实是讲一个达到内圣之境的君子的日常，君子再往上升就是内圣外王。后面又讲“乡人饮酒”，接着“问人于他邦”，这是讲与外邦人怎么结交。“厩焚……不问马”是上升归纳，这一段很重要，讲的就是仁者内圣之境。马厩失火了，孔子是如何反应的？第一念头是把人放在第一位，关心有没有伤人，这就是内圣之境。

我们看，孔子为己到了圣贤境界，所做的也不过是一些平常事，这些事情有关生命本身，就是好好吃饭、好好穿衣。这也是禅宗公案“饥来吃饭困来眠”的道理。

内圣外王分篇

回顾一下从第二篇到第九篇的内容。《为政第二》是讲政道、政治，《八佾第三》是讲礼，《里仁第四》是讲仁，《公冶长第五》许多地方都是对弟子的评价，主要讲君子之道。前面这几篇主要在讲内圣。《雍也第六》讲君王南面，是外王；《述而第七》讲传承，上升到道的层面；《泰伯第八》讲的是谦让；《子罕第九》主要讲中道致远。后面几篇主要在讲外王，这就是内经部分的具体划分。

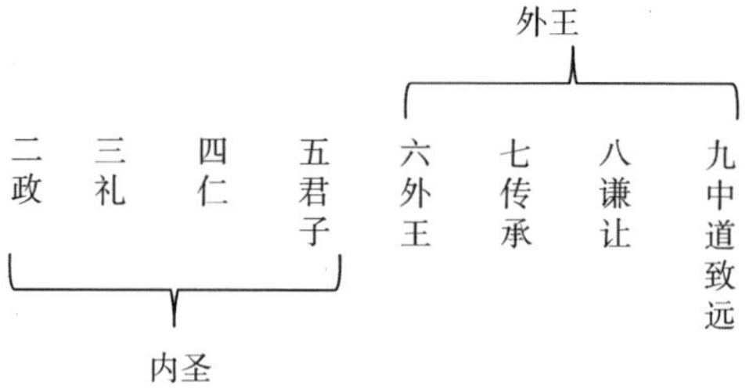

图 7-4　内圣外王分篇

至德让天下

《泰伯第八》讲谦让，开篇讲了一个故事。

子曰："泰伯，其可谓至德也已矣。三以天下让，民无得而称焉。"

泰伯是古公亶父的长子。亶父有三个儿子，其中三子季历和季历之子姬昌都很贤明，古公亶父因此有立季历为继承人的想法，以便将来传位给姬昌。泰伯知道父亲的心思，为了成全父亲，于是便和二弟仲雍迁居到荆蛮之地，断发文身，表示不可以继承君位，来避让季历。

这种至诚之道非常难得。谦让一点小的利益不难，泰伯却是将天下拱手相让，而且是“三以天下让”，为了成全父亲的心愿，自己隐姓埋名，移居他邦。泰伯之让，可谓至德！

曾子曰：“以能问于不能，以多问于寡；有若无，实若虚，犯而不校。昔者吾友尝从事于斯矣。”

曾子曰：“可以托六尺之孤，可以寄百里之命，临大节而不可夺也，君子人与？君子人也。”

子曰：“如有周公之才之美，使骄且吝，其余不足观也已。”

子曰：“大哉尧之为君也！巍巍乎！唯天为大，唯尧则之。荡荡乎！民无能名焉。巍巍乎其有成功也，焕乎其有文章！”

这都是讲外王、讲谦让的。温恭自虚，上位无骄，禅位让贤，大礼也。

中道致远

《子罕第九》中有这几段：“子畏于匡……匡人其如予何”“颜渊喟然叹曰……末由也已”“子疾病……予死于道路乎”“子曰：衣敝缊袍……何足以臧”“唐棣之华……夫何远之有”，这几段都是在讲中道致远，一个国家、一个家庭想要长久，就要做到外王、传承、谦让、中道，只有中道才能行稳致远。

中华民族素来有忧患意识。孔子也有自己的担忧，圣人之忧是忧道不能传。

子曰：“志于道，据于德，依于仁，游于艺。”

这句话不是讲层次，而是从高向低，不断降维的排序：先是道，再是德，再是仁，最后是艺。这才是孔子要表达的真正精神，孔子是从高维度一维一维去讲的。“志于道”的“道”是什么？天道自然也；“据于德”就是以天德、地德、圣人之德为据，不要脱离天地人，这是一体的；“依于仁”是指依于五常，即依于仁、义、礼、智、信；“游于艺”就是授艺。

天道、天德是两个维度的，天道显现在天德上面。道德显现在五常上，五常落实在我们生活上就是术艺技法，以及孔子未说的器。对于普通人，孔子建议我们老老实实做好道、德、仁、艺就可以了。

子曰：“自行束脩（xiū）以上，吾未尝无诲焉。”

束脩是古代民间上下级、亲戚、朋友之间相互馈赠的一种礼物。古代学生与老师初见面时，必先奉赠礼物，表示敬意，被称为“束脩”。孔子这里表达的是凡入我门者，我都是一视同仁地教诲。

“不愤不启，不悱不发。举一隅不以三隅反，则不复也。”这是教学的方法。

“子食于有丧者之侧，未尝饱也。子于是日哭，则不歌。”表面是讲丧和哭的，实际上是讲中道的。

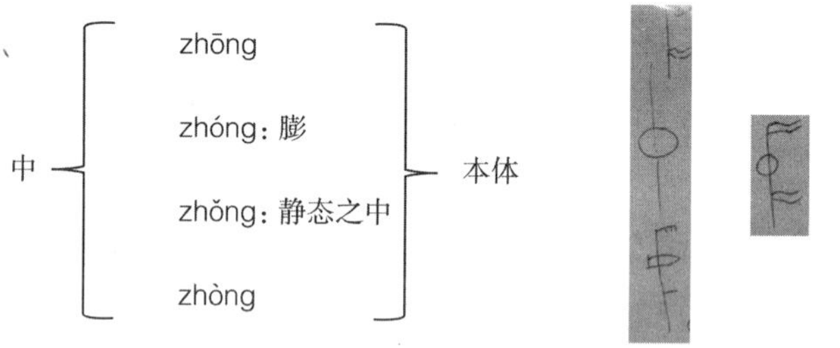

图 7-5　中

前面提到了中道，“中”这个字很重要，有很多层面的意义。“中”的甲骨文写作，是指旗帜飘扬的状态。图中（图 7-5）右边的这个圆圈中间正好有一条竖线，后来这个圆圈演变成方块就变成“口”了，也就成了现在的“中”字。古人对这个字有不同的写法，发不同的音，表不同的意，现在却很少有人去琢磨这些了。

我们现在用“中”字一般都读作一声或者四声，其实还有别的音，只不过非常少见，在一些方言中目前还在用，例如河南地区的“中”表示肯定，就是念 zhóng，二声还带有膨胀的意思。

“中”是“忠”的本字，“中”本来形容客观的事情，天道本来如此。加了心以后，就不是客观的“中”，而是人心里面人性化的“中”，就是人行中道的“中”了。所以孔子这里既是讲客观的中道，也是在讲人行中道的中道，就是做什么都要居中、中道。

第八讲

前面几讲我们梳理了《论语》的结构，在目录诗里，前十篇就是先，后十篇就是后。前半部分讲体，后半部分讲用。但是只了解结构还不够，学习《论语》还要熟读，正所谓“书读百遍，其义自见”，108遍的功夫不能少。做学问，知易行难，即使难以全部熟读，至少也要把基础功课那四篇（《学而第一》《乡党第十》《先进第十一》《尧曰第二十》）读够108遍，这样才算对《论语》有一个初步的入门。

我们研究古人的典籍，先要突破文字障。其实最开始，在古人还没有创造文字之前，是以符号当作标记来记录事件的，然后符号才慢慢转化成原始文字。平时常见的八卦图也是一种符号。有人说汉字是由八卦演化出来的，我认为这是不全对的，文字和八卦都是由符号演化而来的。那么，符号是什么？古人观象，符号是象的缩影，符号乃天地万物之象，是天地万物归纳之相。

除此之外，还需要知晓六书。六书即中国古代对汉字构造和使用方式的一种概括，其中包括指事、象形、形声、会意、转注、假借。这六书都是针对符号表意而言的，因此汉字可以看作是一套约定俗成

《论语》目录诗——出自宋纪贤老师

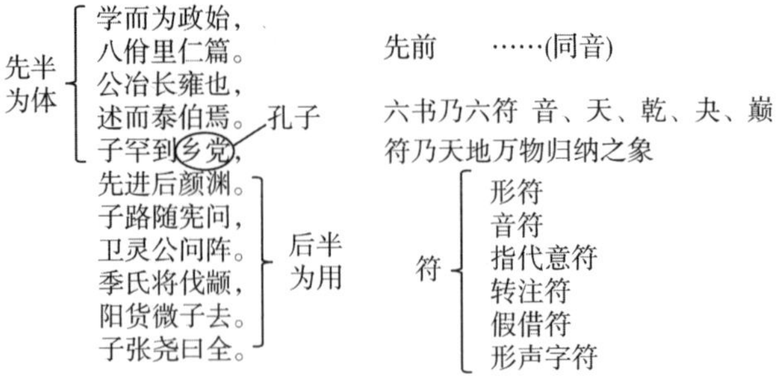

图 8-1　符——天地万物之象

的符号系统。符包括形符、音符、指代意符、转注符、假借符、形声字符等（□ △ ＋ × ∧ ∨ ……）。其中，十字和口就是最核心的两个字符。（见图 8-1）

理解证悟的孔子

读懂《论语》的前提是要明白孔子是一个证悟者，如果只把孔子当成一个文学家、博学者，当成一个普通的世间人，是不行的。孔子虽然生活在世间，但是他的内在达到了证悟，他的生命维度是超脱世间的。只有站在这个角度，对孔子的生命境界有了充分认知，才能真正理解孔子。

举一个简单的例子，《述而第七》中写道：

子食于有丧者之侧，未尝饱也。

子于是日哭，则不歌。

举例说孔子某一天上午去奔丧，下午就不会歌以咏志，这首先是一种礼，体现对所哭之事、所哭之人的一种敬重。孔子在遇到丧事时有三个表现，未尝饱、日哭、不歌，从中我们可以体会到孔子对逝者的哀悼。从另一个角度而言，也可以看出孔子本人的修为，他的情绪状态可以保持很长的时间，其中蕴含着一种定力。孔子认为情绪来了要发泄出来，但要“发而皆中节”，不乱发情绪，也不要过度。再看现在的一些人，一天、一个小时内情绪都会变化好几次，往往被环境带着走，这其实是一种失觉的状态，与其气脉不通畅有关，我认为主要还是因为现在有些人心性不定。

《述而》篇（第十四条）还有一个例子：

子在齐闻《韶》，三月不知肉味，曰：“不图为乐之至于斯也。”

这里为什么提到孔子闻韶乐入定，韶是圣乐，是天籁，是最接近道的音律。中国自古便是礼仪之邦，礼乐文明高度发达，乐在古代是社会教化非常重要的一种工具和法门，例如古琴可以养心调神，古代的乐和现在的音乐是有一定区别的。孔子第一次听到韶乐，没想到竟是如此的美妙。《论语·八佾第三》记载："子谓《韶》：'尽美矣，又尽善也'。谓《武》，'尽美矣，未尽善也'。"韶乐是一部歌颂、宣传舜帝九功之仁德，集诗、乐、舞为一体的尽善尽美的乐舞。因此，孔子在听韶乐的时候是在体会舜之仁德与气象，故而因韶入定。这一条是展现孔子由闻韶乐而进入禅定的境界，是一种没有分别心的状态。一个人一定就是三个月，还照样生活、工作，这是何等境界？可以说比打坐入定的境界还要高。孔子是三个月未曾失觉，一般人别说专注一天了，有时候连一个小时，甚至十分钟都定不住，看似身体坐在那里，不一会儿就被头脑中乱七八糟的念头带走了。

原文说的是"子闻《韶》"，当时闻的不是孔子一个人，还有一群人同时在闻《韶》。为什么只有孔子"三月不知肉味"？因为孔子信。正因为我信孔子是圣人，所以我解经就直接从圣人的角度来解，而不用凡夫的视角去看待孔子的言行。"子闻《韶》"也是因为孔子信，他是因信而入大定，试问现在有几人能做到这样？欣赏音乐以至于"三月不知肉味"，可见孔子心性功夫之深，能够做到身心一处，系在乐上，这和现代人因沉迷追剧、刷视频、打游戏而忘记时间是有本质区别的。

用之则行，舍之则藏

《述而》篇第十一条：

子谓颜渊曰："用之则行，舍之则藏，惟我与尔有是夫！"子路曰："子行三军，则谁与？"子曰："暴虎冯河，死而无悔者，吾不与也。必也临事而惧，好谋而成者也。"

"用之则行，舍之则藏"是对世间之事无所执着，达则兼济天下，穷则独善其身，中道而已。孔子在《微子第十八》中说"无可无不可”，没有什么一定要做的，也没有什么一定不做的，也是中道的意思。对世间之事，合道义的用之则行，不合道义的就潜藏起来。“用之则行，舍之则藏”的标准就是一个“义”字，即“义用之则行，舍之则藏”。做世间功业，成功与否不重要，不管是否成功都要去寻道，这叫做“义当为之而为”，明知不可为而为之，道一定是要为的。但是如果道无法推行了，世间也不用我的道了，那我只能潜藏起来。

《论语》其他篇章也提过类似的意思，比如：

子曰：“道不行，乘桴浮于海。从我者，其由与？”子路闻之喜。子曰：“由也好勇过我，无所取材。”

（《公冶长第五》）

子曰：“笃信好学，守死善道。危邦不入，乱邦不居。天下有道则见，无道则隐。……”

（《泰伯第八》）

子曰：“直哉史鱼！邦有道，如矢；邦无道，如矢。君子哉蘧伯玉！邦有道，则仕；邦无道，则可卷而怀之。”

（《卫灵公第十五》）

这几条都在表达“舍之则藏”的意思。回到“子谓颜渊”这里，孔子刚跟颜渊说了这么一句，颜渊还没回答，子路就插话进来了。这就是子路的性格，喜欢舞枪弄棒，比较鲁莽。子路看孔子光夸颜渊，觉得自己也有用处，可以保护孔子，所以问孔子如果行军那么跟谁一起？实际上是在希望孔子夸他勇敢。结果孔子当时就训斥他了，说子路“暴虎冯河”，这不是自取灭亡吗？最后子路还是没有听进去孔子的话。

“临事而惧，好谋而成”“要在战略上藐视敌人，战术上重视敌人”，这两句都是一种战争的智慧。从精神意志上藐视对方从而鼓舞自己的士气，但在具体的操作、执行、管理方面要小心谨慎，要时刻警惕，要“战战兢兢，如履薄冰”。

这一段的对话可以从两个方面理解，先是从道义上说，孔子和颜渊说的是道义之事，但他回答子路却是从操作、技术层面说的，回答了如何能让事情落地——必临事而惧，有完美的谋略才能成功。我认为这里“好谋”的“好”字发第三声，代表完美的谋略。

富贵可求乎

《述而》篇第十二条：

子曰："富而可求也，虽执鞭之士，吾亦为之。如不可求，从吾所好。"

我认为这一条也是在讲义，孔子说如果富是可求的，就算是赶马车（不体面）我也去干。其中隐含的意思就是求富一定要合乎道义，不义之财，不取也。这就是下面（《述而》篇第十六条）说的"不义而富且贵，于我如浮云。"推及其他，人在社会中不管做什么工作，扮演什么角色，只要合乎义的事情都是可为的，但绝对不能失去敬畏之心，不能失去是非的原则。在这个基础上，可求的时候把自己姿态放低。如果不可求，先搞清楚真正应该求什么。

应该求什么呢？首先是义。先不谈富贵，至少这个义是非常重要的，没有义，富贵是可以不要的。做事情要坚守义，坚守义就是坚守道，所以真正值得求的是义，也是道。"不可求，从吾所好。"好，我认为是指好老彭、好古，代表的也是义和道。有人从字面理解为：如果求不到那个富贵，我就随从自己的爱好。这个解释不够准确，应该是不可求、求不到，我就追随圣人，自得其乐。我们这一生如果按照道义的方式能够获得富贵、名利，当然要去求，不要怕降低身价。但如果都求不到，那我们就在圣人面前、在道面前弯腰低头，老老实实修道。这也是《大学》里面所说的，要做世间功业，先好好修身。

曲肱而枕，乐在其中

下面就跳到《述而》篇第十六条，结合起来看：

子曰："饭疏食饮水，曲肱而枕之，乐亦在其中矣。不义而富且贵，于我如浮云。"

第十六条是讲孔子的生活状态的。这里是在说孔子吃饭喝水不怎么讲究，不挑食，有什么就吃什么，想睡的时候把自己的手一枕就当枕头了，很洒脱。这就是前面第十二条孔子所说的"从吾所好"的境界，其实就是做自己喜欢做的事情。像我平时得闲的时候打打坐，种种花，累了就小憩片刻，也不在意吃什么，这不是很贴合孔子吗？那我斗胆可以说"窃比我于夫子"，孔夫子也是我的榜样了。

这一段不能按照一条条分割着去解，中间是有内在的精神暗线串联在一起的。前面讲孔子的生活状态，突然间一转，"不义而富且贵，于我如浮云"。为什么？因为几句话都有一个总体的精神——用之则行，舍之则藏。从"子曰：'富而可求也，虽执鞭之士……'"到"不义而富且贵，于我如浮云"都是在呼应"用之则行，舍之则藏"，而且用之、舍之还很快乐，是把自己藏起来，从吾所好的，这才是面对生命最好的态度。

敬畏生命

回到前面，接下来讲《述而》篇第十三条：

子之所慎：齐，战，疾。

孔子谨慎的有三样东西：齐（斋）、战、疾。孔子所谨慎的第一个是斋戒，第二个是战，古代出征打仗是和生死有关的。第三个谨慎的是疾，疾病也和生命有关。所以孔子所慎的东西（斋战疾）是谈生死问题的，孔子并不怕死，他之所以谨慎，是他爱惜生命、敬畏生命的表现。

求仁而得仁

《述而》篇第十五条：

冉有曰："夫子为卫君乎？"子贡曰："诺；吾将问之。"入，曰："伯夷、叔齐何人也？"曰："古之贤人也。"曰："怨乎？"曰："求仁而得仁，又何怨？"出，曰："夫子不为也。"

我认为这里的"为……乎"就是为谁做事，"为卫君乎"就是为卫君做官的意思。孔子在鲁国当过中都宰，可以摄行政事，去了卫国肯定也有为政的机会。冉有是季氏的宰相，非常会经营。冉有问"夫子为卫君乎"就是在问孔子会为卫君做事吗？子贡听了就说去问问孔子。子贡问得很有智慧，这里我们举个例子加深大家的理解。

假如宋老师现在是在古代，跑到正在打仗的某个国家，然后宋老师的学生就问某弟子，"宋老师是不是准备要给某某国家做事？"弟子说去问问老师，弟子就问宋老师："老师，你说南怀瑾老师是什么样的人？"老师说："南老师是传承文化的圣贤之人。"然后弟子继续问："可是他很穷，过得很困难，你说他心里有没有委屈和怨言？"宋老师回答说："求仁得仁，有什么委屈的。"弟子就明白老师的心思了，就出去跟学生说："老师是不会去（给他们做事）的，即使去也不为别的，而是要发扬中华文化。"

最后孔子把话讲得很清楚，关键点在"求仁得仁"。因为孔子一生在求仁、求道义，道义就是信古，述而不作的也是古，古就是孔子说的仁。所以我们就会发现《论语》很多句子，其实都是从不同的角度反复表达一个意思。很多人解读《论语》是独立地解释每句话，我认为这种方式是有问题的。《论语》是由核心思想贯穿起来的一个有机整体。

感性理性一体

之前有学生说他眼中的宋纪贤老师内外层是感性的，中间又具有高度的理性，这或许是多年学习《周易》的缘故。的确如此，所以我讲经典既能从感性契入，又能够运用理性思维抓住经典的框架，提纲挈领。事实上，圣贤的学问是全面的，解读圣贤学问需要同时具备感性、理性双重视角，而且要能随时切换。

比如我老宋，内心深处有点感性，平时喜欢写写诗发发牢骚，有时候又像个老顽童一样和学生打打闹闹，外在表现也有点感性，但是我中间是逻辑严明的。为什么写诗、什么场景下和学生们打成一片、什么时候又要严肃庄重，这中间都是有章法的。

《泰伯第八》载：“子曰：‘兴于《诗》，立于礼，成于乐。’”

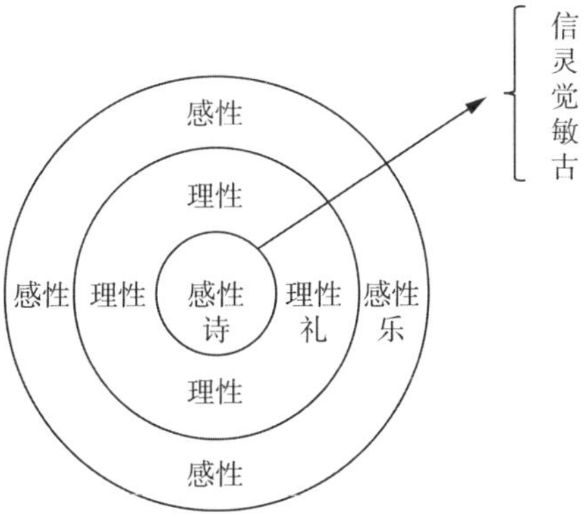

子曰：“兴于《诗》，立于礼，成于乐。”——《论语·泰伯》

图 8-2　国学的感性和理性

内在感性淳朴是《诗》，中间是礼，外面表现出喜乐的就是乐。“成于乐”是一种喜乐的、法喜的、无分别心的状态。《诗》是温柔、醇厚，诗教也。其实这是每个人应该呈现出来的最自然的生命状态。大家一定要去呵护，不能去伤害我们内在的这种东西。

五十境内隐玄关

《述而第七》第十七条：

子曰："加我数年，五十以学《易》，可以无大过矣。"

"加我数年"就是多给我几年生命，"五十以学《易》"是倒装句，是"以五十学《易》"，也有人说"学《易》以五十"，意思就是用"五、十"来学周易。

"學"字上面托着的是爻，也是×＋，五、十是宇宙的生成次第。

现在看到的图形（图 8-3）意味着东方有圣人，西方也有圣人。孔子是一个实实在在的修行人。

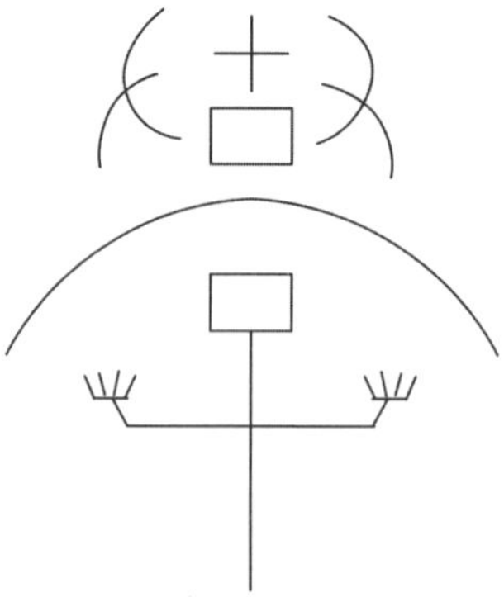

图 8-3　学天道

图 8-4　伏羲女娲图

再来看看伏羲女娲图，我认为它就是爻。它的形状和我们的 DNA 双螺旋是不是很像？我们的 DNA 依托于天道就是五和十。伏羲和女娲是我们最远古的祖先，华夏儿女都要顶礼祭拜。关于五和十，大家也可以参考《内经图》（道家用以描绘人体内脏关系之图）中的"五十境内隐玄关"这句话。

武术和武道

宋老师有一位弟子是传承武术的，既然提到了道家《内经图》，就来谈谈武术和武道之间的关系。

我们经常听说“任督二脉”一词，以图 8-5 为例，左边是任脉，右边是督脉。任脉又叫恶脉，任就是任性，任脉顺则死。顺则死、逆则生，逆上去就是督，督脉又叫善脉，督就是要用觉念来督察他。所以我们要“任觉醒、督禀性”。

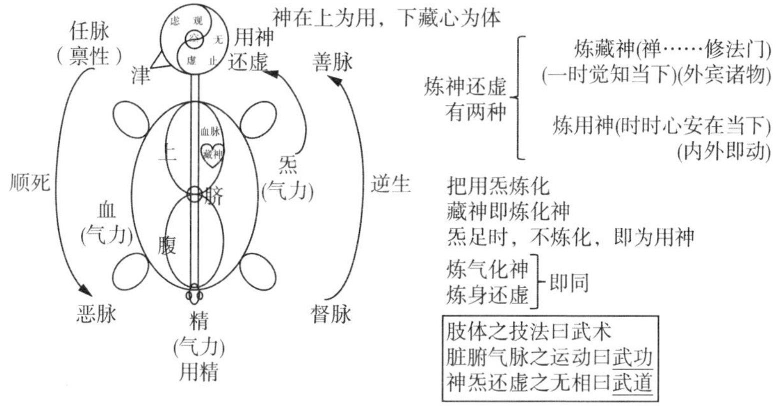

图 8-5　武道化气、化神、还虚

津、血、精、炁、神都是武术和武功方面的，还不属于武道。当气升到神的时候，津血精炁神都变成一个维度了，只是这一个维度里面分了五个层次，到“炼神还虚”的时候就升维了。从炁到神的时候就分两组了，一个是神藏于心叫“藏神”，另一个则是“用神”。这里面的区别就是神在上为用，下藏于心为体，体用关系就出来了。

“炼神还虚”分两种，炼“藏神”是通常修禅要做的，炼“用神”就是时时刻刻在做的。比如我现在在讲课，我在思考的时候，尽量把神安住在当下，时刻把心安在当下就是炼“用神”。炼“用神”的时候内外皆动；炼“藏神”的时候外摈诸缘，内觉其心，就是一时觉知当下。“藏神”和“用神”同时炼了才能还虚，这就是“炼炁还神”。当我们“炼神还虚”的时候，有虚就有虑，虚者，止也；虑者，观也。

“功夫”二字也有时间的意思，只要时间够长就会有功夫。所以我们懂了这些以后就知道，只锻炼外在的身体，练一辈子也只是武术。肢体之技法曰武术，脏腑气脉之运动曰武功，神炁还虚之无相曰武道。神炁还虚之无相还只是近武道，真正的道是不可说的。

止定静安虑得

《大学》中写道：“知止而后有定，定而后能静，静而后能安，安而后能虑，虑而后能得。”其中，知分两个维度，第一个维度是意识层面的知，第二个维度是觉性层面的知。当我们进入觉性层面的知，才能实现“炼神还虚”。

在“炼神还虚”的时候，虚和虑之间是互相动的，也就是止观。虚是指当你心中一念不起的时候，神就还虚了，当你起心动念的时候神就被消耗了。所以说虚就是让心里没有杂念，就是所谓的“放下”。有时候心静不下来，主要是气脉里面有各种淤堵。气脉的淤堵多是由于大脑思虑过多导致的，想得越多越淤堵。“知”就是“觉”和“识”，当我们用识神去知的时候，就是心意的层面。当我们在“觉”的时候，才能知道心意背后的东西。

从止到虑，最后得。从止到虑就是从止到观，修行要先修止后修观。而大修行人是先修观后修止，从观中来止，这不是一般人能做到的。所以，这里面一定要把老子、老庄、孔子的东西融会贯通。这个功夫叫“止观双运”，运出一个空，如果不能运空，只能说在做功夫，但并没有所获。虚空一词，道家叫虚无，都是一个意思，但是虚无和虚空是道吗？不是的，要把虚无和虚空打碎，之后才有真道。那些开悟的人，打破虚空，当破止、破空的时候就得道了。儒家说“虑而后能得”，得的是什么，得的就是空。明德？至善？亲民？这些肯定都得了，但还只是“近道”，得“明”亦是如此，还都不是真正的道。

孔有空的意思，从这个孔洞上面找到一个穴，从穴里面看到一点光，但要找到光的本源，还得穿过这个穴。也就是说看到这个“明”了，还得从这个“明”上找到那个本体，找到那个本体才能得道。为什么圣人开悟之后还要修，是因为开悟之后只是进入空明。开悟之前只是假修，悟后才是真修，悟后起修，悟了才刚开始修。

圣贤作古

修行和不修行的区别在哪？回答这个问题前我们先补充一个知识：人小时候称为“子”，“子”的甲骨文写作，由上面的“口”和下面的“十”组成；人老了就称为“古”，“古”由上面的“十”和下面的“口”组成。所以小时候（子）倒过来就是老（古），正的“子”反过来变成“古”，这就有了一正一反，而一正一反就是人的一生，这就是生命的真相。

“學”字下面的“子”，就是倒过来的“古”，少年称子，老而称古。我们小时候为人之子，死了就要作古了。如果没有道，就只能是作尸了，所以人到晚年有这样几个区别：作尸、作死、作怪、作乱（妖）和作古。

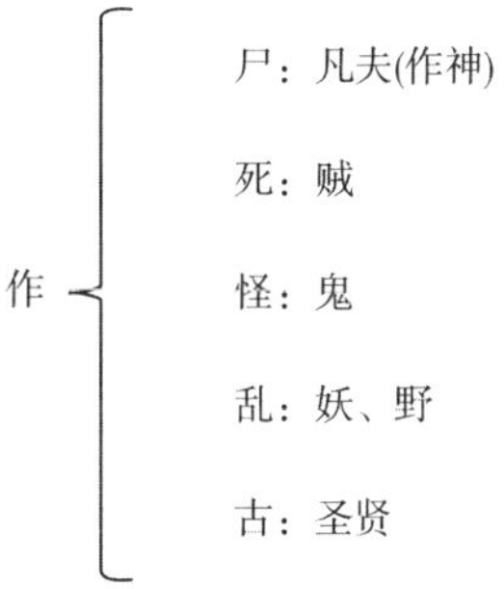

图 8-6　凡夫圣贤之行

回到《述而》第十七条：

子曰：“加我数年，五十以学《易》，可以无大过矣。”

孔子以五十学《易》，或者说孔子是“以古学《易》”，或者叫“信古学《易》”，或者用“孔子悟道以学《易》”，也可以说知道了之后学《易》。

《述而》篇第十八条："子所雅言，《诗》、《书》、执礼，皆雅言也。"我认为这句话应该这样分句："子所雅言《诗》、《书》，执礼皆雅言也。"意思是孔子平常是说雅言的，不是说野语的，像乱臣贼子、怪力乱神的话更不会说。《诗》《书》是孔子雅言的内容，执礼是他的行为。雅言或者《诗》《书》即为古言，也是古。

第九讲

为尊者讳

孔子，子姓，孔氏，名丘，字仲尼。孔子是圣人，出于对圣贤的尊敬不能直呼其名，可以称为“孔夫子”或“孔老夫子”，当时的人也可以称“孔子”。孔子自称丘（qiū），后人将丘字读作某（mǒu），是一种避讳的表现。

《述而第七》第二十四条：

子曰：“二三子以我为隐乎？吾无隐乎尔。吾无行而不与二三子者，是丘也。”

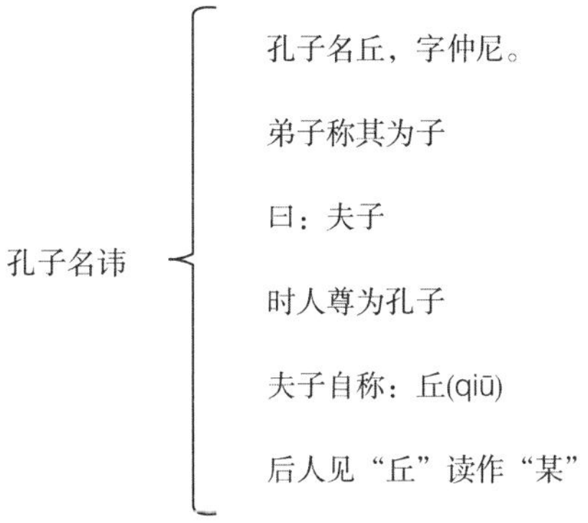

图 9-1　孔子名讳

这里的“是丘也”是孔子的自称，我们是不能称丘的，此乃圣人之谦辞。同学们不要小看这些细节，背后关系到孔门师道立世的大学问。儒家师道是怎么立的？现在的师道是怎么衰弱的？就在这些小细节中，所以要从一点一滴中逐渐恢复。师之所存，道之所存。作为弟子，必须尊师重道，否则没办法继承师之道。但是作为师，却要谦和，以此作为表率，彰显圣人修身之诚。一个“丘”字，孔子自称是师之德；我们作为孔门后学，为尊者讳，读为“某”则是弟子之孝。

比如，我作为一名师者和弟子在一起，发现他哪里有偏颇一定会提出来。某段时间我要求他谦卑柔软，因为我觉察到他秉性里有傲慢，所以就要提醒弟子，让他意识到了，再去修。人在没有觉察的时候，是感受不到自己身上的习气毛病的，这种傲慢是内在的，会从我们的言行举止中不自觉地流露出来。因此需要良师益友的观察、指点和纠正，这也正是师道的职责和意义所在。

我们做人要有傲骨，但是不能有傲慢。傲骨有时候表现在气场上，我平时说话气场太大，对一些在世间有身份地位的人来说很容易感觉到不习惯。他们久居高位，已经习惯了上对下的交流模式，我突然用平等的态度语气跟他交流，他反而感到失衡了，甚至会认为是冒犯。其实我是像对待其他人一样平等相待的，但是对方会感觉有些受不了。有同学说老师没有做到“贤贤易色”，考虑到对方身份，您在交谈时应采取更为得体的言辞。其实，他们来找我交流问题，这个时候我是在师道或者同道位置上的，我就没将其视为其它身份，我们交流问题是为了求真，我出于对他真正的尊重才这样做，即便他当下感到不舒服了，但能让他看到真正的自己，不也是好事一桩？如果我也像他的客户或者下属一样，将他迎合、吹捧一番，我们的交流意义何在？那样不过是浪费各自的时间，还有什么意义！

所以我们做学问，要求真知，不要求那些虚的东西。同时还要觉察自己，对圣人之学是否做到了百分之百的臣服，心中是否还有傲慢。我们在父母师长、天地君亲师的面前，要低下头来，学会臣服，不能冒犯父母师长，更不能直呼其名。这些虽然是细节，但也是非常严重的事情。中华民族的优秀传统文化之所以能够传承下来，几千年来人才辈出，和避讳制度有很大的关系。古人要为圣人讳、为父母讳、为尊者讳、为往者讳（也就是为死者讳），里面蕴含着古人的大智慧。“讳”在这是一种尊重，是隐恶扬善。

由于我们一直注重为往者讳，当我们去缅怀先辈的时候，记忆中留下的就都是他们光荣伟大的一面，这样就能油然而生对祖先的崇敬之情，作为其子孙也会生出一种自豪感。这种自豪感就在潜移默化地教化子孙后代，促使他们秉承先祖遗志，从而培养出一代又一代的人才，将先祖遗志继续发扬光大。假如情况与此相反，每一代后人都不断地挖祖宗的黑料，拿放大镜盯着祖先劣迹斑斑的一面，用这样的眼光看，连古圣先贤都觉得满身污点，那结果必然是一代不如一代。作为炎黄子孙，我们应当以正面和积极的态度去挖掘并传承祖先的优秀文化和精神遗产，这事关国家的发展和民族的繁荣。

因此，为尊者讳一事，万万不可小觑。我们要从一个字的读音开始注意起来，充分理解为尊者讳的意义。

隐恶扬善

《泰伯第八》中写道："曾子言曰：'鸟之将死，其鸣也哀；人之将死，其言也善。'"

为死者要讳，为生者也要讳。比如刚出生的孩子，不能说不好，假如一出生你算命说他活不过十岁，这会引起对方的不满，导致关系紧张。再比如一个年长之人，他再没有本事，等他熬到当老师了、当父母了那个资历上，你就要尊重他，不能随便指责他的缺点。有人问那难道就放任不管吗？管还是要管的，但要有善巧方便。《弟子规》中写道："亲有过，谏使更，怡吾色，柔吾声"，父母有不对的地方，子女要和颜悦色地提出建议，即使父母不听或者听不进去要打子女，子女也要虚心接受，温柔以待。有些人不要说对长者了，就是对真正的圣贤都不知道如何去尊重了。大家只有都去看他人的长处，时刻反省自己的不足，修己以安人，社会的风气才会越来越好。

避讳相关的这五句话（为圣人讳、为父母讳、为尊长讳、为往者讳、为生者讳）是从正面讲的，与之相应，也有反面的教导。为圣人讳，即述圣人之德，反过来，就是为小人省（反省之义，下同），即我们作为小人就要反省自己的过失；为父母讳，反过来，就是作为子女也要省；为尊者讳，即如果看到尊者的不足，不要去指出而是要赞扬他的长处，反过来，对于尊者的短处我们就要反省自己，看自己有没有犯同样的错误；为往者讳，反过来，就是看到过去的自己要多多反省；为生者讳，反过来，就要为存者考虑。

简单总结：为圣贤讳即为凡俗省，为父母讳即为儿女省，为尊者讳即为卑者省，为往者讳即为己者省，为生者讳即为存者省。中国文化大有深意，圣人容人之宽，责己之切可见。中国文化的总体思想是要隐恶扬善，趋吉避凶的，要好古有述。

好古有述

图 9-2　好古有述

什么是好古有述？活着的时候“好古”，去世了也有人能传承，有所可“述”。如果一个人活了一辈子，却没有给后人留下什么可供传述的东西，终其一生少有价值，多么遗憾。所以古代的仁人志士追求“三不朽”：立德、立功、立言，要给后世留下点东西，追求死而不朽的境界。我们“好古”肯定要去“好”古代那些好的东西、真善美的东西，所以告诉大家要隐恶扬善。《弟子规》中讲道：“道人善，即是善，人知之，愈思勉。扬人恶，即是恶，疾之甚，祸且作。”有些人专门喜欢扒“黑历史”，揭人隐私，这样的人就是“恶语伤人六月寒”。中国人是讲究礼仪的，不能开口去冲撞别人。哪些人是不能冲撞的呢？圣贤、父母、尊长、往者、生者都是不能冲撞的。

孔子评价颜回“不迁怒，不贰过”，我对这句话思考了很多年，目前觉得自己可以做到不迁怒了，但是还没有做到不贰过。同样的错，我可能还会再犯，但假如多次犯同样的错误，最后我也能改掉它。我现在虽然已经年过花甲，但仍然天天都在改错。别看我一把年纪了，但还保留着童心，人要老而有童心，亦有庄重，老而有随和，而少乖张，少年反而要老成持重。我的某位学生身上就有这种优良的品质，年纪轻轻就有老成持重的一面，虽然有时还会腹诽，至少他能把心里的不满忍下去，只在肚里抱怨几句。剩下的要随着他的修养的提升才能改掉，目前这样去应世，应该没有问题。

老年要像老顽童那样随和，保持一颗至善的童心，不能死而刚强，人要是过于刚强，离死也不远了。《道德经·第七十六章》言："人之生也柔弱，其死也坚强。万物草木之生也柔脆，其死也枯槁。故坚强者死之徒，柔弱者生之徒。是以兵强则灭，木强则折。强大处下，柔弱处上。"刚强不化，无论是谁，都可能会挨批评。孔子向老子请教的时候，老子张开嘴巴给他看，说他现在年龄很大了，牙齿掉光了，但是舌头还是柔软的。老子这么说当然是另有深意的，目的是让孔子看他口中的津液。很多人解读老子是让孔子看舌头，其实老子要表达的是自己气脉通畅，口中津液是满满的。

做人，要在三方面注意，哪三点？即身、口、意。"好古有述"是指思想（意），趋吉避凶对应身，隐恶扬善就是口。意思是我们口要扬善，身要趋吉避凶，脑子里想的、心里念的都是古代的东西，对子孙要有述。这些是中国文化的核心精髓之一，也是规避隐讳的总纲。

规避隐讳

能做到为圣人讳、为父母讳、为尊者讳、为往者讳、为生者讳，就是礼。这五个讳的反面对应五个省，做到省，即为礼之所成也。这是救世立世之本！世间如果都按照这个"讳"去做，世界一定很美好。大家可以想象一下，这里每一个层面都说到了，各种人际关系都会和谐，相当于整个社会，人人都在修行，社会因此也会更加祥和。这不就是周礼所追求的境界吗？一日克己复礼，天下归仁焉！

"讳"的后面是"隐"，上讳而下隐，要为世间隐，为儿孙隐，为卑者隐，为己心隐，为存者隐。有人问不是要发露忏悔、痛改前非吗？怎么还要为自己的心去隐呢？这一条的意思是你心里起的恶念，不要诉诸世，而要及时把它消化掉，因为人随时都可能会起恶念，起了就过去了，就隐起来，不是说让你隐藏起来去干坏事。为什么要隐？隐是为了扬善，正如“君子问祸不问福，小人问福不问祸”。有的人一开口就是赞叹，口中不见众人过。所以，扬善是为众人扬其善，为儿孙扬其志，为卑者扬其长，为友朋扬其善，为生死扬其善。

隐属于地道，地道的核心就是“厚德载物”。既然德要“厚”，物需“载”，那就需要扬长避短，总纲就是隐恶扬善、趋吉避凶，分别对应身、口、意。儒家只是和其它家的表达体系不一样，但其中义理是一一对应的，而且儒家的学问就在经典中体现。如果我们不懂这些原理，经典中许多内容就难以理解，不清楚古人为什么要这样写，也看不到背后的深意。有人会问我，老师你是怎么知道的？其实很简单，因为我通《易经》了，因为我天天在做止定静安的功夫，如果你也能坚持下功夫，你也可以知道。

在这个隐讳的原则之下，以及身、口、意的纲领下，如果能在世间做到，实践出来，需要规、避、隐、讳的东西自然就出来了。规是什么？别人不知情就不能叫规则，规要落地，要为众人所认可。落地的规才叫规则，不落地的规就不能叫规则。细分起来规和则是两回事，规是硬性规定，是由外在强加的，则是我们内心主动认同、自觉接受、愿意去效仿的。规的具体解释就是律、法、章、条、目。规有五规：名规（名），利规（财），男女规（丁），生死规（命），事规（世），实际上就是名、财、丁、命、世，对应的都是行。按照重要性排为命—名—丁—财—世，这就是世间之规。

有规就有避，规是正的，避是奇的，合起来就是奇正之道。规是强制性的，有了规，人的内心再主动去接受这些东西，才叫则。规而不则，那么规就是假的。避指男女避其嫌，财利避其讼，名号避其重，生死避其贪，世间避其浮。男女对应色，财利对应物，名号对应人，生死对应命，世间对应事。

规、避、隐、讳，这都是世间的大法则，如果人人都按照这样做，这样的社会应该会很美好。

孔子述而不作的是什么

子曰:“述而不作,信而好古,窃比于我老彭。”

孔子“述”的究竟是什么?什么样的人生才是有意义的?孔子给出的答案是“好古有述”。上篇我们从不朽的角度讲了“好古有述”,那么,如何好古?其实就是学。小子好古曰学,这就是“学”的本字(见图 9-3 右上角),接下来我们来研究一下“学”的本字为什么是现在这样的。

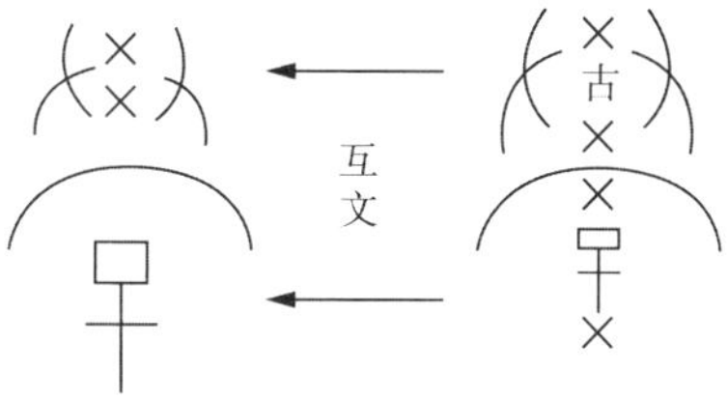

图 9-3　学的本字

关于“学”字,前几讲都有一些解释,古人是上取其爻,天道也;下取其古,地道也。老曰古,少曰子,生而为子,老而为叟,死而作古。生而为人子,长大成人了作什么?作之父,作之师,作之君。父者,斧也,父亲是斧正,是旗帜,是标杆;师者,传承也;君者,谋事业也。做事为君,比如一个班的班长就可以称为这个班的君,一个村的村长也是一村之君,古代的君一般指的是诸侯国之君,还不能说是王。王,天下只有一个;君,可以有无数个。

中国文字的演变

讲到这里必须说明一下中国文字。中华文化博大精深,能真正明白中华文化的深意,再去看甲骨文,就容易多了。现在我们看甲骨文虽然不知道它的发音,但能通过象形大概知道什么意思,因为甲骨文是从形而上的层面讲的。

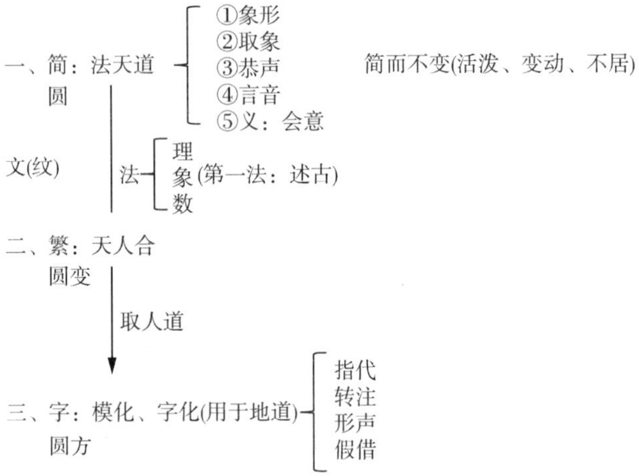

图 9-4　中国文字的演变

据我所知，中国文字分三期。一开始是简，最简的时候是“法天道”。如何效法？通过象形、取象、恭声、言音、义（会意）这五个方面，所以解读甲骨文要从这五个方面入手。接着就开始繁化，开始向人道发展，天人合一了，这个阶段是“取人道”，再后来字就开始模式化，就固化了。一开始的字简而不变，是活泼、变动、不居的，繁的时候变而活泼，到了模式化的时候就用于地道了，这个时候就叫字化。从第一阶段到第二阶段叫文（纹），等到第三个阶段字化、固化了，就下落到地道了。在天道的时候是取圆，天人合一的时候就有了变，但还是圆变，等到模式化的时候就有方有圆了。这时候基本上就是大篆的时期，这个时期的字就不单从形了，就开始有指代、转注、形声合并，有假借了。

我们现在的汉字造字方法叫文、字。古代是没有字的，而是直接天文，组合起来才叫字。比如日、月应该叫文而不是字，文是直接模仿天地的形象和声音，模仿天之纹理，直接效仿理象数得来的。因此，日、月是纹上天垂象，假如把日、月组合起来，组成了明亮的“明”就叫作字。

我方学派认为，文、字一共有十种法门，即古人造字一共有十种法门。前面说的四种造字法（指代、转注、形声合并、假借）是一类，还有一类是“以文造字”，包括象形、取象、恭声、言音、会意。前面还有一个总的法门，乃是文字的总纲。一个事物的产生要有因缘缘起，文字的因缘缘起第一法门是什么呢？古人的人生不是为肉体而活的，古圣先贤是为道而生，第一法门就是追求道，就是述古。

什么是述古，述古就是理象数，通过理象数去探索道，最终再回归到道。因为道和德是形而上层面的，形而上的东西没法“述”，只有到了理象数的层面才可以“述”。再下落是理象数，然后是法技器，形而下的这些是可以“述”的。所以说文字缘起的第一法门就是述古，述古就是法父母，法地，法天，进而法道和自然，这是文字的总纲。

文、字一共十大法门，只有四种属于造字法门，前面六种都是以文造的，严格来讲都不叫字。现在很多人都不知道两者之间的区别，统称为文字。当我们知道了这个关系，就知道“古”是怎么来的了。古人造字是有用意的，不会无缘无故造，也不会随意造字，“学”的繁体字为什么那么复杂？（见图 9-3）把“学”这组符号分成两组写，叫作互文，这个“学”就出来了。

我今天先整体讲了文、字的十法门，以后再讲具体的怎么取象、恭声、言音、会意。象形现在已经失传了，已经不知道真正的意思了，我对言音在许多地方做了解释，大家可以在书中留意。

最大的诚就是信

子曰：“述而不作，信而好古，窃比于我老彭。”这个“不作”是对“述而”的规定，好古“述”的是不能作的，作了就不是原来的古了。好古是对上的，即中国的道统，好古是指传，有述就是传承，中间要有信。

对父母、对天地、对道，没有信是无法传承的，也学不到。我们拿倒水来做个比喻，一杯水能倒入另一杯中，一定要有一杯水在高处，另一个杯子在下方，才能接收。道就如同水，每个人就如同那个空杯，其中有两个关键：

第一，要相信水是有的，第二，要看我们是否具备承载水的条件。有些人失去了道，就是因为失去了两个关键，有一点成果就自认为很了不起，把成功的原因全部归结为自己的能力，过度放大了自己的主观能动性，忘了成功不过是这个时代的产物。一个人以为自己可以胜天、可以挑战自然，这就是作，其实是不义的行为。那么不作就是义，是最大的义。

世间最大的智就是传承，最大的名就是好古，最大的诚就是信。诚者，信之大也；名者，古之大也；智者，述之大也。最大的智慧就是传承；最聪明最明白的人就是好古、述而不作。为什么说最大的诚是相信？《中庸》云：“诚者，物之始终，不诚无物。”现在社会做到诚太难了，很多人的心已经被熏染，看不到原来的样子了。这些年我收了很多学生，大家感觉我平时很少和学生们互动，其实我都在关注着大家的成长。偶尔我会喊一些学生来上课，为什么我通知他来不通知别人来？因为他内在有诚，真正有诚，这不是一般年轻人可比的。

“述而不作”含有仁义礼智信的精神，“窃比于我老彭”的解释就是“无我为己”，此乃仁之大者；不作而义，义之大者；能够好古好名，礼之大者；有述而智，智之大者；信而能诚，信之大者，孔子把五常都演绎了一遍。孔子这一句讲的是为己之学，实际上就是无我。有人说这是孔子自大，他把自己比作老彭，比作圣人。我认为这不是自大，而是孔子的担当。有些人理解“无我”是虚无主义的无我，而孔子这里的无我是为己，是一种担当，这个己不是小我的我，而是无我的我。

前面铺垫那么多就是要告诉大家，“窃比于我老彭”是讲仁的。“比于我老彭”意思是以圣贤仁人为榜样，做世间的功业，无非是行仁道。行仁道既要效仿圣人的仁心去做功业，做的功业也要传承发扬这个仁心。现在有人会说做人不要善，人善被人欺，让人不能行善事，但实际上中国古人是把行善和证悟放在一起的。中国古人对仁是有制约的，仁与信同行，没有信，仁是立不住的。

我们看《论语》第一篇到第五篇的标题：学而—学（智），为政—

理（信），八佾—礼，里仁—仁，公冶长—义。为政之道的核心就是信，所以才有“为政以德，譬如北辰居其所而众星共之”，信是为政的核心，不能失信于民。《论语·颜渊第十二》中写道：

子贡问政。子曰：“足食，足兵，民信之矣。”子贡曰：“必不得已而去，于斯三者何先？”曰：“去兵。”子贡曰：“必不得已而去，于斯二者何先？”曰：“去食。自古皆有死，民无信不立。”

为政的三个要素是食、兵、信。必要情况下食和兵都可以舍掉，唯独一个信不可或缺。没有信，为政的意义也就不存在了，所以为政篇的核心是讲信。中国古代是有祭祀文化的，现在民间还保留着这些风俗，特别在广东、福建区域保留的相对完整，祭祀让我们和祖宗、天地链接，这背后是有信的，我们炎黄子孙是天然的生活在这样的环境中，天然有信。

《里仁》串讲

我们看《论语·里仁第四》的前十条，这十条都是讲仁的，第八条是总结，第九条、第十条是一个意思。

子曰：“里仁为美。择不处仁，焉得知？”

子曰：“不仁者不可以久处约，不可以长处乐。仁者安仁，知者利仁。”

子曰：“唯仁者能好人，能恶人。”

子曰：“苟志于仁矣，无恶也。”

子曰：“富与贵，是人之所欲也；不以其道得之，不处也。贫与贱，是人之所恶也；不以其道得之，不去也。君子去仁，恶乎成名？君子无终食之间违仁，造次必于是，颠沛必于是。”

子曰：“我未见好仁者，恶不仁者。好仁者，无以尚之；恶不仁者，其为仁矣，不使不仁者加乎其身。有能一日用其力于仁矣乎？我未见力不足者。盖有之矣，我未之见也。”

子曰："人之过也，各于其党。观过，斯知仁矣。"

子曰："朝闻道，夕死可矣。"

子曰："士志于道，而耻恶衣恶食者，未足与议也。"

子曰："君子之于天下也，无适也，无莫也，义之与比。"

第一条"里仁为美"，我认为"里"是居住的地方，居于有仁的地方是非常美好的。如果不选择有仁的地方居住，就是不智。"里"是动词，首先是选择里，然后居住在什么里。一般不能把这个"里"翻译成内心，如果没有下面一句"择不处仁"那或许可以，但是已经有"择"（选择）。这里我要再讲一讲孔子的述而不作，孔子述古，述天道也，天道包括天理，继而述人道、述地道。"择不处仁"就是从世间邻里、地利、人情风俗方面讲的。

第二条"不仁者不可以久处约"，我认为这里所说的"不仁者"是从人情角度对某人做的评价，"约"为乡规民约，这句话的意思是"不仁者过一段时间就会违背乡规民约"。比如邻居相处，你跟他说垃圾不可以放门口，过段时间他又放门口了，再过段时间又放了，这就是"不可久处约"。生活中，人与人相处刚开始大都和谐愉快，但是时间长了往往就会互生嫌隙，比如楼上空调滴水了，楼上隔音差……最后搞得四邻不和、关系紧张，甚至互不来往，这就是"不可以长处乐"。"仁者安仁，知者利仁"，在仁的环境中人会安守仁，智者是可以维护仁的，这句话也使用了互文的修辞手法，即仁者智者安仁利仁。

仁者有礼、义、智、信

子曰："唯仁者能好人，能恶人。""好"是动词，所谓"好人"就是喜好仁者。能好能恶，带有分辨的意思，仁者能分辨善恶的。这句话是对前文风俗人情的进一步解读，是对"里仁为美"的进一步解释。仁者也是智者，对好人和恶人的分辨是智慧的呈现。所以仁者智，智者仁，仁智合一。真正的仁者，上通于礼，下通于智，中而有义，内在又依于信。上面有礼，下面有智，中间有义，这才是真正的大仁者。有大仁就有小仁，仁而无礼、仁而无智、仁而无义都只是小仁，但如果没有信就是不仁了。信是安立在仁之间的中轴，仁智礼义围绕着信的中轴，如果中轴都没有了，其他的就不存在了。所以能够做到礼、义、智、信自然就是仁者，也可以说仁者有礼，仁者有智，仁者有义，仁者有信，能够做到这些就是最大的慈悲。

子曰："苟志于仁矣，无恶也。"我的解读是一个真正的仁者，没有什么是看不惯的。从这个角度讲我自己也不是仁者，我有时候还看不惯。

子曰："富与贵，是人之所欲也……"在孔子看来，仁者是可以求富贵的，但应求之以道，同样，对于贫贱这种东西，也要去之以道，不能失道、无道。"君子去仁，恶乎成名?"我的解读是君子离开了仁，成名还有什么意思。"君子无终食之间违仁，造次必于是，颠沛必于是"说明君子是时刻不离仁的，不以生活的好坏而有所改变，后面是对"求富贵，去贫贱"的进一步补充。

好仁者与恶不仁者

子曰："我未见好仁者，恶不仁者。好仁者，无以尚之；恶不仁者，其为仁矣，不使不仁者加乎其身。有能一日用其力于仁矣乎？我未见力不足者。盖有之矣，我未之见也。"

这一条还是从好恶角度讲的，进一步对第三条"唯仁者能好人，能恶人"进行阐发。"我未见好仁者，恶不仁者"在我看来不是并列句，是一个递进句，即我没有见到喜好仁德的人（会）厌恶不仁德的人。"好仁者，无以尚之"，"尚"是崇尚的意思，好仁者的境界是至高无上的，已经没办法去模仿了，也就是说一般人做不到好仁者。那么，一个厌恶不仁者的人，他的仁在哪里呢？在"不使不仁者加乎其身"，不让那些不仁的人影响自己。这里，孔子的要求降低了，从相对简易的方面将仁落地，也就是说厌恶不仁者也能做到仁。紧接着孔子又换了一个角度，“有能一日用其力于仁矣乎？我未见力不足者。盖有之矣，我未之见也”。有人能一天都用心在仁上吗？其实大家都是有这种能力的，但是真正做到的我没有见过。

观过知仁

子曰：“人之过也，各于其党。观过，斯知仁矣。”

繁体字的“党”（黨），下面是个黑，可理解为在不透明的环境中私下商讨。而“人之过”实际上就是偏离了中正之道，因为一旦固守己见，便失去了公正。真正的君子追求中庸之道，以共同的信念和价值观团结人心，这样的群体与私人小团体完全不同。君子的团结基于公正和公理，而非私利。“君子群而不党，小人党而不群”这句话，强调了君子在社会交往中应有的行为准则。君子通过正当的方式与他人团结合作，不是为了私利，而是为了共同的理念和目标。

何为中道？如图 9-5 所示，中间是中（中道），人以中为自己的行事准则，就叫中道。中道之常谓之庸，合称中庸。要想把观过解释清楚，就需要懂中庸。有中就有端，就有善恶、正邪，所以除了中，其它四方都叫端。通观《论语》，很多时候，孔子都在执其两端而言其中，言说两端而守中间。一端为不及，一端为过，人要是能知道过犹不及，就是在观过。

如何观过？观过之法在整个中庸大法里面。

何为中庸？可参考图 9-6，中是一个理想境界，没有绝对的中，动态之变即是中，所以在两端之中就谓之中庸。人心安于中曰“忠”，客观的中是无心之中，主观的忠即有心之忠。无心之中的中道难以实现，人皆有心，只能做到有心之忠。

最外边的左右两条曲线叫界，越过这两条线就是过界，如果能观此过，始知忠也，能做到中庸就是仁了，安心于中曰忠，守忠曰仁，观过：

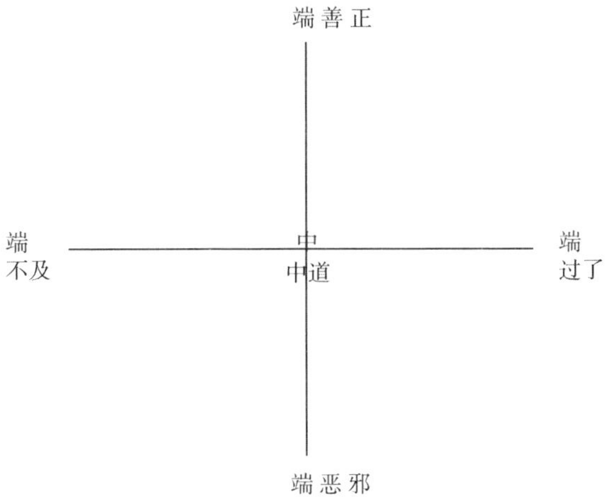

图 9-5 过和不及

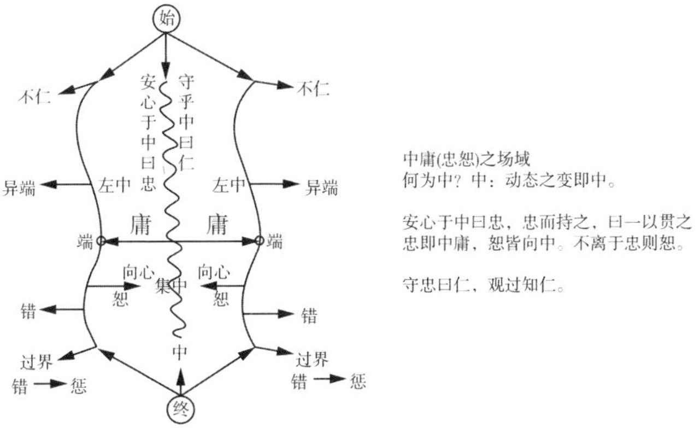

图 9-6 中庸

所以“观过，斯知仁也”。

忠做不到，可以向左或向右偏，都叫恕，因为它没有过界，不是恶。离忠就不能恕，不离于忠则可恕。如果过了界就叫错，错了就要纠正，错了如果不改就要惩，所以在儒家文化中既有恕也有惩。错了要惩，过了要戒，要训诫。训诫是对过的，惩戒是对错的。惩戒而不能改，训诫而不能回，就要诛之。

“观过，斯知仁矣”，仁就在两界之中，在界外就是不仁。守忠曰仁，忠的最高境界就是中庸。观过也涉及《周易》里的观卦，讲观卦涉及《周易》基础知识太多，这里先不细讲，感兴趣的同学可以自己研究。

朝闻道，夕死可矣

子曰：“朝闻道，夕死可矣。”是对前面七条的总结，总结什么是道。我认为是前面七条做到了就是死了也不后悔，所以第八条子曰：“朝闻道，夕死可矣。”《里仁》篇的核心内容就是这七条，也是内圣之道。

第九条“士志于道，而耻恶衣恶食者，未足与议也”是对第八条的深化，我的解释是一个人既然发心按照前七条的道去做，但他还耽于享受，不愿牺牲，没有奉献精神，就不用跟他讨论这些了。

义者，仁之所宜

第十条“君子之于天下也，无适也，无莫也，义之与比。”是对前面的总结。要理解这句话，可以加上一个仁字，即“君子之于天下之仁也”，可以理解为一个人在天下做到了仁德境界了。这句话是讲仁的，前十条都是在讲仁。要做到仁，需要上有礼，下有智，中有义。

对天下而言，行为符合义就是合适的，不符合义就是不合适的，义是一个标准，来对仁进行规定。孟子后来说“仁之所宜”，认为把仁做得恰到好处就是义。义是对仁的规定，在义行仁。规定就是规避掉不好的，规是必须做的，避是必须不做的，择是主动接受规。义其实就是规定、规避。最大的义，就是对仁的规定和对不仁的规避，此二者做得恰好，就是“仁之所宜也”。

第十讲

忠恕一贯

《论语·里仁第四》第十五条：

子曰："参乎，吾道一以贯之。"曾子曰："唯。"子出，门人问曰："何谓也？"曾子曰："夫子之道，忠恕而已矣。"

这一条颇有点禅宗公案的意味，虽然历来解读方法很多，但可以确定的是这一条非常重要。孔子某一天向曾子言"吾道一以贯之"，曾子一下子就听懂了，说"唯。"当时在场的应该还有其他弟子，其他弟子没有听懂，又不敢直接问孔子，所以等孔子走后私下里请教曾子，老师这句话到底是什么意思？曾子回答说"夫子之道，忠恕而已矣"。以上就是这一条的原始情境。

这里面有两个问题，其一，夫子自言"吾道一以贯之"到底是什么意思？什么是"一"？其二，曾子为什么说"夫子之道，忠恕而已矣"，"忠恕"和"一"的关系是什么？因为故事的最后无法求证，有些注家还在怀疑曾子对这句话的理解到底符不符合夫子之本义。我认为这种怀疑其实是没有"信"的表现，我们要清楚《论语》的编纂者是明白孔子之道的，之所以这样记载必有特殊的用意在。只有接受了这个前提，才能继续追问夫子之道的那个"一"。

我们采取以经证经的方法，《论语》"吾道一以贯之"的"一"，即《尚书》"惟精惟一"之"一"。《尚书·大禹谟》记载：

人心惟危，道心惟微，惟精惟一，允执厥中。

这个“一”是中华文明道统的总源头，显现在各个经典之中，除了《论语》和《尚书》之外，之于《道德经》叫“道生一”，之于《周易》叫“易有太极”，之于《孝经》叫“先王有至德要道……”。这里提到《孝经》可能有的人会不理解，很多人把孝理解为伦理亲情，却不懂孝在天道层面的究竟义，其实孝是中国文化的核心要义，这个“一”同样显现在孝道之中。那么，“一”与“忠恕”的关系如何？为了方便大家理解，下面引入《周易》的模型来说明道的演化次第，《易传·系辞上》中写道：

“是故《易》有太极，是生两仪。两仪生四象。四象生八卦。八卦定吉凶，吉凶生大业。”

易有太极就是“一”，动则为卍，静则为爻，爻者，象也。“一”生两仪就是中、如，三才是忠、心、恕，四相是仁、义、礼、智，五行是仁、义、礼、智、信。（见图 10-1）

一是，二是中、如，三是。两仪是没有心的中和如，加上人心就变成了忠、恕，这就是三才了。古人造的字是立体的，比如有的甲骨文看似是一个字，却蕴含了多重维度的信息。忠恕就是，恕是人心在恕，没有人心就变成了如，恕也不复存在。如无限接近中，就是无限接近道，而中是不可说的。四相就是在中的前提下延伸到横向、纵向的两端，横向就是仁义，纵向就是礼智。五行在此基础上增加了信，信于中，曰大信。

图 10-1　演化次第

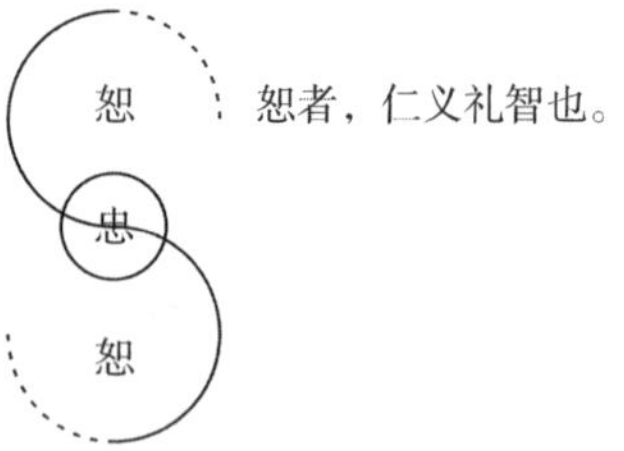

图 10-2　忠恕图

什么是忠恕？如果把这个平面图（图 10-2）看成一个立体的旋转圆柱，中间有一个圆点，那就是忠，以忠为圆心，可以向左旋也可以向右旋，恕就是两端，所以夫子之道分开就是“忠恕而已”。明白了这个次第，我们才能知道曾子的回答是对道演化的第三阶段而言的，夫子之道本身则是从源头处讲的。恕者，仁义礼智也，所以仁义是对称的两端，礼智也是对称的两端，中间就是忠信，而且是先有忠后有信。这里所讲的忠，不要以为只是后世所讲的忠臣之忠、愚忠之忠。忠于某人是低维度的忠，高维度的忠是忠于大道本身，忠于信。

夫子之道

孔夫子之道是从一二三四五依次展开的，从另一个角度解读，一是孝，二是阴阳，三是天地人，四是四相，延伸出风水八卦，五就是五行家。

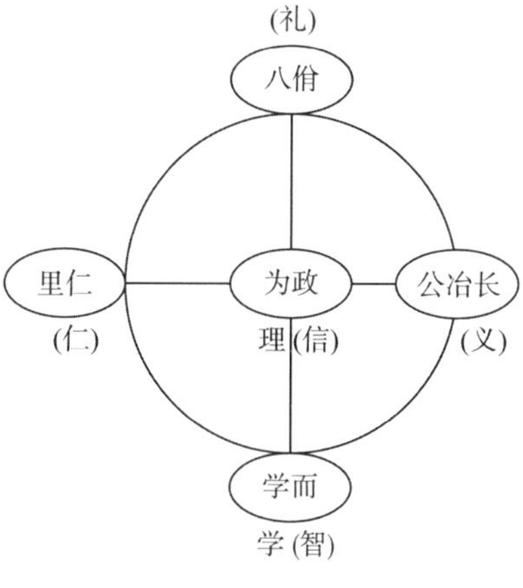

图 10-3 《论语》五常图

不要小看阴阳家，现代有些人之所以不懂《易经》，是因为不懂五行。阴阳五行和四相八卦都是解读工具，只是体系不同。我也研究阴阳，经常用阴阳五行模型。孔子是以五常（仁义礼智信）立世，后世儒者也不断地阐释、继承其思想，孔子言仁，孟子重义，荀子五行齐备。注意，荀子不是法家，其实他是大儒，荀子比较全面地继承了孔子的思想。后来法家的李斯、韩非其实是学术的末流，因为他们走极端了。

要知道，历代儒者传承的五常（仁义礼智信）是暗合五行之道的，比如《论语》的前几篇，《里仁》篇对应仁，《公冶长》篇对应义，《八佾》篇对应礼，《学而》篇对应智，《为政》篇对应信，信居中。信为什么居中？治理国家不能失去信，做学问也一定要做到“述而不作，信而好古”，因为有信，儒家才能从古至今一脉传承下来。信为土，居中央，承载着仁义礼智，有了信，仁义礼智才能落在实处。只有我们知道了信，才能感受到道的传承次第，这样才能证道。

那么，顺序为什么是现在这样呢？孔子在讲《里仁》篇的时候点题，却把《学而》篇放在第一，因为儒家的修行次第是慧、定、戒。

学而言智，即是慧；为政论信，即是定；八佾讲礼，即是戒。在佛家的修行次第中，戒、定、慧之后就是愿、行，合起来也是一套五行体系，佛家的戒、定、慧、愿、行对应儒家之五常就是礼、信、智、仁、义。

《论语》篇目	学而	为政	八佾	里仁	公冶长
儒家五常	智	信	礼	仁	义
佛家	慧	定	戒	愿	行

图 10-4　智信礼仁义—慧定戒愿行

义利之辨

《论语・里仁第四》第十条：

子曰："君子之于天下也，无适也，无莫也，义之与比。"

君子行走天下，以义为标准，义是衡量仁、规定仁的，把仁做到最佳状态就是义。如何将仁做到最佳状态？《论语・里仁第四》第十一条：

子曰："君子怀德，小人怀土；君子怀刑，小人怀惠。"。

君子怀德是从生命、内心角度说的，小人怀土是从利、生存、身、世的角度说的，关注的是生命本身还是外在的功名利禄，这就是君子与小人的区别。后半句是说君子有所畏惧，而小人是有利就上前。这一条虽然没有出现“义”字，但是义的内涵自然包括义利之辨，所以这一条可以视为君子“无适也，无莫也”的补充，与此同时还凸显了小人怀惠、怀土但却无心仁义的反面案例。那么，如果世间人只追求利益会导致什么结果呢？《论语·里仁第四》第十二条：

子曰：“放于利而行，多怨。”

如果人人都只追求一个“利”字，那结果往往是多怨。关于利的讨论，《孟子》开篇回答梁惠王时就明言：

“王，何必曰利？亦有仁义而已矣。王曰‘何以利吾国？’大夫曰‘何以利吾家？’士庶人曰‘何以利吾身？’上下交征利，而国危矣！万乘之国，弑其君者必千乘之家；千乘之国，弑其君者必百乘之家。万取千焉，千取百焉，不为不多矣。苟为后义而先利，不夺不餍。未有仁而遗其亲者也，未有义而后其君者也。王亦曰仁义而已矣，何必曰利？”

所谓“人为财死，鸟为食亡”，利之一字，危害甚大。荀子亦言：“今人之性，生而有好利焉，顺是，故争夺生而辞让亡焉”（《荀子·性恶》）暂且不论人性善还是人性恶的问题，人的确会有好利的本能和欲望，但如果人人只想着满足自己的利益，那岂不是天下大乱、争夺不休，社会哪里能有安定可言？因此，这就凸显出了礼让的重要性。

《论语·里仁第四》第十三条：

子曰：“能以礼让为国乎？何有？不能以礼让为国，如礼何？”

君子以礼让为治国之本，如果去争抢，则无以治天下。周太王之子泰伯、仲雍所展现的，方是真正的礼让为国。后世宫廷权力之争，纵有千般手段、万般谋略，亦难以望其项背。像泰伯这样让天下，才是真正的大义，这也是“君子之于天下也，无适也，无莫也，义之与比”的真实写照。所谓“义之与比”，亦可诠释为“礼之于比”。“义之与比”是以仁为本，是大仁的境界；“礼之于比”是比于智也，为大智也。后面如果再加一句“信在其中矣”，意思就更加清楚了。不能秉持礼让为国的都是小礼小智之范畴，难成大器。

孔门高徒颜回是闻一知十，孔子也要求弟子们举一反三，所以当讲到“义之与比”的时候，我们就应该想到“礼之于比，信在其中矣”。“不能以礼让为国”，让的是位；“能以礼让为国乎”，就是立位。位要以义而立、以礼而立，如果没有以礼和义而立，只会后患无穷。

《论语·里仁第四》第十四条接着对“位”进行讨论：

子曰：“不患无位，患所以立。不患莫己知，求为可知也。”

这里的“患”我认为有两个意思，一是后患，二是忧患。意思是不要担心别人不了解你，你去做事，有所作为，别人自然就知道你了。当年，孔子是自己决定离开鲁国的，因为当时鲁君没有给他分祭肉，这是祭祀天地时重要的礼仪之品，象征着国君对孔子的信任。相当于现在的员工虽没有被直接开除，但是已失去领导的信任，年终奖没有发，公司重要聚会也不被邀请参与，就是变相送客了，所以这时候孔子就直接走了。

因此，在“为国以礼”的原则下，大夫在位是要“守位以义”的。反观有些人虽然身居高位，却没有守好清廉的底线，做出对不起国家、人民的事，最后得到应有的惩罚。所以守不住义，便难以守住位。

第十一讲

仁义之道

仁之所宜是为义，谈义而不谈仁，义是不能成立的。义首先包含仁，把仁做到恰到好处才能叫义；义是礼之和，只有做到和才能称为义。行义也需要智，智的背后有止，是为知止，做事要恰到好处，不要过了。如果过度强调智的开发和使用，过度使用大脑，忽略心性的提升，为人处世用智用谋，心却逐渐变得冷漠与复杂，就是太过。当然也不要不及，我们要有一颗仁心，也要有足够的智慧去行善，否则便可能好心办坏事。智要止，止于当止之地，当止则义，义而能止，义而能和，义而能宜。义中包含的仁、礼、智，都需要依托于信。

义的繁体字是“義”，上面的“羊”代表利，下边是“我”。仁要做得恰到好处，除了仁爱之心，利也不可或缺，所以義的核心是利，仁义中都有利在。假如你的一个朋友去世了，他的儿子没钱上大学，你出钱让他上大学，他的老母亲没人赡养，你接到家里把她当成自己母亲奉养，这叫大义；路见不平，拔刀相助，这叫仗义；如果你和几个朋友要去做坏事，抢别人东西，约定好抢来的东西要均分，说是朋友之间要讲义气，这种义就是不仁之义，只有利却没有仁。义的核心是利，利不特指钱，也包含其他利益。总的来说，要做到礼之和、智之止、仁之宜，才是大义。大义背后必然有信，有信、有仁、有智、有礼，才是真正的义。

《论语·里仁第四》第五条：

子曰："富与贵，是人之所欲也；不以其道得之，不处也。贫与贱，是人之所恶也；不以其道得之，不去也。君子去仁，恶乎成名？君子无终食之间违仁，造次必于是，颠沛必于是。"

这句话中的"不以其道得之"即"不义而富且贵，于我如浮云"之义，求富贵也要遵循义的准则，富贵必须建立在道义之上。"君子去仁，恶乎成名？"这一句，为什么是"去仁"而非"去义"？因为"去仁"就相当于"去义"，仁和义可互换。当谈仁的时候，需要知道义与仁同在；当谈义的时候，也需要知道仁与义同在。仁义是不能分家的，能做到仁义，就是中道。

在仁义的探讨中，存在一条中庸之道，这条道路以信为核心。然而，这里所指的信，并非浅显易懂的承诺或保证，而是一种深邃的信印，它代表天人合一的自然法则。这种信印意味着将自然的法则进行复制并加以印证，这一过程，便构成了"印信"。在古汉语中，印与信原本是同一个字，"印章"之印，实际上就是源于信。因此，我们称公章为印信、信章或印章，都揭示了印与信的内在联系。如果无法透过文字的屏障理解这一点，那么我们将难以领会孔子和孟子所传达的哲学道理。

人之过也，各于其党

中道的践行离不开信，信即是遵循天道。若偏离了天道，则无法真正实现中道。信在仁义的体现中尤为关键，它位居仁与义中间的位置。如果有人试图通过不正当手段摆脱贫困，实现富贵，这是不可能实现的。贫贱皆人之所恶，人人皆"欲富贵而恶贫贱"，欲在本质上是一种对"得"的追求，而"恶"则代表损失，但得失都应依据道义而行，这就是仁义的体现。孟子在与梁惠王的对话中所指的仁义，正是这样的道理。孟子回答梁惠王"王何必曰利，亦有仁义而已矣"，是说梁惠王所期望的国家繁荣昌盛不能依靠利，唯有通过仁义之道才能实现。这实际上是对“富与贵，人之所欲也”这一理念的一种实践和补充。

《论语·里仁第四》第七条：

子曰：“人之过也，各于其党。观过，斯知仁矣。”

中道是信道、诚明之道、忠道、恕道，被视为孔孟之道的核心。中道本身也具有左右两端。《论语·为政第二》中记载：“攻乎异端，斯害也已。”这里的“端”代表界限和标准。界限上的某一点称为“端”，超出这一界限便不再被称为“端”。两端之外被视为异端，用今天的话可以称为“出圈”“越界”，这便是被排斥的情形（见图 11-1）。

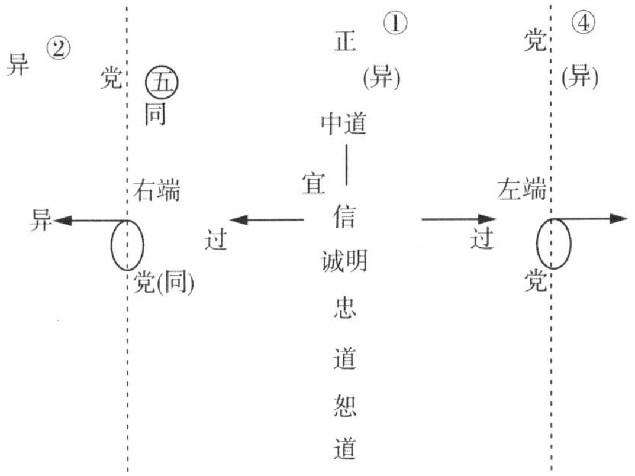

图 11-1　人之过也，各与其党

这里的“党”有同的意思，群体是由拥有共同利益、相互认同的人群组成。然而，问题在于群体往往表现出排他性，即所谓的“党同伐异”。因为群体并非始终以中道为准绳，有时会将中道视为异端并进行排斥，而攻击异端即是伤害的开始。如果不以中道评判自己人，而是一味将那些无法与之立场一致的人视为反方，甚至敌人，进而执于打击，这就属于过犹不及了。讨伐异端是可以理解的，但如果连中道一起攻击，那就过了。因此，唯有在群体中融合中庸思想，才能实现王道事业的目标。

“观过，斯知仁矣”意思是我们通过观察过错，就能认识到仁。不义的、偏离中道的都是过错，因此，我们判断错误（观过）的标准就是看是否偏离了中道，也就能明白何为仁义。

闻道夕死

《论语 · 里仁第四》第八条：

子曰："朝闻道，夕死可矣。"

"朝闻道，夕死可矣"之"道"，现在大家应该清楚这里所指的就是中道，其中既包含仁道，也包括义道。仁以信为体，信以仁为用，仁义相辅相成，融会贯通才是中庸之道。

《论语 · 里仁第四》第九条：

子曰："士志于道，而耻恶衣恶食者，未足与议也。"

这是对"朝闻道夕死可矣"进一步的延伸解读。士志于道，就是有志向的人闻了道以后，就定在道的地方，"士"字下面加一个"心"字就是志，意思是士止心于道。

在中国文化中存在一种现象，一个字包含了两个甚至更多字的意思，比如"诸"，"诉诸法律"代表了"诉之于法律"，"告诸往"代表了"告之于往"，"诸"是"之"和"于"两个字的含义。同样地，我认为"志"是"士止心"。在甲骨文中，一个字往往就能表达一个句子的含义，这就是"章"。单个的字称"文"，而若干个"文"可以组合成一个复杂的字，即"章"。例如，把姓名刻成印章，章上的字就可以看作一个完整的合成字，因此把名字变成一个整体之字，就可以称之为"章"，而"章"是由几个"文"组成的。

因此，由"之"和"于"两个字构成的"诸"，从"士止心"而来的"志"，在我看来都是"章"。甲骨文之所以难解读也是这个原因。举例来说，"士志于道"中的"道"，就是《里仁》篇从第一句"里仁为美……"到第七句"观过，斯知仁矣"讲述的"道"，亦即"朝闻道，夕死可矣"的"道"。如果一个人十五岁就立志于此道，但每天却只想着吃好穿好，追求物质享受，这样的人是不足与议的，因为他们未能真正投入更高的精神追求中。“里仁为美”的真谛，在于排除那些志向浅薄、只顾眼前享乐的人，选择与那些有高尚追求、能够共同营造并享受仁德之美的人为伍。

“里仁”中的“里”是作为动词使用的，它指的是选择自己的居住环境，避开那些不道德的、背离正道的人。“士志于道……”这句话是对“朝闻道，夕死可矣”的具体阐释和响应，强调了追求道德和智慧的重要性。下面接《论语·里仁第四》第十条：

子曰：“君子之于天下也，无适也，无莫也，义之与比。”

上一条反说“……未足与议”，这里孔子换了一个角度，志于道的君子又会如何？君子对于天下的事情，没有特定的要求，也没有一定要拒绝的事，他只是按照义来选择。“无适”意味着没有什么是不合适的，一切都可以接受；“无莫”意味着也没有一定是要拒绝的事，君子的选择标准是合乎道义。这里的“无适也，无莫也”也是一种持守中道的表现。

中道核心即仁

中道的核心就是仁。从“里仁为美”到“朝闻道，夕死可矣”皆谈中道，皆谈仁。仁的实践涉及礼的和谐、义的情感，以及利和智的平衡。在中国文化中，义利之辨曾被反复提及，而在这个辩证的过程中，存在一个协调义利关系的角色——情感。然而，长期以来，情感因素往往被忽略，导致从义直接过渡到利的情况显得过于冷漠。为什么说到义就必然牵涉情感和利益呢？因为义需要情感和利益的参与，只有在情感和利益得到恰当的平衡时，才能符合人们的期望，这才是义的核心所在。比如，两个好兄弟一起合作，到了分钱时，尽管有一个公正的标准分多少钱，但是每个人又有自己的想法，谈不拢时，两个人之间还需要讲究情分来解决。

中道之仁

下面跳到《论语·公长治第五》第十九条，来看一个例子。

子张问曰："令尹子文三仕为令尹，无喜色；三已之，无愠色。旧令尹之政，必以告新令尹。何如？"子曰："忠矣。"曰："仁矣乎？"曰："未知，焉得仁？""崔子弑齐君，陈文子有马十乘，弃而违之。至于他邦，则曰：'犹吾大夫崔子也。'违之。之一邦，则又曰：'犹吾大夫崔子也。'违之。何如？"子曰："清矣。"曰："仁矣乎？"曰："未之，焉得仁？"

这里提到了两个例子，第一个是关于令尹子文的，第二个则是陈文子的故事。这里子张向孔子发问，他们是否能算作是仁呢？孔子都没有以仁许之，而是根据他们所做的事分别给出了忠、清的判断。这个例子就从侧面证明了仁的境界是很难达到的，为什么？因为仁的前提是要做到中道。《中庸》言："中庸其至矣乎！民鲜能久矣。"可见始终秉承中道之难。

有个人名叫子文，他三次被任命为令尹，又三次被撤职，但他对这样的起伏毫不在意。有人问孔子如何评价这个人，孔子说子文实现了忠，但还没有达到仁的境界，因为只有忠和恕都做到了才能称之为仁。

至于陈文子，他是齐国的一位富有大夫，拥有相当于现今数十辆轿车的财富。然而，当另一位大夫谋杀了齐君时，他选择离开了齐国。后来，崔子邀请陈文子加入他的政权做官，但陈文子拒绝合作，最终选择了离开。他移居到另一个地方，发现那里的人与齐国的大夫崔子是同类人，依旧不愿意合作，于是再次离开。之后，他又迁移至另一个国家，发现情况与之前相似，于是继续拒绝合作。有人询问孔子对陈文子的看法，孔子认为他是一个清廉正直的官员。当进一步问及陈文子是否达到了仁的水平时，孔子表示不确定。陈文子虽然政治清明，但清不等于仁，也并不一定是仁者。

义之智

下面我们来看《公冶长》篇，这一篇的核心是义，《论语·公长治第五》前两条：

子谓公冶长，“可妻也。虽在缧绁之中，非其罪也。”以其子妻之。

子谓南容，“邦有道，不废；邦无道，免于刑戮。”以其兄之子妻之。

这两条是孔子家族择婿的标准，背后蕴含着义之智的道理，“可妻也”这句话体现了至高的智慧，因为《公冶长》整篇都在阐述义的理念。那么，是什么在背后支撑着义呢？是智。一个人如果具备义，却缺乏智慧，那只能算是小义，而非大义。行义如果不能以智为界，不能以礼和谐，不能体现仁爱，它就不足以被称作真正的义。

“缧绁”（léi xiè），意指捆绑囚犯的绳索，其部首均为绞丝旁。这与古代枷锁的制作材料有关，不同于现代的铁锁，古时的枷锁多由木头制成，然后用绳索缠绕绑缚。“缧”指的是多层绳索紧密缠绕的样子，而“绁”则是指木制的结构，类似于抽屉或夹板。此外，“绁”也可指一种挡板，可盖在池子或井上。总之，“缧绁”这个词语可以被理解为与牢狱相关的概念。

孔子的这句话是对公冶长这个人的评定。公冶长虽然坐过牢，但并非他自身的罪过，他是被人冤枉的，更令人敬佩的是，公冶长能够坦然接受这一冤屈。有观点认为，孔子并未直接提到公冶长无怨无悔，但从孔子愿意将女儿嫁给他这一行为来看，可以推断公冶长确实无怨无悔。因为公冶长为人光明正大、心胸坦荡，孔子认为可以将女儿托付给他，这展现了孔子深邃的智慧。孔子在嫁女时，并不看重对方是否达官显贵或者财富丰厚，而是着眼于能否维持家族的长久稳定和繁荣，这体现了深远的智慧，而这种智慧背后则是真正的大义。

公冶长如此，南容亦如此。孔子择婿的标准是看这个人是否能实现长久的安居乐业，并值得将子孙后代托付给他。如果对方不能妥善守护自己的后代，甚至可能导致家破人亡、身首异处甚至家族灭绝，那么此人显然不值得托付。这两段话也体现了义之智的重要性，孔子的这种智慧着眼于未来。义是恒久的，缺乏义便不可能长久维系，一个不遵循义的家族无法持续繁荣。因此，为了实现延续家族血脉的大孝、大义，必须慎重地挑选家族成员，谨慎缔结婚姻关系，只有拥有真正的识人之智，才能实现真正的义。

君子不器

《论语·公长治第五》前几条都是在品评弟子，可以连起来解读，下面看第三条：

子谓子贱，“君子哉若人！鲁无君子者，斯焉取斯？”

孔子评价宓子贱为君子，能得到孔子这样认可的人并不多。在这里，孔子设立了一个标准，即君子应当是像子贱这样的人。如果鲁国没有君子，那么像子贱这样的人是找不到的，这与前文提到的公冶长和南容相呼应。因为在孔子看来，公冶长和南容都是君子的代表。“若人”就是指像公冶长、南容、子贱这样的人，他们都是被认可的君子。

接着再看第四条：

子贡问曰：“赐也何如？”子曰：“女，器也。”曰：“何器也？”曰：“瑚琏也。”

孔子说公冶长、南容、宓子贱这样的人是君子，这是说给子贡听的。这里虽然没有明言子贡在场，但是前后几句关联很密切，所以我们把这几句当成一个整体来解读。设想，假如子贡在场，一定会问孔子：“老师，我怎么样？”孔子说子贡就是一个器，是一件工具。实际上孔子对子贡的期望是很高的，从凡夫的标准来看，子贡无疑是君子，但孔子以圣贤的标准来要求子贡，子贡还达不到那个标准，因此他只能被视为工具。这里面包含着体用关系，对同一个人的不同定位取决于以什么为体。若以君子为体，则子贡君子也；以圣贤为体，以君子为用，则子贡器也。

然而，这件器物并非普通家用的器具，也非平民百姓的工具，而是属于天下的祭祀之器，由此可见，器物本身也有不同层次。那么，以圣贤的标准来看，子贡是什么器呢？孔子回答曰“瑚琏也”，瑚琏实际上是祭祀时的祭器。国之大事唯祀与戎，祭礼是礼中非常重要的一环，而瑚琏是在祭礼当中一个非常重要的器皿。从这里就能看出，孔子对子贡的评价还是很高的。

但是就算是像瑚琏一样的子贡，在孔子眼里还是一个器，还不是君子，因为君子不器。实际上如果把这几条串联起来看，这条是拿子贡来对比公冶长、南容、宓子贱的，难道公冶长和南容会比子贡还厉害吗？其实是对子贡有高标准，所以才严要求。孔子在说这个话的时候，子贡还没有成就大业，孔子是在鼓励他，孔子提前预言子贡将来会成为国之重器，是国之栋梁。

《论语·公长治第五》第五条，继续品评弟子：

或曰：“雍也仁而不佞。”子曰：“焉用佞？御人以口给，屡憎于人。不知其仁，焉用佞？”

此处，夫子就着冉雍说他仁而不佞，暗含对子贡好言好辩的批评。夫子说：“何必要能言善辩呢？靠伶牙俐齿和人辩论，常常招致别人的讨厌，这样的人我不知道他是不是做到仁，但何必要能言善辩呢？”俗话说“常在河边走哪有不湿鞋”，伶牙俐齿早晚会授人以柄，“御人以口给”就是授人以柄，授人以柄就容易招致别人的憎恨。我们知道子贡能力很强，在儒门四科中以言语为长，孔子就是针对这一点，借冉雍的例子来提醒他。

这两条“子贡问曰：‘赐也何如……瑚琏也。’”和“或曰：‘雍也仁而不佞……焉用佞？’”是对前文的进一步升华，前文讲大义之所在。那么什么是大义呢？孔子对子贡的评价是基于大义的角度来进行的。如果从小仁小义和一般人的角度来看，子贡已经可谓是卓越的君子了。但若依照孔子所持的大义（圣贤）标准，子贡仍显得有所不足。

而公冶长和南容则在某些方面有所擅长，实际上，公冶长和南容可能确实不如子贡，无论是才华还是品德，孔子无疑清楚地认识到了这一点。那孔子为什么鼓励公冶长等人，同时鞭策子贡呢？这正是教化中的智慧所在：对于天资稍逊的人要提升其优势，对于天赋出众之人则指出其不足。对于像子贡这种心高气傲且异常聪明的人，若不打压一下他的气势，教育就难以实施。

孔子称赞公冶长和南容为鲁国的君子，因为他们能在不同环境中保持高尚品德和处世之道。孔子告诉子贱，鲁国的君子应当以他们二人为榜样。冉雍虽口才欠佳但实干能力强，子贡虽年轻但才华横溢，孔子虽未直接称他们为君子，但暗示他们具备君子的潜质和品质，尤其是子贡被视为国之栋梁，间接体现了他的君子风范。孔子的话表明了他对子贱、冉雍和子贡的高度评价。其中，第四条与第五条皆是以中道为标准来衡量君子圣贤的。这里可以看出孔子在品评人物时也是按照过犹不及的标准而言的，做人既不能过，也不能不及，不及就达不到中道，过了又走向中道的对立面了，都是不行的。这几条孔子对弟子的品评，也体现了孔子因材施教的教育方法，同时包含义之智的道理。义，正是将仁实行得恰到好处的表现。

第十二讲

唯智用佞

继续讨论《论语·公冶长第五》“雍也仁而不佞”一句：

或曰：“雍也仁而不佞。”子曰：“焉用佞？御人以口给，屡憎于人。不知其仁，焉用佞？”

在这里，“佞”是能言善辩、有些滑头的意思，也就是我们常说的小聪明。孔子警示说：“焉用佞？御人以口给，屡憎于人”告诫我们不必卷入这种琐碎之事，依赖口舌机智只会招人厌恶。从这里可以看出，孔子是赞同冉雍这种人的，反对巧言令色的佞人。因为佞人不仅缺乏仁，也缺乏智，他们的心思只在机智，而且这种智只是小智、世智。人们都喜欢仁义之士，厌恶佞人，佞人往往是不真诚、不仁义的，只贪图利而不肯奉献。佞人不仅缺乏仁义，还缺乏勇，不能承担自己的责任。孔子告诉我们，不义不勇之人会授人以柄、为人厌恶、遭人唾弃。因此，孔子通过“雍也”这一条阐述了仁、智、勇的重要性。

在这段话里，“焉用佞”出现过两次，分别有不同的含义。第一次出现是“焉用佞？御人以口给”，这里的问号其实可以替换成感叹号，表示对不用佞的断言，直截了当地表明了反对的语气，指明不应使用奸猾狡诈的手段。第二次“不知其仁，焉用佞？”则是对前一句进行解释，中间提到的“御人口给”揭示了佞的危害，最后再次反问进行强调。这一段话通过否定佞，同时肯定了仁、智、勇的重要性。在这段话的语境中，君子以仁为本，兼具仁、智、勇；相反，小人则以佞取

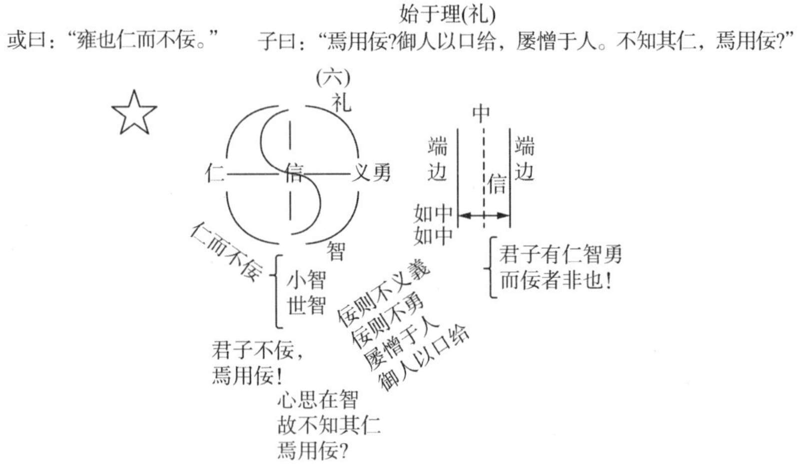

图 12-1　仁而不佞

代仁、智、勇，他们因好言用智而屡屡得罪他人，既无仁厚之心，也无法承担责任，推卸过错而遭他人唾弃，故而自取灭亡。

举一个真实的案例来说明：某员工在遇到工厂发货受阻的紧急状况时，努力催促、协调，使货物最终顺利到达。然而，在面临必须接受的质检程序时，他在工作群里发布了一条信息："好不容易将货催来了，请快速进行质检"。这种言论乍看起来并无不妥，可是不经意间暗含的信息就是：如果货物不能及时发出，责任将转嫁给质检部门。这就容易引起其他部门人员的负面看法，这种做法就是"御人以口给"的表现。实际上，他的这番言论暴露出其思维上部门主义、个人主义的倾向，即清楚划清部分职责，只管自己分内事。这样的员工在单位里，不能以大局为重，容易导致公司内部不团结。类似的例子还有很多，一个人说出这样的话很容易引起口舌是非，也会招致他人的反感，同时也反映了他佞而不勇的行为，缺乏责任担当。我们学习《论语》，应该将其贯彻到日常生活中，与我们的人生观、事业观一一对应，从而实现个人成长，随后运用这些观念去观察社会中的人事物，从中反观自照，修身成德。

为什么我们能从一个"佞"的情况中提炼出大量关于仁、智、勇的信息？因为孔子的思想是一个整体，若缺乏对仁义礼智信五常体系的理解，就难以全面领略孔子的思想。如果孤立地看，只了解其一角而不探究其本质，就好比只知道房屋的一面，而不认识其整体构造，也无法意识到房屋还有其他几面的存在。

仁、智、勇

孔子所述之道，实为中庸之道，简称中道。从本体而言即是中道，中道在演变过程中实际上也涉及了阴阳（仁义）之道和三才（心忠恕）之道。具体来看：

信，一也，中道也；

信与礼，二也，忠恕也；

仁智勇，三也，三达德也。

什么是信？信就好比一条虚线，也叫“灯芯子”（如图 12-2）。实际上，这条线并非笔直的，而是曲折摇摆的，处于两端之间就是所谓的中。因此，不存在绝对的中和绝对的信，但存在中和信的共存。若追求绝对的中和信，那就是钻牛角尖了。

孔子所说的“吾道一以贯之”，后面还可以补充两个字：“信也”。曾子进一步解释道：“夫子的道，实质上只是忠恕而已。”在这里，忠恕实际上是信和礼的结合体，忠对应信，恕指向礼。再继续拆分，其中也涵盖了仁、智、勇，因为礼中便融合了慈悲、智慧和勇敢。孔子经常强调仁、智、勇，仁、智、勇又被称为三达德，但是要知道背后仍然有信、有礼在。仁、智、勇这三者，内在依赖于信仰，同时在外表现为各种礼仪，信为本体，礼为发用。因此，君子之道需建立在信仰的基础上，并从外在的礼仪中展现出来，中间包含的便是仁、智、勇。

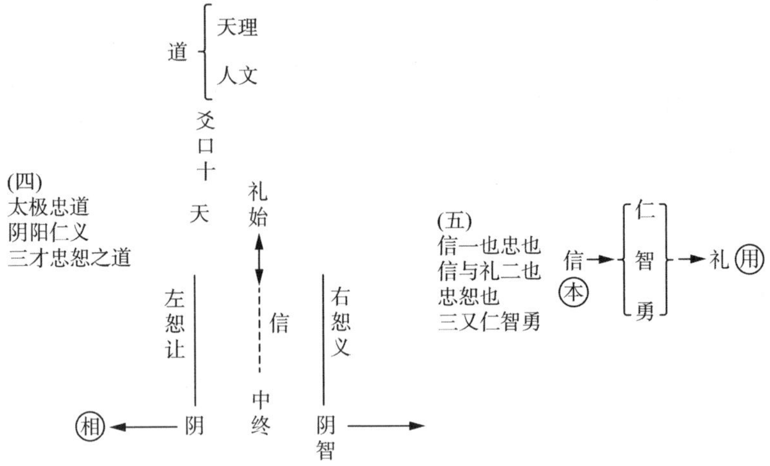

图 12-2　太极中道

太极之道天人合一

中道这套学问，可以用太极生两仪、两仪分三才的模型解读。

首先，中道就是那个本体的“一”，也就是太极，中道分出左端右端，就变成忠恕之道，忠恕之道就是阴阳之道，阳代表乾道，阴代表坤道。在阴阳两端之间存在一个“中”，左、右、中合而言之便是三才，若将“中”去掉，则是两仪之道、生死之道。

若要了解太极之道，需要实现天人合一，这便要求天的中和人的心合一。中道是贯通天人的，天有中，人心亦有中，天之中与人心之中合一，便是忠恕之“忠”，这样太极、天人合一就出来了。太极之道就是天人合一，上边是天，下边是人，能找到天的中，才能找到人心之忠。中道虽然是客观的，但中道必定存在于人心中的忠恕之中。因此，圣贤所证实的中道各有不同，是因为他们各自有着不同的心态，而心态是不可能完全相同的。然而，天的中却是统一的，因此我们所追求的是中道。因为只有那个客观的中道才是真理，一旦拥有了心，就不可能达到绝对的中，由于每个人的心态不同，心就是一个动态变量，只能尽量地靠近中道，所以在实际情况中必须考虑心的因素。

人心在天曰止，在地曰观，在人曰静。人性亦有动静，动则在人曰明，静时曰静。止观静明串在一起，旋转起来，就是慧；能安住当下，不出圈就叫定，也就是说要时时刻刻保持自己的心处于一种觉知之中。但人总是凡夫，孔子当年闻韶乐之后三月不知肉味，但是三月之后孔子就出定了，就意味着有时候会散、会迷。只要人没有究竟圆满、还吃五谷杂粮，就有可能在某一个瞬间迷了，这种情况是所有人都有的，就算是圣贤也不例外。所以要时时觉察，让心里面有定、有慧。

据我所知，“止观静明”最初都是儒家术语，只不过后来被佛教借用了。我们的整个礼乐系统都是在讲心性、修行的，中国文化在衣食住行中，道就成了。比如《弟子规》所提到的洒扫庭除、待人接物即体现了礼的内涵，道亦蕴含其中。要想做到天之中，就要知道《周易》；要想知道人之心，就要知道整个儒家的礼仪系统。因此，通晓六经中的一经，其他便得以贯通。

在一些人眼中，所谓的中道实际上是一种客观真理，从人的视角来看，我们只能不断接近这个真理而无法完全达到。然而从实践的角度来看，孔子的忠恕之道更为易行。儒家上来就直接告诉你，标准是动态的、因人而异的，所以儒家更慈悲善巧。如果不懂这些，难以参透《论语》所云。

孔子心法并不像有些人说的那么神秘，孔子心法就是人心中的法，是植根于人心中的法则。我们和孔子同为凡人，孔子能成为圣贤，我们也有潜力成为圣贤。孔子的心法即是圣贤的心法，当我们内心涌现圣贤之心时，我们便具备了圣贤的境界。孔子曾说过：“我欲仁，斯仁至矣”，这意味着当一个人怀有仁心时，他的内心就蕴含着圣贤的心法。王阳明、曾国藩等先贤也有过类似的言论，曾国藩提出更加实际的看法，称世间最容易做的事业就是做圣贤，这一念是否能达成，关键在于这一念是否能萌发。

第十三讲

经典先天学习法

讲正式的内容之前，先补充一个重要的方法论问题，学习经典要用先天学习法。什么是先天学习法？先天学习法最重要的是要有“信”，不要轻易怀疑。学习传统文化一定不能只用大脑记忆的方式去学习，而是要沉浸在这种环境中，慢慢地自然而然就会了。就像小孩子学说话，他待在语言环境中没有刻意去学，久而久之就会说话了，这就是先天学习法。

先天学习法的核心就是对老师有无限的“信”，如果没有“信”，那将很难学进去。学习的时候要去和老师合一，感受老师的心，进而学到东西。往上追溯，“信”是与天道之言合一的，所以“信”的第一个意思就是天言与人合一，简称天人合一；第二个意思就是印，“信”就类比于复印，复印是原原本本的，老师讲的道理你复印过去就行了，复印的时候要用心，所以叫“心心相印”。如果只用大脑思辨，那不是“信”，而是“知”。“知”即“智”，这个字，左边是个箭矢，右边是个口，下面是个日，这里面存在着动态的关系，就是从矢到日的关系。日的甲骨文是圆中间加一个点，象征发出光的太阳，就是王阳明说的“我心光明”，这种智慧是根本的觉知；矢即为光明之箭，即《大学》所言之明德，明德就像太阳发出光箭。日发出箭，人用口来表达就曰“智”，即“知”。

“知”是心之思，也就是意，意念一动就是后天了，通过“知”达到的效果就是“识”。后天学习、动脑子的路径为：心之思形成意，意达到知，知达到识，到识就是后天了，这样就产生了知识。因此，后天学习法主要包括五个维度：心、思、意、识、知，这个过程也被称为心意识。而先天学习法不是从“知”入的，是直接从“信”入的，因心生信，因信而知，省去了中间怀疑、求证的步骤，快了不知道多少倍。

先天学习法有一个模型（图 13-1），其中每个步骤都分体用。具体来看，信居于中间，信、知、行、愿、礼都是外在发用，信之体是心，知之体是智，行之体是观，愿之体是爱，礼之体是理。先天学习法首先要有信，有了信以后用心起知，然后行。行是身体气脉动，口诵、心开、目视、耳听、脑闭。脑闭就是暂且把大脑关闭，开始用心。行之体是观，就是说身体气脉在动的时候要一直保持觉察。然后要有愿心，就是要发愿。愿其实和孔子讲的“仁者爱人”是一个意思，仁、愿为体，爱为发用。愿显现出慈悲，慈悲就是爱，而且是中道之爱。

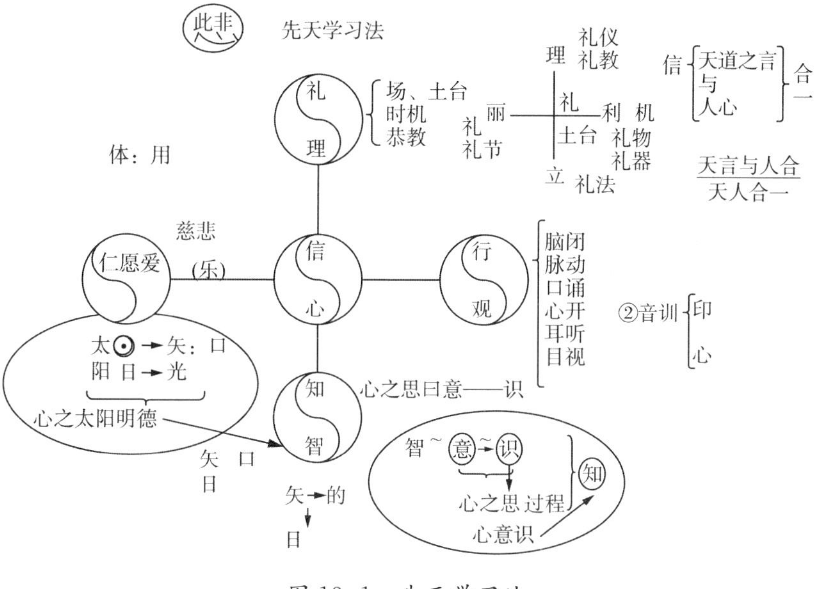

图 13-1　先天学习法

慈悲可以这样写：此非心，非此非彼的心就是慈悲，这样的慈悲没有人我之别，没有一己之私，不在人不在我，不在此不在彼，所以无我相、无人相就是慈悲，一有我相、人相就不是慈悲了，因此慈悲就相当于孔子说的仁者爱人。仁愿显现在外面就是爱，爱在行的时候显现出悦，所以愿力显现在外，爱别人的时候，心里面很快乐。

信、知、行、愿之后，最后上升到礼，礼的背后是天理，所以先天学习法的最终境界是体知天理。对天理的体认需要信心、愿力、身行与天合一，通过观想启动自己的智慧，不要去追求一个外在的乐，也不要在意外在的形式礼仪，甚至于表面的信都丢掉，才是真正的先天学习法。

王道礼治

在上一讲中，我们根据《论语・公冶长第五》探讨了义，现在开始谈论礼。《论语・八佾第三》的核心就是礼。《论语・八佾第三》开篇第一句：

孔子谓季氏，“八佾舞于庭，是可忍也，孰不可忍也？”

所谓“八佾”是古代周天子举行祭祀之乐舞，舞者横向排成八排，竖向排成八列，总共六十四个人。在西周的礼乐制度中，对祭祀时的乐舞有严格规定，公侯、大夫、士分别对应六佾、四佾、二佾的不同等级，只有天子才配享用八佾之乐舞，若采用的礼仪与身份不相符，则被视为越礼，即僭越，僭越是很严重的罪过，甚至可能被处以极刑。此处，季氏身居鲁国大夫之位，却在自家庭院享用天子之乐舞，不仅僭越了鲁国国君，而且僭越了周天子，所以孔子发出“是可忍也，孰不可忍”的严厉指责。

古代的君王通过礼乐治理天下，礼乐制度是治理国家的核心之一。王道以礼治天下，王者垂衣裳而天下治，居南面而听天下。“王”字如果没有中间这一横就是工，代表务实的个体；若失去上方一横就是土，代表地主。圣人则融合东西南北，通达四方，超越天地却不为之所有，所以圣人与君王不同，圣人不像君王拥有疆土，恰恰是因为没有专属的疆土，才无所不在。然而中国在上古时期是圣王一体的，比如三皇五帝时期，圣人既有德，又有位，合称圣王。上古的圣王通天彻地，眼观六路，耳听八方，还有巫师侍立左右作为辅助，有时圣王本身即是大巫，但大巫旁边总有小巫为其助手。后来才逐渐德、位分离，圣人是圣人，君王是君王。

王道以礼治天下，这种治理方略也可以运用到企业当中。站在礼的视角去看，现在的企业管理一般就是落在了治，好一点的企业会有仁义在，比如做价值观考核、财务分享、关心员工成长等。但是也有很多企业是不懂得天理的，而这个天理自在人心。为什么企业里面绩效评价会非常有用，目标呈现的可视化和看板管理就是那一双双看着的眼睛，大家都看着相互投票，这就是因为天理民心。

礼的五个纬度

孔子所言之礼实为天人合一之道。礼有五个维度（见图 13-2 左侧），最高维度的礼就是含道的天理，但是这个天理遥不可及，所以就有了落在人心的礼。

礼的第一维度是真如，第二维度是天人合一，第三维度是丽。所谓丽就是礼要做得好看、光明、喜乐，所以丽就是礼乐，要比天人合一低了一个维度。第四维度是利，要给人实实在在的利益，没有利，礼也是虚的。第五维度是立，意为立世。如果证悟不到真如，那么至少要知道第二维度的礼。但是现在很多人连第二维度、第三维度都不知道，更难说做到了，只能停留在第四、第五维。

礼是受命于天的，受天理而来（见图 13-2 右侧）。天的上面是天上，天的下面就是天下；地的上面是地上，地的下面就是地下。普天之下，莫非王土，王土就要礼治。因此，整个世界皆是君王的疆土，均须以礼仪治理。反观当今世界，各国已不再只奉行来自天上的礼治，取而代之的是结合地上的智慧律法和规章制度。

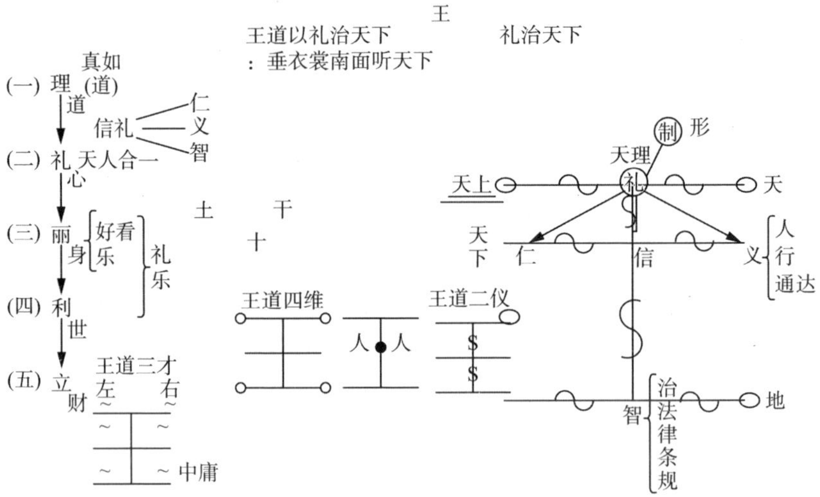

图 13-2　王道礼治天下

礼治并非单纯的仪式，还包含信、仁、义、智（见图 13-2 左侧）。礼以信为基础，礼之运用为仁、义、智。礼中有仁在，因为礼是对内在仁爱之心的一种表达，若没有礼，即使出于仁爱之心，这份爱也将失去根基，难以持久。义是仪、行、通、达，义是让礼通达于天下的力量。礼的制定、运用都需要智，而且礼落到具体层面就会外显为人间的治、法、律、条、规，规章制度即是智慧的体现，所以礼治是一种非常有智慧的治。礼治的背后是信，是天人合一之治，孔子在显诸天下的时候是把礼放在最高点的，仁、义、智都是为礼服务的，治理的最高纬度就是礼治，如果想超越礼治就只有信治。三皇五帝所处的时代可以被称为信治时期，那时的治理主要基于信，而非严格的法律或礼仪制度，但是信治需要达到证道的境界才可以。

礼治的施行涉及不同等级，有着严格的规定，如果刚开始就违礼了，那么这个体系就可能会瓦解。治的外显就是法、律、条、规，本体就是礼，外显的律法条规可以随机应变，但是本体的礼不能变。孔子说："赐也！尔爱其羊，我爱其礼。"因为礼不容破坏，礼治一旦被破坏，王道之治便不复存在。

礼的五个维度是纵向的，此外还可以用五行的模型来表达：居中之礼代表礼仪举行的土台、场地、宗庙等。礼的左右是丽、利，所以礼的完成还要讲究利益和美感，利益就对应礼物、礼器，美丽就对应礼乐或者礼节。礼的上下是理和立，礼是上承天理而来的，所以形成了礼仪和礼教，礼仪进一步固定、传承、确立后形成了礼法。

此外，要注意的是，中国人对礼的实践是有所节制的，追求恰到好处的礼，礼要在中道上，也不能过度，如果过了就流于虚伪、形式了。并且，表面上体现的是各种礼的形式，但内在指向的是天理。礼的本体是理，所以做事不能违背天理。人间之礼体现在方方面面，比如学习需要礼，这里的礼可指形式、场合、时机、恭敬心等。比如老师讲课的时候就有一个坛，这个教室就是坛，教学要符合基本的礼法，不可大呼小叫，老师讲的学问就可以作为礼物，书本铅笔黑板都是礼器，大家带着恭敬的心，听老师讲课，这就是礼敬。

季氏越礼

理解了礼背后的涵义后，我们才能明白孔子为何对季氏的行为严加指责，因为季氏逾越之举，损害了礼治的根基。季氏是鲁国的当权大夫，但是在祭祀的时候用了周天子才能用的八佾之礼，所以孔子说这是不能忍的，这个都能忍了还有什么不能忍？在孔子看来，季氏的行为和造反没有区别。《八佾》篇第二条，也是对违礼的批评：

三家者以《雍》彻。子曰："'相维辟公，天子穆穆'，奚取于三家之堂？"

三家指的是当时把持鲁国权力的孟孙氏、叔孙氏、季孙氏这三个家族。孟孙氏、叔孙氏、季孙氏在祭祖完毕后，撤去贡品时命令乐工演奏了《雍》诗，孔子说，《雍》诗中说"诸侯恭敬地助祭，天子庄严肃穆地主祭"，它怎么能用在三家祭祖的厅堂上？其实孔子是在批评三家没有资格演奏周天子祭祖才用的《雍》。最终，季氏屡次越礼的行为也招致了恶果，季氏遭到自己的家臣阳虎的背叛。历史的教训印证了孟子所言："上下交征利，而国危矣！万乘之国，弑其君者必千乘之家；千乘之国，弑其君者必百乘之家。万取千焉，千取百焉，不为不多矣。"不得不令人警醒！

第十四讲

八佾串讲

在《论语·八佾第三》中，前两条提到的“八佾舞于庭”和“三家《雍》彻”均是举例批评违背礼仪的情况。接着第三条：

子曰：“人而不仁，如礼何？人而不仁，如乐何？”

这一条是孔子发出的感叹，一个人如果没有仁心，那么要礼和乐还有什么用呢？季氏等人践踏礼的行为暴露了他们的狼子野心，孔子这句话实际上是在谴责季氏等人缺乏仁德。第四条接着讨论礼：

林放问礼之本。子曰：“大哉问！礼，与其奢也，宁俭；丧，与其易也，宁戚。”

第四条是接着仁而言的，这里通过林放问礼之本的话题，深入讨论礼之内外的关系。礼，与其追求外在的奢华，不如简朴，因为外在的仪式只是“礼之表”，唯有人内在的哀戚之情才是“礼之本”。因此，这一条还是强调了内在仁德的重要性。同时，林放问礼之本，体现出他是一个懂礼之人，与前文两例不懂礼的人形成了对比，突显了礼之真义。第六条中，林放之名再次出现，也与此句一脉相承：

季氏旅于泰山。子谓冉有曰：“女弗能救与？”对曰：“不能。”子曰：“呜呼！曾谓泰山不如林放乎？”

季氏准备去封泰山，泰山自古以来只有天子才配祭祀封禅，季氏根本就没有资格，因此，这也是一件非常违背礼的僭越之举。孔子的弟子冉有是季氏的家臣，所以孔子就去问冉有是否能阻止这件事？冉有说不能，孔子就说，哎呀！林放是个懂礼之人，臣子封泰山这种违礼之举连林放都知道不妥，难道泰山山神会不知道吗？难道泰山山神还不如林放吗？也就是说泰山山神根本不会接受季氏的祭拜，孔子用这种说法巧妙地斥责了不守礼法之人。

礼之大者，华夷之辨

《论语·八佾第三》第五条：

子曰："夷狄之有君，不如诸夏之亡也。"

这句话意思是夷狄虽然有君主（不讲礼法），还不如华夏没有君主呢。这一句是讲礼之大者，华夷之辨，礼的最高境界就是华夷之辨。华夷之辨也叫夷夏之辨。在中国古代文化中，"夷狄"泛指华夏族以外的各族。"夷"代指四夷，按照方位又可以分为东夷、西戎、南蛮、北狄，但都是指中原周边的族群。与之相对的则是文明礼法的中央，故称"中国"。

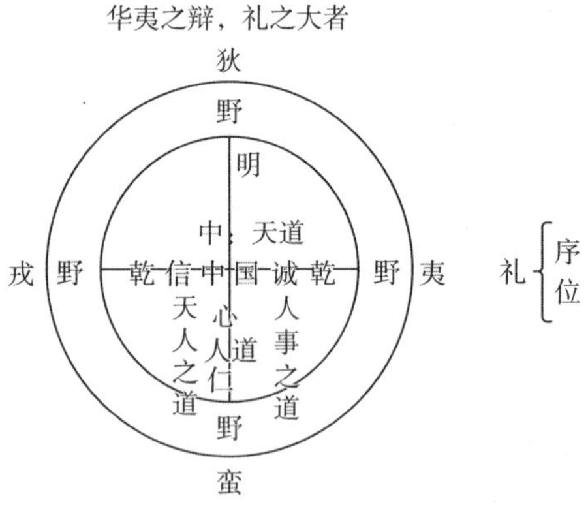

图 14-1　华夷之辨

中国有服章之美故称华，有礼仪之大故称夏，所以中国又称"华夏"。从命名上来讲，华夏代表的就是先进的礼乐文明，奉行温文尔雅、仁义礼智的君子之道；四夷则是相对落后的丛林文化，奉行丛林法则。华夷之辨的本质是文明之争，凸显出礼乐文明与丛林文明之间的对比。人之所以被认定为人类，正是因为其超越了丛林法则，拥有人性的光辉。

为什么中国自古以来就十分强调华夷之辨？这是要通过区分来明确中国与四夷的序位，礼之大者就是正名分、定序位。通过辨别、警惕四夷的影响，才能保持华夏处于文明的中央而不被周围的外族所同化。正是因为这个原因，中华民族才能传承数千年而未曾断绝，华夏文明的火种才能够在这片土地上生生不息、流传至今。因此，在今天这个时代讲“华夷之辨”，最重要的是我们自己要去坚持华夏之道，保证自己不被夷狄同化。

当今时代虽然已经到了“全球通”“地球村”的地步，但是文明之间的侵略与同化现象仍然存在。多少民族最后消失在历史的长河中，多少优秀的文化最终成为了遗迹与传说。作为中华儿女，一定要保护好我们辉煌灿烂的文明，接续圣贤传承下来的道统，让文明的火种薪火相传，因此，在今天这个时代也同样要注意“华夷之辨”，警惕外来文化的侵袭。

在面对国与国之间的问题时，我们要站在民族大义的角度来看，而且一定要有智慧，保持清醒的判断。既往，我们为了生存，韬光养晦，不断学习先进技术；现在，为了应对霸权主义，就要先有足够的力量保障，然后再去与其讲文明。例如，印第安人民从当年的几千万，到现在只剩下几十万，很大一部分原因就是只讲文明却没有足够的力量保障来抵御侵略者带来的战争和疾病，结果导致了种族几近消亡。

所以，我们要感恩五四运动中的革命先辈，在当时那种内外交困、中华民族面临危难的情况下，他们能奋起反抗，以实际行动唤醒国人的思想，推动了中华民族的觉醒。如今，一百年过去了，中国的国力已经发生了翻天覆地的变化，世界局势也呈现出复杂多变的局面。因此，我们才更要守好国家安全的红线，警惕各种外来势力的入侵，在思想上坚定文化自信，防止被恶意的文化宣传所洗脑。

中、诚、信

前面我们讲了华夷之辨，华夷之辨在天道层面还涉及中、诚、信三者的体用关系。所谓“中国”，不仅指地理位置居中、文明遥遥领先，而且是天人合一之中。“中”字加一个心就是忠，忠和信是体用关系，所以在仁义礼智信五常体系中，一般都是信居中。信是一个人加一个言，诚是一个言加一个成，共同点是都有一个言，言就是天，就是上天垂象、万物说法。

有信才有忠，有忠才有诚，有诚才有明，有明才有仁，这就是孔孟之道。信的上面是言，言之上是天，而天就是乾。“言”字有体、相、用三重结构，由上面的太极、下面的天，以及中间的口组成。因此言本身便包含了从太极到天，再到四相的过程。而信就是印，指充分的相信，印又叫印章，章有美丽、显现的意思，和宇宙合一才是最美丽的，这样印、信、章传达了同一个意思，即能够表达出真实宇宙的文章才是最好的。

信进一步发展就是忠，忠是一种人心不二的状态。有不二，那么就有二，二就是两端，也就是孔子说的异端。从信到诚之间有一个忠，信是人和天合一，而诚是天之诚，当诚到明德的时候就是仁之境了，这就是《中庸》里面讲的：“诚者，天之道也；诚之者，人之道也。”“诚者”是和天合一的人，“诚之者”是即将为诚者的人，后者则显露出刻意追求的痕迹。初时，他们通过模仿他人的举止来学习如何成为一个“诚者”；随着成长，当他们接受了圣贤的教导并决心成为一个诚实可靠的人时，便成为“诚之者”。

如果做到明仁（如图 14-1 之竖线），就抓住了周孔之道的核心。《中庸》里面讲诚明、诚信、忠恕，诚是人能做到信的最高境界。中是天道，是宇宙客观真实；心是人道，信则是人天之道。天本无心因人而有心，要成就功夫和伟大事业就离不开诚。诚落在具体的事件之中，诚就是成，就是言，就是诚到天的境界，成就到言的境界。

中国人在古代是与天合一，是生活在宇宙的真相中的。中间是中国，中国人具有明与仁、诚与信。在古代中国，人们对于不同地域的文化和民族有着不同的认识和称谓。中心区域被认为是文明的中心，而周边地区则被称为“四夷”，即东夷、西戎、南蛮、北狄，这些称谓反映了当时的历史背景和文化观念。

君子礼争

《论语·八佾第三》第七条：

子曰：“君子无所争。必也射乎！揖让而升，下而饮。其争也君子。”

此处，“必也射乎”也可以说成必也礼乎、必也乐乎、必也御乎、必也数乎。“揖让”是总持，因为在每一种礼之中都要揖让。礼的精神包括揖让，但是在某些必要的时刻也要当仁不让。让的本质是一个人做不到信忠诚明仁的时候，自己让出来位置给别人，让者，信忠诚明仁之不达也。

世人往往追逐名利和地位，然而老子则谈及三宝：“一曰慈，二曰俭，三曰不敢为天下先。”所以君子不争，而皆曰让也，如同射箭前互相致敬，揖让意味着彼此谦恭，争后不争先，愿意主动让他人在先。这里所述的射礼，实际上包含了六艺之礼。六艺之礼是习礼，其实礼分寿礼、宾礼、凶礼、祭礼、军礼。用图表示（图 14-2），寿礼、凶礼在南北天道生命线上，宾礼、军礼在东西世间常理线上，祭礼居中。六艺其实是学生走向社会之前的实践模拟，广义的六艺包括六经，分别是《诗》《书》《礼》《易》《乐》《春秋》，狭义的六艺则是指礼、乐、射、御、书、数。如果勉强对应到十字架模型的话，乐在中间，书、射、御在东西线，礼、数在南北线。

君子之争，非争势、争名、争利也，所争以礼，揖让而升，下而饮，故君子争之以礼，故曰君子礼争。

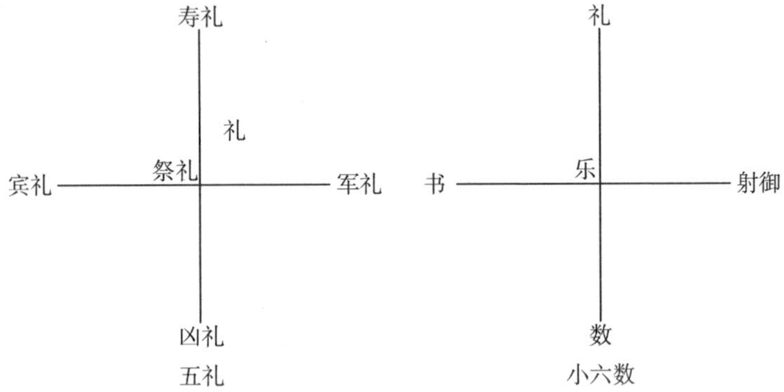

图 14-2　君子礼争

绘事后素，礼后之于理

《论语·八佾第三》第八条：

子夏问曰："'巧笑倩兮，美目盼兮，素以为绚兮。'何谓也？"子曰："绘事后素。"曰："礼后乎？"子曰："起予者商也！始可与言《诗》已矣。"

"绘事后素"是倒装句，意指"绘事后之于素"，"绘"是画画的意思。这世界上最美好的境界是天人合一，即人放下私心去体会恢弘宇宙的本真面貌。巧笑倩兮，美目盼兮，素以为绚兮，这就是那种状态。"素"即原始、本真的含义，当一个人相信自己，便展露出原本的美丽；当怀疑自己，一味诉诸整容和化妆时，就是对自我的不信任，于是丑陋便产生，越过度修饰、越不自信便越发丑陋。有些人之所以显得丑陋，并非因为天生不符自然，而是因为违背了本性，他们往往只顾以修饰为美，而不信任真正的美，与古人追求真实、自然之美背道而驰。

在我看来，子夏所问"礼后乎？"实际上是"礼后之于理乎？"就是说先有天理的本来面目，才有人设的礼。圣人设教以礼乐化成天下，礼是圣人设教的工具。孔子赞叹道“始可与言《诗》已矣”，我认为此处“言”字后面是顿号，应该是“始可与言、与《诗》已矣”。为什么？因为“言”是天道，《诗》是讲本来面，所以这句话的意思是可以和你谈一谈天道、讲一讲本来面目的《诗》了。

这里的“言”不是指说话，而是指用天道去解释（子所罕言）利、命、仁的意思，“始可与言《诗》已矣”就是用天道的角度去解释《诗》。

《论语·八佾第三》第九条：

子曰：“夏礼，吾能言之，杞不足征也；殷礼，吾能言之，宋不足征也。文献不足故也。足，则吾能征之矣。”

这一段是讲孔子追溯礼的传承，也传达了孔子的自信，孔子抓到了本源大道。这里也说明夏礼和殷礼的背后是有天道系统的，孔子之所以可以看到夏殷之礼，是因为他是从天道的视角去看的。

信忠诚明仁

学习《论语》一定要突破文字障，如果不能理解“言”字是难以读懂《论语》的。《学而》篇和《尧曰》篇的最后一句分别是“不患人之不己知，患不知人也”“不知言，无以知人也”，“不知言”即不知道天道，不知天道就不能知人。只有把《论语》的每句话都通达了，才能完全通晓《论语》。具体到《论语·八佾第三》这一篇，理解这一篇的关键是理清楚信、忠、诚、明、仁这几个概念之间的关系：有信以后要忠，忠下面是诚，诚以后才能成就事业。

为什么说诚了以后才能成就事业？我们看看《中庸》对诚的说明：“诚者，天之道也；诚之者，人之道也。诚者，不勉而中，不思而得，从容中道，圣人也；诚之者，择善而固执之者也。”《中庸》中有大幅的篇章是专讲诚的，对诚有详细的解析。《大学》中的诚是八目中的一目，“物格而后知至；知至而后意诚；意诚而后心正；心正而后身修；

身修而后家齐；家齐而后国治；国治而后天下平。”

信是天人合一，是天道；忠，人之于天中心也，讲天人之际；诚，信天而诚在乎心，诚含有心，讲的是人道。信和忠之间的区别是信没有心而忠有心，诚以后是明，明以后可仁。

若以十字架模型进行对应描述，则信位于中心，诚和明是竖线两端，仁和忠则是横线两端。老子追求中庸之道，不在上下也不在左右，他走的是从中间延伸出来的动态线；庄子探索生命的纵深，走诚、信、明的竖线；孔子则执着于人世间的平衡，走的是世间仁、信、忠的横线。这些便是信、忠、诚、明、仁之间的内在关联。

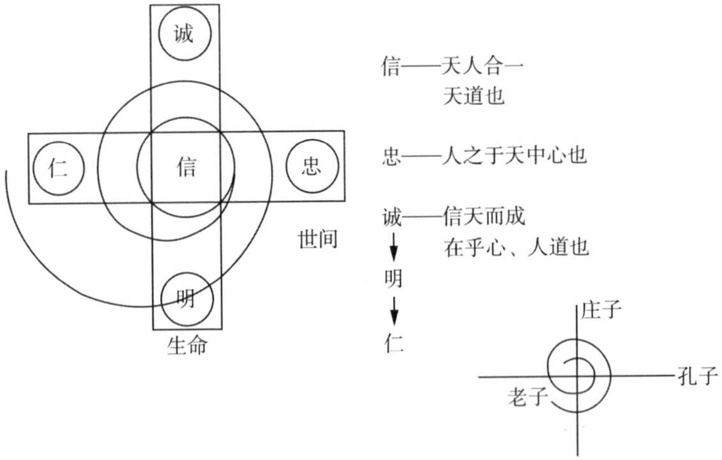

图 14-3　信忠诚明仁

第十五讲

儒家的外王之道

学习经典应当恪守“述而不作”的准则，即原原本本地领会经典之要义，尽量不要有偏差。另外，在自己尚未完全得到传承之前，不要轻易地向别人炫耀、卖弄。《弟子规》有言：“见未真，勿轻言；知未的，勿轻传”。现在有些人把学问当成谋利的工具，打着弘扬传统文化的旗号出来做事，实际上却是为了敛财，最终败坏了儒家的声望。那么，学习儒家难道不可以在世间做事、建立外王系统吗？当然不是，我们要在确信了自己所述的先王之道无偏、无误之后，才能够去传播。

实现广泛传播并避免偏差的关键在于将利置于次要位置，因为利的背后是有道的，凡夫往往容易见利忘义，一旦只顾着追求利益，道就很容易被舍弃了。其次，在道的下面要去修心，心的下面就是身，身与财相对应，因为财能养身，身可发财。修身和得财都要在世间完成，因此身、世、财三者就构成了世间之道。在世间需要有法门、系统、人才、组织、团队，也就是说，在世间需要建立外王系统，才能把所学之道落到实处。

就它们之间的关系来说，道、心是体的维度，身、财是用的维度，世间是相的维度。身和财实际上都是工具，我们应当追求的是道义与心灵的升华，换言之，道、心需要用身、财来在世间显现。若要在世间完成道义与心灵的升华，我们首先需要健康的身体和一定的物质基础。因此，学习儒家文化不是空谈理论、追求虚幻，而是可以走内圣外王之路，将个人心性修为与世间功业打通，从而追求实实在在的美好生活。

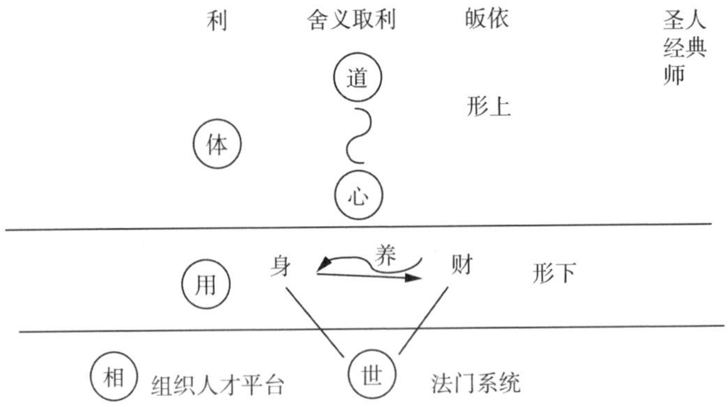

图 15-1　儒家的外王之道

道、心、身、世、财，五者共同构成了儒家的外王之道，其中，道、心是形而上的层面，身、财、世间是形而下的层面。用佛家的话来讲，世间即是众生，道即为佛法，心即是内在真诚。因此，心、佛、众生三者不可分割。有些人试图将儒家思想融入佛教体系中，但是我们不同，我们是原原本本的“述”儒家道统，在我们看来儒家的学问体系是独立存在的，佛家的修证体系也是如此，各家学说平等且各有特色。借鉴佛家观点是为了更好地理解，因为佛家有完善的修行体系，值得我们尊重和学习。

儒家体用分期论

为何中华民族能在这片土地上持续繁衍生息长达数千年，乃至上万年，而且我们一直保持着黄皮肤、黑头发、黑眼睛的外貌特征？为了回答这个疑问，今天我们来讲一讲儒家体用分期论。

我方学派认为，所谓的儒家体用分期，是从历史角度纵向而论的，最早可以追溯到上古时期的三皇五帝，接着是夏商周三代之治，一直

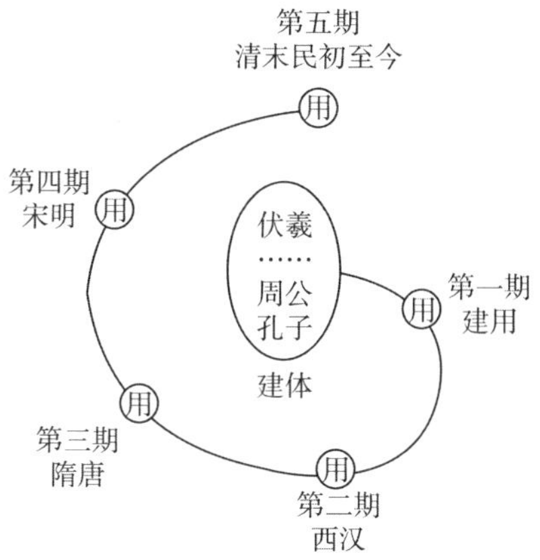

图 15-2 儒家体用分期

到西周的周公以及之后的孔子，这就是中华文化的“体”。孔子继承了上古文化，同时也是周公之道的集大成者。历史上，儒家也被称为“周孔之道”，其实周公的地位是高于孔子的，只是关于周公的文献记载过于稀少，只有部分内容被孔子继承了下来，所以我们拜孔子的同时也不要忘记背后的周公以及上古的诸多圣贤。后来，儒家由“周孔之道”延伸出了“孔孟之道”，在宋代之前，大多是周孔并称，经宋明理学的宣传之后孟子才上升到与孔子并列的地位。儒家文化的传承到孔子以后就有了“体”，而且孔子还建立了“用”，这是儒家发展的第一期，可称为“孔儒”。

西汉时期为儒家文化的第二期，可称“汉儒”，其特点是儒为体、术为用，我们知道董仲舒提出的“罢黜百家，独尊儒术”，但是现在学界谈汉儒鲜少谈及术，有些甚至把术数之学当作封建糟粕，避而不谈了。都有一些什么术呢？很多，比如经学和纬学，谶纬之学等。隋唐时期儒释道三教已经开始相互交融，这也是儒家文化的第三期。宋代、明代出现了理学、心学，便是儒家文化的第四期。到了近代，五四运动提出“打倒孔家店”的旗号，其实针对的是宋明理学“存天理，灭人欲”的僵化教条，是对第四期儒家文化（宋明理学）的弊端进行批判和反思。从五四运动到现在的这一百多年，文化界一直有复兴传统文化的声音，学界也出现了所谓大陆新儒家、港台新儒家等一批代表人物，这些都可以算作儒家文化的第五期，我们现在仍然处于第五期之中。

第五期中也有南怀瑾老师的身影，南怀瑾老师从儒释道融合的角度对儒家进行了深入而具有启发性的阐释，然而令人遗憾的是，南师圆寂后，几乎没有出现能“青出于蓝”的后继者来传承他的学识。传统文化的复兴是时代的使命，每位华夏后裔都肩负着这份责任。如今正是实现中华民族伟大复兴的关键时期，我们要不忘本来，开创未来，明确儒家文化发展的各个时期，锚定当下的时代坐标，为儒家文化在新时代的继承和弘扬贡献自己的力量。

第一期的“孔儒”是中华文化的源头活水，孔子的儒学建立在中庸之道的基础上，“庸”是平常的意思，即生活的本真。中华民族是一个坚守中庸之道、具有大道、同时注重生活本身的民族，这才是中华民族道统的核心内容。

汉代儒家基本把握了孔子的核心理念，强调文武相辅相成，同时注重治国兴邦。真正的儒者并非只是书呆子，而是注重实际、文韬武略兼备的存在。南京夫子庙大成殿中供奉着佩剑的孔子像，就显示了真正的孔子是文武并重的，何况在孔子那个时代，各国的贵族、文人、士大夫都是要佩剑的。儒家之道是由文武、经济构成的十字交融，而不仅仅是纸上的空谈。古代的经济学注重治国兴邦、经世济民，治经济如同治天下一样重要，兴济民意味着承载众生、造福百姓。文武合璧，文化赋予武力以意义，武力则包含智慧、仁爱和勇气。中华文明自古以来就有武道精神，这种武道精神不单纯是一种武力和勇气。若是只有勇气，就如同孔子批评子路“暴虎冯河”一般，是蛮勇之举。中华民族的武道精神是智、仁、勇的集合体。

至于唐代儒家，则显得相对势弱。据我所知，早在东汉末年，儒家就已经开始受到其它家的影响。魏晋玄学盛行的清谈之风，也对儒家的名教学说造成了很大冲击。这段时期时局动荡，百姓流离失所、无所适从，精神上便容易寄希望于神明或者来世，从而有“南朝四百八十寺，多少楼台烟雨中”的诗句流传。为了应对佛家、道家的冲击，维护儒家道统，宋明理学家对原始儒家进行义理诠释，构建了一套以“天理”为本体的哲学体系。

宋代儒者之所以抬高孟子的地位，一定程度上是因为孟子的学说具有批判异端、维护儒家正统的倾向，宣扬孟子的思想有助于强化儒家的影响力。在我看来，中华文明在宋明理学这一期是有所走偏的，宋明理学抬高了孟子，而孟子偏于义，这样一偏，就远离了中道。我们当然不能否认宋明理学的历史意义，这在当时极大地凝聚了儒家知识分子的力量，深入发展了儒家心性之学，但是其弊端也确实明显。到了后期，“存天理，灭人欲”的僵化教条对人性造成了严重的压迫，陆王心学虽然也在努力弥补，但盲目笃信心学则容易流于狂禅。就像人的身体一样，好东西吃多了也可能会成为隐患，蛋白质摄入过量反而容易产生营养过剩、堵塞血管等问题。

到了近代，“五四”的一批热血青年提出“打倒孔家店”的旗号，想要打倒的其实不是孔子而是封建儒家思想。我认为五四运动可以视为儒家文化第五期对第四期的矫枉过正，而不应视为对整个儒家文化之命脉、源头的全盘否定。在近代这样一个特殊的历史时期，中国古代的封建帝制走向了末路，外部又有各国列强环伺，这对中华民族来说是处于生死存亡的危难时刻，知识分子的这一腔热血尤为重要。这一时期对传统文化的批判虽然对文化传承造成了一定的影响，但在当时又是符合时代选择的。作为后来人，我们要充分理解、尊重前人作出的选择，同时尽力弥补他们的过失。这就要求我们梳理清楚儒家文化发展的历史脉络，为传统文化“正名”。

现在有些研究者站在西方的立场来审视传统文化，一味按照西方的逻辑来批判、解构儒家经典，这显然是有问题的。也有些学者不明所以的被西方宣传带着走，没有站在历史的高度去看待这一问题，不明白否定传统文化就意味着在否定自己民族的历史和文明。一个国家和民族如果失去了对本民族文化的自信和传承，就会处于亡国灭种的边缘，因为真正可怕的是文化的消亡，这才是一个民族真正的危机。如果变成这样的国家和民族，哪里还需要别人用武力来征服？

当然，也有很多有识之士，一直在为复兴传统文化而奔走呼号，比如学界出现的一些新儒家，以及全国各地民间推广的读经运动，这些都是有益的尝试。这些活动虽然不一定都能抓住根本，但正是得益于这些新儒家、读经运动，以及一波又一波的学习儒家文化的活动，才在社会上形成了一股风潮，让大家对传统文化有了新的认识。什么是根本？回到中华文明之体才是根本。承续道统要上承先王之道、尧舜禹汤文武周公之道、孔子述而不作之道，此方为大道、中道、生生不息之道、一以贯之之道。

溯天理爱人命

从整体的结构而言，《论语》的前五篇可以形成一个模型（见图 15-3)，《学而》篇论学，在北方；《为政》篇论信，居中央；《八佾》篇论礼，在南方；《里仁》篇论仁，在东方；《公冶长》篇论义，在西方。

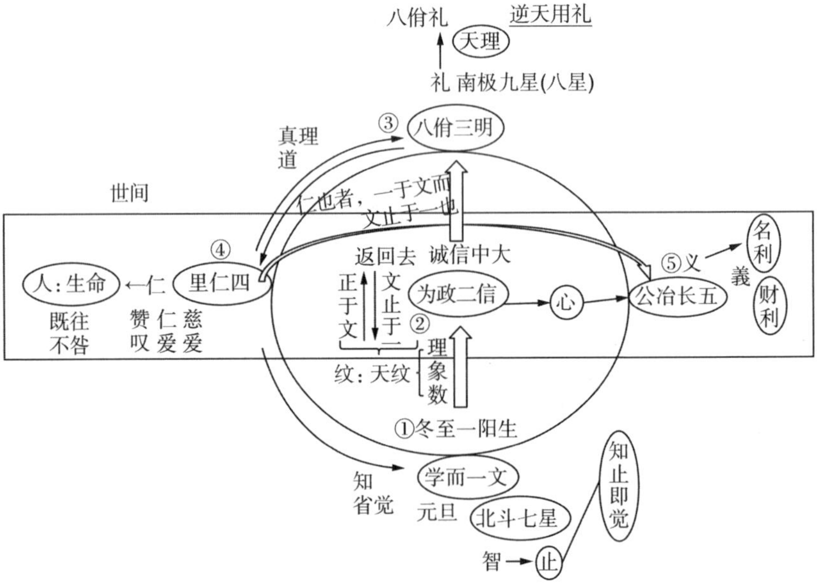

图 15-3　溯天理爱人命

《论语》开篇以北方《学而》篇为始，古人认为学问、生命自北斗七（九）星，而礼则源自南斗九（八）星。《学而》篇所在的位置也代表了元旦的位置，中国人的元旦就是冬至一阳生，这也是为什么能有所谓逆转乾坤的事情发生。因为到了最寒冷的时候阳气出来了，阴之极致阳气反生，能量是阴阳互抱，依次循行的。

《论语》将《学而》篇置于首位，实际上已经传达了一个重要信息：学是启动能量的关键。学有所成之后就要去为政，为政其实就是为民，民心即天心，所以为政归根结底要上溯天理，上溯天理也就是克己复礼，礼往上延伸即是天理，无理之礼只不过是满足私欲的工具。礼也是要追溯到仁的，仁往上延伸即是关乎人和生命，因此，尊重生命即是仁，离开了生命谈论仁就失去了意义。追溯到仁，就要把仁做得恰到好处，也就是义。

《论语》前五篇对应仁义礼智信，清晰地勾勒出了儒家体系，按照这个次序学习《论语》，便能更好地理解其内涵。从这个角度看，中华文化显得博大而深邃：始于学而，然后为政。政很实在，政可以指所有的事物，包括文化事业、政权、文明，因此是文止于一，治于为政。礼仪如火明亮，学问如水润泽，二者合二为一，共同构成文明的基石。

仁义礼智信，首先凸显仁义，因为仁义代表着人世间的价值，最贴近我们的日常生活。“义”的繁体字是“羊”字下面加一个“我”字，表示必须考虑到财利因素，因为财、利关乎着生存。某种程度上来说，一个人如果饥不择食，是不义；领导一个团队如果导致团队成员吃不上饭，也是不义；父母让孩子食不裹腹，是不义的表现；教师让学生饥饿，同样是缺乏义。因此，义之后必须考虑财、利。

仁是慈悲与仁爱的表现，仁是这世间最为珍贵的品质，利则是事物发生的根源。如果我们缺乏对他人的仁心，无法产生尊重、敬佩之情，这便是不仁。整日挑剔他人，只盯着别人的缺点，也是不仁之举。仁是无二的，过于挑剔他人的缺点就是有了分别心。有人或许认为仁心无二就意味着不能看到别人的缺点，这是一种误解。圣人既能如实看到他人的缺点，又能具备开阔的胸襟包容别人的过失，不去纠缠于过去的是非、情绪、怨恨、愤怒、私欲、执着等负面情绪。

既往不咎并非掩盖、无视过去，而是避免再次陷入相同错误。可以讨论过去事情，但不沉溺于过去的非议，只有感恩与祝福。《大学》曰："苟日新，日日新，又日新"，强调不断学习进步。正所谓"但行好事，莫问前程"，对于行善，我们要不求回报，尽力而为，若结果有遗憾，则顺其自然。

何为赞叹

包容他人的短处、宣扬他人的善行是积德之道，一味批判他人的短处和过失则是不道德的表现，我们何不发自内心地赞叹呢？赞叹是让人不陷于情绪、是非、怨恨或愤怒之中，要对过去的经验进行反省和觉知，并怀着感恩之心。赞叹的目的是总结经验并解决问题，使事情更加完善，而不是对过去的错误视若无物。这才是既往不咎的真正内涵。因此，提出问题的人需客观中立，倾听者也应以不偏不倚的态度理解。在中国文化中，既往不咎的背后还有知、省、觉、礼、道、真、诚、信、忠、大。

赞叹乃是世间至高法门，其中应包含知、感、觉、省、悟，而且要有礼、合道、仪、戒。尽管强调既往不咎，但在某些严重情况下，仍需施以惩罚。

何为政

仁的后面有生命的维度，礼的后面有天理的维度，义的后面有名利的维度。那些不去保障集体利益、只顾保全自己利益的人是不义的。智的后面是止，止和智合起来就是觉，随时都知道自己的进退以及止在哪个地方就是觉，所以知止就是觉。信立于中心，信的背后是真诚的内心，《论语·为政第二》所强调的正是信。

前面提到文止于一，治于为政，文代表天道、天文，而天文的后面是理、象、数，就是天理。所以不懂理、象、数就不知道政，政在天道上来说是一止于文，从人道上来说是文止于一，一个是从天道向人道下落，一个是从人道回归天道，二者上下循行。高根器的人可以直接一止于文，不然就要文止于一。前者是回归本源，后者是延伸应用。有的人对政缺乏了解，政的本质其实是符合天道的文明，与天命不违，政的本体就是仁。仁也者，一于文，而文止于一也。仁者与文相一，文在一端终结，相辅相成。仁由文而生，终归于一，即无二可言。因此，仁与政二者是不可分割的。

举一个反面的例子，企业管理可以算是一个小范围的为政，然而许多企业管理者缺乏知、觉，对管理流程缺乏兴趣，只注重结果，这实际上是不仁的表现。在我看来，他们还定了一些不合理的规章制度，比如大张旗鼓地开周例会、月例会等，这些举措很容易变成形式主义。工作长期在这种形式化的规章制度下进行，员工容易为了应付而行事，导致缺乏真诚。缺乏真诚会导致严重的管理问题，使团队间缺乏信任。如果没有信任基础，即使再多奖励也无济于事。这一现象只是社会上的一个缩影，在社会的大背景下，我们也许曾或多或少缺乏仁义，甚至麻木不仁。但是，一旦我们汲取圣贤之教，就应该向圣贤学习。或许我们无法在此生中达到绝对的仁义，但是能尽量校正自己，减少不仁义的言行，这样也算是没有愧对圣贤教化。

培福修德的法门

称赞和夸奖他人被认为是世间至高的修行方法，慷慨奉献财富和名誉则是世间最重要的因缘法门。因此，一个人如果渴望在人世间取得伟大成就、保持身体健康、过上美好生活，就需要具备舍得财富的善行。世间最高的修行方法和最关键的因缘法门都离不开福报的支持，如果缺乏福报，赞叹就失去力量，缺乏福报也无法奉献财富和名誉。

因此，在图15-4中，福德位于中心，左侧是赞叹，被视为天下第一法门。右侧是牺牲和献身，在古代，修行意味着将自己献给天地君亲师、家国天下，而不仅仅是孤立修行或传授学识。献身是天下名利第一缘起，这也是修行的核心。底部显示的是世间最高的学问，这里要明确指出学问并非仅指知识，而是智慧的体现，也就是知止。学与孝相通，所以也有传承之意。顶部显示的是世间最高的天理，即顺应命运。一个人若无法正视并接受自身的命运，一味逃避或与之对抗，就违背了天理，正如孔子所说的“不知命无以为君子”。

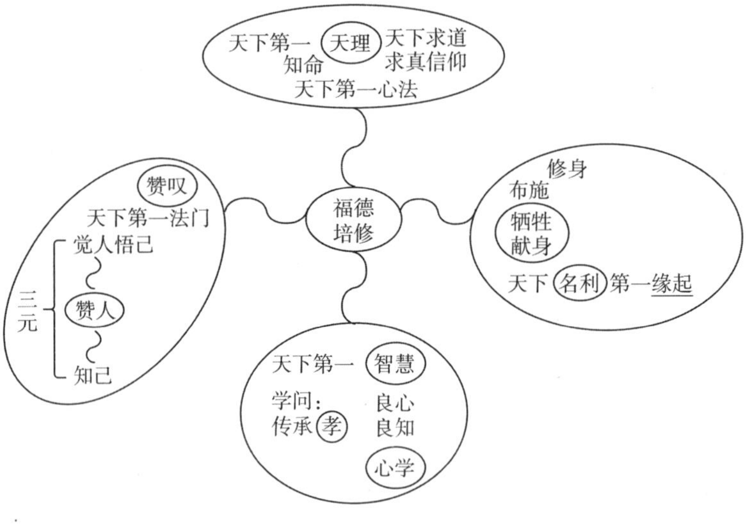

图15-4 培福修德四法门

我的理解是，一个人如果能明白天下第一心法（福德）、天下第一学问（知止）、天下第一法门（赞叹）、天下第一缘起（舍得）和天下第一天理（知命），做到这五条就是君子了。

中国人无论是居家生活，还是做事业、做学问、治国平天下，都可以从这五个方向入手。做学问，除去生而知之以外，都要从学开始，因此，《论语》是从天下大众的角度出发的，圣贤是从接受命运开始的。学问的传承固然重要，最终还需要正视并接受自身的命运，如果一味抗拒自己的命运，所获得的学问就如同无根之木，难以长久。

对于接受命运这一主题，许多人可能并不十分了解。这里所说的接受命运是指接受我们的家庭背景、先天天赋、血脉传承等一系列无法改变的因素。我们首先要接受自己，全面地了解自己，之后通过后天的学习、认知的提升、自我修养的提升等不懈努力，才可以逐渐改变自己的命运。因此，改变命运的前提是正视并接受自己的命运，这就如同购买了一辆车，如果想将其改装得更出色，就必须先接受这辆车的存在。其实，若非具有大毅力、大智慧之人，普通人往往是难以超越命运的。许多人缺乏对自身长处和短处的了解，又容易被社会舆论所左右，盲目追求所谓的成功，忙忙碌碌，一直为生计奔波，最终的结果却是蹉跎一生。

在图 15-3 这个模型中，竖线是做学问的心脉线，横线是世间线。要想在世间较好地生活，首先要学会赞叹与舍得法门，同时进行培福修德。中间是真正的修行线，要想真正超越世间就要走中间这条线。佛家修行是逆着走中间这条路的，道家则是正着走这条路，有人认为儒家是走横线，其实儒家是走十字线，而且十字线还可以正着走反着走，所以儒家是最全面的。

儒家修行的五大法门分别是赞叹、舍得、认命、知止、培福修德。执着于自我的人往往只想被人称赞，却不愿去称赞他人。实际上，赞叹他人是一种换位思考，是个人小我开始消融，走出自我执着，从个人小我意识中解放出来，懂得欣赏他人的优点。当我们称赞他人时，首先要觉察对方的优点，这样一来就能够看到他人的优点和美好，以及这个世界的光明，从而走出自我，开始自我认知和忏悔反省，反省的同时也会升起感恩之心，觉察到内心深处的愧疚之情，以及意识到生命的平等。因此，称赞是一个统一的过程。

当我们充满信心地展望未来生活时，这本身就是一种赞叹。我们可以赞叹过去、现在、未来，甚至赞叹万物，每天早晨醒来后对着镜子微笑一下也是一种赞叹。当一个人能够欣赏他人时，就开始培养出觉知心和平等心，开始欣赏自己，这时的欣赏是高维度的，而非低级的自我陶醉。当一个人培养出平等心时，觉知心就会显现，随之而来的是智慧心。有了智慧心，个人的勇气与仁慈也会显现，生命将得到更深层次的提升，这个人将能够活在内心的自在之中，最终达到完全的自在和圆满状态。当一个人发出赞叹时，他会看到好的事物并尝试去实践，从而培养福德；当他意识到自身存在缺点并能忏悔改正时，便开始修养品德。

培养福德和修养品德是一种无形的观念，我们不能孤立地谈论培养福德和修养品德，因为这两者并非孤立存在的，只有在关注周围环境的同时才能真正获得福德。福德本质上是无形的，它体现在赞叹、舍得、智慧、认命这四个方面，只有在这四个方面做到位，福德才会显现。因此，赞叹、智慧、认命、舍得被视为福德的主要法门，也是内在修行的四大法门。中间的培福修德是一个维度，而赞叹、舍得、智慧、认命则是另一个维度。

在社会中，人们更容易关注到外在的赞叹和舍得，智慧和认命这种内在修行则需要个人自己领悟。赞叹代表着“我相”，舍得代表着“人相”，认命代表着“众生相”，智慧代表着“寿者相”。许多修行者常常执着于自己的智慧，坚信自己的见解是正确的，这种执着可谓是最难放下的法执障。“无相相”则代表了超越所有相对概念的境界。尽管福德本身是无形的，但如果过于执着于无，也可能会陷入误区，类似于有无之间的困境。

实际上，培养福德和修养品德并非简单的行为，我的解读是：所谓的培福修德，实际上并非真正的培福修德，而只是被称为培福修德。培福修德就是做四件事情（赞叹、舍得、认命、知止），培养福德和修养品德意味着要从内心做起，如果我们在做这四件事情时缺乏真诚正直的内心，而是带有功利性的心态，那么这种做法也无法真正激发智慧之心。

回归生命本色

《论语・八佾第三》第八条提到了“绘事后素”，“素”即是指本真，这一句强调了知命和回归生命本真的重要性。《论语・尧曰第二十》中写道："不知命无以为君子"，只有当一个人知命时，才能真正回归自我；相反，如果脱离对自我的实际认知，所谓的梦想就很容易演变成幻想。

因此，一个具有远大志向的人，首要任务是认清自己的本真、本性，并在此基础上采取最有效、最恰当、最完美的方法，脚踏实地的去实现目标。若不知命，容易导致盲目冲动，而生命是有限的，时间是我们最宝贵的资源，对于我们来说，时间是不可再生的，一旦流逝，便无法挽回。因此，错误的决策会带来巨大的代价。俗话说"一寸光阴一寸金，寸金难买寸光阴"。不知命、不认清现实将浪费生命，同时也会损耗人的意志和情绪。知命能够帮助人少走弯路，避免不必要的挫折。

这里所说的知命并非有些人所强调的"我是谁"，"我是谁"这种自我认知属于较为表层的知识层面。知命也并非指天命，它比天命的层次要低一级。懂得天命首先需要有传承或者认清自我，有些人并非学富五车，却因认清自我而懂得了天命。知命即是回归本真，人的本真包括对食色、衣着以及名利的追求等。

回归本真意味着首先接受这种现实，然后看破它、觉知它，最终放下它。穿衣打扮是为了修饰，修饰让人看上去体面端庄，但本质上我们是动物。人和动物一样需要吃喝、繁衍后代、有生有死。除此之外，人还有尊严、面子、人格等概念，人会活在名相的执着中，从这个角度来看，人类不比动物本真。在我看来，尊严、人格等概念其实也是一种虚妄，过度强调这些观念可能会导致个人主义加剧，使人们分割成孤立的个体，让人们逐渐脱离群体，被自我观念所局限。我认为中国古人所讲的伦理纲常、家国天下才是真东西，背后的依据就是人的食色、名利等真实本性。但是古人又通过合乎天理的方式将它们固定为礼法，用礼的方式来规范人的本性，使人不至于堕落为禽兽，这是古圣先贤找到的一条非常高明的中道。

第十六讲

我认为《论语》可谓是中华民族的“圣经”，然而需要明确的是，中华民族的“圣经”不仅限于《论语》，儒家十三经都在经典之列，而且除了儒家的经典之外，道家和佛家的经典同样可称为“圣经”。

孔子通过因、损、益的方式对中华民族的历史文化进行了传承和整理。古代的文献浩如烟海，西周时期也诞生了众多经典著作。在这众多的古籍中，孔子精心选择了一些用于教学。孔子筛选这些文献时遵循了五个第一的原则，即天理第一：知命；学问第一：知止；缘起第一：义利（舍得）；法门第一：赞叹；性德第一：信实。

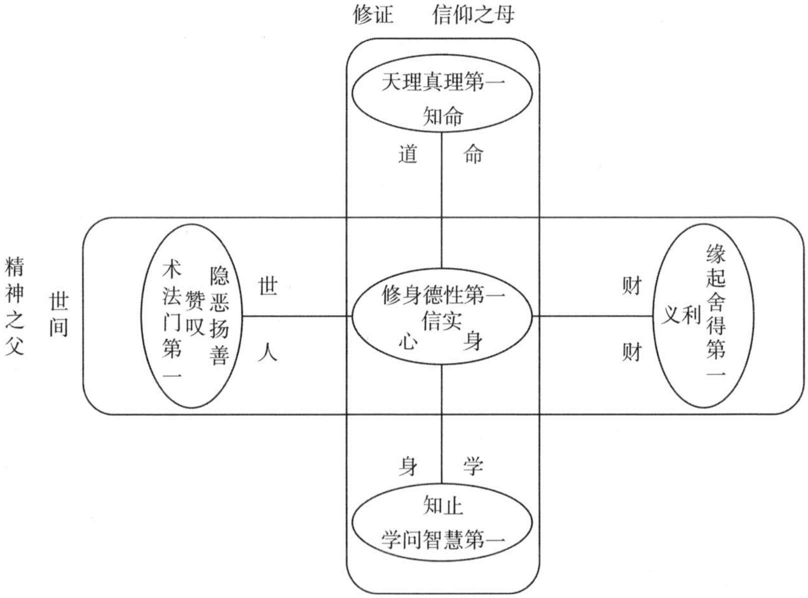

图 16-1　现实与信仰

五个第一的原则

一、位处中间的性德第一：信实

真正具有信的人可分为两种类型：第一种是那些朴实无知的人，即使认知水平有限，也怀有真诚信仰的人；第二种是那些真正成功并深谙世间道理的人，他们从世俗的教导中汲取深刻的智慧，在形而上的层面领悟透彻，自然而然回归到信的本质。这类人在社会中经历丰富，有着实实在在的领悟，通达文化与道理，同样具备真挚的信。无论是哪种方式，他们的信最终达到相同的结果，即信而能证，经过适当的修行和实践，信可以得到验证，信与证融为一体。信的初期或许停留在心念层面尚未触及实际，但信到深处便会发现其真实存在，即为实证。因此，中华民族的文化是可以被实实在在证实的，是信实之文化，我们的文化真正强调的是信与实证，而非迷信或虚无主义。

二、位处东方的法门第一：赞叹

赞叹一词在广义的文化语境下可以被视为一种技巧，这种技巧的首要原则就是隐恶扬善和颂扬美德。为何要隐恶扬善？因为每个人都难免会有私心，有私心就可能会导向恶行，中国人注重隐私，隐私即指不愿公开的信息，我们应弘扬祖先的善良之处，这样才有助于教化后代。若家谱中所载皆为祖先的恶行，子孙将不敢认祖归宗，从而影响家族凝聚力。放大到一个民族也是如此，孔子在整理古籍时，不是一味盯着祖先的过错，而是将其美德充分展现出来。因此，当我们怀念祖父母时，是怀念他们的美德还是过错？显然是美德。后代看到祖先都表现出美德，便自然而然地效仿祖先，代代传承美好，形成光辉的美德传统。因此，中华文化被视为崇尚美德的至善文化。

赞叹为什么处于东方，因为东方生木，木主仁，对应春天。春天是生发的季节，彰显了天地的仁爱之心，赞叹正是如春天般温暖与希望的体现。所谓“良言一句三冬暖，恶语伤人六月寒”，赞叹的话语可以给人温暖和煦的力量，通过语言直接抵达人的内心，给人带来美好与光明。

三、位处南方的天理第一：知命

所谓“死生有命，富贵在天”，子曰：“富而可求也，虽执鞭之士，吾亦为之。如不可求，从吾所好。”这是何等的知命与潇洒。接受命运一词，有些人理解为消极词汇，以为是放弃、懈怠之意，其实正视并接受命运反而有可能生出强大的力量。因为人只有正视自己的人生，接受自己的命运，才能在此基础上奋发有为。这也是孔子言：“不知命，无以为君子也”的原因所在。比如有人曾问宋老师：“您已经是接近60岁的老人了，为什么还忙碌不停地从事各种活动？您难道不应该顺从命运吗？”实际上，正是因为我接受了自己的命运，才会继续从事我认为是自己使命的事情，我的使命即是将中华民族的斯文天道传遍天下。接受命运有不同的方式，当生则生，当死则死，当有为则有为，当闲适则闲适，中国人向来洒脱自在。

知命为什么位于南方？因为古代的地图一般是上南下北，故南方位于地图上方，而且南方主火，对应心，心为天君，心可以直接与天道精神相贯通。人去知命也是从心上当下知命，从内心深处接受自己的天命，所以位于南方。

四、位处西方的缘起第一：义利（舍得）

西方属金，金主收敛、容平、肃降，因此对应义利。人在义利、舍得、财色等方面，应该做到不执着。利字右侧一把刀，刀可以用来收割庄稼从而填饱肚子，也可以将人割伤。然而，将义置于利之前，利便变得不同，有了义，便可成为大利，只有以义为前提所获得的利，才是真利、善利、无害之利。比如，观音座下有善财童子，所谓“善财”是因为财富有善有恶，我们需谨慎对待，有些财富带来福祉，有些则带来业障。《周易》言“厚德载物”，财富、福报等美好的东西一定要有足够深厚的道德来支撑，否则便容易造成灾殃。

中国人不讳言利，但往往是义利并举，以义配利，孔子说：“不义而富且贵，于我如浮云”，君子爱财要取之有道。一个人在世间只有掌握了赞叹和义利，才能无往而不利，所积累皆是福报。

五、位处北方的学问第一：知止

第一学问是知止，所有的知最后都要止，所以图 16-1 的东西线就是世间之道，掌握了赞叹和舍得（义利），就可以“横”行世间；南北线就是天地之道，也是心性之道、信仰之道，做到知命知止，才可以安住当下。

五福之道的发展是按古人的生命节奏来的，现代有些人的生命节奏常常被功利心所扭曲、被人为因素所设计、被外界力量所塑造。如果生命不是自然生长，而是被设计的，便违背了人性和天道，是不可取的。社会中有些情况偏离人性和天道的规范，具有一定程度的异化特征，正是由于这种异化，才会导致各种问题的出现。我们在现实生活中有时会目睹一些与人性相悖的问题，这些问题的出现或许与人为干预息息相关。

一个人出生下来，一个生命就诞生了。第一阶段是食，十岁前后就开始学习了，学着学着进入第二阶段（二十岁前后）色的阶段，色可以理解为成家，古人叫成家为“攸好”，还没到德的阶段。接下来就要习劳，做事情了，于是就进入了第三个阶段立业，立业的阶段就是要通过习劳来实现三十而立。然后三十岁到四十岁的时候就开始要悟了，悟的时候进入了壮年，四十岁不惑，这是明理、觉的阶段。所以生命的第一阶段是食，第二阶段是色，第三阶段就是财、富贵，第四阶段是觉。

进入社会需要习劳，通过习劳获得财，因此财富具有社会属性。人通过习劳实现本能的超越，然而在面对欲望时，人的本性仍然带有本能的成分。当我们觉悟到这一点时，便开始超越食色欲望，逐渐从物质追求中解脱出来。

食的阶段对应人的物性，对应着人的生理需求，即使是植物也需要食物和水。因此，人从出生开始就经历了从本能到认知的转变，而且这种转变比植物的维度更高。随后，当涉及财富时，人类进入了社会性阶段，这反映了人的世俗属性。当一个人到了四十岁，理性开始显现，心境平和，开始觉悟，人就开始超越，这时就从凡夫人性开始超越了。四十岁觉的时候，就叫“攸德”了，和前面二十岁的“攸好”

合起来称为“攸好德”。我认为“攸好德”包含的意思是：身在世间曰“攸好”，超越世间曰“攸德”。

当我们能知止时，生命才能开始沉淀，而知止是对应智慧的，所以世间第一学问是知止，我们要想超越就必须从学习开始，就如《论语》开篇所强调的“学而时习之，不亦说乎?”

当我们到了五十岁，开始进入老年阶段，这是一个应当明悟生命的阶段，随后即将迈入死亡之境。在面对死亡时，我们应当心怀知足和感恩，若人生不知满足，便连死亡也不知如何面对。五十要知命，死亡的时候要知足。每个阶段都有一个知，所以说知止是世间第一学问。当我们能够懂得适可而止的时候，生命便能开始静下来，这种知止正是智慧的体现。

人的心理年龄和生理年龄会随着生命进程而发生阶段性变化，二者相互关联。若一个人能在青年时期就具备成熟思维，在老年时依然保持着年轻的心态，即实现了“少能得老，而老不失少”，这样的人可以称之为成功。当然，最理想、最幸福的情况是能够实现心身统一，并且超越于此。若出现心理代差，便容易带来痛苦。

例如，一个四五十岁的人依然怀有二三十岁的财色之心，他必定会感到痛苦。孔子提到“少之时，血气未定，戒之在色”，这意味着年轻人因为血气方刚容易陷入色欲之中，即使日后超越了这一阶段，到了老年甚至死亡，这种欲望仍将存在，就如同持续存在的本性一般。只要我们还活着，就会面对食欲障碍、财富欲障碍、身体障碍等，但无论这些障碍是否存在，我们都可以通过修行超越这一切。

比如经商之人，从早年做小买卖就跟人争、跟人斗，财都是挣来的，等到一定程度了，这个财就带有赌注性质了，就有投资了，就是赢来的。然后再升华一次，财就进入运营阶段，是运营来的。再升华一次财就是舍得来的，最后财是通过信而得到的。得财的阶段与年龄阶段有关系，二十多岁就得挣钱，到三十多岁就开始要赢钱，然后到四十岁要懂得运营，到五十岁就要懂得舍得，到晚年就是要进入信的阶段。

在二十岁到三十岁之间就应该开始习劳，而不是等到三十岁、四十岁。习劳包括五个关键要素：首先是耐心，其次是忍耐，第三是勤劳，第四是务实，第五是勤奋，只有做到这五点，才可以“补天”，勤能补拙，补天生的不足。事实上，儒家经典基本都具备五个“第一”的特性。总体来说，它们都以赞叹为主，而且这些经典都强调生命要知止，都是讲信与实的学问。

前面提到孔夫子对许多古籍进行了筛选，而其筛选的标准就是五个“第一”。孔子的首要标准是“知命”，即将所有不知命的内容摒弃，因为孔子深知不顺应命运的行为会违背天道，容易导致问题的产生，而为了应对这些问题，可能需要采取强制手段进行纠正。对这种纠正措施如果把握不好，就可能导致社会异化。因此，孔子一上台就处决了少正卯。第二标准是知止，阅读《诗经》后，我们就会明白何为知止。第三标准是信实，也就是述而不作的传承经典。第四标准是赞叹，即隐恶扬善，包容前人的过错，流传其善行。第五标准是义利，在义利之间进行取舍，舍利取义。在这五个标准的指导下，孔子完成了对上古文化的传承和整理。

五福之道

古人通过观察和亲身经历总结出生命发展的规律，并按照这个规律总结出五福之道。“五福”即五种美好的价值，“五福”是我们必须要接受的，就像我们一心向善、一心向圣贤、一心向父母、一心朝父母一样。“五福”为：

“一曰寿，二曰富，三曰康宁，四曰攸好德，五曰考终命。”

“五福”包括寿、富、康、好、命；而“五气”则代表福、德、宁、终、考。考命和考终的内涵是指始终善良的含义。寿代表生命的起点，其先天属性为水，后天属性为土。富与义气相关联。威用六极实际上是将康宁这一概念进行了广泛诠释。古人常说有寿有命，寿和命是两个不同的概念。在世间，有些人有寿而无命，也有些人有命而

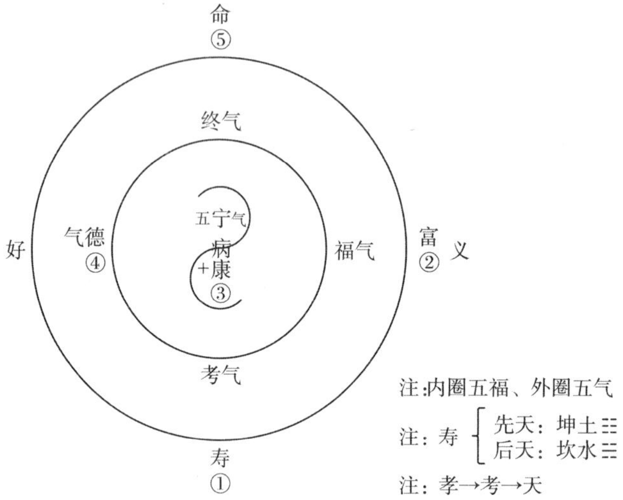

图 16-2　五福十气

无寿。有命无寿意味着命运中包含世间的各种因素，比如拥有财富和权力，却未能享受长寿，提前离世。同样地，也有些人虽有长寿，却缺乏命运的支持，一生贫困潦倒，如同漂泊的浮萍，缺乏安定之地。

解读《洪范九畴》

“五福”出自《尚书·洪范》，所以我们接着来谈谈《洪范》这一篇文献，《洪范》源自殷文化，商朝被西周所灭后，殷文化的传承者箕子将这一思想传承给了宗周，后者将其传播到全国各地，最初主要在贵族间传承学习。其中提到了著名的《洪范九畴》，总共包括九个范畴，涵盖了治理国家、处世做人、修行正道等九大法门。

武王战胜商朝后，立武庚（商纣王帝辛之子）为继承商代香火的传人，古代人非常重视香火传承。为何要选立武庚呢？这里有一个重要的背景需要说明。在治理国家方面，孔子非常看重的是三件事是斋（祭祀）、战（战争）、疾（疾病），这三件事无论对于家族还是个人来说都是至关重要的。武王选立武庚，体现出武王的政治智慧和宽厚之德，同时可以看出他非常重视香火的延续。祭、戎、病、丁、财，这五件事构成了全面治国之道（见图 16-3）。理解了这五个核心概念，也能帮助我们更加清晰地理解《论语》。

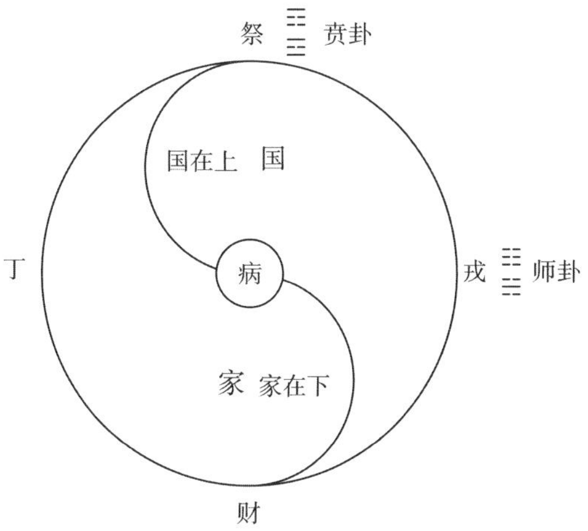

图 16-3　祭戎病丁财

国家的重要事务涉及祭祀和战争。在传统文化中，南方代表着祭祀，祭祀需要燃起火焰，与之对应的卦是山火贲卦。而西方则象征着战争，对应的是地水师卦，因为战争需要领军出征。在家庭中，关键的事务包括丁和财，但是家庭不应具备武力，国家才应该拥有武力，因为国家需要保护家庭，所以国在上，家在下。财位于北方，北方属水，金生水，所以财富需要有武力的保护。通常我们会把财富和利益放在西方，为何这里要将其放在北方呢？这一点需要我们深入观察，辨别先天之财和后天之财的差异。

先天之财指的是我们生命本质中带来的财富，是福气之中的财富，后天之财则是我们通过努力获得的财富。此处谈及的祭、戎、病、丁、财五项事务均属于后天的范畴，所谈论的财富也是指后天获得的，所以后天之财位于北方。人们最幸福的状态是能够统一先天和后天，但现今许多人更倾向于后天努力，反而忽视了先天本质。我们的生命应当回归先天，我们应该激活先天的能量，减少后天消耗，使先天能量得以发挥。然而，很多人过于强调后天培养，导致先天能量被忽视，他们倾向于使用自己后天的聪明才智而不是先天的内在智慧。我认为这种做法实为舍本逐末，可能会得不偿失。

中国古代的政治智慧博大精深，而且体现了深厚的德行。《论语·尧曰第二十》中写道："兴灭国，继绝世，举逸民，天下之民归心焉。"历史上的这些诸侯国，如果其中一个国家快要灭亡了，乃至已经灭亡绝后了，往往还要找到这个国家的后人，扶助复国，这就是所谓"兴灭国"。"继绝世"，是这个国家即使绝后，也要想办法使他继续存在，这就是中国文化中的政治智慧。因此，武王立武庚是为了安抚商朝遗民并维持社会稳定，同时延续商王的香火，将商朝遗民分封到了宋国。这一举动，彰显了大周文化和中华文化的慈悲，即不一味地赶尽杀绝，而是战胜之后以仁爱存之，一直主张兴国继世。正是因为西周为中华民族留下了发展的种子，自西周以来，中华民族才变得日益强大。

武王去世之后，成王继承了天下，成王年幼，故周公摄政。历史上，这一时期发生了三监之乱（管蔡之乱），后来被周公（周武王的弟弟）所平定。当时蔡叔和管叔联合武庚反叛，后被周公所灭。武庚被灭后，周朝又立微子启，延续武庚血脉。箕子在天下已经太平后，主动投靠、归附到周王那里，这一举动叫"归降"。如果是来修和的就是"近者悦，远者来"，和归的待遇又不一样。箕子投奔武王之后，他就把大殷朝的国家重器秘法献给了武王。国家重器有武力的重器、祭祀的重器、有关天命的重器、天理的重器等。而《洪范九畴》就是天理重器，是治理国家的九个大法门。这九大法门分别是：

初一曰五行，次二曰敬用五事，次三曰农用八政，次四曰协用五纪，次五曰建用皇极，次六曰乂用三德，次七曰明用稽疑，次八曰念用庶征，次九曰向用五福，威用六极。

《洪范》一共包括九部治理国家的大经，也就是九部天理。其中第九部就是"五福、六极"。这一段原文是对整个《洪范九畴》的总概括。"初一曰五行"的意思是第一是五行，所以古代有一专门的学派叫五行学家。我们要理解五行（金木水火土），五行与阴阳不同，古代有专门的阴阳家、五行家、八卦家等，金木水火土是一个大的天道学科，可以用来解释很多现象，是一个根本的规律。第二叫“敬用五事”，即“一曰貌，二曰言，三曰视，四曰听，五曰思”。意思就是态度要恭谨而严肃，说话要和顺，认识要清楚，听事要聪敏，思虑要通达。态度恭谨就不易招致祸患，说话和顺办事就顺利，认识清楚就能辨别是非，听事要聪敏就能谋事成功，思虑通达就能圣明。处理政事如果能做到这五个方面，一般就不会出大的差错。第三叫“农用八政”，即管理民食、管理财货、管理祭祀、管理建筑、管理教育、管理司法、接待宾客、治理军务。第四叫“协用五纪”（古代有一门术数叫《协纪辩方》），就是要和岁、月、日、星辰、历数协调一致。第五叫“建用皇极”（怎样建立国政的方法），即树立皇极的威信，并建立遴选官员和赏罚的标准。第六叫“乂用三德”，即治理众民要以正直为本，在必要时又要刚柔并用，或者以刚制胜，或者以柔制胜。第七叫“明用稽疑”，就是通过龟卜和诬占以探询上天的旨意，同时，参照卿士、众民和自己的意见做出判断和决定。第八叫“念用庶征”，就是通过雨、晴、暖、寒、风等的气候变化以判断年景和收成。第九叫“向用五福、威用六极”。“向用”就是朝的意思，要和它保持一致、完全接受，不要逆着干。就是通过寿、富、康宁、好德、善终等“五福”劝导人向善；通过夭折、多病、忧愁、贫穷、丑恶、懦弱等“六极”警戒和阻止人们从恶。

这九条治国理政的根本大法，统称为《洪范九畴》，此篇是儒家外王之道的根本大法，可与《论语·尧曰第二十》互参。

第十七讲

上一讲我们由孔子选择经典的五个“第一”原则延伸到《洪范九畴》、“五福”“六极”等内容，补充了儒家外王之道的根本大法。在《论语》前十篇（经）的结构中，前五篇对应智（《学而第一》）、信（《为政第二》）、礼（《八佾第三》）、仁（《里仁第四》）、义（《公冶长第五》），此为儒家内圣之道，从《雍也第六》开始，就是《论语》之“经”的外王之道了。后五篇从方位上讲，《述而第七》在中间，《乡党第十》在北，《雍也第六》在南，《泰伯第八》在东，《子罕第九》在西。

五种至德

《论语·泰伯第八》开篇：

子曰：“泰伯，其可谓至德也已矣。三以天下让，民无得而称焉。”

泰伯和仲雍是吴王夫差的祖先，不过他们不是生来就在吴地，而是逃到这里的。为什么逃呢？其中有一个故事，涉及先周历史，在这里我根据自己的理解简要补充。商朝末年，在西北的岐山脚下，有一个姬姓的族群逐渐兴旺了起来，这就是周朝的源头。有一位被后代追称为“太王”的领袖，年岁大了，要考虑交班的事。他有三个儿子，分别叫泰伯、仲雍和季历。季历有个孩子叫昌，从小就很出众。太王认为他将来能做一番大事，很想把权力传给这孩子。姬昌就是后来的周文王，文王之子姬发（周武王）推翻了商朝，不过这是后话。按照当时的礼制，权力是只能传给长子的，长子不在了才能往下安排。泰伯为了满足父亲的愿望，便同弟弟仲雍商量，两人决定瞒着父亲离开家乡，于是他兄弟二人到了现在的江南一带，也就是后来的吴国。

兄弟二人主动让出王位，实际上体现了禅让的精神。虽然未曾继位，但有禅让之实，使民无得而称焉，默默退出，淡泊名利，这是世上之至德。天下的德没有比“让”更大的了，所以可以称为至德。这里夫子只讲了让天下之德，实际上天下有五种至德，分别是温、良、恭、俭、让。下面演示一下“温良恭俭让”的位序（见图 17-1）。

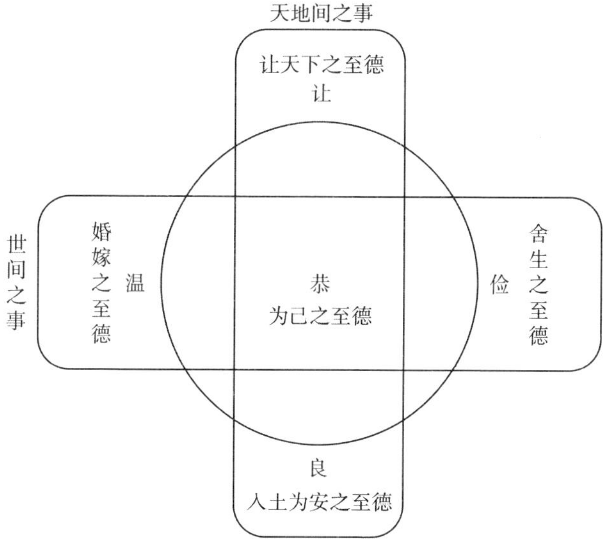

图 17-1　五至德

第一种至德是让，泰伯“三以天下让”，百姓不知道用什么语言来称颂他，谁也说不清楚泰伯的德有多大。

第二种至德是恭，恭即是“共”，就是众星共之的“共”，恭是为己之至德。

第三种至德是良，即良知之至德，而最大的良知是从静定中来的。人最大的静定就是入土为安，所以我们如果帮别人下葬也是一件巨大的功德。诸葛亮在《诫子书》中提到“夫君子之行，静以修身，俭以养德。”诸葛亮是一位伟大的贤人，堪称准圣人。这句话里提到的“静以修身，俭以养德”实际上涵盖了儒家和道家的两大法门，儒家以静，道家以俭。

第四种至德是俭，俭是舍生之至德。老子说："我有三宝，持而保之：一曰慈，二曰俭，三曰不敢为天下先。"最大的慈、最大的俭就是舍生，即为了家国天下能够牺牲自己的生命，舍生忘死和舍去财富不是一个层次的，一个人即使把存在银行的所有钱财都布施出去也比不上为国捐躯的功德。

第五种至德是良，良乃婚嫁之至德。所谓"不孝有三，无后为大"，生命延续的基础包括良好且稳定的婚姻关系。婚姻中最大的核心是温，如果离开了温，婚姻就难以保持了。为什么有人要逃避婚姻，或许就是因为在家中缺少温情。成就别人姻缘的事往往都有着巨大的功德。

五大至德是培福修德的五个路径，将自己拥有的资源分享出去即为让天下。能促成他人的姻缘、促进阴阳和谐也是功德无量，俗语有云："宁拆一座庙，不毁一桩婚"，将庙宇与婚姻相提并论，可见婚姻之重要性。接着考虑个人价值的实现，我们应该舍生还是成全自己。深究起来舍生与成全自己是否矛盾呢？并非矛盾，只是有大小之别。当我们舍生时也是在为自己，为自身的福德、功业、后世功名、子孙后代努力。有些人对于"为己"的理解仅限于个人的长寿、舒适，这个"为己"就太小我、太狭隘了。最后，生老病死乃人生常态，入土为安，安葬他人即是帮助他人找到安身之所，成全别人的归宿。这即是五大至德的体现。总结一下这五大至德的共同点，就是舍小我、为大我，舍小利、取大义也。

此外，"温良恭俭让"这五德与儒家五常"仁义礼智信"是先天与后天的关系，或者说是本体和发用的关系。"仁义礼智信"是先天本体，到了德的发用阶段，又可分为乾德与坤德，乾德为"刚强自健行"，坤德即是这里的"温良恭俭让"，乾坤二德都是后天之用。

礼以天理为本

《论语·泰伯第八》第二条：

子曰："恭而无礼则劳，慎而无礼则葸，勇而无礼则乱，直而无礼则绞。君子笃于亲，则民兴于仁；故旧不遗，则民不偷。"

这一句在讲礼的重要性，孔子说："恭敬而无礼则徒劳，谨慎而无礼则胆怯，勇猛而无礼则闯祸，直率而无礼则尖刻。如果上位者能真心爱护亲属，则百姓就会崇尚仁爱；如果上位者能真心爱护故旧，则百姓就不会冷漠无情。"

在五常和五行的对应中，礼为火，恭为土，火乃生土之源，故恭需要以礼为本。礼是更高维度的天理衍生出来的，若不依循天理而展现恭敬，便会陷入劳苦、烦闷之中。礼有三个维度，最高是天理，其次是由天理衍生出来的规则等，第三个就是衍生出来的世间的各种礼仪。若我们的"仁义礼智信"不符合天道、不合道义，便不能被称为五常，也就失去了存在的意义。所以礼的背后依据是天理，天理是第一的，一切都要围绕天道之规律来，然后五常是天理的用，天理展开为"仁义礼智信"。基于这一点，我们才能够理解这句话的含义。许多人无法理解《论语》的主要原因就在于缺乏这些基本认知。

此外，礼仪必须与人心相合，若人心背离天理，便容易导致纠纷与冲突。礼仪是客观存在的，虽不具备人的属性，但我们要赋予其人性。实际上，所有的礼仪脱离人性都是不可取的，脱离感情、脱离亲情同样不可取。所谓"四海之内皆兄弟也"，华夏子民是一家，生命之间紧密相连而非孤立存在。从普遍意义而言，这里的亲情包括广义上的亲人关系，在微观层面上，君子之礼首要从亲情开始。所以下面讲"君子笃于亲，则民兴于仁"，这里的君子指的是治理国家的贤人，不应将其简单地视作执政者，因为执政者中并非都是贤人，而在世间不从事治理国家工作的人中也有贤者，这里所指的君子专指在治理国家领域内的那些贤人。

礼仪具有多个层面，其中第一个层面为亲情，若连对身边的亲人都无法做到，便无需谈及友情和他人关系。处理好亲情之后，便开始“兴于仁”。“故旧不遗，则民不偷”是指如果我们不遗忘故交旧友，民众就不会冷漠无情。我们连故旧都不忘怀，眼前之人更不会被忽视。国家对那些曾为国家作出贡献的人给予照顾，那么眼前为国家奉献的人自然也会得到同等对待。呵护那些曾经为国家牺牲的人的后代，眼前的人也会乐意为国家奉献甚至牺牲，这样便不会有人试图逃避对国家的责任。在企业治理中同样如此，对待老员工和曾作出贡献的人要友善关怀，这种态度也会激励新员工积极投入工作。

保身全形

《论语・泰伯第八》第三条：

曾子有疾，召门弟子曰：“启予足！启予手！《诗》云：‘战战兢兢，如临深渊，如履薄冰。’而今而后，吾知免夫！小子！”

这段话是在谈曾子的修身之道，我们知道曾子这个人性格笃实严谨，在儒家内部以传承孝道著称。这一条就是曾子去世之前的教导，曾子得了重病，将学生召集起来，说：“同学们啊，看看我的脚！看看我的手！看看受过伤没有，我一生谨慎，总是小心翼翼，就像站在深渊之旁，就像踩在薄冰之上。现在，我的身体再也不会受伤了！”

《孝经》云：“身体发肤，受之父母，不敢毁伤”，所以孝子一生都在谨慎的对待自己的身体，防止自己的身体出意外。这种“如临深渊，如履薄冰”的态度就体现了儒家孝道观最基础的要求——保身全形。《礼记・祭义》言：“父母全而生之，子全而归之，可谓孝矣。不亏其体，不辱其身，可谓全矣。”曾子在临终之前和弟子们说这样一段话，其实是在以身说法，以身传道。保身全形了一辈子，临终之前终于可以放心了，给弟子们看看其保存完好的四肢，希望他们也这样做。

此句还可以与老子所言的“吾所以有大患者，为吾有身”相参。儒释道对待身体的态度各不相同，但是曾子此处和老子都体现了一种身体层面的担忧（患），老子的意思是，人的眼睛可能会乱瞟，耳朵可能会乱听，嘴巴可能会乱言，手可能会乱动，人有了手脚就有行动，有了行动就可能出错，看也会出错，听也会出错，开口也会出错。然而当我的这个身体消失之后，我的这个大患也就随之消失，所以道家对于人的死亡是一种潇洒自然的态度。

曾子在面对疾病和死亡时也表现得非常从容自然，没有对疾病和死亡的恐惧或忧虑，就好像这些只是生活中再平常不过的事情。因此，中国人的修身之道并非在于贪恋生命、害怕死亡，相反，中国人的修身之道在于逐步超越对财富、名誉、享乐和世俗学问的执着，这些都是需要放下的。老子在《道德经》中也有另一段可以印证此观点：“为学日益，为道日损，损之又损，以至于无为。无为而无不为。”何谓“无为”？最终身体消逝便是无为，即是死亡。曾子在患病时，甚至能够通过疾病来传道，这种潇洒态度令人敬佩。这一条和下一条关于曾子临终前的记载都是舍生至德的体现。

君子所贵乎道者三

《论语·泰伯第八》第四条：

曾子有疾，孟敬子问之。曾子言曰：“鸟之将死，其鸣也哀；人之将死，其言也善。君子所贵乎道者三：动容貌，斯远暴慢矣；正颜色，斯近信矣；出辞气，斯远鄙倍矣。笾豆之事，则有司存。”

鸟儿临死时，它的鸣叫也充满哀愁；人临终时，所说的话都是至关重要的“善言”。这种哀，是一种对同类的深情关怀；这种善，并非指道德上的善恶，而是指一种美好且重要的存在。哀哀其鸣，哀哀其善，无论是鸟儿还是人类在临终时，都会将一切交托出去，不再有贪念，完全沉浸在至善之境。

“动容貌”这里的“动”我认为是徐徐而动，“动容貌”意味着表情要柔和，脸色要柔和，若每天都面露凶相，将会招致愤怒和轻蔑。如“贤贤易色”所述，“动容貌”也意味着我们需要认清自己的名分，随时调整自己的角色。在世间，角色定位包括五个要素：位、序、名、责、利。举例来说，若你是一名公职人员，就应当恪尽职守，恪守公职人员的职责，这与公职人员的“位”密不可分。位分和序分也相辅相成，有些人有名无位，有些人有位无名，如同傀儡有名却无实。我们在人世间需随时扮演好自己的角色，唯有如此才能远离“暴慢”。

“正颜色，斯近信矣；出辞气，斯远鄙倍矣。笾豆之事，则有司存。”“正颜色”其实还是类似于刚才“动容貌”的意思，“气”就是指气息。不过这里是对于有位的君子来说的，“正颜色”意味着其身正、不令而行。若一个人身居领导之位，就应该展现出应有的风范，否则一旦失去他人的尊重，便可能会全盘皆输。因此，只要平日保持端庄正直之态度，将自己做到极致，他人便会紧跟步伐，叛逆者也会自然而然地消失。

笾豆是祭祀的重要礼器，底下有类似高脚盘的支撑，上面能盛放祭品。笾豆作为祭祀的礼器，属于国之重器，一般人是不能随便碰的，就像我们家里的供桌，小朋友和大人都不能轻易碰，不然就会被斥责；再比如你无缘无故跑到太庙上炷香，那肯定是不合适的，因为古代如果在太庙里面上香，意味着想篡位夺权。国家礼器是不能随便碰的，一定要有专人看护管理，这就是“有司存”的意思，即祭仪之事自有专人主管。其实推而言之，所有事务都应该有其定位、有专人负责，因此我们应该尊重这种定位。若不是从事该事务的人便没有资格随意评判从事者，甚至使用不当的言辞、表情，这些都是不妥的。老百姓若擅自从事“笾豆之事”将遭受严惩，寻常民众若越俎代庖是大大的冒犯。此外，军旅之事也应由专门征讨之人负责，征伐之权乃天子所授，非人人都可以，这些都是礼的严格规定。

前面讲“君子所贵乎道者三”，后面为什么要讲“笾豆之事”呢？目的在于彰显礼的重要性。“君子所贵乎道者三”是在讲礼与祭的关系，通过引入“笾豆之事”，总结前面所“贵”之事，从而突显礼的价值。再联系到说这段话的背景，是曾子病重之时，前文还引入“鸟之将死，其鸣也哀；人之将死，其言也善”的道理，说明下面“君子所贵乎道者三”十分重要。当人面对死亡时，必然会说出最关切、最珍贵、最真挚的话语，曾子选择在孟敬子问疾的时候说这些内容，是对孟敬子的深切告嘱。

曾子向孟敬子揭示了人生舞台上的真相，即人们如何在生活中扮演世间角色。“贤贤易色”，事父母要易色，在各种情境下都需善于易色，而且易色也要有智慧，当易则易，要寻到好时机。就好像年长者见到小孩，会亲切地说“你好啊!”四五十岁的人若装扮成孩童的表情和语调，则容易显得不伦不类。一个人在不同的场合，扮演不同的角色要用不同的颜色和语气。若是演不好这些角色，扮不好颜色，容貌切换不对，口气用的不对，一不小心可能就得罪人了，甚至会引起一些人的愤怒。

之前我们总结了五至德，君子之道包含五个要素，这里曾子列举了三个例子，曾子提到“君子所贵乎道者三”来解释这一点。上一讲我们探讨了《洪范九畴》、“五福之用”“六极之威”。“六极之威”实际上就是曾子所强调的君子所珍视的内容，六极之凶包括短折、疾、忧、贫、恶、弱，这是六种不好的情形。再结合曾子所提的三点（远暴慢、鄙倍、近信），就是在阐释短折和疾。引入《洪范九畴》是为了告诉大家，单独学习四书五经中的某一部分很难全面理解，只有全面学习，融会贯通，才会发现它们互相印证。

最后，我们把《论语·泰伯第八》的前四条串起来看，其实分别对应了五种至德。

第一条中的“子曰：‘泰伯，其可谓至德也已矣。三以天下让，民无得而称焉。’”是让天下、让世间之至德，对应让。

第二条中的“君子笃于亲，则民兴于仁。”是婚嫁之至德，对应温。

第三条中的“曾子有疾，召门弟子曰：‘启予足！启予手！《诗》云：“战战兢兢，如临深渊，如履薄冰。”而今而后，吾知免夫！小子!’”是舍生之至德，孝之至德，对应俭。

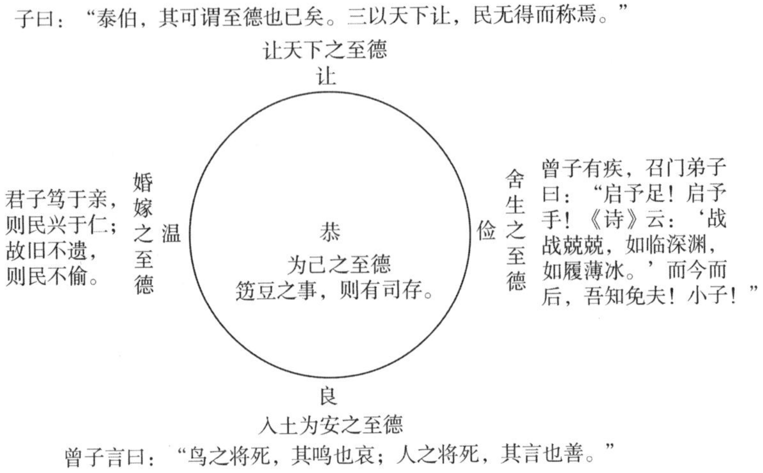

图 17-2　温良恭俭让对应图

第四条中的"曾子言曰：'鸟之将死，其鸣也哀；人之将死，其言也善。'"是入土之至德，善终善言，对应良。

第四条中的"笾豆之事，则有司存"是守位正己之至德（为己之至德），对应恭。

有若无，实若虚

《论语·泰伯第八》第五条：

曾子曰："以能问于不能，以多问于寡；有若无，实若虚；犯而不校。昔者吾友尝从事于斯矣。"

"以能问于不能，以多问于寡"此句蕴含着"让"的精神，对应"温、良、恭、俭、让"五德之一的"让"。比如老师给学生讲课时，即使老师明白内涵，也会反复向学生提问，目的是使学生掌握。这种做法不仅体现了谦逊，还能启发对方，使其自我觉悟，这是一种高明的教化方式，也是圣贤的教诲之道。"以多问于寡"，一个人多识多知，仍向那些知识贫乏的人去求教，这样也会在无形中促使那些不知者更加勤奋学习。

“有若无，实若虚”，这番言辞颇似老子的论述。我们不应将老子和孔子割裂开理解，二者只是各行其道，用不同方式诠释天道。论及道的究竟处，仍然是相通的。“犯而不校”，即能够容忍他人的冒犯而不计较，甚至不试图改变对方，这样的行为或许会带来老好人的嫌疑，实则是最高的智慧，需要很高的修养功夫。“昔者吾友尝从事于斯矣”，曾子说的“吾友”虽然没有明言，但前人多认为指的是颜回。颜回其实什么都知道，只是有时状似无知，以至于许多人误以为他愚笨，因此孔子才为颜回正名，称“回也不愚”。

这段讲述了至德之道，曾子描绘了一个真正明白的人，面对一个不明白的人，依然向不明白的人请教。如果还原当时的场景，可以想象曾子带着一种戏谑、洒脱、轻松的语气说：“嗯，我以前一个老友就是这样干的。”我们通过这段话大概可以想象到曾子当时的表情，这种态度并非奸诈，而更像是调侃。曾子的言辞意味深长，暗示着跟世间人不要过度较真。在世间争论对错、多寡又有何意义呢？有些人贫穷，你反而要多说他所拥有的，对于无才能之人的一些无关紧要的小事，不如就听他的。因此，君子问道、问德、问祸、问不足，而小人问福、问利、问数。若一个人已经穷困潦倒了，应避免对其使用贬低性语言，此类言论可能会激怒对方，甚至引发攻击。相反，应当称赞其积极品质，以体现同情和仁爱。

曾子采取这样的做法也从侧面体现出他的内心充满了温软良善。一个人如果总是与他人争斗，那表明他内心的仁爱之心还不够。一个人如果在世间处处表现自己的多、有、实，然后和世间人去争、去计较，其结果往往不会如愿，因为“高者抑之，下者举之；有余者损之，不足者补之。天之道，损有余而补不足，人之道则不然，损不足以奉有余。”世间人若一味求多、有、实，但最终不合天道，反而容易招致祸患。关于这个道理，老子已经讲过很多了。

君子之德

《论语 · 泰伯第八》第六条：

曾子曰："可以托六尺之孤，可以寄百里之命，临大节而不可夺也，君子人与？君子人也。"

"六尺之孤"指的是没有成年的孤儿。"寄百里之命"，这里"百里"指的是诸侯国，一方小国。"临大节而不可夺也"，面临紧要关头不会动摇。如果一个人喜欢搞阴谋诡计，有谋夺江山之意，可以托付吗？一托付国家就变成他的了。曾子通过这些场景来说明一个至德君子应该具备的品质。这也与开篇中提到的"泰伯三以天下让"一样，可以被称为至德。能做到这三点的就是至德，他自问这是君子吗？这就是君子啊！

《论语 · 泰伯第八》第七条：

曾子曰："士不可以不弘毅，任重而道远。仁以为己任，不亦重乎？死而后已，不亦远乎？"

在孔子的观念中，"士"和"君子"可以互通，将"士"替换为"君子"，或将"君子"替换为"士"，意思是不变的。"仁以为己任，不亦重乎？死而后已，不亦远乎？"这句话是对"任重而道远"的具体解释，因为以仁为己任的道路重且远，如果一个君子没有弘毅的精神是做不到的。

《泰伯》篇提要

《论语 · 泰伯第八》从第一条"子曰：'泰伯，其可谓至德也已矣……'"到第七条"曾子曰：'士不可以不弘毅……不亦远乎？'"

是有内在的逻辑的。

第一句是比兴，古人常用兴与比的写作手法，比如“关关雎鸠，在河之洲”，这种比兴的方式是一种类比、引发，类似于在讲课开始时播放一段音乐来调动气氛。此篇开头即以泰伯的案例引出文章的主旨，实际上，这只是开篇的引子，为本篇奠定一个基调，后面真正要阐述的是“恭而无礼则劳……则民不偷”这一条，即从“让”上升到“礼”，再上升到天理的层面。

从“曾子有疾，召门弟子”到“士不可以不弘毅，任重而道远”，这五条是对“恭而无礼则劳……则民不偷”的全面展开，讲述君子人生的五大职责，这五大责任旨在引导人们顺应天理。因此，《泰伯》篇的核心内容是关于天理的，《述而》篇则探讨了性命和天道的问题，强调了性命天道要落在实处，是需要实证的。有些人喜欢务虚，尤其是有些知识分子倾向于要面子，市民阶层很多人需要生存谋生没有办法，面子可以先不要，利是不能少的，但是有一天发达了面子还是会要的。知识分子和普通百姓，有的要面子，有的要利，其实把面子和利放在一起，实现利与义的中道，那是最好的。

师不存私，学不怠功

《论语·述而第七》第二十四条讲了一个很重要的学习问题：

子曰：“二三子以我为隐乎？吾无隐乎尔。吾无行而不与二三子者，是丘也。”

孔子说我没有什么要藏着掖着、隐瞒你们不教的，我所做的事没有一件事是无法向你们交代的，这就是我孔丘的为人。我也常向学生传达类似的话，有同学说老师那么厉害，为什么我们跟着老师学习了那么久还是学不会，其实我没有任何藏着掖着，我给同学们讲的都是我的底牌，都是天道的本色。孔子是这样讲的，历代圣贤都是这样讲的。学习效法先贤之风，我当自视为仁者。所谓“当仁不让”，在讲台上，我便是仁者；而离开后，我就是凡夫俗子。若一位师者无法承担仁者责任，则不配传授圣贤之道。如果一个老师用心教了，学生仍然学不会，那就需要反思，是不是下的功夫还不够。

从以上可以看出，实际上大家对孔子存在一定的误解，包括他的学生也存在误解，认为他有隐藏。其实，在孔子那里，道是很简单的，包括四书五经都很简单，并非如人们想象的那样复杂。所谓“大道至简”，真正的智慧其实是最简单的，就是日升日落，就是洒扫清除，道在平常日用中，只是百姓日用而不知。

犯而不校

《论语·述而第七》第三十一条：

陈司败问：“昭公知礼乎?”孔子曰：“知礼。”孔子退，揖巫马期而进之，曰：“吾闻君子不党，君子亦党乎? 君取于吴，为同姓，谓之吴孟子。君而知礼，孰不知礼?”巫马期以告，子曰：“丘也幸，苟有过，人必知之。”

此处，孔子表示自己很幸运，因为只要犯了错误，就会有人及时指出。这里包含着两层含义，除此之外还有一个问题是，到底孔子是真的犯错还是假的犯错? 对于孔子而言“如果你认为我错了，那我就错了”，类似曾子说“以多问于不能”，和不是一个境界的人去争又有何意义呢!

对于昭公是否懂礼，从现实的角度看，昭公是懂礼的。然而，有些人食古不化，他们指责昭公违背了礼中“同姓不婚”的原则，因为鲁国的祖先是周公，姬姓，吴国是泰伯的后代，也是姬姓，这里的“君取于吴”就是在批评昭公娶了吴国女子为妻。由于吴和鲁是同姓国家，不便叫她做吴姬，于是叫她吴孟子。关于这一点，尽管同族有血缘，但已经过去了数百年，就如现今同姓间通婚再正常不过。但是孔子没必要跟他们争论昭公知礼。实际上，孔子有变通的能力和通权达变的智慧，或许在他心中，昭公是否懂礼并不重要，孔子更看重的是背后评论君的对错，这一行为本身是否合礼。但是，既然你说我错了，那我就错了吧，大家给我指出来真是太幸运了。

如果没有领悟到这两层意思，需要自我反省有没有下功夫读圣贤书，同时也反映出给他指出错误的这个人的境界如何。“君而知礼，孰不知礼?”孔子是推行礼的，既然他认为这是礼，那就有他的道理，孔子的礼源于天理，而陈司败所坚持的礼只是机械套用。至于西周的覆灭，难道孔子不知晓吗？他了解西周的覆灭和天下动荡是不可避免的。王朝兴衰、家族更替，我们每个人终将面临死亡，这是历史和人生的常态。有人认为孔子坚持周礼是保守复古之举，已经不符合春秋时代的发展潮流，我认为这种观点没有领会到孔子遵循的是以天理为依据之礼，所谓“天不变，道亦不变”，在此可以化用为“天理不变，礼亦不变”，这样的礼是具有永恒价值的。

以经解经：仁、文、行、命、忠信

《论语·公冶长第五》第十三条：

子贡曰：“夫子之文章，可得而闻也；夫子之言性与天道，不可得而闻也。”

“夫子之言性与天道”为什么“不可得而闻也”？这里可以采取以经解经的方法，联系《论语·子罕第九》第一条：“子罕言利与命与仁”，《论语·述而第七》第二十五条：“子以四教：文，行，忠，信”和《论语·先进第十一》第三条：“德行：颜渊，闵子骞，冉伯牛，仲弓。言语：宰我，子贡。政事：冉有，季路。文学：子游，子夏”将这几句放在一起就很容易理解了，夫子之言性与天道不可得而闻也，正是子罕言利与命与仁的原因。

“子以四教：文、行、忠、信”，四教就是四科，德行、言语、政事、文学。回过头再看“夫子之文章”为什么“可得而闻也”？正是因为四教可以通过夫子之文章而得闻。事实上，我认为文、行、忠、信是三种教导，因为忠和信是一体两面，应算作一种教导。除了这三种教导之外，另外两教是夫子罕言的命与仁。夫子罕言的利就是行，凡夫所行为利，君子所行为义，义、利皆属于行，只不过凡夫是为利，君子是为义的。

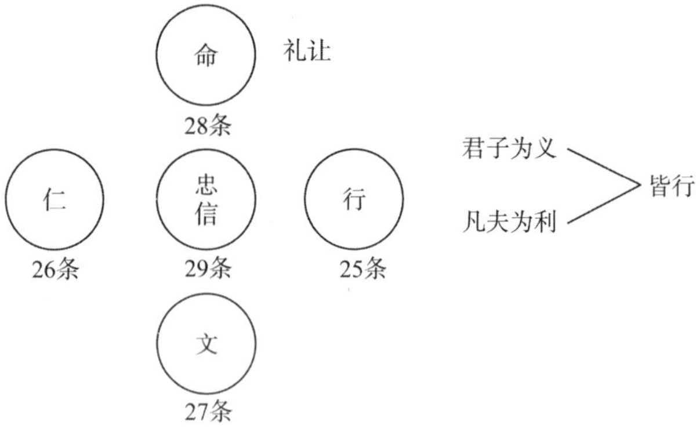

图 17-3　仁、文、行、命、忠信

《论语·述而第七》第二十六条：

子曰："圣人，吾不得而见之矣；得见君子者，斯可矣。"子曰："善人，吾不得而见之矣；得见有恒者，斯可矣。亡而为有，虚而为盈，约而为泰，难乎有恒矣。"

根据我的理解，"亡而为有，虚而为盈，约而为泰"都是可以做到的，唯独"有恒"难以做到。有恒之心不容易看见，恒心是通过行为体现出来的，这就是所谓的"行之有恒"。一个有恒的人必定可以做到正心、诚意、慎独之功夫，所以"有恒"对应的就是君子。在"子以四教"中为什么单独提到"行"，就是对应"行之有恒"，所以四教是君子之学，君子有恒，在于有恒行，无行，就是无恒。

《论语·述而第七》第二十七条：

子钓而不纲，弋不射宿。

"纲"指的是渔网，意思是孔子在钓鱼时只用钓竿，不用渔网，表示在做事情时不要用竭泽而渔这样极端的手段。"弋不射宿"是指不要射已经归巢的鸟，这一句是讲慈爱、讲仁的。类似于不伤生原则，即便是捕捉鱼和鸟，也是为了生存迫不得已，在大多数情况下还是网开一面，长养仁心的。

第十八讲

这一讲的缘起为文化和道。《论语·学而第一》有言，子曰：“弟子，入则孝，出则悌，谨而信，泛爱众，而亲仁。行有余力，则以学文。”

《论语》讲到这里，已经十几万字了，现在我们来谈谈文化和道。在此，宋老师再次强调，讲课的内容是有传承性的，不是简单地做文化。我不是在翻译《论语》，也不涉及虚华的辞藻或文化知识。我所讲的内容源自我个人的学习和生活实践，这些内容它一直就在那里，我也只不过是带大家发现《论语》中的天道。

何为开悟

儒家是真实有大道的，我常常告诫学生，学儒不能只学知识，因为我们有更重要的问题要去解决。《大学》开篇就讲了儒家最终要解决的问题：“大学之道，在明明德，在亲民，在止于至善。”儒家也是可以达到心性开悟的，但是能不能证悟是另一回事。其实禅宗也认为开悟很简单，有些人一瞬间就开悟了。何谓开悟？心开意解就是开悟。然而，从开悟到证悟却需要用一生的时间去实证。

观察历史上那些取得巨大成就的人，他们都有着非凡的志向。相比之下，现在有些人所谓的人生规划往往只是职业规划，甚至不客气地说，只不过是生计规划。人的一生要树立远大的志向，这个志向肯定是高于食色的。从“十五有志于学”到“三十而立”，要能形成自己的太极。社会上有很多人一生都无所作为，其实就是因为不能自成太极，凡是能自成太极的人最后往往都成了英雄豪杰。

现在我们常把“人才”一词挂在嘴边，但有时也可能会忽视人才的全面发展和个性化成长。许多人为了生计而选择专注于特定的技能，这并不意味着他们不能追求更广阔的发展和自我实现。孔子所说的“君子不器”强调的是人的内在潜力和多面性，应不断探索和发挥自己的潜能。何谓“不器”？一个人无论置身何地，都能表现出卓越才能，这便是所谓的“不器”。“器”则是固定的，只能在某一个特定的条件下才能发挥用处，可见“君子不器”这个标准其实是极高的。

先天学习法

如何觉醒我们的生命？首先要研究我们是如何被“遮蔽”的。一个婴儿生下来就具有“不器”的潜质，虽然这并非真正的“不器”，但婴儿所具有的这种先天状态蕴含着巨大的能量。《道德经》也提到“常德不离，复归于婴儿。”婴儿能在2～3年内学会一门语言，从未听过婴儿抱怨学习疲惫，而许多成年人却花费多年工夫最后只学了个“哑巴外语”。我认为这种差异的原因在于，人类在3～5岁之后，其信息接收方式由先天的用心学习转变为后天的大脑学习。先天阶段不是用逻辑思维来记忆，而是处于高维学习状态，我们学习圣贤心法也需要这种状态，因为许多形而上层面的认知不只是源自大脑思维，更需要用心体悟。

先天学习法，需要人先放下过度的思辨，这个过程也是在放下分别心，真正回到生命的当下，这就叫天人合一。为什么中国古代的帝王又叫天子？天子就是天人合一，与天同在，所以要当天的儿子、当天子。在周代之前，普通老百姓也可以自称“天子”，这一点很多人不知道。还有“朕”这个字，在秦始皇之前，任何人都可以用来称呼自己。那么，什么是天子呢？天子即苍天之子，因为是苍天之子，所以才能与天合一，与天合一了，才能活在生命的当下。

先天学习法要求我们回归婴儿时的状态，浸润在这个环境中，进入那种日用而不知的状态。在不知不觉中，心就和天道契合在一起了，当你进去后，就无所不通了。学习经典文化，没有其他的捷径，毕竟我们没有古代圣贤的学习环境，退而求其次就只能模拟一个学习环境。因此，我要求我的学生反复诵读经典，至少要完成108遍基础功课。平时跟着我学习时，先不要做笔记，要跟上我的节奏，放下过度的思辨，用心去听，几年的工夫沉浸在其中慢慢就进去了。

中国文化是一以贯之、一通百通的。我带大家学习采用的是“由用到体”的方法，学习的次第是从十到一的，最后当你学到一的时候就全通了。我会先讲中国文化的“用”：六七八九十，因为直接讲“体”大家很难收到。通过“用”的学习有了一定基础后，再引导大家学习三四五，最后才深入一和二。偶尔我会在中间穿插介绍一和二，一旦掌握了一和二，其他方面也就水到渠成了。听到这里，以前没有基础的同学们可能会问这些数字代表什么意思？上面讲的一二三四五其实就是太极、两仪、三才、四象和五行，这些是学习经典文化的基础，没有这些基础便难以摸到经典文化的门径。

凝聚人生的太极

有人或许会问我是如何知道这些的？我是用几十年先形成了自己的太极。形成太极之后，觉知当下的自己，自然就明白自己存在的意义，知晓自己应该追求什么。我也是“五十而知天命”的，孔子所言诚不欺我，真实不虚。我曾经也写过几首悟道诗，都是有感而发。但是悟道和证道是两回事，历史上有许多大成就者都悟道了，但是很少有人说自己证道的，那些宣扬自己证道的人很可能是在打妄语，悟道相对更容易一些。

悟道和证道是两个概念，悟道是心里领悟到了，证道就是知行合一，完全和宇宙合一，这是圣人所达到的境界。悟道意味着理解了、觉醒了，觉醒很简单，老子、孔子等圣人都是觉醒的。但是领悟和做到是两回事，就像看到太阳和与太阳合一是两回事。

此是平常心

勘破人情有真善，世间无非一方便。
本来不与俗人论，执着行善又落贪！
中道难，中道难！人行中道难上难。
刚才说是不做恶，转眼生起痴与慢！
行好莫须问前程，好事也须留一线。
留一线，好见面，花花绿绿是人间。
向使项王亚父在，西楚霸业任当年。
后人妄评过江东，哪知天命膺在汉！
长思已过到天明，老实最好莫攀缘。
福浅自应多修善，命薄苟活何曾怨。
偶然得到能多助，且莫以为已成仙。
不惑之年到知命，耳顺就在明后年！

“我欲仁，斯仁至矣”，我的信和心是合一的，当我的心接受了仁，我就可以达到仁者之境。这个世界上最难的就是信，但同时最容易的也是信，就像婴儿吮吸母亲的乳汁一样自然，完全不用怀疑。当我们对经典和圣贤毫不怀疑时，“信”就够了，这时就达到了“一”的境界，有了一，就可以生二。

举个例子，一个团队的创始人，最初树立了一个大的志愿，这个志愿就是一个太极，当这个志愿感召来另一个志同道合的伙伴时，就有了二，于是这两个人就围绕这个志愿开始运转。随后，再感召一个同道之人，这样三就出来了，到了三的时候平台就出现了。三就是天、地、人，二就是阴阳，一就是创始人最初的那个愿。

再往后，随着平台的发展就进入四象，当团队到了四象时，各个部门就出现了，创始人则需要上升到虚位，不能再被一些具体的事务束缚，而要在团队中扮演导师角色，专门培养并指导学生，所以一个团队能做到四象已经很不容易了。大家可以研究当前的各种组织，无论是企业还是社会组织，在实体平台的背后通常都存在一个研究部门或研究机构，类似于企业大学或者负责文化培训的部门，这个机构做什么用？它是在围绕着创始人的太极点输出企业文化并培养人才，只有这样这个团队才会具有持久的生命力。

团队如此，一个人更是如此。一个人要想在世间立足，首先需要找到一个太极点，即确定自己的人生志向。有了太极之后，大家都知道太极生两仪，两仪生三才、四象的道理，但是《易经》讲的“两仪生四象”实际上是一个省略句，后面还有五六七八九十……太极可以衍化出万物，所以确立自己的太极对一个人来讲太重要了。

朴于谷

太极怎么理解？有一个字可以非常贴切地解释太极，那就是“谷”。有一句话叫“守于真，朴于谷”，在我看来“谷”便是太极。接下来从五个角度给大家解读“谷”的含义。把“谷”搞清楚了，《论语》的原理也就全通了。

“谷”是当下，也是太极，代表纯阳。返璞归真，也可以说成“归于谷”。“谷”就是原点，是乾，是巅，是点。“谷”可以这样写（见图 18-1）：

图 18-1　朴于谷

为何要“朴于谷”呢？“朴”是归、回到、还原的意思。“朴”亦是素，即本质的东西、核心的东西。“朴”也是返回的意思，所以返璞归真也叫“返璞归谷”。

在历史上，有一位名叫鬼谷子的人，古人认为“鬼，归也”，谷有“元”“朴”“真”“阳”的意思。因此他也被称为归元子、归朴子、归真子、归阳子。鬼谷子是一位圣贤，然而在我看来，他的几位弟子未能成才，本来他们是要救度天下的，最后搞得天下大乱，鬼谷子也非常惭愧，最终选择终身隐居不出。现在有些人对鬼谷子的误解很深，一个悟道的人肯定是来救助众生的，更不要说证道的人了。圣人之言是有表里、真假的，门内师父讲真的，出了门到了世间却不能全讲真的了。例如，某人声称悟道了，但是初中生有初中生的道，高中生有高中生的道，孔子有孔子的道，每个人都可以说自己悟道了，但是要看悟了哪个层次的道。如果在社会上公开说“悟道了”，有些人就会上纲上线，添油加醋，说什么的都有。《道德经》中写道：“上士闻道，勤而行之；中士闻道，若存若亡；下士闻道，大笑之，不笑，不足以为道。”所以对世间人不能轻易讲道。

我方学派认为，“谷”是演绎宇宙能量循行的，还有佛头顶上面的肉髻也是谷的形状。“谷”的发音同“鼓”，鼓是振奋阳气的，敲鼓可以振奋士气，所以古代打仗时会击鼓进军；而锣是聚敛阴气的，所以仗打完了就会鸣锣收兵。天地之阳，木火也；天地之阴，金水也；天地之道，土也；土者，信也。天地的道凝聚在土中，土对应信，一个无信之人是难以诚明的，更难以得道。

智慧要朴于谷，归谷也就是知止，知止是最高的智慧。知止就是朴于谷、返璞归真的状态。下面看孔子和卫灵公的一段对话，《论语·卫灵公第十五》中写道：

卫灵公问陈于孔子。孔子对曰：“俎豆之事，则尝闻之矣；军旅之事，未之学也。”明日遂行。

卫灵公向孔子询问排兵布阵之法，孔子说俎豆之事我还听说过一些，军旅之事却未曾学过，孔子第二天就离开了卫国。这里的军旅之事即排兵布阵，是战争手段，旨在征服别人。俎豆之事就是祭祀，是礼的手段，旨在沟通天人。那么孔子为什么第二天就走了？因为他从卫灵公的问题中察觉出卫灵公是一个不仁之君，在卫国无法实现其兴学复礼之志向，所以果断离去，可见孔子识人之敏锐。

祭祀实质上是与宇宙的真相去连接、沟通。在祭祀仪式中，祭祀人员有俯身至地的动作，这个动作就是婴儿的动作，这就称为回归婴儿状态，臣服大地，天人合一，即归元之道，归元就是归谷。同学们不要小看这个动作，民间有些地方相信磕头是可以治病的。为何我们把吃的谷物称为谷子，谷子其实就是种子，所以人类的婴儿也可以称为种子，人类的种子就叫孩（核），我们吃的粮食的核就是谷和豆，所以称为谷子、豆子。

何为仁、核、孩

人的核是孩，粮食的核是谷、豆，其实它们的本质是一样的，都是万物之精华、核心，核就是孩、谷、豆。孩是由亥和子相加而成的。何时才会有孩子？不就是晚上亥时（21 点～23 点）和子时（23 点～1 点）吗？如果你没有修炼功夫，最好在这两个时辰睡觉，否则先天元气将会受损。如今许多年轻人都有黑眼圈、精神不振，这些都是先天元气流失的迹象，因此我忠告当前的年轻人千万不要熬夜。因为子时是阳气升起的时候，子时对应胆经，胆字怎么写的？一个月（肉）加一个旦，就是阳气生起的时候，一元复始就是阳气生发的时机，这个时候不休息，阳气无法升起，当然是一脸阴气了。

仁 → 核 → 谷 → 豆 → 种 → 孩 → 亥+子 (胆：肉+旦)

图 18-2 仁、核、孩

我们接着看孔子怎么教学生的，他说自己不懂军旅之事，就不要问他了。孔子接着说我只知道和天合一、返璞归真、当婴儿、当孩、当核、当仁、当谷。孔子所倡导的核心理念是仁，现代人总结为仁学，但实际上仁学无法涵盖孔子之道。孔子罕言利与命与仁。在我的理解中，孔子为何不随便谈论仁？因为仁是一个极其崇高、极其圆满、极其精微的东西，而且惟精惟一，是不能轻率说的。

俎豆之事是祭祀，是演天理、合天道的，和天打交道肯定要慎重。生命从天地而来，有了天地然后有阴阳，有了阴阳然后有男女，有了男女然后有父母，有了第一代父母然后才有子孙、有我。从这里我们可以窥见孔子的核心精神，就是要给人类文明留下种子。

辩证看待西方文明

讲到这里我们延伸一下中华文明和西方文明的关系。如果没有孔子的仁学，完全让西方文化占主导地位，难以想象现在人类会是什么样子。近代以来的西方文明虽然鼓吹所谓的“普世价值”，比如自由、平等、博爱等，但黑奴贸易、殖民战争、残害原住民等残酷的史实也揭露出资本唯利是图的本质。对此，马克思揭露道：“自从来到人间，资本的每一个毛孔都是肮脏的和血淋淋的，随时都要向外扩张。”在我看来，如果没有我们中华民族的思想文化和西方进行博弈，世界文明很可能沦为资本的工具，丧失了人性，成为在钢铁丛林中唯利是图的野蛮人。

在近代工业革命以前，中华文明一直处于世界领先水平，人类历史上的四大文明古国唯有中华文明绵延至今，这就表明中华文明中有着强大的生命力，是其他文明不可替代的存在。

回顾我们的历史的发展，文明的出现，是由一个时代开悟的圣人所创造。一个圣人可以影响一个时代，每个伟大时代都有伟人诞生，这些人物开创出一个个文明的高峰，后来的人就在此基础上继承学习、传承和演绎。圣人圆满之后，他们留下的学说、思想、道路被后人一代又一代地解读，在解读的过程中也会可能逐渐衰竭，在衰竭的过程中会突然冒出一个“山头”，出现另一个圣贤，然后再恢复一次。也可能过几百年甚至千年后，又会出现一位证道的圣人接续文脉，这便是道统的传承。比如我们历史上从女娲后出现伏羲，伏羲后有炎帝，炎帝后是黄帝，黄帝后有尧舜禹汤，然后是文王、周公，接着是孔子，这些都是证悟的圣人。再往后的董仲舒、朱熹等，也没说他们自己证悟，只说自己有所悟，有所觉悟，而不是证悟。

不过，我们在对西方文明进行评价时，也不要走向另一个全盘否定的极端。虽然我们反对西方的极端观点和极端做法，但同时也要认识到，他们也有许多元素是对中华文化的一种重新诠释和理解。因此也值得我们学习、借鉴，这就是“他山之石，可以攻玉”的道理。我们要坚持“以我为主，为我所用”的文化交流原则，在永葆文化生命力和提升文化竞争力的同时保持文化的民族特色。在文化交流中也要有“海纳百川、博采众长”的态度，不同文化之间可以相互借鉴、交流、融合、合作、共处。但是，只有“以我为主、为我所用”才能更好地“海纳百川、博采众长”，只有“海纳百川、博采众长”才能更好地保持文化特色弘扬传统文化。

仁爱世间和行持自在

儒家讲“明明德”，佛家讲“止观”，“知止”的最高境界就是“止于至善”。一个人选择在世间就行周公之道，明德亲民，选择出世间就一心向佛，出家修行。

如图 18-3 所示，纵轴上端代表世间，世间的对立面也就是出世间，所以下端代表佛道修行。纵轴上方的世间，背后所依据的是天理，天理人文化了就是礼。纵轴下方的佛道修行，是要依靠智慧来觉醒觉悟。图中的横轴是动态的，可以随人的选择而在入世和出世之间上下移动。当横轴向上平移时，代表天理入世而成礼，故能做到仁爱世间。横轴向下移动则表示脱离世俗，即修行智慧和觉悟，一切行持皆自在。

根据我的理解，横轴上移时，就是孔子和老子的主张，即世间用礼不用智。为什么“朱子八德”（孝悌忠信礼义廉耻）中没有智？老子讲“失道而后德，失德而后仁，失仁而后义，失义而后礼”（《道德经·第三十八章》）也没有提到智。在《道德经》中，智（这里是指小聪明、算计、计谋）往往是被批判的，比如：

大道废，有仁义；慧智出，有大伪；六亲不和，有孝慈；国家昏乱，有忠臣。

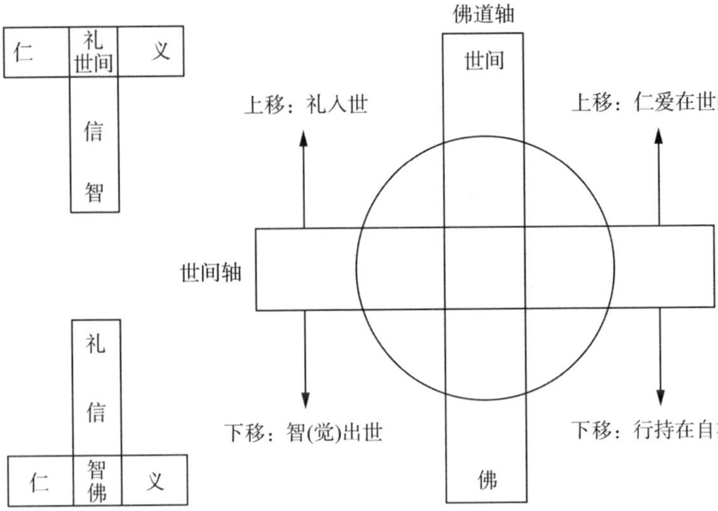

图 18-3　仁爱世间和行持自在

（《道德经·第十八章》）

绝圣弃智，民利百倍；绝仁弃义，民复孝慈；绝巧弃利，盗贼无有。此三者以为文不足，故令有所属：见素抱朴，少私寡欲。

（《道德经·第十九章》）

古之善为道者，非以明民，将以愚之。民之难治，以其智多。故以智治国，国之贼；不以智治国，国之福。

（《道德经·第六十五章》）

此外，《论语》里也有："民可使由之，不可使知之。"（《论语·泰伯第八》）的表述。可见，老子和孔子都不鼓励智。或者说，他们认为，为政者在治理百姓时，不应过分依赖智慧或知识，而应更多地注重礼乐的实践。

世间轴下移到智（这里是指智慧）的位置，就完全求真实、真理、真相，不求虚的了，对于一些修行人而言，就只有戒，而没有礼。戒律和礼仪二者有所区别，和世间人是难以谈戒律的，只能用礼。因为戒是强制性的、必须执行的，而礼是可以变通的、灵活的、具有弹性的。礼是具有人文精神的，而戒完全是天道精神。如果一个人选择了出家就不适宜用人文精神，也难以再和世间变通了，因为面对修行只有天道精神、只有戒、只有真相。

在世间，不要玩弄智巧，玩弄智巧皆为小人。智如何才能止？需要用“止于至善”来对治。因为智是摇摆变通的，“止于至善”则是固定的，止于一处，就屏蔽了智，因此能够将其止住。世间有些人常常动歪脑筋、玩弄心智，采用各种阴谋阳谋以实现自己的目的。庄子把这种小智称为“机心”，认为是对人之本性的一种残害。在我看来，中国文化无论各家各派，大都倾向于抑制形而下层面的智。

那么，为什么世间可以用礼呢？孔子的礼在世间推行了几千年，但真正悟到的人却寥寥无几。或许对于大众来说，礼是一种方便，有了礼就可以约束世间人过度用智，礼是个好东西，它能在无形之中教化人心。当人与人之间的交往不过度用智了，人心才能真正回归当下、回归生活。所以横轴向上移动，以礼入世，是方便人在世间生活；横轴下移，脱离世俗去修行智慧、觉性，对应的是出家生活。

在世间，礼有面子、有里子，礼包括礼仪、礼节、礼貌、礼物、礼品等多种形式，礼的施行过程中还要讲究变通，还要考虑到人们的情绪感受。出家人不在世间，也就不需要礼，他只为自己的成就负责，所以用戒。戒是必须执行的，没有礼可言，也不需要用礼来变通。戒律十分严苛，如果对世间人用戒是很难执行到位的，执行到位别人就容易受不了。所以，对于世间人要用礼不用智，对于出世间的修行人则是用智不用礼。

中道入世

孔子是中国文化的集大成者，汇聚了上古文化的精华。《史记》中记载孔子曾问礼于老子，可见孔子之道与老子之道也能相互沟通，只是二人各有侧重。老子侧重于天道自然，孔子侧重于人道有为。后世，道家思想与民间信仰相结合产生了道教中的各种神仙体系。孔子之道既中且庸，他既没有走向出离世间的怪力乱神，也没有走向涉世过深的权谋争斗，刚好在中间。

我们要秉承一个实事求是的态度去看待各家各派的圣贤，他们都是从人间证悟的圣人，都是真实的，只是名称和选择走的道路不一样。一个是出离世间修行，一个是在世间修行，即使在世间修行也不搞军旅之事，所以儒家是隐在世间，所谓“大隐隐于市”，儒家为普通人在世间修行开辟出一条中道。对于世间人来讲，儒家积极入世的主张更加贴近我们的生活。至于那些后来打着儒家的旗号去求功名利禄、升官发财的人，并不是真儒，而是小人之儒。

前文提到鬼谷子，大家可以看一下关于鬼谷子的著作。实际上，有关鬼谷子的记录也是由他的学生所记载，并经过弟子们的补充和总结，这些内容是他的弟子从实践中归纳出来的，而鬼谷子真实的内容或许已经失传了。看鬼谷子的著作可以感悟宇宙天地气象，真正证悟的圣人一定是天人合一的。圣人是真正证悟的，而圣贤是接近证悟的。对于那些有所觉悟但尚未完全证悟的人，可以称为贤者。

君子守大义而不违

回到前面关于《论语·卫灵公第十五》第一条的讨论：

卫灵公问陈于孔子。孔子对曰：“俎豆之事，则尝闻之矣；军旅之事，未之学也。”明日遂行。

“俎”是祭祀用的器具，“俎”的左边像两个“人”坐在一起，像摞起来的祭品，右边的“且”可以看作祖宗的牌位。古人以圣配天、以祖配天，普通凡夫不能随便配天。

卫灵公是一位无道之君，孔子对他的评价“吾未见好德如好色者也”也反映了他在德行上的不足，这一评价成为其历史形象的一部分。孔子认为像卫灵公这样德行不够的人想去征服列国，这不是自取灭亡吗？孔子的回答体现了其治国主张用礼而不用兵，孔子不会和无道之君合作，因此第二天他便离开了卫国。《卫灵公》篇是讲义的，孔子不和无道之君合作，正是大义的体现。

《卫灵公》篇记录了孔子为义奔波的事迹，这是孔子对“君子之于天下也，无适也，无莫也，义之与比。”这句话的忠实践行。义之所在，行之所至，有个词叫“一往无前”，我认为其实是“义往无前”。这一篇记载了孔子为了求道，实现自己救助天下的理想抱负而四处奔波、颠沛流离的事迹。哪里可以实现他的理想抱负，他就到哪里。

《论语·卫灵公第十五》第二条：

在陈绝粮，从者病，莫能兴。子路愠见曰：“君子亦有穷乎?”子曰：“君子固穷，小人穷斯滥矣。”

这一条记载了孔子在陈国绝粮的境况，“从者”是跟随者的意思，“兴”我认为是指古人在某项活动之前营造氛围的做法，比如在《诗经》中经常使用的比兴手法，或者在唱歌前先打几个节拍，再比如授课之前播放一些音乐或者组织一些小游戏来调动气氛，都属于“兴”。在陈国，孔子和跟随他的弟子们没有了食物，跟随的弟子又生病、又饿，都“兴”不起来了。子路看到这个情况就不高兴了，所以带着点愠怒见孔子。“愠见”指的是情绪存在但很克制，礼数依然很周到，这里子路“愠见”生动演绎了学生和老师之间的关系。

子路小孔子九岁，又是孔子早期的弟子，和孔子几乎算是同龄人，所以子路跟孔子是称兄道弟的。古代同龄人称兄弟，年幼者称孩子，合称为“弟子”，这就是“弟子”的由来。在古代，师徒关系有多重情况，例如，父亲可以是儿子的弟子，儿子也可以是父亲的弟子。有人或许会质疑这不是乱了辈分吗？并非如此，这种情况在武术界也较为常见，甚至还有丈夫是妻子徒弟的情况。因为这些关系是建立在道义之上的，正所谓“闻道有先后，术业有专攻”。这种师徒传承的关系，宋明时期就开始显现，并在清朝时期进一步发展成为各种帮派组织，成为当时社会中极为重要的一股力量。

在古代，学生可以超过老师，老师可以是学生的同辈，甚至长辈也可以向弟子求道。道之所存，师之所存，道在哪里，师就在哪里，不受年龄或辈分的限制。因此，子路对孔子是绝对佩服的，尽管子路有点蛮勇，偶尔在关键时刻还会出一点状况，但他是孔子坚定的拥护者，可以称得上是孔子的左膀右臂，然而也是因为他的性格导致他悲惨的下场。尽管当时孔子不赞同他去卫国，但是他执意前往，最终不幸身亡。

孔子的学生大多是为求道而聚集在一起的，放在现在相当于一个学术团体，只不过孔子是这个团体的领袖，这样的师生关系总体上是比较松散的。如果弟子误解了老师的某些行为，或者对老师的做法不理解、不赞成，这对老师来说并不是大问题，但对弟子来说就是一个大问题。学生需要维护老师的尊严，不可伤害老师的面子。弟子可以有情绪，但必须加以控制，不可肆意宣泄，这就是中国人的道，也是礼的体现。

子路“愠见”就是带着情绪，但是十分恭敬地向孔子询问：“君子也会陷入困境吗?”孔子回答道：“君子固穷。”这里的“固穷”指的是君子在困境中仍然坚守底线，“穷”的古义是处境困窘、走到尽头、不得志，不完全是指物质上的贫穷。小人在遇到困境时可能会失去底线，无所顾忌；而君子却能够坚守底线，所以叫“固于穷”。现在有的人不知道“穷”的古义，误解为孔子坚守贫穷还是很快乐，谬矣！正所谓“无财不养道”，儒者实现自己的理想抱负也需要财富的支持，所以千万不要误解儒家的“安贫乐道”精神。这里的“穷”是指走到极处，君子坚守道义，如果暂时不能得志，就等待时机，这便是所谓的“居易以俟时”。君子接受当前的困境，但是当时机到来，依然会挺身而出。如果等不到时机，就把道传给弟子，弟子传给一代代的弟子以及自己的子子孙孙，总之一定要把道传承下去，这才是君子之行。

为学之义一以贯之，不多学

《论语·卫灵公第十五》第三条：

子曰：“赐也，女以予为多学而识之者与?”对曰：“然，非与?”曰：“非也，予一以贯之。”

有一种说法认为“女”是通假字，通“汝”，即“你”的意思。我有一个观点想和大家分享，我认为古人就是用这个“女”代表对方，无需通假，因为“女”可以发“乳”的音，是一种对他人的尊称。女子最珍贵的东西是乳，因为乳能够养育生命，所以用“女”是对他人，如先生、前辈的敬称，意为如同乳本身那样宝贵。

“赐”是孔子的学生，孔子对端木赐（子贡）使用尊称，这体现了中国传统中师生相互尊重的观念。老师虽然传的是道，但是在人格上还是十分尊重弟子的。

孔子对端木赐说：“你以为我是博学才知道这些吗?”子贡回答：“是的，不是这样吗?”孔子解释道：“并非如此，我的学问是一以贯之的。”这里孔子在劝诫自己的学生不要只追求知识的量，而要从老师那里领悟到一以贯之的那个“一”。世间最大的义是舍生取义，义者，一也，也就是舍生取一。只有理解那个“一”的意思，才能领悟到事物的根本，抓到了根本，就一通百通了。

我讲课风格不是文质彬彬的，有时还会嬉笑怒骂。道的本色是“云在青天水在瓶”，但是“云在风口，水在粪坑”也是道，两者都是道。道中有美有丑，圣人展示了道的美好一面，大家就要知道还有丑的一面，要举一反三，闻一知十。

恭己之道，南面而王

《论语·卫灵公第十五》第四条：

子曰：“由！知德者鲜矣。”

孔子说：“了解真正道德含义的人实在太少了!”许多人不知“德”，只知“得”。所以大家以后别总说知“道”了，能知“德（得）”就很不错了。

《论语·卫灵公第十五》第五条：

子曰：“无为而治者其舜也与？夫何为哉？恭己正南面而已矣。”

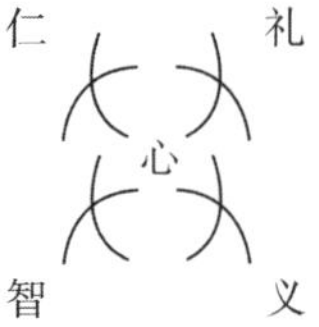

图 18-4　恭己之道

孔子说："无为而治的君王就是舜吧？舜是如何实现这一点的呢？不过是做好恭己之道南面而王罢了。"恭己也是拱己，这里出现了为己之道。为己之道有三个境界，第一个境界是明德，第二境界是亲民，第三境界是止于至善。其中，亲民的最高境界就是恭己之道，即是以仁、义、礼、智四德来拱卫自己，把自己恭在中间安然如山、安然不动（见图 18-4），然后别人都来恭敬你，如果自己做不到，周围也没有仁义礼智信的人，恭己之道便将不存。

唯有恭己，方可南面而听天下，因此，恭己之道即是王道，做到了恭己之道，就实现了内圣外王。要在世间做到圆满的亲民，必须实现内在的明德；另一种方式是透过亲民来实现明德。在恭己的过程中让自己证悟，或者让自己觉悟之后再去恭己，没有先后顺序，这是两条腿走路，是孔门真正的心法。

恭己之道（为己之道）讲的是无为而治，也是无为而大义也。在世间，最大的义是无为，有为则是小义。大义无利，而每日仰赖利益诱导他人者，皆属小义。大义无才，大义无利，大义不讲利不用智，唯义所在。

忠信笃敬，道义之始

《论语·卫灵公第十五》第六条：

子张问行。子曰："言忠信，行笃敬，虽蛮貊之邦，行矣。言不忠信，行不笃敬，虽州里，行乎哉？立则见其参于前也，在舆则见其倚于衡也，夫然后行。"子张书诸绅。

子张所问之"行"指的是道义之行，子张真正问的是如何推行王道教化，即修道之教如何传播的问题。《中庸》说"率性之谓道，脩道之谓教"，教化是属于外王层面的。《论语》的《子张》篇和《尧曰》

篇都是在讨论外王的话题。

这一条告诉我们信的重要性，道义之行和仁义礼智信的基础都是信，忠则是信的显现。信看不见，而忠可以具体看见。忠信有表有里，信是本质，忠是表面。因此，孔子所说的“言忠信，行笃敬”其实是言传身行，涉及身与意。孔子为什么没有直接提到忠信而是通过言行来讲呢？因为忠信是不可说的，忠信是言天道的，而天道的内容只能通过“言”来表达，“行”的则是王道教化。

子张询问道义之行，孔子答道义之行要“言忠信，行笃敬”。忠信是内容，笃定是态度。即使一个人很忠信，若行事拖泥带水、懈怠散漫，缺乏精进的精神也难当大任。因此，必须要精进、笃定、恭敬，这正是孔子讲的精神态度。在态度上要笃定，在精神上要恭敬，在心念上不动如山，忠于信念，这就是道义之行的根本。

忠信乃笃敬之本，能做到忠信与笃敬即是言行合一了。“言忠信，行笃敬，虽蛮貊之邦，行矣。言不忠信，行不笃敬，虽州里，行乎哉？”做到忠信与笃敬，即使是愚昧、未开化的地方，一样可以去教化；相反，即使身处州里（即文明中心）的人，也教化不了。

“立则见其参于前也，在舆则见其倚于衡也，夫然后行。”注意这一句中的“立”，我认为是指学生立在老师的面前恭敬聆训。学生应该如何对待老师，《孝经》开宗明义讲得很清楚，“仲尼居，曾子侍”好的学生是不会让老师站着的，站着如何传道？老师应该坐着，学生恭敬侍立在旁，就像曾子对孔子那样毕恭毕敬。

“立”和“在舆”是双关语，先解释第一层意思，学生能做到为己的境界，从而有了笃敬之心，老师才能真正传授道义，若缺乏这种条件，便无法传道。“在舆则见其倚于衡也”，“衡”是一种车的挡板，我认为这句话也可以理解为学生趴在老师车的挡板边向老师请教。因此，这一句的第一层意思是，要用如此忠信笃敬之心向老师请教。第二层意思是说对于孔子前面所说的话，站立的时候，忠信诚实这几个字好像就矗立眼前；坐车的时候，这几个字好像就贴在车前。这样到哪都会畅通无阻。

最后落脚在“子张书诸绅。”这里讲到了绅，绅和绶有什么区别？

“纟”代表的是丝制品，如今所说的乡绅就是有钱人，因为只有有钱人才能穿这种服饰。我们常说的“绅士”一词就是指穿着“绅带”这种服饰的士人，普通人一般情况下就用绳子系一下就好了。绶是斜挎的，绅是系在腰间的，绶是挎在身上的，有正绶和斜绶等。

子张听完后，认为孔子讲的太重要了，怕忘记了赶紧写在自己的腰带上。从这一情节可以看出，子张对学习的态度可谓笃实。因此，孔子实际上是在选拔学生，只有那些具备忠信笃敬品质的学生，才能传道。要教化传承必须选择对人，否则不能传道。那么子张这个弟子显然是具备这些品质的，我们看《论语·子张第十九》专门论及子张，开头的两句：

子张曰：“士见危致命，见得思义，祭思敬，丧思哀，其可已矣。”

子张曰：“执德不弘，信道不笃，焉能为有？焉能为亡？”

《子张》篇开头两句，直接在讲敬、信、道、德，《论语》前面的章节很少直接讲这些内容，而且这些话都是子张说的，可见他有强烈的弘扬道统之志向，可以说子张是孔子门下非常厉害的弟子，子张传承了孔子内圣外王的大道。

第十九讲

第十八讲以文化和道为缘起，辨析了开悟和证悟的区别，进而引出一个重要的人生课题：人要有宏大的志向，凝聚自己的太极，觉醒独立人格。然后由太极引出“谷”，由“谷”讲到孔子的伟大事业——为中华文明留下种子，提醒我们辩证看待西方文化。然后又浅析了儒家和佛家的联系。最后赞叹孔子是中华文化的集大成者，提醒我们普通人要走中道入世的道路。

实际上，儒家思想在孔子之前就已经存在了，只不过孔子之前大多讲道，鲜有儒家之说，是后世分了道家和儒家，所以儒家和道家文化在思想的根底处是相通的。这一讲就以《道德经·二十八章》为切入点，与大家一同窥探中华文化的脉络。

知荣守辱

《道德经·二十八章》中写道：

知其荣，守其辱，为天下谷。为天下谷，常德乃足，复归于朴。

“为天下谷”有人解释为“甘愿做天下的川谷，不为世人所知，与世无争。”我认为并不是很贴切。这句话老子表达得很清楚：“为天下谷”“复归于朴”。这里所说的“知其荣”是指乾道，“守其辱”指坤道。在我看来，“为天下谷”是关于一个人的志向和担当，敢担当天下道义，就是担当天下的责任，这在儒家是“平天下”，在佛家就是“度众生”的境界。中华文化自古以来就强调家国天下，自强不息，厚德载物，敢为天下先……这都是在讲中华民族的担当精神。

荣和辱在此可以代表外内、虚实、面子和里子、美丑等意思。如果一个人要担当天下重任，就必须知道荣的关键在于守好辱，辱才是一个人的本钱和实力。有些人很注重面子，对于里子却羞于提及。告子讲“食色性也”，其实食色才是我们生命的底色，世间几乎所有活动都是围绕着食色展开的。只不过食色谈论起来不雅，不适合大庭广众之下明言，就拿如厕来说，人每天都在做，鲜少有人会去讨论它，但它却是非常重要的事。中医认为，人要上清下通才有命，一进一出也是生命本身的阴阳之道。

再谈朴与谷

上一讲提到了朴与谷的关系，实际上朴与谷是合一的。不论是以老子、孔子还是庄子的角度来解读朴与谷，归根结底，他们诠释的是相同的概念。甚至在武道、中医等领域的一些内容也是如此，所以我们最终会发现中国文化本来是一体的。

在“知其荣，守其辱”中，辱为本，荣为末。“守其辱”之辱并非我们通常理解的耻辱，而是指冬天的凛冽，是指树木凋零，即在事业陷入绝境时仍能坚持生存，这才称之为“守其辱”。只有在严寒的冬日里能够生存下来，才有机会迎接春天的蓬勃发展。否则，熬不过一个冬天就消亡了，哪里还有荣耀的机会。因此，“守其辱”即保存实力，等待时机的到来。

当然，老子所言不只是自然之理，也有形而上层面的规律。“为天下谷，常德乃足”，这里提到的“谷”并非普通种子，而是道的传承。回顾孔子和老子的时代，无论是哪部经典，都在传道。唯有如此，才能为世间留下种子，而这“谷”正是天下真气所在，是天下的根基。“常德乃足”指的是能够留下后代，留下精气神，留下一个人的肾气血脉，留下民族持续繁衍的机会。在古人看来做不到这些就是缺德，以前骂人缺德极严重的话就是“断子绝孙”，所以常言道“不孝有三，无后为大”。古人说的“德”和现在的“德”有很大区别，现在的“德”算是面子，而古人的“德”是一种生命力。

若一个生命无法延续，便是缺德，由此说来断绝后代也是失德之举。“为天下谷，常德乃足”，如此才能复归于朴。道家有筑基之说，只有做到“常德乃足”才能完成筑基。完成筑基后，人的精气神就不会容易漏掉。

漏心、漏福、漏德

人的精气神会漏，除此之外，还存在心漏、福德漏。什么是心漏？举个例子，我在讲课的时候被别人打断，如果我忘了在讲什么，这就是心漏。心漏了就是失觉了，就是迷了。人的福德也会漏，这是从更高维度讲的。

福漏是因为有贪，不义就会漏福。因为福是通过舍得而来的，只要贪念一起，想占为己有，就漏了福。宇宙的能量是平衡的，一旦起了据为己有的念头，福就开始减少，所以说贪念漏福。

如何理解德漏呢？德漏是因为算计，因为算计而居心不良，用一个字表达就是“欺”，欺天，欺地，欺人，欺己，便会漏德。若要做到“常德乃足”，漏福德的行为都要杜绝。“常德乃足，复归于朴”，而“复归于朴”的核心就要先从谷开始，由谷回到朴，朴就是人最本来的面目。

总结前述，存在五种漏：精漏、气漏、神漏、心漏、福德漏，其中，身对应精，气对应力，神对应虑，心对应觉，福德对应贪、欺。

礼失而求诸野

第十八讲谈了道家和儒家的联系，这一讲涉及了很多《道德经》的内容，接下来谈谈儒家和道家的差异。很多人不了解智，其实老子的学问重点在智，而孔子学问重点在礼。孔子是以礼为中心来讲仁义的，而老子的主要精神都是在讲智。《道德经》中的“德”正是源自智慧。就像这里的“常德乃足，复归于朴”，“复归于朴”就是复归于水，复归于善，复归于智。

儒家体系和道家体系各自解决了不同的问题，前者以礼解决世间问题，而后者以智解决生命问题。《道德经》着重讲智，且德源于智，那么在德方面，儒家又是怎么讲的呢？在《论语·泰伯第八》的前七条中讲了五种至德，然后第八条孔子说：“兴于《诗》，立于礼，成于乐。”我在此基础上又进行了一些补充，合起来变成：“比于春秋、兴于《诗》，立于礼，成于乐、传于德”（见图 19-1），这些展开其实就是五经的内容。

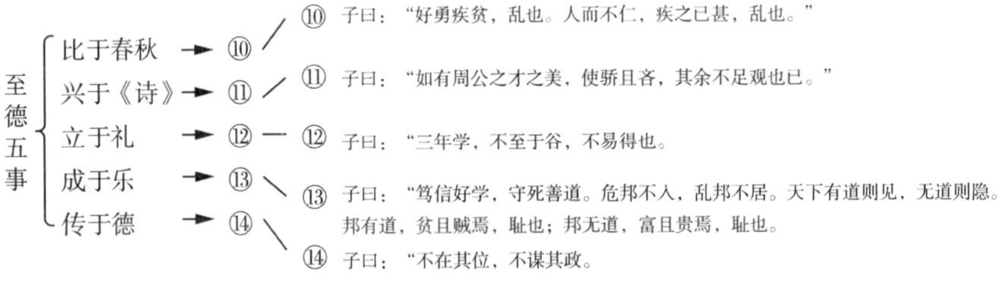

图 19-1　泰伯篇与五经对应图

我认为目前许多人对经典的理解是有问题的，各种版本的断句也有很多错误，很多注释牵强附会，文不及意。秦始皇焚书坑儒之后，孔子的学问很多都失传了，真是可惜！万幸的是大的骨架还在，不过一些细节却已残缺不全，所以后人很难一以贯之。虽然如此，但是不要担心，古语有云：“礼失而求诸野”，我们还能从民间传统中予以传承、保留。

这里的“野”是指古代王庭之外的地方，王庭内部称为“朝”，在朝野之间有城墙，即城中的外郭。这句话的第一层含义是指周夏之礼要亡了，就要向周围的那些夷民小邦去求；第二层含义是指朝廷丢失了礼，到民间去求；第三层含义是指那些专业的学术机构找不到礼了，也到民间去求。为什么要求诸“野”呢？因为在“野”仍然保留了本色质朴的东西。例如，以往过年时，晚辈要给长辈磕头拜年，在现代城市中，这种方式已经不常见，但在很多农村仍然延续着这种古礼。

为什么我们许多传统反而在民间得以保留呢？这可以归于两个原因：首先，这些传统多是实实在在可以解决问题的，比如民间中医传承下来的一些土方、民间手工艺等，因为有实用价值才得以保留；其次，这些传统已经深深融入了民众的生活之中，百姓日用而不知，已成为他们生活中的常态。所以，这些民间传统也是很有价值的，尤其在经典文献不足时，具有重要的参考价值，但是大道还是蕴含在文献典籍之中。

中华经典五常模型

古人为何如此重视经典？尤其是儒家整理出四书五经，四书即《大学》《中庸》《论语》《孟子》，五经即《诗经》《尚书》《礼记》《周易》《春秋》。中国文化是经天纬地的文化，经是讲天地宇宙、自在本来面目的，纬是讲世间、社会、人伦的。经是本，是质朴的东西，纬是文化过的人文化的东西。同样，每一部经典也有各自经天纬地的作用，接下来我们用太极模型（见图 19-2）来介绍一下中华典籍中哪些是经、哪些是纬。

《周易》乃中华第一经，是群经之首，故居中央太极点。

《大学》和《中庸》是中华文化的钥匙和心法，故为太极的阴阳鱼眼。

《礼》和《乐》是经天的，属文化制度层面，礼也是孔子的核心要义。《道德经》虽然不属于四书五经，但却是礼乐的心法，也是经天的。《尚书》以史载道，也是经。

《诗经》是纬地的，它可以开发人的灵性和智慧，是温柔醇厚的，讲的是灵性中的仁义。而《论语》和《孟子》也是讲仁义的，所以也是纬地之学。同样右侧的纬地之学代表整个世间的生命系统，对应着孙子、墨子、荀子等诸子百家。

唯独《春秋》是经天纬地之学，《春秋》是给家国天下定纲的，同时也是孔子道德文化的心法，它是纬中之经，写的是纬，但立的是经。

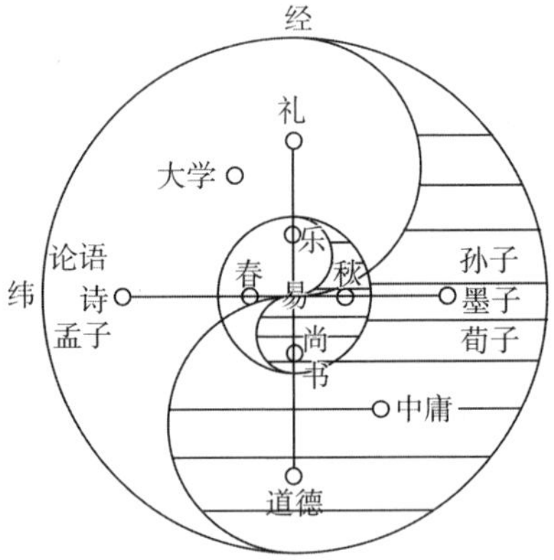

图 19-2　中华经典五常模型

第二十讲

活在当下

至此，《论语》前五篇已经基本串讲过了，前五篇是讲仁义礼智信的“体”，第六到第十篇是讲仁义礼智信的“用”，前后分别对应。比如《学而》篇讲智之体，《雍也》篇讲智之用，其他诸篇也一一对应。

学问和智慧用在哪里？在儒家思想中，其最终目标是实现内圣外王，实现生命的圆满，故内圣为学问的“体”，外王为学问的“用”。然而，有些人求知的发心存在很大的问题，他们将知识视为追求金钱、地位和名誉的工具。有的人学习纯粹是为了获取信息和资源，希望用这些信息资源变现为名利。

几千年来，《论语》之所以能在每个时代得到不同的解读，是因为它蕴含了丰富的哲学思想和人文精神，这些思想和精神能跨越时空，与不同历史时期的社会背景和人们的需求产生共鸣，形成一套适用于那个时代的世界观、方法论。经过几千年的积累，中国就形成了一套完整的道德体系。道德体系是从宇宙的本体归纳出来的，是为我们的现实世界服务的。道德体系会随着时间不断被解读，也可能在某个时期内被异化为权利的工具。从某种程度上来说，道德体系可以工具化也可以精神化，甚至成为信仰般的存在。

当我们真正了解孔夫子之后，就会发现孔夫子抓住了大道，他说“朝闻道，夕死可矣”，若我在早晨领悟了大道，即使在晚上死去，也是心满意足的。对我们而言，宇宙的真相究竟是什么？就是活着。我们活着是为了谁？是为自己而活，而且要痛快地活着。如何活？不是活在过去和未来，是活在当下。若一个人坐在那里只想着未来的种种，他就不在当下。当下该吃就吃、该喝就喝、该睡就睡、该种花草就种花草、该谈恋爱就谈恋爱、该结婚生子就结婚生子，活在当下就是为己之道的核心。但是活在当下不能害别人，伤害别人就不是活在当下了，因为已经有了人我分别之心。活在当下发生在和自己独处的时刻，与他人无关。

太阳不会考虑你家的地有没有播种，也不会考虑你家的稻子有没有收，它该升就升、该落就落。有人或许会说，这样看来活在当下、为己之学是无情无义的。恰恰相反，这种态度充满了温暖，因为活在当下才是最真实的情感。

一棵树和周围的花草都在当下生活着，尽管它们没有知觉，而人活在当下是有觉察的。举个例子，孩子们是活在当下的，孩子心有所想身体就会有所行，孩子看到喜欢的东西就会伸手拿，不会考虑这个东西属于谁，也没有害对方的心，这就是活在当下。然而，随着成长，当人启动了后天的大脑，就难以活在当下了，有些人就开始伪装，学会伪善，找很多思想和借口欺骗自己，自欺欺人。人长大了，心有所想也不一定有所行了，启动大脑权衡利弊，患得患失，活得很疲惫，不能随心而动，心就不自在了。

人活着就应该像孩子一样，首先活在当下，其次是知道自己活在当下。然而，这看似简单的事情，很多人一生都难以做到。因为当我们真正活在当下时，却往往没有意识到；而当我们开始有所觉察时，又离开了当下，这真是太可怜了！然而动物和孩子往往都能活在当下。孩子们蹲下来大小便并不会感到害羞，有好吃的、想吃的，就盯着看，但是大人不会这样做。有的人很少能活在当下，最后随着年龄的增长，既没有了活在当下的童真，也失去了觉察，从这个角度看，这样的成长似乎是一种退化……

孔子其人

孔子是一个活在当下的人。众所周知，孔子爱喝酒、擅舞剑，在驾驭马车方面技艺一流，又精通吹奏乐器、弹琴、歌唱、射箭等六艺。孔子不器，他没有被社会裹挟成为一件器物。无论哪个行业，他都可以做到卓越，比如他做官就做得很豪迈，据说他上任几天就诛杀了少正卯。如果换作是其他人，未必敢这样做。

据记载，孔子的祖先本是殷商后裔，为子姓。周灭商后，周武王封微子启于宋国。微子启死后，其弟微仲即位，微仲即为孔子的十五世祖。自孔子的六世祖孔父嘉之后，后代子孙开始以孔为氏，其曾祖父孔防叔为了逃避宋国内乱，从宋国逃到了鲁国。

孔子的父亲叔梁纥（叔梁为字，纥为名）是鲁国陬邑大夫，属于贵族，也是鲁国出名的勇士。叔梁纥先娶施氏曜英，生九女而无一子，其妾生一子名孟皮，但有足疾。在当时的情况下，女子和残疾的儿子都不能继嗣。所以叔梁纥晚年与颜氏家族结亲，娶了比他小很多岁的颜徵在，生下孔子。由于孔子的母亲曾去尼丘山祈祷，然后怀下孔子，又因孔子刚出生时头顶的中间凹下，像尼丘山，故起名为丘，字仲尼。

孔子在年少时期就展现出惊人的才干，行为举止颇有一股豪强之气。《史记·孔子世家》中有孔子将父母合葬于防山的记载。孔子父亲叔梁纥在孔子 3 岁时去世，葬于防山，当时孔子年幼，并不知道父亲所葬之处。而且，母亲生前也没有告诉他父亲的墓在什么地方。那时的墓大多没有封土，没有明确的标记，所以难以辨认寻找。孔子 17 岁时，母亲颜徵在去世，于是年少的孔子独自承担起母亲的丧事。孔子小小年纪却很有远见，在这件事上表现不凡，他做出了一个重要决定，将母亲与父亲合葬在一起。由于暂时不知父亲的墓在什么地方，孔子将母亲的灵柩停放在一个叫“五父之衢”的地方，然后四处打听父亲的墓，而鲁都曲阜城内无人知晓。后来还是一位好心的陬邑妇女，熟悉孔家的情况，听说孔子遇到葬母的难题，于是她将叔梁纥墓的确切位置告诉了孔子，孔子才得以将父母合葬于防山。

孔子坚持将父母合葬，反映了他对父母的深厚感情，此外，我认为可能还有另一方面的考虑。孔子从小就随母亲来到鲁都曲阜谋生，他和陬邑的孔氏家人联系非常少。按理说，孔子应当是叔梁纥的继承人，但这似乎不被孔氏族人所认可。孔子坚持将父母合葬，而且在人来人往的“五父之衢”停灵询问，这样一来就扩大了自己要葬母的声势。最终完成了父母合葬，既提高了母亲在孔家的地位，又说明了他才是父亲叔梁纥的名正言顺的继承人。从此，孔子摆脱了“吾少也贱，故多能鄙事”的平民身份，给自己“正名”为贵族的后裔。从这件事就可以看出，孔子是一个非常有胆识、气魄和智慧的人。

为己之道

由于孔子的智慧、好学和高尚的德行，后来被称为圣人，后世还被历代帝王追封“万世师表”“至圣先师”等名号。孔子在教授弟子方面有很多道，其中最重要的是为己之道。

下面这个图（图 20-1）叫仲尼圣教图，图中既有为己之道也有为人之道。在这个太极图中，下面是生，上面是死。人一旦降生，便有了命和身体，这个命隐藏在太极的阴处，对应人的肉身。同时，人与生俱来的还有心，有心就有性，显现在太极的阳处，对应人的心性。所以人一生下来，就有了性和命，性是心性，命是身命。

人既然有生，就会有死，所以我们活着的时候就是向死而生。正因为人是向死而生的，人生就这么短短几十年，我们才更应该珍惜。我们要活在当下，能够活在当下才会终始自在。知道向死而生，于是活在当下并且自在，这不就是觉悟了吗？所以向死而生的反面是终始而悟，太极点的中心是觉，生死之间要看是否觉悟，觉悟了，人生才有意义，没有觉悟，这一生只是虚度光阴。

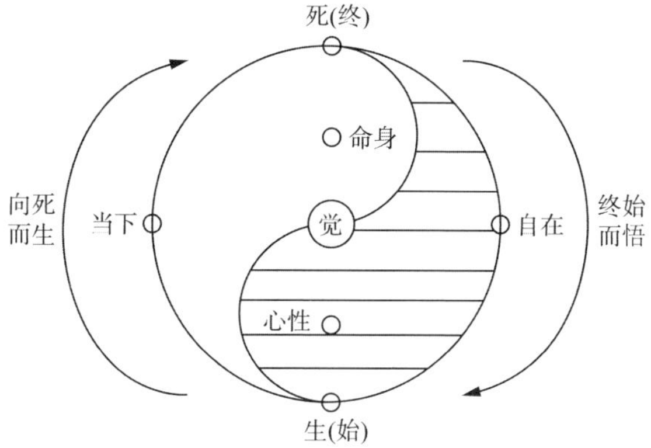

图 20-1　仲尼圣教图

《论语·宪问第十四》中写道："古之学者为己，今之学者为人"。学问之道，首先要为己，然后才能为人。一个人如果为己都做不到，还去为人，那都是假的、骗人的。太极点中心这个"觉"是王道的精神。王道包含两个部分，内圣而王，向内求就是为己之学，做到了内圣之后再向外而王，就是为人之道。内圣外王都具备了才是真王，做不到就是假王。

中国古代能够成为王者的人，首先要解决生的问题，自己要活在当下，生活好。为己之道包含了伦常。伦常之中，五常之道（仁义礼智信）用来修身，五伦之道用来处理和外界的关系，从自我到家庭、家族，再扩大到天下国家，这个次第就从内圣逐渐扩展到了外王。到了外王环节即《大学》八目讲的"治国、平天下"，也就是为政，为政就是处理政事。而政事之外还有一项重要的任务就是使之觉，也就是教化。因此，中国文化解决三个核心问题：伦常、教化、政事。在孔子之前，能够称王的人，已经能够达到内圣和外王的合一，如西周的周公，既是王，又是大儒，也是圣人，三者合一。伦常代表家道，教化代表天下，政事代表国家，家道、天下和国家是一体的。

安于世间立于天地

天下之道要先横后立，我们在世间首先要生存下来，解决安身的问题之后，进而就要立命。

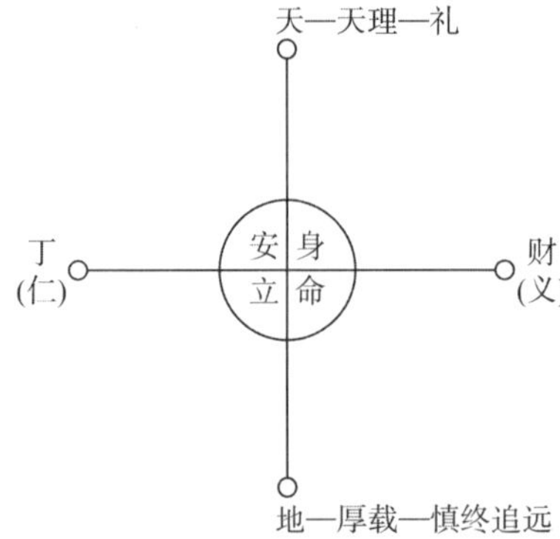

图 20-2　安身立命

如图 20-2，人生在横线上，要先有丁，即后继有人，然后要有财养身。有丁就要有仁，有财就要有义，只有把仁义解决了才能安身，才能在世间幸福安康的生活下去。然而，只在世间活下去还不够，如果只把活下去作为目标，那我们和动物又有何区别？生而为人，果腹安身之后，还要承担起立命的责任。如何立命？顶天、立地就是立命。

天上有天理，当天理人文化以后就形成了礼，礼是天理人文化后的显现；地上有地道，地道是厚德载物。天道最重要的是天行健，自强不息。人一出生，就犹如春天到了，万物争荣，奋斗就是最大的天理。若人不奋斗，犹如春季植物不生长，这是违背天理的行为，是逆天而行。庄稼错过了时节可以再等一年，人如果不奋斗，一味躺平，就会蹉跎一生。逆天而行将受到天谴，从而导致身体、气脉、精神、运气、财富、地位以及名誉全面受损，因此绝不能逆天而行。如果一个人既不能顶天又不能立地，那么他的命是无法安放的，所以我们不仅要解决世间的横线问题，还要解决天地人之间的纵线问题。人生，在纵横之间才能妥善安顿。

地道的厚德又该如何理解？古人说慎终追远是最大的厚德。什么是慎终？在亲人临终之际把他的后事安排好，为他选一个好的风水宝地下葬叫慎终。什么是追远？追远就是不断地祭祀和纪念逝者，对于逝者每一年都要祭祀、追念，合起来就是慎终追远。载物要靠名，需要不断地对祖宗的光辉事迹进行维护，将祖先的美德放大了进行怀念，需要隐恶扬善，发扬美德，这也是追远。追远的核心在于祭祀，对过世祖宗和天地叫祭，对在世的民众就叫敬。因此，厚德载物的本质在于敬和祭这两个字。

自强不息是让我们不断奋斗，积蓄实力，强大起来，有实力才是强大。什么才算真正的实力？我认为对于个人而言，拥有子孙和财富就是实力，成功的标志是好的家庭和好的事业合一。只拥有美满家庭而没有成功的事业，那不是完全的成功。假如一个人事业做得很成功却没有留下后代，这也是一种遗憾。站在世间的角度来看，人生成功有两个标准：事业有成和家庭美满。而家庭美满的重要标志是有子孙，没有子孙很难叫美满。香火传承有序、后继有人，这才是圆满的家庭。因此世间的成功为丁和财，也就是仁和义，没有丁、财就是不仁义。如果连爱子孙的担当都没有了，那是真的不仁；有舍才有得，一个人自私，执着小我，以致穷困潦倒，那是真的不义。

什么是世间、天下

图 20-3 是为己为国的模型，横线是为己，竖线是为国。解决个人问题是为己，解决百姓问题是为国。人生只局限于为己之道还不够，如果为己完成后还有精力，就要为家、为国、为天下。在这个模型中，立命是竖线的，也就是要有担当国家天下的抱负，横着的是人生世间，而民间就是世间。

有些人搞不清楚世间和天下的区别，可以简单理解为在国之内可以称为世间，在国之外则称为天下。天下指的是中国和其他国家；世间则是指家庭，包括你的家和我的家。家是世间的单位，国是天下的单位。因此，在家中应该为己安身；在天下，就要为政立国。如果自己的国家不强大，随时都可能受到欺负。在图 20-3 中，横竖两条线是

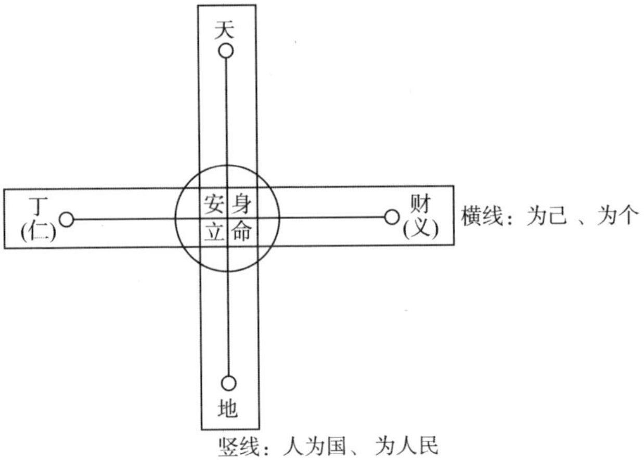

图 20-3　为己为国

相辅相成的。如果没有家，国就无法立于天下；如果没有国，家也无法在世间保全。为什么中国人自古以来就有家国天下的情怀，因为家国是一体的，没有小家，就没有大家，没有大家，小家也无法独立于世间。一个国家需要拥有武力和实力，同时还要有敬与祭，这是文武之道。实力强大是武，同时又追远祭祖传承美德、敬重民众是文，文武齐备，那这个国家肯定稳定。

在这个模型中，东边代表木，西边代表金，南边代表火，北边代表水，中心位置则是土。在十天干中，“己”对应土，所以土是为己，为己是核心。为家、为国、为天下、为人民都要以为己为核心，为己之道做好了，治国平天下这些为人之道才能做好。

一般来说，凡夫俗子的人生是从横线开始的，在世间经历种种历练，某一天突然觉悟到了竖线。然而，圣人和贤者们往往以竖线为始，先解决天下国家问题，再解决人生世间的个人问题，这是圣人之志。比如孔子的路线就与常人不同，孔子是先立天下，后平世间的，先把竖线立起来，然后再走横线。因此，一个民族要想在世界舞台上长久立足，其国民应树立远大的志向，拥有家国天下的圣人之志，至少国之精英要以圣人胸怀为志向。如果仅以个人主义为切入点培养下一代，培养出的无非是一些精致的利己主义者，不堪大用，这类人一旦获得权力和机会就会谋私。古人的人生路线是先有学问，有了学问之后再为政，为国家和百姓服务。所以，修身为己是为政之道的核心。

把前面两个图结合起来，就是立于天地和安于世间的模型（见图20-4）。人生在横线上，横线也代表世间。世间一定要平稳，所以中国人讲究国泰民安。在世间做事要走平道，不要走险道，所以君子不立于危墙之下。横线由两个部分组成，中间是个人，往左走是丁，往右走是财。作为世间人会追求丁和财，丁财不平衡的话，人是不幸福的。

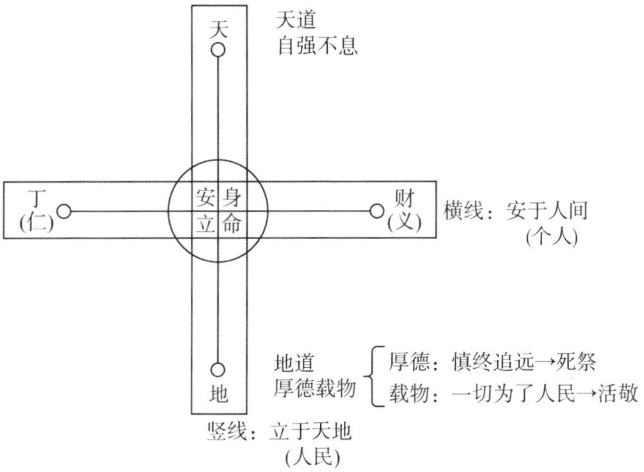

图 20-4　立于天地和安于世间

人生这条线从丁走向财是事业，所谓事业，在世间先是求财，无论是经营公司，还是就职工作等，本质上都是为了谋财。没有钱、没有收入，世间人是无法生存的，这就是家道人生。这是个人的人生，看透了之后，就没有别的什么东西了，因此中国人在此之外还要走圣贤君子这条路把自己立起来。古代的大家族教育子女，不仅注重平行世间的教育，还有立于天地之志的引导，而一般的小家庭只要能生存、丁财两旺就够了。

那么，立于天地是做什么呢？天地是有道的，竖着的是为国之道，有家就有国。家道是以我为中心的，国道是以民为中心。横的是我，竖的就是百姓，百姓是隐藏在后面的，我是依托于百姓的。保护民众的核心是要自强不息，国道自强不息就代表实力。如果一个国家不够强大，早晚会灭亡，因为无法保护民众了。一个国家不仅要有自强不息的天道，还应有厚德载物的地道。那么，如何做到厚德载物呢？曾子曰："慎终追远，民德归厚矣。"一个国家，一个民族，要不断缅怀先人，传承弘扬先辈的美德，这个民族才能代代传承。

在古代，国之大事，在祭与戎。为什么将祭祀与战事放在同样重要的位置，甚至祭祀还要重于战事？因为在不断地祭祀过程中，先辈的德就会越来越厚。有了先辈的厚德，才能感召一代代后人振奋进取。如此，人们才会有文化认同，才会产生文化自信，这也是一种教化。什么是载物呢？即一切为了百姓，全心全意为百姓造福，说到底就是对人要有敬，要真正地爱百姓，尊敬百姓这就是厚德载物。厚德载物用一个字来表达就是祭（祭祀的精神就是敬，所以敬、祭一体），对逝者要祭，对生者要敬，这就是"死祭活敬"。因此，天道的核心在祭与戎，而地道的核心在祭和敬。当我们解决了温饱问题，解决丁财问题之后，这时就开始要立于天地了。如果丁财不能解决，就难以立于天地。人要在横线上安于世间，在纵线上立于天地，这样就能够纵横了。

为政的最高境界

《论语·述而第七》第一条：

子曰："述而不作，信而好古，窃比于我老彭。"

为政的最高境界有两个方面：第一是"述而不作"，第二是"信而好古"。"窃比于我老彭"是孔子引用的一个例子，老彭就做了这个境界。为政的最高境界就是这八个字"述而不作，信而好古"，历史上是否有现实的典范？其实，每一代伟大的政治家都做到了，做不到这一点的也无法成为大政治家。例如，每一个王朝都要追溯其政权的合法性，每位帝王都宣称自己是"奉天承运"，这就是"述而"之道，"述而"即是陈述合法性。"述而"一定说别人的，而不说自己的。孔子经常说的是先王、周公、尧舜禹汤，而不是自己说。这些圣人的学问都遵循“述而不作”的原则，历代王朝追溯政权合法性也是如此。

如图 20-4 所示，孔子是先顶天立地然后实现人生，中国古代的志士仁人往往都是先国后家，先天下后世间，谨记这是中国人最基本的人生次第，这也是《论语》所表达的精神。

《论语》篇章的编排对应着五行：横线东侧代表仁，西侧代表义；竖线上方是礼，下方是智，中间是信。比如《学而第一》讲智之体，《雍也第六》讲智之用；《为政第二》讲信之体，《述而第七》讲信之用；《八佾第三》讲礼之本，《泰伯第八》讲礼之用；《里仁第四》讲仁之本，《子罕第九》讲仁之用。按照孔子的次序，四、九对应仁，按照河图来说，则是天三生木，地八承之，和孔子的次序略有不同。

天下国家的本体是仁义。然而，入世的次第则是先义后仁。这句话需要大家仔细辩证，里面涉及仁义的体用关系，孔子在《论语》中引导教化需要先仁后义，但行走在世间，是需要先义后仁的。举个例子，你想要做一项事业，如果你随便拉个路人只和他谈前途、谈未来，对方大概率会认为你是骗子，和世间人合作可以先谈做这个事有多少收获。所以在世间做事业如果把仁放在前，义放在后，大抵是做不成的。实际上，从某种角度来说，世界上并没有义，只有仁。仁之所宜即是义，仁没有用好就是不义。

这里要留意，仁、义、礼、智、信都是以为政为核心的。为政不一定是做政事，从个人角度，为己是把人做好，例如，如果你经营一家企业，放大来看，把企业做好就是为己。以个人的角度讲叫为己，以家庭的角度讲叫安家，以国家的角度讲叫为政，以世间角度讲叫做人。同样，如果以天下的角度讲就要为公了，为公对应着国与国之间的关系。

功德言三不朽

《论语·泰伯第八》第十八条：

子曰："巍巍乎，舜禹之有天下也而不与焉！"

"巍巍"形容崇高伟岸，舜是上古帝王，禹是夏朝的第一位国君。"而不与焉"在这里是参与的意思，引申为享有。孔子说："崇高啊！舜、禹得到天下，而不独享有政权"，这是在讲禅让。紧接着下一句就讲尧帝。《论语·泰伯第八》第十九条：

子曰："大哉尧之为君也！巍巍乎！唯天为大，唯尧则之。荡荡乎！民无能名焉。巍巍乎其有成功也，焕乎其有文章！"

"巍巍"形容崇高伟岸，"荡荡乎"形容平静如水面般浩渺无边。"巍巍乎"指的是关乎天地万物的事情，而"荡荡乎"是指世间的事情，即民间人生的事情。"巍巍乎"是讲天下国家、为政当国的，"荡荡乎"是讲人生世间、为己做人的。下面我们挖掘一下这句的深意，重新解读这一条。

"巍巍乎其有成功"，指的是尧的天下国家事业，对应前面图 20-4 的竖线，为什么没说尧"荡荡乎"横线的事业呢？因为尧作为圣王，先解决了天下国家问题，立竖线，然后垂拱而治，民众不需要教，自动就化了，这就是所谓的"无为而治"。三皇五帝都是无为而治，没有为政一说。无政之政，无为之为，即不教自化，不政自牧。因此，这里只提到竖线而未提及横线，这一点非常关键。尧的事业只讲"巍巍乎"其成功也，没有提到"荡荡乎"其牧民也。"焕乎其有文章！"我们看圣人所做的事业，先是纵行天下，巍巍功业，然后"焕乎其有文章"，这就是功德言三不朽，纵行天下——德，巍巍功业——功，焕乎文章——言。圣人的事业是纵向，世间的事业则是横向的，所以天下的叫功业，世间的叫事业。在世间没有功可立，在世间不过是做事。

圣人在纵线上立功业，庶人在横线上做事业，在世间只能称为做事，有圣人之志才能立功。我们现在经常把事业功业混为一谈，实际上并不是这样的。在世间能建什么功？世间没有功业可建，只能算是做点事，求点财，求点虚名，哪里有什么功可谈。在世间求财，做再大的事业也不能称功。那么，何谓功业呢？救国、救民、救天下安危，教化人心，才能称为真正的功业。

圣人所建立的就是"巍巍乎"的功业，实现了立德立功立言的三不朽，可见圣人的功业气象之盛大，也怪不得孔子如此赞叹尧帝了。这段话如果我们不这样去解，读起来是缺少感觉的。圣人只谈功业，不谈世间事业这一点很重要，读《论语》一定要把圣人的微言大义挖掘出来。

圣人之教

《论语·泰伯第八》第八条：

子曰："兴于《诗》，立于礼，成于乐。"

在此基础上，还可以进行一些补充，我认为完整版为："比于春秋，兴于《诗》，立于礼，成于乐，传于德"。需要注意的是，我们要把《论语》当作学术论文看，不能把它当教条看，《论语》是有统一的内在逻辑的，只是现在有些人看不到里面的深意。《泰伯》篇从"民可使由之，不可使知之"到"不在其位，不谋其政"就是在讲"比于春秋、兴于《诗》，立于礼，成于乐、传于德"这五个内容。

其实，我们经常讲的"中""中华""华夏"这些词中暗藏着智慧。《诗经》的内容很美好，讲的是"华"之美。《易经》为群经之首，故易居中，所以"中"指易。"中华"对应《易经》和《诗经》。

孔子所说的"兴于《诗》"是指横线上的世间，而"立于礼""成于乐""传于德"则是在纵线上的。"传于德"和"有十世之德百世之德"讲的是同一个"德"。那为什么圣人只讲"兴于《诗》，立于礼，成于乐"而没有提出"传于德"呢？孔子作《春秋》，为什么在这里不说《春秋》呢？因为《春秋》已经写好了，看就可以了，无需多言。其实孔子没有提"德"和《春秋》，是因为《春秋》和《尚书》是最难的。

我们看一下"兴于《诗》，立于礼，成于乐"的下一句，就知道孔子的良苦用心了。《论语·泰伯第八》第九条：子曰："民可使由之，不可使知之。"所以"兴于《诗》，立于礼，成于乐"是从教化万民的角度来讲的，而《春秋》和“德”太高深，并不适合大众。这句话后来被别有用心的人解读为“孔子愚民政策”用以攻击儒家，实在是愚昧。子曰：“不在其位，不谋其政”，孔子是站在教化万民的角度倡导温柔敦厚诗教也，而非给百姓添乱。假如一个人乱管闲事，这其实是不厚道。厚道的人首先要安分守己，当政者也要学会安分守己，不要一切事务都插手干涉。当政者只需管竖线，不要插手横线，什么都去干涉就会造成民无所措乎手足。

刚才提到“中华”，那为何中华民族又称为“华夏”？因为华夏要立于中，南方是离火，即文明所在。为什么叫“中华”？因为“华”即为花，位于东方，是仁之所在。下面我们来解读一下六经对应的六种教化之道，看看儒家经典究竟讲了哪些内容：

温柔敦厚，诗教也。

疏通知远，书教也。

广博易良，乐教也。

洁静精微，易教也。

恭俭庄敬，礼教也。

属辞比事，春秋教也。

温柔敦厚，诗教也，对应的是仁，兴于《诗》是讲仁。根据我的理解，“民可使由之”，“由”就是天，“不可使知之”，此处的“之”指的是理，其实这句话包含两个层面。首先，对大众而言，顺应天命而行并不要求他们知理，因为许多人心性不够，一旦学偏就容易用来投机谋利，进而祸乱社会。现在社会新媒体很发达，一些人不在其位不知全貌却夸夸其谈、无所顾忌，容易扰乱舆论产生问题。另一方面，前文已提及，对于大众而言更为重要的是生计，你让他学理这过于困难，他不感兴趣，也学不进去，还是适合用《诗》、礼、乐去教化，等到有一天觉悟到了，再去学理。因此，这并非愚民政策。

疏通知远，书教也。这里的疏通知远代表着智慧，对应的是“民可使之由天”，尽管不可使之与理，但是要知远，要激发大众追求美好高尚的境界，不能迷失在追逐衣食之中。只有如此，民众才会不断进取，这就是教化。可使之由天，疏通也。民众只要顺应天命，肯定是可以通达的。

广博易良，乐教也。广是宽的意思，博就是厚，合起来就是宽厚。因此，乐教旨在促使民众间更加和睦不争。心胸狭隘就容易引发斗争，通过乐教培养人民胸怀宽广博厚，归根结底是教化心灵。民众和睦不争，社会自然而然就移风易俗了。

洁静精微，易教也。对应的是易教，要想读懂《周易》，必须有两个东西，一个是洁静，一个是精微。洁净也就是说要目的纯粹，心灵洁净，不能用《周易》之道去胡作非为。

恭俭庄敬，礼教也。对应的是礼教。礼之真意是自谦而尊人，就是对他人的恭敬。内心的谦恭、敬意要表现于外在的行为动作、仪式器物上，这就是礼。《论语·八佾第三》曰："林放问礼之本。子曰：'大哉问！礼，与其奢也，宁俭；丧，与其易也，宁戚。'"所以外在的礼器礼物之华美不是最重要的，礼也需要俭，最重要的是内在礼敬的精神。

属辞比事，春秋教也。属辞是评判的意思，也是断辞，即给历史人物下断辞。《春秋》以中道、为政以德、合天道作为评价标准，将许多人钉在了历史的耻辱柱上，有人遗臭万年，有人千古流芳。所以后世评价，孔子作《春秋》而乱臣贼子惧。

【经典解读系列】

论语志朗

第二册

宋纪贤 著

整理：宋晓宇 钟铮 詹未明 陈德语

南京出版传媒集团
南京出版社

图书在版编目(CIP)数据

论语志钥 / 宋纪贤著. -- 南京 ：南京出版社，2024. 12. --(经典解读系列). -- ISBN 978-7-5533-5091-2

Ⅰ. B222.25

中国国家版本馆 CIP 数据核字第 20244TX150 号

从 书 名 经典解读系列
书　　名 论语志钥
作　　者 宋纪贤
出版发行 南京出版传媒集团
南 京 出 版 社
社址：南京市太平门街 53 号　　邮编：210016
网址：http://www.njcbs.cn　电子信箱：njcbs1988@163.com
联系电话：025-83283893、83283864(营销)　　025-83112257(编务)

出 版 人 项晓宁
出 品 人 卢海鸣
责任编辑 周　伟
装帧设计 石　慧
责任印制 杨福彬

排　　版 南京布克文化发展有限公司
印　　刷 南京京新印刷有限公司
开　　本 787 毫米×1092 毫米　1/16
印　　张 32
字　　数 456 千字
版　　次 2024 年 12 月第 1 版
印　　次 2024 年 12 月第 1 次印刷
书　　号 ISBN 978-7-5533-5091-2
定　　价 78.00 元(全二册)

用微信或京东 APP扫码购书

用淘宝APP 扫码购书

第二册

第二十一讲

朝闻道夕死可矣

《论语》有大道，孔子通过《论语》揭示了宇宙的本体。宇宙的本体是可以超越时空而存在的，无论在哪个时代，《论语》都有其不朽的价值。至于为什么不同的时代对《论语》有不同的解读，主要是因为时代背景的差异，也就是说本体是一致的，然而致用不同。我方学派认为，《论语》在经过历朝历代的致用解读之后，累积形成了一个道德体系，这个道德体系的本体就是宇宙的真相，这个真相也很简单，就是此时此刻、现在、当下，就是当下我们活着，而且要好好活着，这就是道。

科学界有观点认为宇宙正在膨胀，并且处于进化之中。然而，如果存在进化，那么必然也存在退化，因为从个体生命来说，每一个人都有生必有死；从更大的时空维度来看，每一个物种也会有生有灭。宇宙也同样处于不断变化之中。举例来说，当我们谈论此刻时，那一瞬间已经成为过去；说出这段话的同时，时间已经流转，未来的一瞬成了现在，刚才的此刻已经成为过去。须知过去、现在和未来密不可分，在中国文化中，可以用图 21-1 这样一个模型表达：竖线代表时间，横线代表空间，其交汇处即为心，有我才有心，没有我就没有心了。在时空中，我的存在才是坐标，过去永恒静止，未来是动态的，现在则包含全部，动态与静态并存。

科学的导向一定程度上使人们过多关注未来，其理论和实践也倾

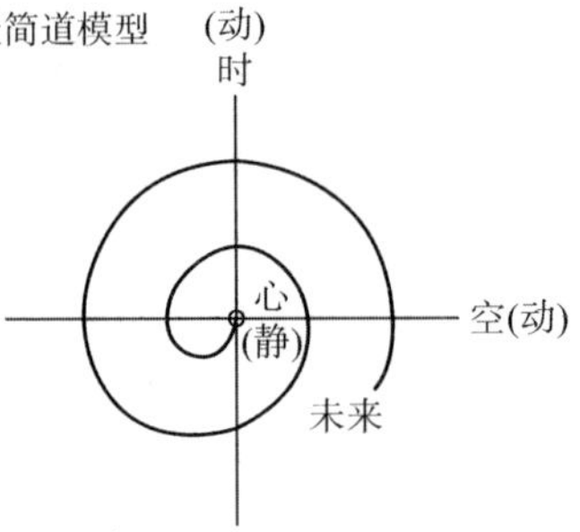

图 21-1 过去、未来、现在

向于追求未来的成长。但实际上，人的成长并不是无限的，比如一个八十岁的老人其身体机能已经开始退化，不会再有明显的成长了。人的一生如果缺乏对觉悟的追求，生命再怎么延续都是缺少意义的。一味地追求未来，也是有缺陷的。对于时间的流逝，我们没有办法挽留，唯一的办法就是更好地活在当下。

在这一点上，古人就活得非常明白，孔子说“朝闻道，夕死可矣。”活着是为了追求道的，活着就是活在当下，而当下包含了动与静。活在当下首先是有觉的，不要认为活在当下很简单，活在当下需要觉察自己每时每刻是处于觉还是迷的状态。很多人浑浑噩噩一天过去了，稀里糊涂一年过去了，这是迷的状态，这不是活在当下。真正活在当下的人需要具备“日知其所亡，月无忘其所能”的为学精神。这种学问是生命之学，是为道之学，也是为己之学。简单地说，图 21-1 描述的是中华之道最简单的模型，在时空坐标中追求一颗同时包含了动态和静态的当下之心。这颗心既是过去也是未来，既是全部又是当下，此时此刻是动态也是静态，我在，此在，师在，道在。正是达到了这个状态，孔子才发出了“朝闻道，夕死可矣。”的感叹。

为己之道，即为自己的生命觉醒负百分之百的责任，觉而不迷，活在当下，这才是一个人应该追求的生活状态。许多人被太多人为外在的压力所裹挟，一生忙于赚钱，到老透支了自己的身体，在遗憾和不甘中走完这一生。古人的生命观则是向死而生，活在当下的。一个人在少年时期需要立志，成年后要成家立业，在人伦六亲中修炼自己的心性，中年以后逐渐知命乃至于从心所欲不逾矩，对生命意义的追求伴随始终。至于死亡，儒家将道义的追求置于生死之上，在经典中常常有“舍生取义”“杀身成仁”的训诫。在电视或小说桥段中也经常听到这样的话：“脑袋掉了不过碗大的疤，十八年后又是一条好汉!”为道义而死是从容的、豪迈的，所以中国人的精神底色是有这种大无畏精神和英勇就义情节的，这种坦然面对死亡的人生态度可以概括为“终始而悟”这四个字，“终始而悟”包含生命存在和心灵觉醒这两个要素。

古代思想家早就思考过生命的意义：“人固有一死，或重于泰山，或轻于鸿毛”。死要死得值得，有些人死了，但是他还一直活在人们的心中，而有些人活着，但他其实已经死了。一个人若心中无道，活而无觉，只能是行尸走肉，而中国传统文化倡导的则是心向大道，活在当下，为道而死，死而无憾。

中华之“花”

我方学派认为，中国的文化最终都是要向道负责的，是一以贯之的。不论是个人的为己之学，还是社会国家的教化之道，最终都是引导个人或者群体回归当下的。孔子的学问毋庸置疑也是为道之学，只不过孔子是从世间层面切入的。

《论语》始于《学而》，《学而》篇讲为学，对应智，智为水，暗合天一生水之道。天一生水位于坎卦，同时这个方位还对应坤卦，天一生水，地六承之，需要坤德来承，若没有坤土的限制，水便会泛滥成灾。因此需要知止，知止之水即是上善若水，厚德载物。《论语》对应图 21-2 来看，孔子成就圣贤的要义始于北方，北方为智，《学而》生出学问的枝干；《为政》居中，中央为信，生出花萼、花托；《八佾》位于南方，南方为礼，长出南面听天下的王道礼治；《里仁》和《公冶长》则对应左仁右义，共同构成仁、义、礼、智、信这一朵花。花之大者，华也，花盛开的样子就称为“华”。“华”这个字描绘出仁、义、礼、智、信相互配合的美好状态，有德之君南面而王，南面听天下，垂拱衣裳而天下治。

仁、义、礼、智、信，犹如一朵漂亮的花，代表着美、善。前文提到老子“知其荣，守其辱”表明天道知荣，自强不息，地道守辱，

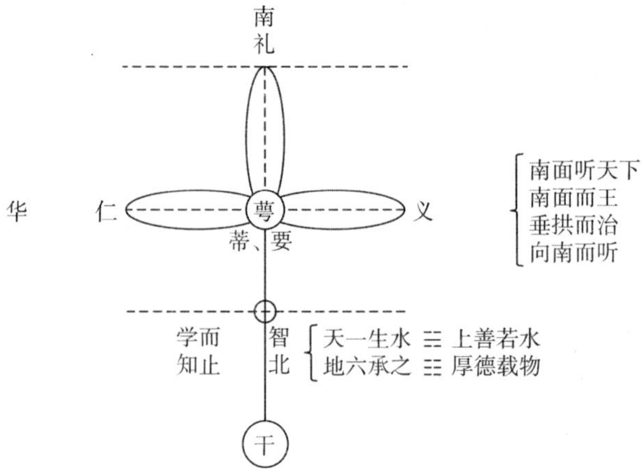

图 21-2 华和花

厚德载物。地道强调隐恶扬善，大地将所有不好的事物都包容了起来，大地开出的是花朵，结出的是果实，呈现的都是美好的一面，大地之道是隐恶扬善，这就是地之德。水也同样具备这种德，水能净化、润泽万物，水的流通也代表财。上善若水和厚德载物是同步的，地德生生不息，我们常说大地母亲，母亲可以绵延子嗣，地上有水代表有财富，有丁又有财，那么这个家族就一定会兴旺。

地之德、水之德即上善若水、厚德载物，启示我们要隐恶扬善，这样才能治理好天下。人一定要依托于大地，因为人是靠地活着而不是靠天活着的，但是也要效法天，故《周易》有自强不息、厚德载物之说。地里长出植物、庄稼，人才能果腹。人法地就意味着要按照地的方式去做人，地本身就含有水和土，水能净化所有不好的东西，地能容纳很多东西，无论是好的还是坏的，那些腐朽的肮脏的东西都可以包容、消解掉，这就是坤之德。

一方水土养一方人

坤土中自然包含着水，在后天八卦中坤的方位在西南，我国西南云贵川地区湿气都比较大，因此当地饮食习惯吃辣椒祛湿。中国有句谚语说“一方水土养一方人”，可见水土和方位之间存在某种联系。比如在北方最寒冷的地区却生长出热性药材如人参等，这些药材有滋补作用。不论是肉苁蓉、鹿茸还是人参等，都属于燥热之品。相比之下，南方气候较炎热，所生产的水果如火龙果、山竹等反而属于凉性。因此，南方人更容易体质寒湿，北方人体质寒湿的反而不多。现在很多人有寒湿病与逆时节吃水果有很大关系，尤其是有些女性常以水果代替正餐，导致体内寒凉之气过重。很多人湿气过重，这在一定程度上是受错误生活理念的影响。例如，早晨空腹饮果汁、晚间激烈运动，我认为这些行为是不利于健康的，因为早起有益壮阳，早睡有助滋阴，早上要吃热性的东西，晚上要静止，晚餐宜食清淡或少食。

北方人多阳刚，南方人偏阴柔，中原地区人居于中央厚德载物则带有土性，比如河南的淮山药最擅补中气。又如，中国西南地区多为丘陵地带，常年云雾缭绕，湿热严重，有些山沟内还有瘴气，冬季湿寒，夏季湿热。就以四川为例，四川属于坤地，蕴含水土之气，因此湿气重，并且带有湿热属性，恰恰生长在此地的花椒可祛湿寒、川贝能清湿热。川贝经历寒暑，蕴积能量，擅祛湿燥热，此即是天地在造物时蕴含的阴阳相济之道。中国的西北方有昆仑山，昆仑山像一个丹炉，修行者皆向往之。终南山是昆仑山的第一个门户，终南山向西北延伸即为昆仑山。民间相传，昆仑山原本位于天上，显现于人间即为终南山，升至天上则为昆仑山。按照这种说法，我们现在看到的昆仑山是地面的昆仑山，真正的昆仑山是位于天上的仙山。

受地域、气候等因素的影响，某一地区人们的长相也呈现出一定的特点，南方多水，地形凹陷，因此南方人容貌较为平坦，鼻梁较低。借用面相学的理论，南方若有高鼻梁、宽额头者即为富贵之相。山东多山，在一片平原中往往突现高山，所以山东人鼻梁高耸、额头饱满。孔子的故乡也位于山东曲阜，这个地方孕育出了儒家思想，因为这个地方需要用仁义来治理，否则容易出现强刃。一种文化的产生，首先是对治这个地方的人性的，这就是水土和人性的关系。

人一生要去的五个地方

人要有自知之明，你的道一定始于你出生的地方，生命开始的地方也是你成长的地方，当然，不一定是成就你事业的地方，你可能从这走出去，但是你的根永远是在那里。中国人讲落叶归根，并不是说你整天守在家门口，而是无论走多远，你的心始终要回归到那个根上去。

我认为，一个中国人一生必须去五个地方。首先是故乡，那是生命诞生的地方，必须回去看一看；第二个是祖坟，是家的原点；第三个是我们需要时刻围绕的地方，即国家的首都，北京；第四个是毛主席的故乡韶山，那是红太阳升起照亮全中国的地方；第五是炎帝陵、黄帝陵，是我们华夏祖先的起源之地。这个五个地方实际上与家、国、祖先密切相关，其中炎黄二陵是核心，因为这是整个中华民族的血脉发源之地，也是中华文明的起源之地。然而，遗憾的是，有些人都不知道炎黄二陵，倘若一个人不能做到慎终追远，如何能心存家国？实际上，炎黄二陵乃至于到曲阜孔子故里都是一脉传下来的，这是我们每个中国人都应该要去的地方。

前文提到，一方水土养一方人，人是法地的，因此受环境影响很大，这就启示我们要上善若水、厚德载物、隐恶扬善。后面又讲到我们要找到生命的起点，有五个必须去的地方。那么，人的生命应该是什么样子呢？

其实孔子在《论语》中给了答案：十五志于学，二十习其劳，三十而立，四十不惑，五十而知天命，六十而耳顺，七十而从心所欲不逾矩。然而孔子并没有说完。在我看来，我们完整的人生可以按以下阶段划分：

第一：生而有命；

第二：童蒙养正；

第三：十五至于学；

第四：二十习其劳；

第五：三十而立；

第六：四十不惑；

第七：五十而知天命；

第八：六十而耳顺；

第九：七十而从心所欲不逾矩；

第十：证道。

总共是十项。为什么这些内容大家在《论语》中看不到？因为大家都只把《论语》当作知识，没有意识到它是一本孔子及其弟子生命实践的真实记录，我方学派认为《论语》最终是引导人悟道证道的。

舜有臣五人而天下治

《论语·泰伯第八》第十九条：

子曰："大哉尧之为君也！巍巍乎！唯天为大，唯尧则之。荡荡乎！民无能名焉。巍巍乎其有成功也，焕乎其有文章！"

用现代语言翻译这段话：作为一个君王，尧的德真大呀，他建立了天下的事业，天下事业就是大德。只有尧能做到将天作为最高法则，其他人无法企及尧的唯天唯德之境。荡荡乎，老百姓已经找不出词语来称颂他了。巍巍乎，他做的天下功业十分盛大。他的文章思想，他留下的遗志，焕乎皆闪耀着卓越的文采。

这段话里面有很多文学化的形容，之所以如此形容是有原因的。如图 21-3 所示，"巍巍乎"是形容天的，也是形容尧帝则天之德。"荡荡乎"是形容义的，尧的这种大义泽被四海，世间的百姓（民）都接受了尧帝的恩德却又没有办法称颂。"焕乎其有文章"是形容地的，尧帝在天地之间纵行天下，体现了其立德、立功、立言的不朽贡献。

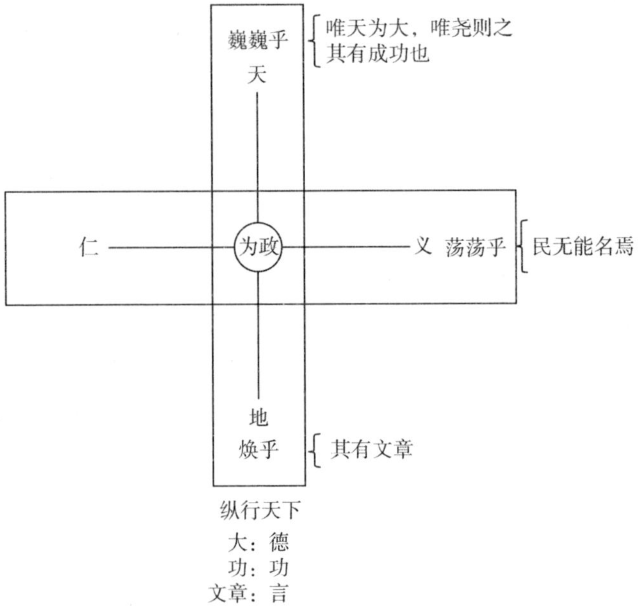

图 21-3　*尧之为君*

《论语·泰伯第八》第二十条：

舜有臣五人而天下治。武王曰："予有乱臣十人。"孔子曰："才难，不其然乎？唐虞之际，于斯为盛。有妇人焉，九人而已。三分天下有其二，以服事殷。周之德，其可谓至德也已矣。"

这里为什么用五和十？《论语》《大学》和《中庸》也经常出现五和十。我认为这里的五人并不是指真正的五个人，而是指仁义礼智信这五个方面齐备。有了仁义礼智信，就可以做到治天下了。五分阴阳就是十。孔子为《周易》作注名曰《十翼》，说明孔子实际上是《易经》大家。后来很多儒家学者只明义理不通《易经》，这样其实不能很好地解读经典。

臣要配合君，配合就是服从，因而有臣服、围绕在君周围的意思。中国之所以能够从古至今延续五千年，因为中国始终有一个中心。一个王朝为何能长达数百年？因为它有君。一个王朝为何会灭亡或陷入暴乱？因为有的君不按照天道行事，结果导致灭亡。所以，君法天，臣法地，君臣之间类似于天地的关系，地要去顺应天，而不是天顺应地。作为君要效法天健动不息的状态，正如孔子所做的比喻："为政以德，譬如北辰居其所而众星共之。"这便是王道的核心之一。

"臣"的甲骨文写作，像一只竖立的眼睛，也可以把它看作一弯月亮，因为月亮围着地球转的，因此就有了环绕的意思，延伸为臣服、围绕之意。举个例子，假设一个团队的副总不配合老板，那他就是不臣，这个团队就容易出现不和谐的情况。类似的，如果国家的宰相不配合君，将会导致内部矛盾。因此，历史上也有"一山不容二虎"的说法。君在中央发号施令，然后由臣去配合施政。事实上，具备合作精神是一种崇高的品德。并不是身居高位为君就好，一个君需要"譬如北斗"，需要从思想到人格境界都能称得上榜样，才能为君。历史上的君王都是被臣环绕着，某种程度上也可以说是被臣子"圈养"起来，例如，君主在紫禁城里不敢到处跑。因为一举一动都可能暴露破绽，让别人抓到短板，进而导致天下大乱，所以从这个角度看君王实际很难当，也很可怜。

舜的五个臣要配合舜演习五常，即仁义礼智信。换言之，成为一个君必须要做到仁义礼智信齐备，而臣相对潇洒一些。古代有些大臣，不需要有很大的能力，但是他要能在某一个方面成为道德榜样。假如孔子的学生入仕为官，就可以分别对应仁义礼智信。信对应冉有、季路，仁对应颜子、闵子、冉伯牛，下面是智对应子游、子夏，上面是礼对应子贡。那么，谁代表义呢？当他们都做到位时，就体现了义，义者，宜也。由此可推断，当时的诸侯为何如此敬畏孔子，因为孔子和他的学生具备了仁义礼智信，做到了五行齐备。只要给他们一片封地，孔子必将建立一个盛世王朝，因此令当权者十分忌惮。当然，如果孔子只顾在政治上取得重大成就，中华文化也可能因此少了一位至圣先师。

以上的对应也不是死板的，孔子在评价诸弟子时，是相对而言，言其所长的，不能说某一个弟子具备哪一种特质就不具备其他品质了。孔门十哲是当时对学生们大致的定位，哲是指在学问功夫方面达到登峰造极水平。如冉有、李路在政事方面达到了当时遥遥领先的水平。

舜的时代与武王时代相隔千百年，舜的时代是无为而治，到了武王已经是有为的，需要礼乐而治了。舜的时代只需五人即可治理天下，而到了武王时代，单凭仁义礼智信是不够的，五常还要再分阴阳。武王时代很短，主要是他的弟弟周公来制礼作乐的，而礼乐实际上是仁智礼义信的用。也就是说，“舜有臣五人”是无为而治，称为五常自化。武王“乱臣十人”是用礼乐治天下，用礼乐教化，进而推动五常运转。所以孔子感慨“才难”。

孔子非常推崇周公，周公以礼乐治国，奠定了周朝近八百年的基业。明朝的张居正也是一位杰出的臣子，缓解了明朝的财政危机，如果没有张居正，明朝后期可能更不堪。关于明朝的灭亡，有观点认为是明朝的德行不好，但我认为这是明朝气数尽了。明朝末期，由于小冰河时期的影响，中原地带冬季温度极低，同时各地遭受了瘟疫、蝗灾和洪水泛滥的苦难。江南的商贾曾拒绝纳税，若这些富户主动将手中的财富交予国家，或许明朝不至于灭亡。所以我说明朝气数尽了，天下不归心了，统治者失去了民心，因此走向了亡国。历史的教训告诉我们，生活在现在的中国，应当充满感恩之心，国家的强大是我们幸福的基本保障。在古代，“天地君亲师”有时也被表述为“天地国亲师”，国土之恩正如生我养我的父母一样恩重如山，断不能忘!

天地五才

孔子说“才难”是因为在他看来，必须具备仁、义、礼、智、信中的至少一种品德，才称得上是人才。如果一条都做不到，就不能称为人才。而现在定义的人才更多是从技能上、专业上去评判，比如高级工人或者高级技术员等，这些都是当今社会的人才，但和孔子所说的人才是有一定的区别的。

天地之间有五才，一个国家或一个企业所需之才有五种。如图 21-4 所示，东方之才，加上木字旁即为“材”，五行是木，仁也；西方之

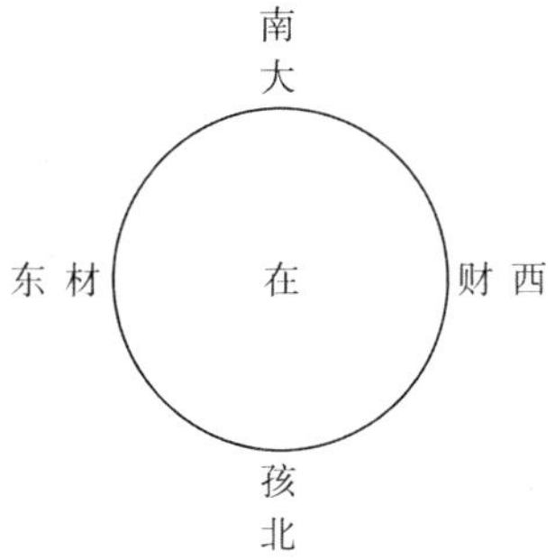

图 21-4　天地五才

才，加上贝字旁即为“财”，代表金，义也；中间的才加上土则是在，北方和南方分别又是什么字大家可以去研究下，这就是天地间的五种才。那么，什么算是才呢？只要你还活着，你就具有才的潜质。一个人如果不在了，也就无法被称为才。“不在”有两种情况：一是身体不在，也就是身体已经死亡，那么肯定无法成为才；二是精神亡了，念头失觉或者迷了，这种如同行尸走肉、完全工具化的状态，这也不是才，然而现在有些人就是这种状态。最上面代表天的“才”就是“天才”，也就是“大”，因为“大”即太，我认为“大”在这里是一个名词，即大才、天才，而非形容词。中国古人还造了一个字，这个字勉强可以作为天才。北方的“亥”字也指才，亥与子合起来便是“孩”，孩子是未来的才。人长期熬夜会损害才，不仅影响财富，寿命也会受损，因为才包含寿命。图 21-4 的上方是德所在的地方，因此晚上过度熬夜、缺觉就会缺少德。“财”可以滋养我们的身，“材”代表爱，如果一个人没有了爱，这个人就会冷漠麻木，没有底线。

所谓“才难”，意味着只有圣人才能具备五个才、十个才，后来的帝王拥有一两种才就已经很难得了。按照这个标准，才确实很难得到。我认为秦始皇统一天下后缺少仁爱这方面的人才，因为他的子嗣都被杀了，最终国也被推翻。刘邦建立了四百年的江山，他手下有三个才，其中一位是主智的张子房，另一位是中间为政的萧何，还有一位是善于打仗的韩信。然而，他仍然缺少一个大仁之才，汉朝的统治有时也是很残暴的，例如吕后十分残暴，把戚夫人弄成人彘。所以说汉朝缺乏大仁，在我看来，西周之后建立的王朝都存在此缺陷。事实上，汉朝是由两个两百年的统治组合而成的，中间还断了十几年，宋朝也分为南宋和北宋。再看与刘邦争霸的项羽，项羽虽然有范增这样的谋士，但最终由于缺乏为政之才慧，未能赢得天下。回顾历史，能齐聚仁义礼智信这五才的统治者，自西周之后似乎就没有了。如果臣子能五才齐备，这个王朝至少可以延续数百年的江山。所以有句话说，天下江山定数不超三百年，我认为就是因为他们五才不全。

武王乱臣十人

“唐虞之际，于斯为盛”，所谓唐虞，唐是唐尧，虞是虞舜，唐虞就是指尧舜。这里所说的“盛”指的是人才济济。“有妇人焉，九人而已”，这句话是在讲述武王的时代有乱臣十人，这十个人里有九个男子一个女子。其中这个女子是武王的妻子，也是“周初三太”之一。接下来，我们再研究一下“三太”相关的内容。

我们先画一幅地图来理清西周的地理位置。若以镐京为中央，朝歌在东方，西戎镐京以西。西戎之地一个条河叫姜水，周围的部族大多姓姜。关于姜姓的起源，据说他们是牧羊的民族，以羊肉为食所以叫羌族。“羌”是男羌人，“姜”则是女羌人，后来作为民族称“羌”，作为姓氏则称“姜”。当然，这些历史太过久远，无法准确考证，关于这些内容也只是一种观点，不一定完全真实，所以大家仅作为一个参考。

在这个背景下，文王、武王和姜姓之间建立了联盟。传说“姜子牙钓鱼，愿者上钩”的故事，实际上是后人创作出来的。试想，如果姜子牙没有一定的背景，怎么可能引起文王的注意呢？姜子牙早期投奔朝歌，希望在朝歌中谋取一官半职，后来朝歌之行没有取得地位，就转投到了文王门下。再后来姜子牙将自己的女儿嫁给了文王之子武王。姜子牙的女儿叫邑姜，文王的奶奶是太姜，母亲是太妊，而文王的妻子则是太姒。这一系列关系显示出西周天下得来与羌族有着密切联系。前面提到武王有十臣，其中一位就是他妻子邑姜。其实，文王的儿子有很多，武王之所以能当政与他背后有姜子牙的支持有很大的关系，就连后来的伐纣也是武王起兵而不是文王伐纣，可见姜子牙部族的势力很大。当姜子牙被武王请来协助谋划治国时，实际上代表着羌族与武王建立了联盟。姜子牙投奔文王，其实是带领西羌各族与文王合作。然后，姜子牙又将女儿邑姜嫁给文王之子武王，武王联合羌族的力量才实现了壮大。

在我们理解了这段历史之后，就可以知道当时的文王和武王他们身边有十个能人，但他们仍臣服于殷朝，后来，殷朝实在太过分了，武王才举义而起，讨伐无道，故曰武王伐纣。最后我们重新整合这一句做一个总结：舜有五人而天下治，此唐虞之际，于斯为盛。武王曰："予有乱臣十人。"子曰："才难，不其然乎，有妇人焉，九人而已。三分天下有其二，以服事殷。周之德，其可谓至德也已矣。"

其实，我认为这时候殷朝最高明的做法不是与文王作对，而应该联合文王共治天下，然后再过几代把天下禅让给周朝，恢复唐虞那种盛世，如果这样，历史或许会留下"殷让天下之至德"的美名。然而历史的发展并非如此，所以殷朝的灭亡自有其原因，身在局中之人往往看不清形势。举例来说，如果一个团队中学生的学问功夫超过了老师，这时老师就应该退隐休息了，因为老师完成了传承的任务，这就是合道。纵观历史，有些国家已经显出颓势却仍然执意挣扎、折腾，或许这时候把天下治理权交给有的德行的国家才是明智之举。逆势而为只会加速国力耗竭，导致更快的崩溃，这与殷商之际颇为相似。当时西周已经势不可挡了，这时即使不让贤，也应笼络西周，与西周联合治天下，或许等西周之德衰了，仍有机会治天下。如果实在是西周的德大，自己子孙不成器，这时直接禅让天下，成就让天下之德，这种结果可谓至德。结果商朝选择了最差的结果，牧野之战死了很多人，从此留下了万古骂名。

治天下，让天下之至德

前面讲的《论语·泰伯第八》第二十条"舜有臣五人而天下治……"，其实是通过舜、武王和殷商的例子进行了全篇的点题，《论语·泰伯第八》的核心是讲得天下、治天下和让天下的。有至德，才能治天下，如果无德，便治不了天下，就把天下让给有德之人。至德是指将天下托付给有德之人。

至德可以治天下，可以让天下，因为能让天下和能治天下，所以才具备至德。这是一种体用关系，至德是体，治和让都为用。为什么炎帝有那么高的历史地位？因为炎帝后来把天下让给黄帝了。既然尧、舜和武王至德而治天下，那为什么还需要才呢？前面孔子感慨“才难”，因为圣王也是需要治世之臣的。圣王为体，治世之臣为用，所以这五个人、十个人必然也是具备至德的，没有至德，再多的人也不能将圣王至德之体拿来用，也不能将国家治理好。所以这个才不是指人才，而是有至德之才，因此这种才难得！

《论语·泰伯第八》贯穿全文的主题是至德，至德所展现的才干包含两个方面：第一是能治的才，第二是能让的才。其中能让的才更为难得。最后，孔子树立了功、德、言的标准，即以尧为标准，唯天为大，唯尧则之，其标准之高可见。

人之十德

《论语·泰伯第八》第二十一条，孔子感慨自己无法再对禹做任何评论：

子曰：“禹，吾无间然矣。菲饮食而致孝乎鬼神，恶衣服而致美乎黻冕，卑宫室而尽力乎沟洫。禹，吾无间然矣。”

“间”是裂缝，就是找不到可以对他评头论足的缺陷，也就是说禹的德行是圆满的。“菲饮食”“恶衣服”“卑宫室”是孔子对禹的三点总结。我们之前讲过，饮食代指食色，食色处于本能的层面。关于饮食，食对应身和口福，所以我们要对自己的消化系统负责，食色也是地道，一个人如果过于贪吃也是一种不孝。我认为这里所指的衣冠，代表文章、文明，也就是言。宫室是指物质层面的东西，饮食和衣冠是人身需要的，而这个居是身外的，放下身体小我的需求，专注于大我的功业。这里如果展开也是功德言，可见功德言在古人心中的重要程度。在禹看来，饮食，衣服和住所都不重要，因为大禹把所有的精力都用在治水上了。

前面我们讲到天地间有五才，这里我们再介绍一下人有十德（如图 21-5），十德存在于天、地、人、神之间，但不能独立存在。《中庸》有言“天命谓之性”，所以性在上面。命是指人命，人命是在世间的所以在横线上，命里带来的能量有高有低，所以能量居于命的外侧。气场是从天而来的，所以居于天性的外侧。场有好坏善恶，对应的是德。格局对应人的心和慧，格在内对应心，局在外对应慧。

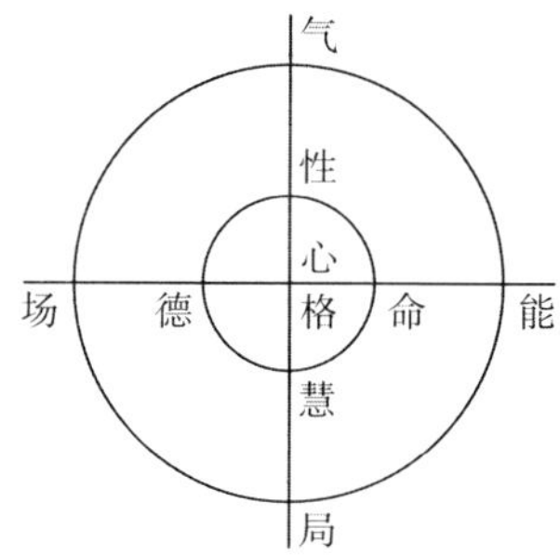

图 21-5　人之十德

禹为了拯救百姓的事业不仅超越了食色、衣服、宫室的享受，而且在成就功业的时候还“致孝乎鬼神”，也就是说顺天心民意。这里的“致孝乎鬼神”包含两个方面，一个是神祖，另一个是天地鬼神。这里需要强调一下，古人的鬼神不是现在定义的鬼神，古人用鬼神定位序，演礼入道。因此，一个人成就事业需要得到天、地、人、时代、神鬼、国主、天王和主宰宇宙的那个道的相助。“致孝乎鬼神”是慎终追远的一部分内容，只有慎终追远，才能厚德载物。

第二十二讲

《易经》的版本

《易经》有多个版本，据记载，远古有三易，《周礼》云："掌三《易》之法，一曰《连山》，二曰《归藏》，三曰《周易》"。中国古代有三本易书，分别是夏朝的《连山易》，商朝的《归藏易》和周朝的《周易》。现在的《周易》往上追溯是《归藏易》，再往上是《连山易》。为什么叫连山？因为《连山易》起于艮卦，天下连绵不断的就是山。连山起于艮，归藏起于坤，周易起于乾。因此，最早的易经是《连山易》，后来的易经叫《归藏易》，我们现在学的是周代易经，简称《周易》。

《连山易》是中国文化的源头，是一部讲述生命的易经，涉及天道、天人合一。《归藏易》也是讲生命的，但是已经从天上下降到了人间，《周易》则着重研究生命和宇宙的周流变化、变动规律。换言之，与《周易》相比，《连山易》更单纯，纯粹讲先天生命，而《周易》带有后天性和人间性，我们看六十四卦的排列顺序，就是按照事物发展过程来排列的。然而，由于《连山易》和《归藏易》在历史上已经佚散、失传了，所以通常所说的《易经》就指的是《周易》。

中华文明关于生命的卦象

根据《周易》的原理，我认为中华文化也可以看作是一个八卦系统（图 22-1），其中上卦是后天八卦，包括乾、坤、震、兑、艮、巽、坎、离；下卦则是先天八卦，也是这八个卦，不过先后天的排列顺序和方位不同。先天八卦和后天八卦这两组三画卦叠加而成六画卦，就形成了这个八卦系统。下面我们先谈谈和生命有关的卦象。

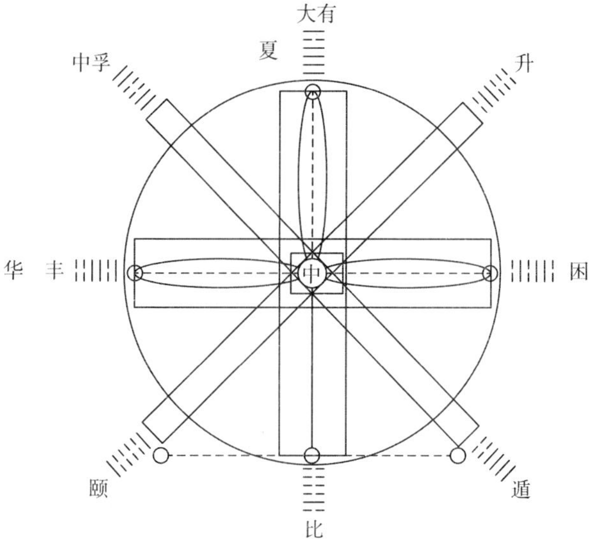

图 22-1　中华八卦图

在东北方，先天和后天八卦合成颐卦（上艮下震），颐养之福，可得永年，因此东北是生门。东北生门的反面对应到西南就是死门，西南方是地风升卦（上坤下巽），这是运化的部位，掌管消化、运化，身体的衰亡也是从运化能力下降开始的，因此，这条线与脾胃后天之本有关系。地风升，是指身体内在气脉的升降，气脉没有升降人也就死了。我们的出生和命运是由先天决定的，而后天之本决定死亡。生死在一条线上，这条生死线是后天决定生死的线，此外还有一条先天决定命运的线。

命运、生死线

东南到西北的线是命运线。西北方叫开门，天开于西北而地倾于东南，与它对应的东南方叫杜门。那么西北如何开门呢？西北对应的卦被称为天山遁卦（上乾下艮），生孩子就是一种开天门的方式，我们一出生便是天山遁，出生后要养颐。当我们出生的那一刻，天门打开，人从母体中逃出来，逃出来叫天山遁，逃不出来人就没了。

如果遁不成，就会堵，堵就是杜，所以东南方叫杜门，门开不成就会关上，关上人就死了。那么，如何才能让天门敞开呢？东南方所对应的卦是风泽中孚卦（上巽下兑），这就是开天门的方法。中孚的本意是忠信诚服，允执厥中，体现了生命内在的虔诚。所以要时刻带着虔诚之心和感恩之心，如果生命丧失了虔诚之心，就容易被堵塞，是没有未来的。因此，这条命运线提示我们，面对世间要带着一种允执厥中的中道精神，内里要有虔诚的惟精惟一之道，只有知道这个大道才能开启美好的命运。

古人认为，人出生是从先天遁（逃）到后天，逃到后天之后，就需要通过修道再修回先天，这就是古人所追求的圆满生命。我们从先天来时是童子，随着时间的推移逐渐长大，长到一定年龄后就不再长了，骨头变硬了，筋也变短、失去了柔韧性。老人年龄大了之后，身体也逐渐在萎缩，道家说“筋短一寸，寿短十年”，相应的，注重养生、锻炼的人就是“筋长一寸，寿延十年”。

我们作为童子来到这个世界是为了修行，离开时，不说修行能有成，至少不应退步，保持赤子之心，到老了还能做一个老顽童。总的来说，人们基本上都在走三条路：第一条，从童子逐渐成长，一直保留童子身并最终觉悟，比如那些出家人；第二条，成长的过程中失去了童子身，最终没有觉悟，这就是凡夫；第三条，虽然失去了童子身，但是最终觉悟了，达到了君子圣贤的境界。我们千万不要走第二条路，失去了童身、童心和童性，最后也没觉悟。觉悟的圣人其实和童子很类似，他们都是童，区别在于正常的童不知道他是童，而觉悟的人知道自己是童。

人道世间线

图 22-2 中连接南北的纵线叫心性天道线，是专门负责修行的，修行就是走中间这条线。在天道之上才有前景光明、美丽、灿烂，所以上面对应景门；而修行首先要做到知止，即在地道上止住各种欲望和消耗，才能休养生息，所以下面对应的叫休门。圣人走天道线回归当下，而俗人走世间线徒增烦恼。连接东西的横线就是人道世间线，人在世间波折不断，容易受伤、受惊，所以东边对应的叫伤门，西边对应的叫惊门。

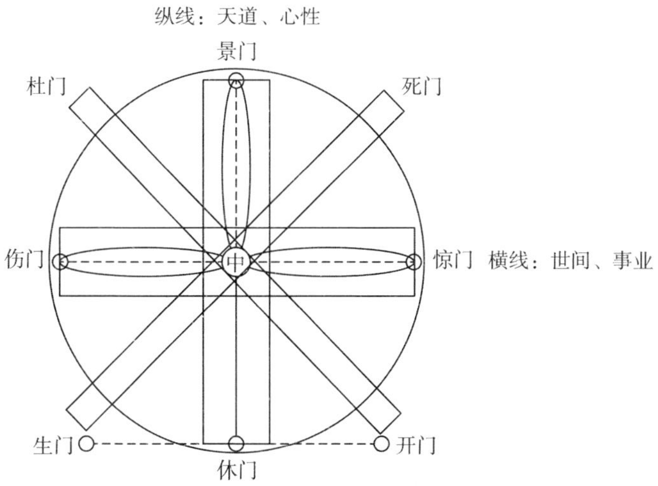

图 22-2　命运、生死线

南方景门对应火天大有卦（上离下乾），北方休门对应水地比卦（上坎下坤），东方伤门对应雷火丰卦（上震下离），西方惊门对应泽水困卦（上兑下坎）。前面讲过，连接开门和杜门的这条线叫命运线，连接生门和死门的叫生死线。二者一个先天一个后天，生死线和命运线合称生命线。所以在中国文化中，生命的密码是一个斜叉，生活的密码是一个十字，而我们学习的“學”，上面的两个爻，就是换了方向、叠加排列的两个斜叉。

《论语》是中华文化的浓缩精华，以上内容有些像经法密义，《论语》的经法密义就是“华夏”二字。华夏的“华”在图 22-2 的东方，东方是仁，西方是义，南方是礼，北方是智，信居中央。仁在东方，对应木，有木才有花，有花盛放谓之“华”。因此，孔子思想的核心是仁，中国人所倡导的伦理道德，关键便在于仁。仁者不仅爱人，还包含了很多内容，爱人只是仁的用，仁者无敌，仁者无为，仁者不器，仁者无常心，以众生心为心。华夏的“夏”在图 22-2 的南方，对应大有卦，也就是景门，“夏”代表前景光明、盛大、美丽的样子。礼在南方对应火，火燃烧起来而有光明、美丽。因此凝结在《论语》中的两个核心要素就是仁和礼，仁和礼也是“华夏”文明最辉煌灿烂的体现。

此外，这么多条线交汇的地方出现了一个中点，对应中门，这个“中”即太极。我们看中华民族、中华文明、中国这些词都有一个“中”，孔子在《论语》中也非常强调中道精神。从上古尧舜到孔子，中道心法传承不断，中道可谓中华文明一以贯之的精神特色所在。

中华文明以遁卦（开门）、比卦（休门）、颐卦（生门）这三个卦为基础，这三个卦构成了我们的大地，而中华文明就依托于大地。杜门和死门被认为是不吉利的两个门，所以中华文明回避杜门和死门。但是回避和逃避是两个概念，我们上厕所时会自觉回避，到没人的地方解决。但人有三急没办法逃避，你必须面对它，只是不好拿到明面上，要独自处理。

子罕言利与命与仁

《论语·子罕第九》开篇言："子罕言利与命与仁"。如图 22-3 所示，利在西方，命在南方，仁在东方。

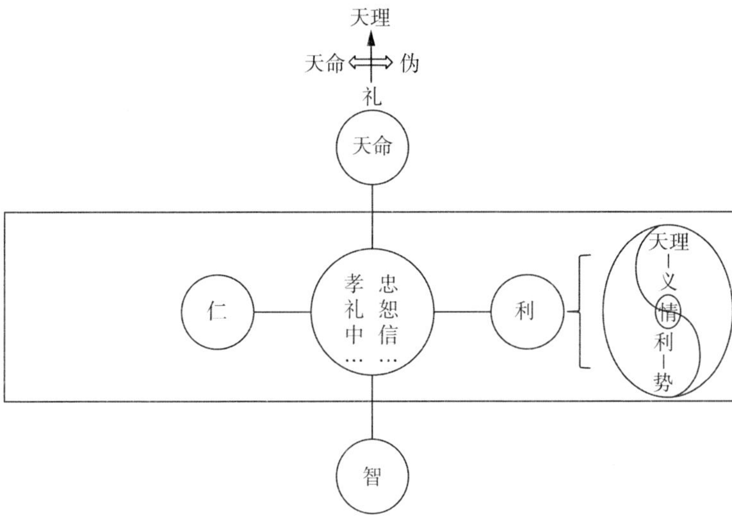

图 22-3 罕言利与命与仁

这一条是说孔子罕言，但并不是不言，只是他一生中很少言。况且孔子罕言并不代表他不会给弟子语、说。孔子在经典中的形象与孔子的实际生活是有一定距离的，经典中的孔子是被抽象后的孔子，生活中的孔子则是一位普通的长者，也会表现出愤怒的情况、有饮酒等行为。孔子是个真性情的人，并不是有些人所描述的高高在上、食古不化的样子。孔子既是个有血有肉、活生生的人，也是位天人合一、悟道证道的圣人。

孔子之所以罕言这三者，分别有着不同的原因。一般而言，世俗小人追求利，然而孔子讲大人之学，因此不强调利。但他在对比时也会提到利，比如"君子喻于义，小人喻于利"。利和义二者分不开，利中有义，义中有利。如何恰当的平衡义利之间的关系呢？这就需要持守一个中道。偏于利就失于义，因为世人贪利，因此孔子谈义以纠偏。假如世人每天高谈义，孔子就会强调利，孔子始终在维持中道。

义利之间有情，因为义代表天理，利代表世间，而天理与世间之间需要有情来平衡。合义也是合理，要立于天地就需要天理，而在世间生存则需要利，因此不能只讲天理，还需要利。只是由于世间人多逐利，所以孔子就回避谈利，孔子回避利并不是否定利。孔子强调道义是为了纠正人们过度追求利益的倾向，所以他多谈天理。其实真相不在天理也不在世利，而是天理和世利之间的情，把义利平衡到恰到好处就叫合情合理（合利）。后人诟病朱熹的“存天理灭人欲”是因为他这句话太绝对了，如果改为“存天理制人欲”对欲进行节制就相对合理许多。

如果从觉的角度讲，人欲确实要灭的，但在世间则是无法灭掉的，也不需要灭，只要进行适当的疏导、节制就可以。所以从绝对真理的角度讲，朱熹是正确的，灭人欲是必须的。然而从世间人情来看，这个说法就有问题了。与朱子的观点不同，孔子站在中道上。孔子是一个特别有情的人，当颜渊去世时，从话语中可以感受到孔子是得何等的悲痛：天丧予，天丧予，老天不想让我活了啊！因此可以看到孔子是非常有情的，他不谈利是因为世人谈利太过，需要矫正回中道。

关于天命为什么要少讲？因为妄谈天命容易引发迷信，所以也要少讲。利的对立面是义，天命的对立面是什么呢？天命的对立面就是“伪”。天命是充满活力和灵性的，但是盲从迷信，便会变得僵化，沦为刻板形式，这就有问题了。现在很多企业喜欢讲使命，这需要他们扪心自问，是为了财而冠以使命，还是内心真正怀有一份使命感？若是前者，则这个所谓的使命便是“伪”。另一种情况是，他们在初创阶段确实心怀使命，但随着企业发展就随波逐流了，所以才强调“不忘初心”，要时刻进行修正，回归初心。尽管天命不宜轻易谈，但可通过礼来节制，这里的礼并非形式主义，而是充满活力的礼，背后有天理作为支撑。

那么，仁是能否通过语言准确表达呢？我认为不能，因为仁是需要实证的，仁是道的本体。既然仁无法言传，那又该如何传呢？虽然不能直接讲仁之本，但是可以讲仁之用。孔子所罕言的是仁的本体，所以《论语》中讲的多是仁之用，讲仁具体是如何显用的。对于仁，孔子行仁，却不言仁，罕言仁。对于利，孔子讲得也很清楚："不义而富且贵，于我如浮云。""富而可求也，虽执鞭之士，吾亦为之。如不可求，从吾所好。"

孔子对命的看法是"死生有命，富贵在天"。孔子知命、认命、由命，又明知不可为而为之。孔子是听天的，但是如何听天非常关键。首先需要能听到天的声音，只有听到了天的声音才能由命。听天由命并非消极被动，而是主动去听取天声、天音，找到自己的使命，然后再把使命行出来，是由本命出发去实现命运，而不是完全被命运束缚成为命运的奴仆。中国人接受命运，但又不迷信命运，而是抗争命运，并且去研究命运、掌握命运，去听他然后再由他。古代帝王宣诏，开场白通常是"奉天承运，皇帝诏曰"，奉天就是由命，展现了对天命的尊重，是一种积极的治国理念。如果将此与封建迷信相混淆，我认为是对传统文化的误解。

对于大多数的普通人，孔子不轻易谈仁和天命，那他对自己的弟子私下是否会谈仁、谈天命？肯定会的，孔子罕言利、命、仁，这是针对世间大众的，但是他对自己的门下弟子，肯定是要谈的，如果不谈，道就没有办法传了。孔子除了罕言利、命、仁这三者，也少谈智，他谈得最多的就是忠、信、恕和孝，谈礼和中道次之。

不言道，而演道

《论语·子罕第九》第二条：

达巷党人曰："大哉孔子！博学而无所成名。"子闻之，谓门弟子曰："吾何执？执御乎？执射乎？吾执御矣。"

这一条与子罕言有何关联？此句可以看出，孔子博学精通，多才多艺，但是他却并不执着于这些。孔子看待利、命、仁是非常通透的，他不执着追求名利，也不惧生死，所以才有“桓魋其如予何”“匡人其如予何”之言。孔子从大到生命之学，小到待人接物、礼乐教化，乃至典章器物制度无所不知。孔子在中年已经被尊称为圣了，当时天下人有什么不知道的问题，都会想到去向孔子请教。但是没有人知道他的学问是怎么来的，尽管他自称“我非生而知之者”，可如此博大的学问也只有“生而知之，博学天成”才能解释了。而他自己则将这一切归结为好学。

“在驾车和射箭中，我更擅长哪一个呢？那就选择驾车吧！”孔子的回答很随意很潇洒。事实上两者孔子都擅长，无论是六艺中的那一种，都能援艺入道达到终点，因此孔子并不在意什么方式。第一条说“子罕言利与命与仁”，难道孔子传道有所倾向吗？所以第二条通过一个案例进行说明。子虽罕言利、命、仁，但是孔子肯定是知命、知利、知仁的。孔子既不会执着于命、利、仁，乃至于智，也不会执着于忠孝、忠恕、礼。

达巷是个地名，党人就是乡党，就是乡亲们，也就是达巷当地的一群人，他们议论孔子、称颂孔子，赞叹孔子的伟大和博学，却不知道他具体哪方面最好，因为他什么都会。我们看孔子如何回应的：吾何执？我有什么擅长的吗？擅长驾车还是射箭？如果有，那就算我掌握了驾车吧。这只是孔子谦虚，其实他何止是驾车、射箭，孔子精通很多学问。“执”即掌握、领悟、驾驭的意思。

因此，这第二条和第一条相呼应，还可以从另外一个角度讲，子不仅罕言利、命、仁，甚至罕言自己的学问、才能，只承认自己擅长驾驭马车。

《论语·子罕第九》第三条：

子曰“麻冕，礼也；今也纯，俭，吾从众。拜下，礼也；今拜乎上，泰也。虽违众，吾从下。”

“麻冕”是指以麻布制成的礼帽，此为周礼。“今也纯”，“纯”就是黑色的丝。孔子说用麻布制作的礼帽符合周礼的要求，如今大家都用黑色的丝线制作，这种做法更加朴素、节俭，所以说“吾从众”。这段话表明孔子不会盲目效仿周礼，他更注重结合实际情况。在另一处他说“郁郁乎文哉！吾从周。”孔子为何要依循周礼？因为周礼合理合道，所以孔子选择遵从。然而在器物方面，只要能实现礼，能达到礼的标准即可。

“拜下”指的是从台子下面开始就提前礼拜了，即从下面拜上去。“今拜乎上，泰也”现在是从底下走到上面的堂上才拜，是一种傲慢失礼的举动。“虽违众，吾从下”。孔子认为这样有失礼数，就不遵从大家了。前后这两种情况显示了孔子对周礼的追求并非形式上的，而是追求内在的礼的精神、礼的本质。

孔子认为周代礼仪承袭了殷代礼仪，而殷礼则是继承自夏代礼仪。这样追溯上去，孔子说“虽百世，可知也”往后传也是如此，虽百世而不失礼也。这种传承是基于天道，可以保持自夏商周以来的古礼不变。礼不失，进而天道也不会改变，因此百世之后，仍能知道真正的礼是什么。这涉及天理、天命，也就是人的本质。

实际上，子罕言利、命、仁，除此之外可能还有其他的罕言，比如，罕言道之体。其实在用的层面孔子是言的，因此麻冕、拜下等行为都体现了周礼的真相，这些都是符合天道的。子所罕言者是天道，一以贯之，子所行者肯定是天道，子所从者也是天道，这都体现了天道。孔子不在乎言不言，而在乎行不行，所以孔子的心法秘义，不在于文，而在于行。

《论语·学而第一》第七条：

子夏曰：“贤贤易色；事父母，能竭其力；事君，能致其身；与朋友交，言而有信。虽曰未学，吾必谓之学矣。”

这里讲的是学问的真相，学问的真相是行，而不是文。无论言或不言，只要做到了就行，这才是心法密义的真相。可见，孔子的学问并非虚文，而是实学实证的学问。

孔子的实学实证是建立在文和天道基础上的，但是这个道却隐而不彰，不能天天摆在桌面上空谈。因此，我们学习《论语》若仅是一条一条翻译，而不将它们联系起来，就难以明白文字背后的真意，甚至可能会产生疑问，难道孔子的学生这么没水平吗？这样简单的东西也记录下来。其实，这是孔子的善巧方便，不言道，而演道也！

庸言庸行

孔子行的是常，因此孔子一生所言，庸言也，所行，庸行也。庸言庸行，谓之常行，这常行就是五行五常，仁义礼智信是也。

前文提及了“常”，“常”包括天常、人常，天常是金木水火土，人常是仁义礼智信。那么“伦”又是何含义？《说文》中写道：“倫（伦），辈也。”代表条理和顺序。但是“伦”不仅有人伦之义，还包括天伦、地伦。人法地，地法天，因此人伦是要和天伦（地伦）统一的，人伦和天伦不统一就容易出问题。举例来说，中国的风水、景观环境、田园牧歌、园林庭院等皆体现了小桥流水、曲径通幽，山水佳处，天人合一，水火既济。相比之下，西方的设计更倾向于方正、圆润，带有机械化和工具化的特点。与西方不同，中国的建筑设计原则是法天自然，中国的人伦也是法天自然。中国注重天常，所以叫法天；常指不变，即守常，故曰法天守常。伦常的核心意义在于，需要做到法天守常才能实现伦常的真正价值。

那么伦常的具体内容有哪些呢？中国人基于法天守常的原则，天常的木火土金水又称五行，与人常的仁义礼智信（五常）相对应。五常对应五伦，即五种人伦关系，分别为：夫妇有别，父子有亲，长幼有序，君臣有义，朋友有信。但五常和五伦之间并不是一一对应的关系，而是每一种人伦关系都体现着仁义礼智信，五常贯穿五伦之始终，只是由于具体的关系、角色不同，而导致侧重点有所不同。

五伦的排列次序也有讲究，五伦的说法最早出自孟子，《孟子·滕文公上》记载道：“使契为司徒，教以人伦，父子有亲，君臣有义，夫妇有别，长幼有序，朋友有信。”以父子关系为始，随后根据“移孝作忠”的原理过渡到君臣关系，从家内到家外。随后才是夫妻关系、长幼关系、朋友关系。但是按照事物发展的真实情况来看，父子关系要以婚姻关系的缔结为前提，因此从时间上看，我认为应为夫妻关系在前，父子关系在后。按照从家内到家外的顺序则是夫妇有别、父子有亲、长幼有序、君臣有义、朋友有信。

五伦、五常大道

五常对应五伦（图 22-4），五伦中的核心是夫妇关系。而夫妇有两组关系：首先是上下关系，即君臣关系，夫在上，妻在下；同时，也包括男女关系，这是平行关系。合起来才是中国传统文化中夫妇关系的实相。有些人认为传统文化中只强调夫妇中的上下关系，这是不正确的，夫妻也存在平行关系。夫妻在家，以平行关系为里，在外，则以上下关系为表。在外边的时候就表现出上下关系为主导，在家里就是平行关系为主导。这就是夫妇有别，表里阴阳。

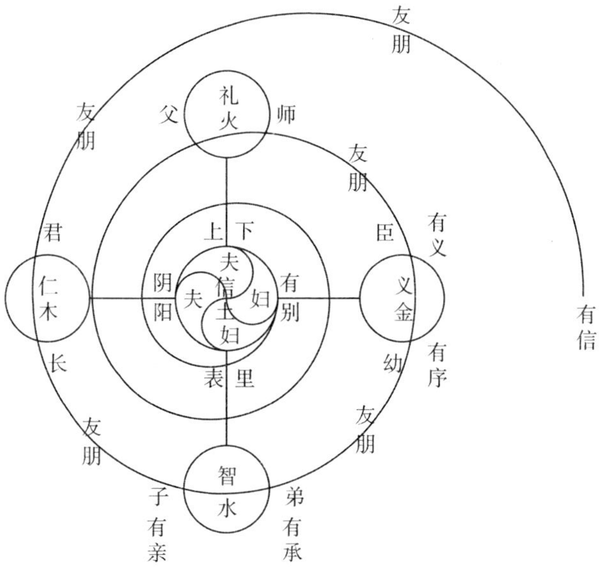

图 22-4　五伦大道

家中还有父子关系，父子之间应“父子有亲”，子在北方，主智。若父子不亲，儿女就容易缺少智慧。通俗地说，缺乏父爱母爱和不爱父母的儿女往往情商不高。孔子讲父为子隐，子为父隐，父子之间不应互相揭短，否则会伤害亲情，是不符合伦常的行为。所以，要善巧的应对父子之间的短。有人提出这种观点：当面教子，背后教妻，就是儿子要公开教，妻子要私下引导。但是，如果儿子公开教不就是不隐了？因此我认为这种说法并不圆满，实际教子应该有所隐有所不隐。凡是牵扯到私德的地方就要隐，凡是牵扯到公行的时候，就不要给孩子隐。因为人皆有私、世皆有私，而天地无私、天地无情。有私就有情，人情本来如此，无关善恶。私跟好坏没有关系，跟公正偏斜也没有关系，它就是一种情感。假如否定了人的私，这是不通人性的。

家中有兄弟姐妹，所以叫“长幼有序”，哥哥叫长，弟弟叫幼。在古代，哥哥比弟弟大二三十岁都不算罕见，母亲十四五岁生大哥，四十多岁再生弟弟也是有可能的。

走出家庭，来到世间从事功业时，就有君臣关系，君臣之间要“君臣有义”。根据我的理解，想在此提醒大家，君臣关系并不是垂直的上下关系，而是序位关系。兄弟之间要长幼有序，兄弟关系和君臣关系都叫长幼关系。在古代，只有摆正君臣关系，才可以缔造强大的王朝。如果君主总是高高在上，不尊重臣下的建议，蔑视臣子的地位，这个王朝迟早出问题。君臣要在世间做事，所以要有行，假如君在上面作威作福，臣在下面偷奸耍滑，都不做事，那就都是不义了。君臣之间围绕着行，是平行的工作关系，他们只是序位上有前后之分，君为前，臣为后。现在有些人把君臣关系看做上下的关系，我认为这才是愚昧迷信，是真“封建”，是需要批判的。

很多人不知道，真正需要上下关系的不是君臣，而是师生。老师和学生之间的关系是上下关系，因为师徒之间是传道的关系。如果老师不在高高的尊位，学生对老师升不起恭敬信服之心，道是难以传承的。

最外围的是朋友关系，要“朋友有信”，朋友关系是动态的，师徒、君臣、父子、兄弟甚至夫妻都可以成为朋友。朋友无处不在，相应的信也要贯穿于夫妇、君臣、师徒、长幼关系之中。伦常是一种理，其中既包括天理也包括人理。伦常之理背后有天理：父子有亲、君臣有义、长幼有序、夫妇有别，其中都蕴含着朋友有信。

中国人将人伦关系归结为五个方面，五伦之中都体现了仁义礼智信。子行伦常，子行五行，伦常依托于五行，这样伦常就合一了。因此，五常之德乃是常道，而五常大道的反面，不仁不义不礼不智不信则是应该杜绝的情况。关于这一点，孔子在《论语》中通过四绝、四教来说明。

四绝、四教

孔子在行的过程中杜绝了四种情况，《论语·子罕第九》第四条：

子绝四：毋意，毋必，毋固，毋我。

五常的反面是四绝。“意”是凭空猜想，“必”是不知变通，“固”是固执己见，“我”是主观武断。既然子之四绝与五常、五行相对应，那为什么这里孔子只举了四个方面？其实，我认为应绝的还有第五个——忤逆（图 22-5）。不顺应天命就是逆天、忤逆，顺应天命对应五常中的礼，乃天理也。

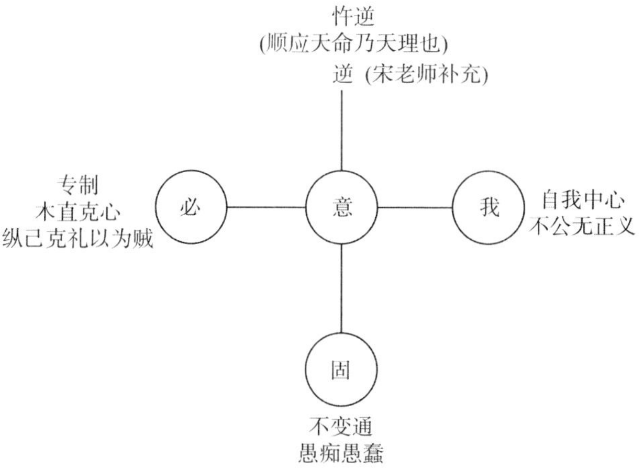

图 22-5　子之绝四：意必固我

为什么“子绝四”没有说忤逆？因为古人很少逆天，没必要说。古人很少犯逆，即使有犯逆的人，往往也都被灭族了。在古代典籍的记载中，鲜少听说有小孩逆反的情况，可如今的小孩却很多逆反的情况。我认为逆反不是先天就有的，而是后天教化不当产生的。因此，不能只责怪孩子逆反，而应当审视社会和父母的行为。

除此之外，这四绝分别与五常中的信、智、仁、义相对应：“意”指的是妄，妄是信的对立面，信居中，对应脾、土；“固”代表不知变通，愚昧死板，水干涸曰固，缺水会就板结固定，所以叫“死板”。固是缺乏智慧的表现，智在下方，对应肾、水；“必”象征专制，木直克心曰必，行必者，曰不仁。举例来说，商人不仁，因为商人心中只有利而没有仁爱之心，所以属于木克仁。圣人是主张克己复礼以为仁的，而“必”是纵己克礼以为贼，仁居东方，对应肝、木；“我”字是手持一戈，戈是金属武器，象征以自我为中心，不顾他人感受，若只以自我为中心，就会失去公平，从而缺乏正义，这就是不义，对应肺、金。

因此君臣关系就是金木之关系，体现了仁义，正如孟子所讲的“何必曰利？亦有仁义而已矣”。仁义两端，取乎其中，这即是中道，知两端而取中，知两端而用中，仁义也。孟子说的仁义，并不只是现代人所称的“仁义道德”的“仁义”。孟子讲的是天地之道、治国大道、世间常道，如此仁义之间是有忠信的。

我们现在读《孟子》，大多以为孟子讲的是抽象的仁义道德。其实，孟子讲仁义的时候也是在讲孝、忠恕、中正和理。我们在一定程度上误解了孟子的意思，事实上孟子所言的仁义是世间大道，是如何运转世间的仁义。

孔子在行的时候杜绝了以上五种情况：意、必、固、我，以及没有明言的忤逆，其背后是五行、五常、五伦大道。孔子在教弟子、给弟子传道的时候用的方法是四教，行在这里属其一。《论语·述而第七》第二十五条：

子以四教：文、行、忠、信。

子之所行是伦常，子之所教：文、行、忠、信，也是伦常。五伦、五常的背后是五行关系，这里的四教背后则蕴含着阴阳关系。文和行是一对阴阳，文为阴，不言而彰；行为阳，表露于外。忠和信也是一对阴阳，传文必有信，笃行必依忠。文为阴，阴中有信；行为阳，阳中有忠。文行忠信，阴阳平衡。

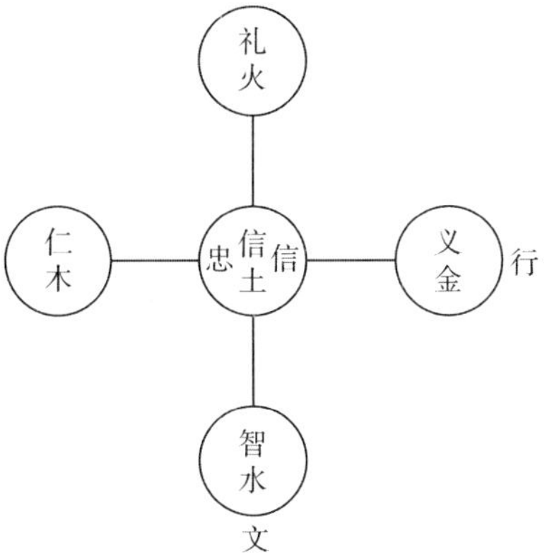

图 22-6　四教对应五常图

若将文行忠信对应到五行、五常模型中，如图 22-6 所示，文属智，在北方，行属于义，在西方，忠信围绕着“中”构成一对阴阳，居于中央。因此，文行忠信在五行中的位置都在右下角（西北方），有趣的是，前文（图 22-1）提及的中、华、夏，都在左上角（东南方），刚好对称。中国的大道显现于东南，但在执行操作层面则要从西北方向着手。左上角是表，右下角是里，此为中华文明阴阳表里之道，圣人太高明了！因此，我们一定不能孤立地看《论语》，而是要将每一条与其他相关的内容结合、对照着来看，用心体察，其中必有微言大义。

第二十三讲

文化自觉，斯文在兹

《论语·子罕第九》第五条：

子畏于匡，曰："文王既没，文不在兹乎？天之将丧斯文也，后死者不得与于斯文也；天之未丧斯文也，匡人其如予何？"

"天之未丧斯文也，匡人其如予何？"这一条是讲天命的，呼应"子罕言利与命与仁"，表达的是圣人的文化自觉和对天道的担当，体现了一种斯文在我，舍我其谁的大无畏精深。传承和发扬我们的文化是每一位华夏儿女所肩负的责任，我们要向孔子学习这种文化担当和自觉。顺应天道是一个人的基本素养，人虽由父母而生，但皆生于天地这个大父母，对父母要孝亲恭顺，人道如此，对天道也应如此。

"子绝四"是一个君子的基本操守。因为当时的人几乎没有反逆的意识，所以孔子并没有讲"绝逆"。古代有很多时期社会风气很好，路不拾遗、夜不闭户。为什么会有如此好的社会风气，因为在当时的社会中众人皆如此行事，不会想着将他人的物品占为己有，很淳朴，甚至有些憨厚。

在古代人心淳朴，斯人之天命本无人逆，时人皆知命顺命。一般人常犯的就是意、必、固、我这四条。

在古代读书是真读书，读的是君子之学。横渠先生讲的"为天地立心，为生民立命，为往圣继绝学，为万世开太平"是当时读书人内心的真实写照。"留取丹心照汗青""我自横刀向天笑"历史上为家国天下舍生取义的英雄辈出，正是这些舍生取义、为民族苍生而英勇就义的仁人志士，塑造了中华民族的脊梁。在那些时代，仁人志士在面临舍生取义的抉择时往往能够迅速做出决定。这并非意味古人不珍惜生命，而是他们把天下国家、民族大义看得更高，他们可以为了成就道义而慷慨赴死。

古代有德行的人面对生活，无论穷富还是得失成败，他们心中对未来没有恐惧，对当下也没有浮躁之气，泰然自若活在当下。而今，有些人尽管物质富足，内心的焦虑与不安却愈演愈烈，心理与身体问题层出不穷，根源在于心出现了问题，无法真正活在当下。古人的境界我们同样可以达到，只要我们保持内心足够的定，正如《大学》中所讲，做到了止定静安，自然就会有虑和得。这条是讲天命的，而天命最大的学问是人能知止于天命。知止为水，主智，在坎位上，天命为火，主礼，在离位上，人能知止于天命便可谓之仁，就可以称为仁者了。

吾非生而知之者

《论语·子罕第九》第六条：

太宰问于子贡曰："夫子圣者与？何其多能也？"子贡曰："固天纵之将圣，又多能也。"子闻之，曰："太宰知我乎！吾少也贱，故多能鄙事。君子多乎哉？不多也。"

太宰问子贡，夫子为何拥有如此多的才能？他已经成圣人吗？子贡回答道，这是因为老天让他成为圣人，因此赋予他很多才能。孔子听后觉得子贡过分夸奖他，便说道，太宰哪能了解我？我自幼失去父亲，跟随母亲，从小就忙于生计，因此才会这些技能。孔子此言显然带有谦逊之意，他当然是多能的，同样也具有圣人的境界。孔子这样回答背后还蕴含着一层含义，即君子不是器，君子是无需多能的，能够在无能之中显现各种才能，才可称之为君子，借此告诉大家不要执着能或不能，也不要执着凡和圣，而是应回归当下的平常。

在孔子的学生中，有人认为孔子生而知之，因此认为孔子无所不晓。“天纵之”，“纵”是赋予、加持的意思。“纵”是直接从天顶上直接灌注，与“天纵奇才”中的“纵”是一个意思。孔子否定了自己是生而知之者的说法，他提到小时候家境贫寒，作为穷人家庭的孩子，早早就开始承担家务，因此掌握了许多技能，这些技能都是通过后天学习所获得的。

关于生而知之的问题，这里需要澄清一点：孔子生而知之的并非所有知识。他并非天生就掌握所有知识，知识层面的还是要持续学习的。庄子曾感慨“吾生也有涯，而知也无涯”，知识是无穷尽的，我们在有限的生命里不可能学完所有的知识。在《两小儿辩日》的故事中，也表明孔子在知识方面并非无所不知。尽管他并非知晓所有知识，但一旦接触到，他就能立即把握关键，因为他是站在更高的维度来看这些事物的。

孔子用一生演绎了君子不器，无论苦难还是辉煌，他都是一以贯之。这一条从太宰、子贡、和孔子三个角度来解读孔子。孔子说“吾少也贱，故多能鄙事”，这展现了他的谦逊之态。然而，值得注意的是，孔子并没有否认自己多能，只是将其归因于生活的压力。被生活所迫的人有很多，为什么只成就了一个孔子？因此，这背后隐藏着孔子所罕言的命，纵然孔子是有天赋的，但如果过于强调命运可能会扰乱人心，助长迷信，从而降低人们的学习积极性。综上所述，这一句话总结为：君子不器，罕言命与仁。

“君子多乎哉？不多也。”这句话我们可以从三个方面来理解。第一，孔子认为多能是很正常的情况，其他人也可以；第二，孔子认为没必要多能；最后，孔子认为自己的能真的不多。因此，在研读《论语》时，你会发现其中存在许多看似矛盾之处。这些矛盾恰恰体现出圣人如龙、不见真身，圣人是神龙见首不见尾的，我们很难看清圣人之全貌。

圣人喜欢表现平常，庸言庸行。如此做就是防止弟子学生们因落入迷信而不去实证实修。很多修行很好的大师在晚年的时候，容易会被弟子捧上神坛神圣化，导致他不能像早年一样与弟子轻松愉快相处，这是被捧太高的窘境。孔子如此回答，也是避免自己被弟子推上神坛。

圣人之境返璞归真，有句俗话说："看山是山，再看不是山，再看还是山"。圣人不言道，而道就在生活平常处，孔子罕言利与命与仁，正是劝诫学生要活在生活的当下。

第五条和第六条从两个不同的角度讲天命担当，前者是孔子从文化自觉、天命担当这个高度讲天道担当，后者是从生活细节和实际着手讲圣人的特质。这两条相互呼应，孔子自己体现了"斯文在兹"这种承担天道的自信，但是孔子给学生讲的时候却强调了没有什么生而知之，因为这些都是要通过勤奋学习才能获得，不能把所有原因都归结于天，而是要回归生活的平常。

君子不器，仁圣之境

《论语·子罕第九》第七条：

牢曰："子云：'吾不试，故艺。'"

《论语·子罕第九》第八条：

子曰："吾有知乎哉？无知也。有鄙夫问于我，空空如也。我叩其两端而竭焉。"

第七条的"试"并非指仕途，而是指任用。孔子提及他早年没有被任用，因此只能凭借技艺谋生，这里体现了孔子的谦逊态度。这一条和第六条可以看做连贯的整体来理解。第六、七、八条是有共同之处的，可以放在一起解读。

第八条孔子示现的是平常事、平常心，这一条是讲知的。孔子并非无知，君子应该不器，器物通常表现出的是功用，对于人则呈现为多能、多知、专业化和职业化的特点。我认为，君子不器也可以解读为君子表现得少能少知，乃至于无能无知，平凡平常。君子并非全知全能，但君子有道，有道就可以致知格物。能与知都是术的层面，君子不器也可以理解为成君子不术，君子不器故不能，故无知，故述而不作。

简而言之，君子不器，因而不能、不知、不作，合起来就叫君子不术。因为他可以术，所以他反而不在意术，他不会成为术的奴隶，也不会成为工具的奴隶。然而，君子也要生活，所以君子艺。君子不术，而玩六艺，艺就是玩而不迷。在古代，玩的东西大多可以上升到艺，比如写书法，脱离了实用的层面，通过书法表达自己，不受外物束缚，随心所欲，是一种玩的心态。由此，我们可以理解真正的仁德意味着什么，仁者应该达到何种境界。仁者就是君子不器的境界。

鄙夫认为孔子知识渊博，他只看到了孔子学问的"用"，所以孔子自己说"吾有知乎哉？无知也"。孔子掌握了学问的"体"，而对于学问之用，并没有一个具体的"用"可以抓到，所以孔子说是"空空如也"。鄙夫着眼于"用"，而孔子是知了学问的本体。孔子不是一般的聪明智慧，这个知是大知。而鄙夫只是抓住"用"的一端，想去抓住一点具体的知识。

君子不器，然而普通人的一生活得太累了，各种放不下，过得不如意不潇洒。人生不过玩焉！童子玩水火，成人玩东西，到老玩性命，玩转天地，玩通王道，玩圆水火，玩愿气脉，玩玄、玩真、玩奇、玩达中道、玩聪明后糊涂，玩烟火人间，皆人情人气，惜意绵绵，思思念念，嘻嘻哈哈，息息念念，感应道交，感格人心，感同身受，感通天地，人生可以玩焉！皆太极焉，混沌焉，中道焉，东西南北焉，通达焉，诚明焉，亲民焉，至善焉，知止焉，飞龙焉，黄中透理焉，生生不息焉，尚善焉，玄之又玄焉，众妙之门也！

纪贤诗曰：

少年老伙计，结伴向前路，
到老终无悔，立志何所复。
年壮修心性，称为老父亲。
逐渐老顽童，糊涂最舒服；
号称老神仙，世间渐模糊；
三分呵呵笑，从心无所逾！

这里所说的“玩”，也就是不器，人在社会中很容易器物化被束缚住。如何理解“器”呢？用现代的一个词来说，就是工具化。如今，许多人被圈定在特定的职业、人设，甚至生活习惯中，这就是“器”。“器”可以说是缺乏自我意识的一种表现，比如医生、教师等职业的人回到家中无法摆脱职业角色，习惯特定款式的衣服发型就难以尝试其他风格，等等。“器”就是缺乏了生机活泼，唯有机械化的动作。如何不器？以玩的心态去生活，从心所欲而不逾矩。我认为孔子这位老爷子很有意思，他比释迦牟尼有趣多了，释迦牟尼一般不会开世俗玩笑，而孔子是活在世俗中，言行举止更具生活气息。

空空如也，叩其两端

孔子是文化自觉天道担当，是从高处着眼，低处入手，倡导学问要落地在平常处。孔子担心我们无法理解，讲了很多例子，反复启发我们。那么，如何从低处着手呢？首先，我们要在日常生活中保持平常心，平等心是居中的（图23-1），然后才能看清天理拥有平等心，进而才能引发仁的慈悲心，义的清净心，智慧的觉知心。如果没有中间的平常心，内在的自新、自觉、自信也无法展现出来。平常心就是君子不器，表现为少能、无知、不作，但是又述而多艺。

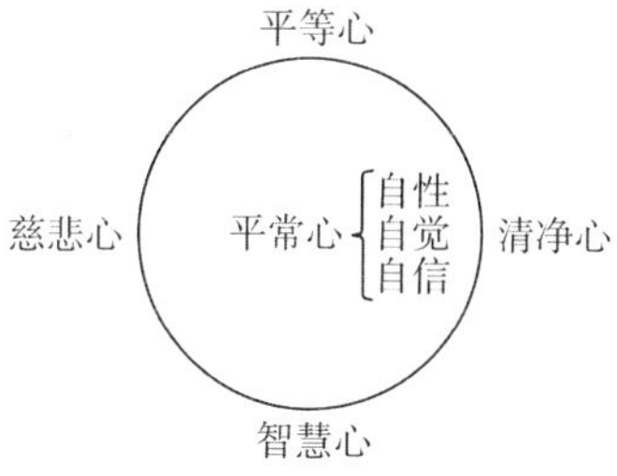

图 23-1　*五心应世*

在这里，“述”的是天地君亲师。对天道为什么要述而不作，不能一味标新立异呢？人之所以过度追求标新立异，一定程度上是由于内心的贪嗔痴慢疑这五种心的驱动。如果道被人的五毒掺杂，还能称之为道吗？多艺是为己而非为人，为人太累了，伟大的作品往往并非为了迎合他人口味创作而成。艺就是自己玩，和人玩，和大家一起玩。然而，我们在生活中玩着玩着，很多人就过度较真了，这就是着相了，玩就不要着相，不要过度较真。生活中许多情况也是如此，比如，为人父母的最高境界就是在玩中完成孩子的教育。父母需要共同合作，为孩子创造激发其天赋兴趣的环境，从而使孩子成才。许多家长抱怨孩子存在难带、写作业困难等问题，原因之一就是父母心怀过多期待，希望孩子能完全长成他们所想象的样子，父母太较真、太迫切了，把焦虑、暴躁的情绪倾泻给孩子，这反而伤害了孩子。

依据我的理解，我们来看孔子是怎么“玩”的？“有鄙夫问于我，空空如也。”鄙夫与太宰提出了相同的问题，询问孔子是否有生而知之的智慧。太宰和鄙夫代表了两个不同阶层的人群，从两个群体来探讨孔子智慧的来处。孔子回答太宰“吾少也贱，故多能鄙事”，这是让大家回归到当下，不要迷失于天命，这是从天命角度来回答的。另一处，孔子是从智慧层面回答鄙夫的，孔子说我知道的也不多，我只不过经常空空无所执着，始终秉持着中道，可以抓到事物的两端，因此能够比较圆满的看清问题。

在这个场景中，太宰和鄙夫代表两个极端的人，一端是能，一端是智。太宰代表了能力层面，牢曰代表了技艺层面，而鄙夫代表了智慧层面。孔子以两种不同的方式回应了他们的提问，鄙夫问智时孔子却说自己空空如也。实际上，人确实应该常保持空空如也的状态，即空观状态，如此才能以一颗平常心去叩其两端，才会让智慧显现。智慧不能刻意，不能掺杂太多的目的，需清除杂念，于空处观到事物的本来面貌。

问题处就是修行处。事实上，当对方提出问题时，往往答案已经有了。孔子根据对方的问题巧妙引导他们自行领悟问题。当有人问少时，孔子就从多的一端回答；而问多时，孔子就从少的一端回答；问能时，就从不能的一端回答；问智时，就从不智的一端回答。

凤鸟不至，河不出图，圣人不出

《论语·子罕第九》第九条：

子曰："凤鸟不至，河不出图，吾已矣夫。"

凤鸟至，河图出，这是圣贤出世的象征。孔子看到"凤鸟不至，河不出图"这种迹象，便说"这样我就到头了"，从这里可以看到孔子知天命而认命。孔子认命并不等同于现在所说的"宿命论"，而是体现出孔子的大智慧和平常心，展现了他的仁者情怀。这一条并非描述孔子在哀叹自己即将离世却在世间无所建树，他并没有刻意去建功立业。其实孔子本就无意追求什么成就，他完全是站在世间的角度看世间，而不是在自己的角度看世间，因为他已经到了无我的境界。尽管孔子已经年过七旬，他并未为个人理想未能实现而忧心忡忡，而是回归当下，淡然地表达自己面对人生局势的态度——"这场人生旅程，我也到尽头了。"

这就是孔子的不凡之处，他既不沉湎于悲伤和未达愿望之中，也不沉溺于使命未竟的惆怅之中。孔子的心态很通达、通透，他只是在陈述一个事实，是一种平常心。孔子正是用这一条表明人应平常心看待天命。孔子知道自己没有机会了，既然没有机会那就不做吧，他并没有哀叹。在《论语·宪问第十四》中，孔子也有言："道之将行也与，命也；道之将废也与，命也。"孔子不讲命与仁的大道理，而是将命、仁融入他的言行举止和日常生活中。无论面对什么样的情景，孔子的行为方式和心态都是高处着眼，低处入手。

孔子自比于凤鸟，自比于圣人。我们作为后生，孔子的一生对我们又有哪些启示呢？孔子少年志于学，"吾少也贱，故多能鄙事"，少年时期的孔子什么事都做过，因而学习到了很多的技能；青年而立时期"吾不试，故艺"，这便有了"三月不知肉味"对艺的痴迷；中年不惑时期，为道日损，空空如也，孔子智慧已经有所成；五十而知天命，所以不会畏惧，“匡人其如予何?”有对天命的信仰和担当；最后直至生命走入尾声，“凤鸟不至，河不出图”，孔子闻道而知天命，“朝闻道夕死可矣”，生命通透豁达，天人合一，仁者情怀，如如不动。

无论是孔子的“斯文在兹”“君子不器”“述而不作”和“一以贯之”这些形而上层面的学问，还是他的“少也贱”“能鄙事”这些平常生活中的学问，都在告诉我们要突破“器”的束缚。无论社会地位高低，都应有“多乎哉？不多也”“故艺”“无知也”的心态面对人生。在世间做事要有平常心，不执着有无，不执着结果。换句话说，人生如戏，游戏人间，世间如同一场梦，不必过度较真，不必太认真。

天地不均，仁心补天

《论语·子罕第九》第十条：

子见齐衰者、冕衣裳者与瞽者，见之，虽少，必作；过之，必趋。

孔子遇见穿丧服的人、穿着礼帽礼服的人以及盲人时，无论对方的年龄，都会站起以示尊敬，经过他们时也会快步走过，以示恭敬。

齐（zī）衰（cuī）是指亲人离世后所穿的素衣或麻衣，以示哀悼之情。在这期间，不应穿华丽或花哨的服饰，也不应理发，以表达对逝者的虔诚敬意。假如别人正在虔诚恭敬的治丧，你却嘻嘻哈哈，这是很不尊重的行为。每当遇到戴孝的人和残疾人，即便对方是孩童，孔子也会对其作揖，以示尊重。孔子行揖并非仅仅是对那些人，他也是在对天理作揖，孔子对天道和生命始终怀着敬畏之心。

“见之，虽少，必作”代表孔子对生命的敬畏，“过之，必趋”也是为了展现对他们的尊敬。路上遇到盲人、肢体残疾人等残障人士以及一些弱势群体，我们应主动让路。在路上遇到服丧之人，丧事是与生命和天道有关的，所以要主动礼让。当他们面向我们时，我们应以礼相待；当我们经过他们时，应快步疾行，不要因自身的猎奇心理而驻足停留，避免带给对方不被尊重的感受。这些生活中的细节都体现了孔子的仁者情怀。

我们对弱势群体的保护还需要加强，应当给予他们更多的尊重。不尊重弱势群体，实际上是违背天道的行为。举例来说，在古代有这样的传统，一家有四兄弟，如果老大富有而其他三个生活拮据，按照传统，老大应该帮助其他兄弟，因为古人认为老大一人独享了祖上的福祉，因此有责任帮助其他兄弟。同样，作为一个身体健全的人，当遇到残障人士时，我们应该庆幸自己的健康，同时对弱者心生怜悯并给予方便。如果有钱人为富不仁、傲慢无情，穷人将如何活？天地生而不均，所以才有人道来补，如此方能平衡，这就是仁。现在，有很多企业家很有智慧，注重企业经济效益的同时还注重社会效益，做了很多的慈善，事业也越来越好，因为这是合道的，天不可欺。

《论语·颜渊第十二》有云："死生有命，富贵在天"，贫富虽是天命所定，但是尊重弱者，敬畏生命之心亦可补天。命和心是两个概念，命指的是天命，仁指的是人心。仁者情怀讲的是心，天命不可违，而人心却可以真诚仁爱。孔子对天命表示敬畏接受，不过多言命，所以他的学问多是落在人心上面。天命难改，但人心相对好改，用人心与天命相呼应，从而实现生命的真正平衡，这就是中庸的最大核心——平衡。仁心可以立人安人，没有这个仁心，一个人就背离人伦，丧失人性，哪里还有仁。

仁圣之境

《论语·子罕第九》第十一条：

颜渊喟然叹曰："仰之弥高，钻之弥坚。瞻之在前，忽焉在后。夫子循循然善诱人，博我以文，约我以礼，欲罢不能。既竭吾才，如有所立卓尔。虽欲从之，末由也已。"

颜渊喟然叹曰："老师的学问功夫和道德，我抬头仰望，越看越觉得高大，我努力钻研，越钻研越觉得不能穷尽，明明看起来是在前面，忽而又在后面。老师善于一步步引导我，通过天文、天理、周礼开拓我的视野，通过礼仪制度规范我的言行举止。我想停止学习却欲罢不能，用尽了我全部的才能。就像有个十分高大的东西立在我面前，我虽然想追随上去，但却没有途径做到。”

实际上孔子在世时已经称圣，从这一条就可以看出弟子颜回对他的崇拜。在这段文字中，为什么只写了颜渊有此叹，而未提及其他人？我认为这是因为在其他人那里，未必有颜渊同样的感慨。颜渊完整传承了孔子的心法，而孔子的心法在其他弟子中大多是分解而传的。其他人对孔子学问的传承不如颜渊精深，也就难以达到颜渊所领略的境界。这一条相当于文学中的侧面描写，借孔门高徒颜渊之口来展现孔子的境界之高远。

总的来说，《论语·子罕第九》这几条从情怀、境界、天道的高度和文化自觉的角度，充分展现了孔子的担当和活在当下的智慧，又从太宰、鄙夫以及弟子颜渊等各种人群的角度，多个层面展现了仁圣之境。

第二十四讲

天纵之圣，君子不器

上一讲围绕着“君子不器”，从太宰、牢曰和鄙夫三个维度进行了阐述。也正是孔子的“不器”，才引发颜渊“瞻之在前，忽焉在后”的感叹，因为颜渊深入了孔子学问的精微处，感受到夫子全息的气象、仁圣的境界，故能有此一叹。除颜渊外，《论语》的编纂者很懂得用侧面描写的手法表现夫子的形象。比如《论语·子罕第九》第六条中，同样借弟子子贡之口称赞夫子为“固天纵之将圣，又多能也”。这种写作手法十分巧妙，不是直接刻画孔子本人，而是借孔子身边人对他的评价来展现夫子，使其形象显得更为真实可信。

总结一下《论语·子罕第九》的前几句，也符合仁义礼智信五常模型（见图 24-1）。第五条是讲“斯文在兹”的，是对天命的信，居于中间。第六条“天纵之将圣”与第九条“凤鸟不至，河不出图”是对天理的直接承当，是大礼的体现，居于上端；第七条“吾不试，故艺”是君子援艺入道，保留生命的真性情，是大仁的体现，居于左端；第八条“吾有知乎哉？无知也”是孔子不执着、不固执，是智慧的体现，居于下端；第六条“吾少也贱，故多能鄙事”是行且多能，是大义的体现，居于右端。

对于上端之天命，孔子既敬且畏，体现了四绝之外的“毋逆”；对于下端之智慧，孔子曰无知也，体现了四绝之“毋固”；对于左端之艺，君子并没有以出仕来作为自己唯一的选择，畅游于艺，即不以任何器物局限自己，对应四绝的“毋必”；对于右端之行，孔子自谦“吾少也贱，故多能鄙事”，对应四绝之“毋我”；中间对天道的担当和文化自觉，就是对天命真实的信，不虚妄，对应四绝的“毋意”。

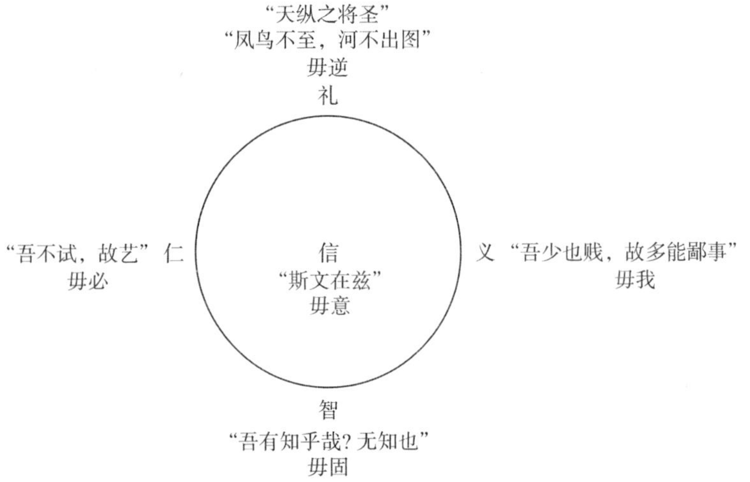

图 24-1　天纵之圣

天纵之圣就是凤鸟至、河出图的圣人，圣人的出现伴随着祥瑞。然而，天纵之圣还需要在适宜的时代展现其才华。孔子被认为是天纵之圣，但却未能遇到适宜的时代。孔子在说“吾已矣夫”时，并非在为自身命运叹息，而是表示遗憾，认为自己无法改变当时的世道了。孔子感慨，自己是没有机会去改变这个时代了，那就留下传承让后人去做吧。《孟子》中有一句话也表达了类似的意思：“虽有智慧，不如乘势；虽有镃基，不如待时。”也就是说再出色的工具也需等待良机，人做事情也需要有外部时势、时运的帮助。

孔子五十岁的时候肯定是知天命的，他已经预知了这个结果，既然孔子知道天命为什么还要去做？其实，我们历史中很多圣贤都是明知不可为而为之。中华文明之所以源远流长，正是因为这种自强不息、迎难而上的精神，明知不可为而为之。文天祥、陆秀夫、戊戌六君子亦是如此，眼看家国危亡，大义在此，圣贤豪杰舍身而匡天下，用自己生命来定世间中道，“士见危致命”这是中华民族自强不息的大乘精神。

敬畏弱者，循循善诱

《论语·子罕第九》第十条：

子见齐衰者、冕衣裳者与瞽者，见之，虽少，必作；过之，必趋。

这一条是讲仁者情怀，体现孔子对生命的敬畏，可见孔子是如何用仁的。什么是仁呢？仁的五行对应木，木代表所有植物和动物，而在植物和动物中，最高等级的是人。人字是上顶天下立地，顶天立地才能称为人。

这一条提到人有几种值得怜悯的状态，孔子视所有生命为平等。有些人只对强大的生命表现出敬畏，对于弱者漠然视之，而孔子却恰恰对弱者也怀有敬畏之心。举例来说，当一次马厩失火时，孔子第一时间关心的是有没有人受伤，而非关注马匹的状况。在那个时代，马厩内的人肯定不是显要人物，通常是照料马匹的普通人。这展现了孔子的人文关怀和博大慈悲之心，因此第十条强调了对生命的平等尊重。虽然文中提到的只是瞽者，但实际上代表了所有其他残障人士。

《论语·子罕第九》第十一条：

颜渊喟然叹曰："仰之弥高，钻之弥坚。瞻之在前，忽焉在后。夫子循循然善诱人，博我以文，约我以礼，欲罢不能。既竭吾才，如有所立卓尔。虽欲从之，末由也已。"

这一条主要是讲孔子的行和方法，是通过颜渊的感受来呈现的。前半句"仰之弥高，钻之弥坚。瞻之在前，忽焉在后"可以视为孔子自己所示现的大仁，颜渊对此的直接体会，后半句"夫子循循然善诱人……"则描述了他教导别人的大义。

这段文字给了我们许多关于学习和教育方法的启示。首先强调学生要有仰之、钻之的精神。其实我们现在解读《论语》就是在仰之、钻之。"循循然善诱之"是颜回对孔子教育的认知，孔子教育学生是"不愤不启，不悱不发，举一隅不以三隅反，则不复焉"，意味着如果学生没有真正的思考，孔子就不会过早地去启发引导他们，如果教给学生一个内容，学生不能从多个方面去理解，不能举一反三，孔子就不再重复了。这里其实在强调孔子传的不仅仅是知识，而是道。知识可以多次重复，而道只能通过自己去领悟，因此孔子是“循循然善诱人”。

换个角度来看，这一段表面上是颜渊在描述孔子，实际上也是颜渊个人仁德的体现。这一句特别描述了颜渊“喟然叹曰”，而不是其他人，因为颜渊的“仁”在孔子弟子中名列前茅。在《论语·先进第十一》提到的四科十哲中，颜渊居于德行科之首。《论语·公冶长第五》中提到了子路，“子路有闻，未之能行，唯恐有闻。”从中可以看到子路和颜渊不同的学习状态。那么是否可以说颜渊学得更好呢？我认为确实如此，因为颜渊是得到孔子心法传承较早的学生，而且“回也闻一以知十”，可见颜渊（颜回）在学问方面悟性很高。颜渊是追着孔子学，而其他学生相较于颜渊领悟力就差了一些。因此，孔子是因材施教，非其才不教。这段文字应该是后人为赞扬颜渊的学习状态而记述的。

博文约礼，欲罢不能

孔子罕言利与命与仁，谈的最多的是礼、义和信，这里就提到了“约我以礼”。

“博我以文，约我以礼，欲罢不能。”这里的“文”指的是学问。子夏曾说：“贤贤易色；事父母，能竭其力；事君，能致其身；与朋友交，言而有信。虽曰未学，吾必谓之学矣。”这里的“学”也是学习学问的意思。孔子的文和行是合一的，文的背后是有行的。就如仁义一样，二者常常共同存在。文行不二，文中有行，行中有文，文行并列。通常谈及学时，是文与行并存的；而谈及文时，是有学又有行的；如果仅涉及行，就不一定有文和学了。

在《论语》中，很多话虽然是孔门弟子说的，但其实还是孔子思想或者孔子思想的发挥。在这里，子夏将孝道、忠君、诚信等定义为学问，所以孔子的“学”是做人之学，包括具体的行为。现在的“文”约等于“辞”，而在古代，“文”则指天道。

“既竭吾才，如有所立卓尔。虽欲从之，末由也已。”“既竭吾才”在我看来不是指用尽才能，而是指把自己的才能完完全全地激发出来。在现代，我们也有“卓然而立”这一成语，意思是不同寻常地立在那个地方。这里的“欲罢”不仅指“文”的欲罢不能，还调动起了自己所有的能力，但是“文”和“礼”还高高地耸立在那里，虽然渴望追随却无路径可寻，这里的“由”指路径。这一段话需要从文气的角度理解，文章是有气脉的，读古文要抓住它的气脉所在。

“仰之弥高，钻之弥坚”是颜渊对孔子的赞叹，同时展示了自己的学习方法是仰之、钻之、瞻之。颜渊对孔子教导的觉受是“欲罢不能。既竭吾才，如有所立卓尔”，这些都是内心状态的呈现。在《论语·子罕第九》第八条中，当鄙夫询问孔子时，他回答道“空空如也”，颜渊却在这里指出“瞻之在前，忽焉在后”，其实就是描述孔子的大道无形。“博文约礼”属于有形的范畴，而“瞻之在前，忽焉在后”则是无形的，属于“空空如也”的部分。颜渊所言“既竭吾才，如有所立卓尔”揭示了一般的二元对立思维无法理解孔子天道的内容。

这一段话的关键在于找到文气所在。在读古文时，若找不到文气就难以读懂，而读懂了就说明大概率是抓住了文气所在。从文气上，夫子说自己的学问“空空如也”，一般人抓不住孔子的思想，所以才有“仰之”“钻之”“在前在后”之说。这种“仰之”“钻之”不仅描述了颜渊的学习方法，也反映了孔子“空空如也”的智慧。

颜渊意识到了语言的有限性，难以用言辞或文字准确表达孔子的思想，所以颜渊通过很多比喻来描述自己的内心感受，同时也折射出他的学习方式，清晰展现了颜渊对孔子的无限信任和追随。“博我以文”，既是感受也是颜渊的学习方法；“约我以礼”，呈现孔子具体教的方法和教的内容。礼之用，和为贵，在心性上讲就是上下和，显现在世间就是左右和，而“约我以礼”其实就是天下世间都合一了。

颜渊对于“博文约礼”的感受是“欲罢不能。既竭吾才”，此处一是描述了感受，二是描述了状态。在“欲罢不能。既竭吾才”状态下，依然是看得到而摸不到，虽欲接近却无路径可寻。但其中并没有灰心想放弃的意思。“末由也已”即为无可行之路，“虽欲从之”即为渴望追随却无途径可循，如果有路径那么颜渊一定能追上去。因为没有路径，所以只能“如有所立卓尔”，似乎近在眼前了但仍然触不可及。客观来看，颜渊在心性上已经取得一定成就，但是孔子的成就更为卓越。因此颜渊这里只是描述了一个状态，他是用平常心描述的这种状态。

“博文约礼”是孔子向颜渊传授天道的学问，颜渊虽然看到了但是没有达到，所以结尾才说“虽欲从之，末由也已”。宏观上看，颜渊已经看到并且触摸到了一部分天道，但还是没有合一。众所周知，颜渊英年早逝，令人惋惜，被后人尊称为“复圣”。以他的智慧，如果能有足够的时间，大概也是比肩孔子的圣人了。

而且，真的没有路径吗？肯定是有路径的，其实这里颜渊是有谦虚的，只是当时没有找到路径，如果再给他一些时间，必然能找到。值得注意的是，圣人只是以平和态度谈论此事，内心并无情绪的波动。《论语·子罕第九》全篇探讨大仁之学及境界，前文强调“意必固我”，后文怎么可能还出现我执呢？所以这里面没有臆断、个人中心主义、固执不变通的意思，这是圣人之间的对话，不能用凡夫的境界去体会。圣人的感叹是对道的感叹，不会像平常人流露出凄凄切切的情绪。

天不可欺

《论语·子罕第九》第十二条：

子疾病，子路使门人为臣。病间，曰：“久矣哉，由之行诈也！无臣而为有臣。吾谁欺？欺天乎？且予与其死于臣之手也，无宁死于二三子之手乎！且予纵不得大葬，予死于道路乎？”

这一条是在描述圣人之德，“子路使门人为臣”是造假，是欺天，是行诈。孔子对于自己生病期间子路这样的做法，隐含了深深的责备。孔子自己只有门徒而没有门臣，子路这样做，他人会误以为孔子有臣。子路这么做是欺骗谁呢？能欺骗世间、欺骗老天吗？孔子认为门徒应传承天道，而臣应在世间建立功绩，所以他说与其让我死在门臣手里，还不如让我死在徒弟的手里。也就是说与其在世间功业中终结生命，不如在传承道统中离开人世。即便死后未能受世俗帝王待遇，也不至无地安葬吧！

子路让门人以臣子礼仪对待他，这显然属于越礼之举，孔子是坚决反对越礼的，所以在这里严厉批评子路。这就是真实的孔子，孔子平时就我行我素，这种我行我素与现代人理解的任性可不是一个境界。前面我们讲过“绘事后素”，“素”是本色的意思，什么是“素”？追求大道是孔子的本色。所以孔子我行我素是行自己的本色，而现代人行的是自己的秉性。

在孔子看来，传承道法胜过世间功业。孔子原本期望在世间树立功绩，复兴周礼，是希望圣王功业合一，但遗憾的是，世间线走不通，就只能选心性天道这条线了（如图 24-2）。因此，孔子更加看重道统传承。孔子达到了三不朽，世间对应的就是功业，道统对应的是立言，还有一个就是立德。在孔子眼里，立言比立功重要多了，因为言论能流传千秋万代。通过立言也能启发后人，造就更多的圣贤。当世的功业做不到就做不到了，启迪后人更为重要。所以在这里就能看出孔子的大智大仁，孔子的学问也可以称作“大仁之学”。做什么更重要？给子孙留下什么更重要？他自己清清楚楚。

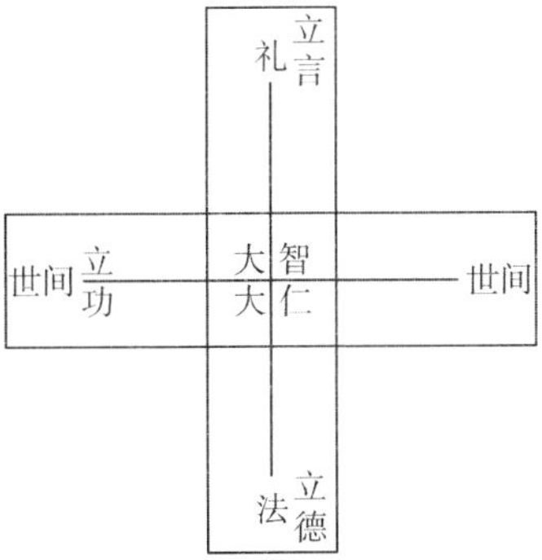

图 24-2　大仁之学

孔子之所以被誉为集大成者，有多方面的原因，其中非常重要的一点就是孔子培养了众多弟子，而且弟子们把他的言行传承了下来，并广为流传。其实，有很多君子圣贤都被淹没在历史的长河中，比如《论语》中提及的一些隐士，他们都很厉害，但只是侧面提及留下了只言片语。换句话说，历史上有很多立功立德的人并没有留下多少言，由此可见立言的重要性。

善贾不来，则居九夷

《论语·子罕第九》第十三条：

子贡曰："有美玉于斯，韫椟而藏诸？求善贾而沽诸？"子曰："沽之哉！沽之哉！我待贾者也。"

这一条子贡讲了一个寓言：一块美玉被放在盒子里，他问孔子是打算将其藏起来，还是等待懂玉的人前来购买。孔子回答道：卖掉它吧，我正等待那位懂行的人来。这里师徒二人是在用卖玉来类比做官。这一段话是讲孔子的天命，孔子正在等待一位真正懂得道的人。"沽之哉！沽之哉！我待贾者也。"潜在的意思是孔子在寻找真正了解并重视道的人。因为道一定要显诸世间，所以学而优则仕，需要有人任用。儒家的学问不是那种一味隐忍，而是要明知不可为而为之，要建功立业，博施济众，有所作为的。

在商业领域，坐贾和行商代表着单次博弈和多次博弈。行商倾向于短期交易，而坐贾更重视信誉，更适合长期合作，因此孔子更看重有信誉、值得信赖的君王来支持他。善贾就是能够懂得我、欣赏我的贾。所以中国的商道也比较看重坐贾的信誉，就是"我不逐山水而山水逐我"的境界。其实大贾若儒，反过来大儒待贾，这样贾和儒之间的关系就出来了。

《论语·子罕第九》第十四条：

子欲居九夷。或曰："陋，如之何？"子曰："君子居之，何陋之有？"

在孔子看来，只要能够实行周礼，传承西周文明，让礼乐之道普及天下，无论是贫困落后之地还是繁荣昌盛之地，都可以实现他的理想，这些地域都是平等的。孔子本人无所谓陋与否，关键在于能否推行自己的理想。为何孔子选择前往的是九夷之地，而非西戎、北狄、南蛮呢？据我所知，古代（相对于孔子时代）虽然九夷地区可能相对落后，但这里却是一个重视礼仪的地方，被誉为君子之国。因此，孔子前往九夷之地实际上是前往君子之国，孔子欲在那里传承西周文明。就如达摩认为东方具备大乘气象才前来传教一样，孔子选择前往九夷传承礼乐文明是因为那里能够拥有一定的礼乐文明氛围，而非因为在中原无法立足才被迫前往落后地区。尽管九夷之地的物质生产力相对滞后，但那里的人却可以被教化，因此，不应简单地认为九夷之地是野蛮落后之地。

研究古代文化，不仅要君子不器，还要博学多识，如果不知道这个背景就没有办法理解这一条了。阐释《论语》时，有时不仅需要丰富知识，更需要具备一定的境界、觉悟和心性。如果你的心性与书中所述理念达到一致时，便能理解其中含义。有时候，当心性达到一定境界时，或许会领会到超越文字表面的深层含义。

孔子上一条说“我待贾者也”，下一条就说“欲居九夷”。这暗示着如果无法找到合适的买家，他会考虑前往九夷；反之，如果成功售出，就不会前往九夷。这展现了孔子的实用理性主义思维。

第二十五讲

无字之书

读书一定要善于读无字之书，从书中读出“天地人性命、心志情理数”，读出“道德理气象、数术艺器物”，如果准备在世间走师道传承这条路，务必记住此法。中国古人重视师是为了传道，而师道向下传承就是培养弟子，向上寻求政权支持来行道就是做王师、做国师。为什么要请高人来做王师或国师？因为“用师者王”。

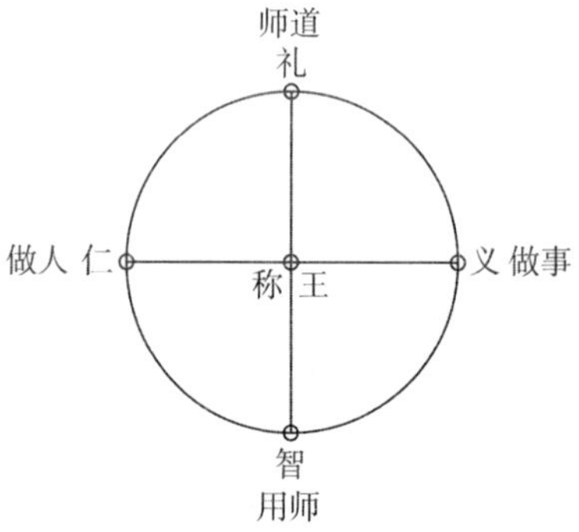

图 25-1　师道之路

中国文化讲阴阳之道。如果没有接受过正统的传统文化教育就容易产生种种乱象，比如有人明着玩阴、阴着玩阳。

士、农、工、商乃是一种分工，儒家是教化治理工具之一。然而，当这些工具被过度使用时，往往就会偏离本意。《论语》可谓是一座阶梯，我们必须透过《论语》理解更深层的内涵，才能洞悉孔子所探讨的真谛。

阴阳和五行虽然相关，但实质上是不同的概念，阴阳理论和五行理论各有其体系，同时也有将二者结合在一起的流派。阴阳理论涉及自然规律，五行理论同样渗透于自然法则中，阴阳和五行的理论都可运用于术数。孔子则将这些理论运用于伦理道德，尤其是生命伦理。

有人问，中医是否也是五行理论的一种应用？我认为，中医是全息的，是一门综合性的体系，独树一帜，中医的维度之高是超越儒家的。《黄帝内经》融合了自然之道和术数之道，包括阴阳五行和生命科学，涵盖了脏腑等方面的内容，因其内容之丰富，思想之深邃，一定程度上超越了儒家思想。根据现代学者的研究，《黄帝内经》后世公认成书于西汉时期，但根据文中的词句推断可能是战国时代。我个人认为，《黄帝内经》可能源自黄帝时代，只是一直被世世代代秘传。在中国古代，一门学问能够秘传数十代甚至上千年，想必是十分恭敬传承的。中国上古时期有很多圣人，例如文王、武王和周公等，他们各自有多种学说，而我们当前所研究的主要是以礼乐为核心的周孔之学。

中国古代有许多珍贵的文化遗产，其中不乏一些至今仍闪耀着独特光芒的少数民族文化。在这些民族中，彝族等族群的文化价值尤为突出，他们的后代仍保留着家谱文化。值得一提的是，据说彝族文化与河图洛书有着千丝万缕的联系。彝族的传承方式主要依赖于口头传播，还拥有一种古老而简洁的文字系统。

文字起初并不繁复，字形简洁明了。从语言到文字的转变并非只是一个人的发明，而是在不同时期和地域中同时流传和演变。文字的演变是一个由简入繁的过程，甲骨文虽简约，但其中也包含着繁复的字形。例如，类似“招财进宝”的短语在古文中可能只需一个字。历史上，字体转换发生了多次。尤其在秦汉时期后，随着文字的普及和书法艺术的提升，文字开始被赋予更多的审美和娱乐功能。此外，表达同一意思的字在不同地区产生了不同的字形，因此会出现意义重复的字。总之，语言的多样性使得表达更为丰富多彩。

理气象数法

五常理论早在孔子之前就存在，有观点认为它可能源自外星文化或地球上的某个古文明，无论如何，这一理论具有深远的历史，并非一朝一夕就能形成的。所谓“五常”，从自然、术数角度上说，即金木水火土；从伦理道德上说，即仁义礼智信；从内经角度上说，对应心肝脾肺肾；从季节上说，对应春夏秋冬常夏……孔子的学说强调伦理道德，而《黄帝内经》直接探究生命奥义。五常理论可以分为自然、术数、伦理、内经这四个部分。伦理、内经均探讨生命，随后发展出一部分专注于社会的学说，即世间学。

孔子的一生都以“五常”为载体，强调仁和礼的重要性，同时也涵盖了许多其他内容，如理、象、数。实际上是“理气象数”，何为“理气象数”？在《周易》中，“理”是指事物的道理和规律；“气”是指事物的气场和气势；“象”指现实世界中的万物形象，包括天地、人、物、事等；“数”是指卦爻的数量和排列方式。“法”则是对“理气象数”的解读形式。“理气象数”都有其独特的一套“法”。

例如，宋明理学着重于理和气的讨论，朱熹和王阳明从不同角度对理和气进行了诠释。阳明心学可以看作理学的一个分支，强调“心”这一要素，实际上仍属于理气之学。阳明心学实际上是儒、释、道三家合一的，可谓集大成者。朱熹也可以被看作是这种集大成者，朱熹的学说影响了中国历史约六百年，宋明理学的产生也是儒家知识分子为了应对佛、道的挑战而进行的理论创造。有学生曾问，从周孔之道到阳明心学是进步还是退步？它们本质上没有有发生变化？我认为，一旦产生这种思想，就必须进行反思，否则仍然沉浸在有局限的思维范式中。宇宙中存在进步或退步吗？其实一切皆源于本体，所以并不存在所谓的进步或退步。在我看来，它就是应时而生，应时而退的，只要与本体相契合，那就是极高的学问了。

儒家对于《周易》的研究中存在两个主要流派，即象数派和义理派。象数派侧重于术数的研究，数理派则更注重数理规律，例如宋代的儒家可以被理解为义理派，致力于探究道理和天人之间的关系。而我们学派开发的福德学说则以命运和福德为核心内容，化性便是其中的一个分支。这一体系已经形成一整套完备的学问体系，具备解决问题的方法论，可以直接应用，理论体系已经十分完备。这些都脱离不了人性，什么是人性？人性是修行的重要命题。

我们通过书籍中对孔夫子的描述，可以初步了解他的人格特征，尽管这些可能是后人美化过的。实际上，孔子也有严厉的一面，他会斥责人，在《论语》和《孔子家语》中都有相关记录，展现了他作为一个真实的、活生生的人的形象。如果近距离观察圣者，也会看到其作为人的一面。有人认为修行者超脱尘世俗务，但事实并非如此。即便是山林中的修行者也需要进食，有时是少量，但依然需要进食，许多传记都有相关记载。证悟的修行者在生活中也有情绪波动，当周围的人惹怒他们时，他们也会有斥责的情况。然而，即便斥责了他人，他们并不会因此就成为凡夫俗子。修行者仍然有情绪存在，这一点非常有趣。如果要问为什么，简单来说，只要人存在就会有情绪，这是人的自然现象，修行并不会完全脱离人性，而是对人性的自然反应有所觉察和控制。如果无法理解这一点，可能就会迷失其中，我们必须从更高的境界理解这一切。如果内心不相信存在真实的圣人，是无法觉悟的。很多人一谈开悟就觉得很了不得，可以去看看大德元音老人所著的《略论明心见性》一书。明心见性其实很容易，每个人都有资格去体验，但为何千百年后人们却鲜少谈论明心见性？因为这个概念被过分推崇。明心其实并不难，孔子所说的读书明理就是明心，见性即看清自我本性。孟子所说的“尽心知性”实际上是初步的见性，而见性、化性、转性以及本性，这些都是不同的概念。

人性的力量是巨大的，在民间，有很多人会通过发愿和祈祷来求庇佑子孙，往往就能如愿，我认为这算是人性的力量。拥有一定的人性就会有独特的个性，因为人性赋予了我们独特的本性、品格、道德、情感、兴趣等。拥有人性就会有自己的命运，拥有自己的内心、志向、理念和情感。人性会引申出许多方面，如果我们能够洞察人性，实际上就把握了道，因为人性的内核就是心灵，心与道是相互融合的。

一个人可能因为其本性的变化而成为一个更优秀的人，这也是本性所推动的结果。我们不能否认本性的存在，而应该深刻思考，如果否定本性，就谈不上真正的修行。首先我们需要接受本性的存在，然后通过改变本性，转变本性，通过明心、明理、见性、知性等方式来提升自我。如果我们把明心见性这个词切换一下，把明心说成明理，见性说成见数、见理、见情、见志，把这个心当成念看，这样的话，心是不是更容易关照到念？也就是说，见心是有次第的，而不是忽然地就洞悉到心。

见性有理上见，有行上见，见完之后再去证，然后开始转、开始化、开始证，这些概念都源自中国的传统词汇，因此我们不应该将明心见性局限于特定框架。在中国文化中，心与道是两种表达方式，道指的是道路途径，而心则代表实相。中国人在讲道时也讲实相，道实际上是一种规律，最早的“道”字就是用一个人站在十字路口中间来表示，这是“道”的本字。道是多维的、全息的，它既代表宇宙的实相，也代表路径、方法及规律，具有不同维度的解说。心后来也被赋予更高层次的含义，既包括肉体的心，也包括灵魂的心。如果我们讲生命的五层十级就是五层心和十级心，是讲不通的。中国文化并非是在实验室进行的研究，中国文化中道家将身体作为一个鼎进行试验，尝试吃的药也是以身体为试验，而儒家则通过生活实证道理，因此可见，中国人关注的是生命的实践，而非实验室的抽象概念。

中国人所说的一、二、三、四并非仅指抽象的数字概念，而是显化自然宇宙的不同维度，这被称为“取象比类”。何谓“取象比类”？即从实际中提取真相，将万事万物归类整理。举例来说，中国人进补，会选择食用某些食物来滋补特定器官，如食用形似大脑的核桃来补充大脑所需养分，这即是“取象比类”的思维方式。在中医中，许多概念都采用这种“取象比类”的方法，因此有的时候我们也可以采取这种由此及彼、触类旁通的思维模式。

正乐立言，传之后世

《论语·子罕第九》第十五条：

子曰：“吾自卫反鲁，然后乐正，《雅》、《颂》各得其所。”

这句话是说孔子周游列国，本来想成就王业，没有成功，从卫国最后返回鲁国，一路收集各地的民歌，回到鲁国后整理《诗经》，从事了文化典籍的整理工作，最终使《雅》《颂》各得其所。

《诗经》包含了《风》《雅》《颂》三个部分，分别代表了不同的音乐风格和诗歌内容。其中，《风》包括十五国风，主要描写了民间风情；《雅》描述的是贵族间互相拜访时的各种礼仪场合；《颂》则是用于祭祖和祭天场合中，表达对祖先的颂扬，是对天进行的一种仪式。儒家的传统仪式包括家祭，其中涵盖诗祭和社祭。此外，还有天祭、泰山祭等各种祭祀仪式，以及古代国家、诸侯、周王等不同层面的祭祀仪式，这些祭祀仪式有点类似于法会。

孔子探讨的是天地之道，是心性之学。孔子一生追求的也有功业。君子所坚守的三不朽原则包括功、德、言。其中，功代表着建立功勋，德一直贯穿其中，言是天道。孔子一直致力于建功立业，何谓功业？只有那些造福天下、造福家国民族的事情才能被称为功业。若无法造福天下，无法造福家国民族，只有利于个人或家庭，那便是事业，而非功业。孔子在当时虽然有建功立业的愿望，却没能得到统治者完全的信任和支持，尽管他拥有道德和智慧，却未能完全实现立功、立德、立言的圆满境界，这是十分遗憾的。

当孔子从卫国返回鲁国后，就开始立言，孔子说："我自卫国回到鲁国，然后整理乐，使《雅》《颂》各得其所。"这段话描述了孔子晚年的经历，尽管孔子并未立下显赫的功，但据后人所述孔子做了五件事，他定礼乐、明旧章、删诗、修春秋、赞易经也可算作一种成就，这何尝不是一种功业呢？孔子立言的功绩流传了下来，为后世所传颂。例如有一种说法是孔安国为《尚书》作序时，就这样评价孔子："先君孔子，生于周末，睹史籍之烦文，惧览之者不一，遂乃定《礼》《乐》，明旧章，删《诗》为三百篇，约史记而修《春秋》，赞易道以黜八索，述《职方》以除九丘。"

实际上，孔子在这句话中陈述了一个事实：在当时的音乐环境中，存在着一些缺乏秩序的音乐，这种音乐可能会带来消极影响。类似的，现代音乐中也存在一些能量较低的靡靡之音，过度沉溺其中会带来消极影响，可能会造成降低听众情绪活力等负面效应，甚至一定程度上影响社会整体风气。我们的人生境界、思维水平、社会层次以及思想深度都与自身的能量水平息息相关。对此，有些人或许有食色、名誉等不同方面的追求。在这个体系中，天命、心性、情趣属于更高级别。孔子认为乐、雅、颂这些诗礼，都是安顿我们生命的东西，各自发挥其作用，所以要放置在适当的位置上。好的保留，不好的去除。这实际上展现了孔子删定六经，为后人留下德音雅乐的一种道义担当。

礼之用：义

《论语·子罕第九》第十六条：

子曰："出则事公卿，入则事父兄，丧事不敢不勉，不为酒困，何有于我哉?"

"不为酒困"，就是不要过度饮酒。"出""入"是在义这方面，丧事同样是义，这是在讲礼之用。这一条可以总结为一个标题，礼之用：义。在外侍奉公卿，在家伺候父母兄弟，有丧事竭尽全力去办，不过度饮酒，这些事情我做到了哪些呢？这种说法其实是孔子的一种谦辞，既不妄自菲薄，又不傲慢无礼的中道态度。孔子认为平常事中同样也蕴含大义，对待公卿、父母等事宜，这些事虽然看似寻常，但孔子绝不会忽视，而是始终认真对待。这就是礼之用所显化出来的平常心、平等心。一些人批评孔子，称其为一个老好人，仅留下些许箴言，但他们未能理解，中国文化实质是讲生命之学的。

生命之学，证道为要

《论语·子罕第九》第十七条：

子在川上，曰："逝者如斯夫！不舍昼夜。"

这句话并非孔子在叹息，研究这句话必须谨记孔子的另一句话：“朝闻道，夕死可矣”，孔子这番话实际上是在提醒他的学生们生命短暂，时光易逝，大道难得。如果不闻道岂不是虚度一生？因此，若不将这句话与大道联系在一起探究，就无法理解孔子要传达的深意。孔子为何突然说出这番话呢？回溯至第十三、十四条：

子贡曰：“有美玉于斯，韫椟而藏诸？求善贾而沽诸？”子曰：“沽之哉！沽之哉！我待贾者也。”

子欲居九夷。或曰：“陋，如之何？”子曰：“君子居之，何陋之有？”

孔子本来是想要做世间功业的，但是后来孔子发现世间功业做不了，就“欲居九夷”了，最后退而求其次，没有去往九夷，孔子留下来做了正乐的工作，使《雅》《颂》各得其所，立言了。虽然言是虚的，不像功业那样实实在在，但是也是功德言之一。“逝者如斯夫”，是在提醒后继学生们要修身齐家治国平天下，抓紧时间做立德、立言、立功的事业。第十四条是在讲君子之义，就是说践道、证道在什么地方都可以，不仅是九夷，就算孔子居北狄或南蛮也都可以，只要有道的君子努力去做即可；反之，若未领悟、未实践道，诸事将困难重重。

《论语·子罕第九》中，“欲居九夷”“待贾者也”“自卫反鲁”等，都表达了相同的主题，包括“逝者如斯夫！不舍昼夜”，皆潜含一意：在世间无法建立功业时，不如就做些其他的事，比如建言。这一段中，孔子同时警示弟子们尽快证道，可解读为：“同学们，抓紧证道，趁我们尚在人世”，无论是提醒同学们尽早证道，还是告诫大家珍惜短暂生命，核心就是赶紧要证道。生命之学的核心就是证道，不证道，只谈其他是缺少意义的。

《论语·子罕第九》第十八条：

子曰：“吾未见好德如好色者也。”

人对美貌的追求力量相当大。如果能将这种追求美貌的力量转化为对高尚美德的向往，便能体现出美德力量的伟大。孔子言，我没有见过像追求美貌那样追求美德的人。然而，这样的人是存在的。孔子了解这一点，尽管未亲眼见过，却在鼓励学生们朝这个方向努力。实际上，颜回言“博我以文，约我以礼，欲罢不能。”这就是一个好德如好色者的典范。好德也可以和好学画等号，好学的目的不仅仅是为了学习知识，而是为了成就自己的生命，也就是证道。孔子说这句话的目的是引导学生尽快证道。

君子有恒，自强不息

《论语·子罕第九》第十九条：

子曰：“譬如为山，未成一篑，止，吾止也。譬如平地，虽覆一篑，进，吾往也。”

这一段和后面几条都在讲述坚持不懈的重要性，比如堆山，只差一筐土就能完成，此时停下来，是因为我选择停下来；将土堆夷为平地，尽管只倒下了第一筐，而选择继续前进，那也是我主动选择前进。这段话强调了个人意志的力量，即我们的内心可以主导事物的发展，人的内心达到何种境界，他的行为也将达到相应的境界。下面紧接着举了颜回的例子，说明坚持不懈的精神就体现在颜回身上。《论语·子罕第九》第二十、二十一条：

子曰：“语之而不惰者，其回也与！”

子谓颜渊，曰：“惜乎！吾见其进也，未见其止也。”

为山那一条首先讲了一个道理：君子好德，重在持之以恒，坚持不懈，自强不息。这里就树立了颜回这个榜样，颜回就是这样一位进取不已的君子。这体现了一种乾道精神。这两条是正面案例，下面就是对半途而废的警戒和批评，《论语·子罕第九》第二十二条：

子曰：“苗而不秀者有矣夫！秀而不实者有矣夫！”

正如庄稼的生长一样，庄稼出了苗不一定能长成吐穗（庄稼吐穗扬花曰秀），吐穗而不结果实的情况也有。换言之，一个向往君子之道的人，一天好德不难，难的是持之以恒的好德，在一生中不断进步，最终开花结果成为成德君子。这里孔子以植物或庄稼生长的例子来暗示半途而废的恶果，在任何一个阶段停下来都是十分惋惜的，然而生活中这样的情况却并不罕见。如此，便一正一反论证了坚持好德的重要性，为了不打击大家的信心，下一条孔子就在鼓励后学，努力进取，《论语·子罕第九》第二十三条：

子曰："后生可畏，焉知来者之不如今也？四十、五十而无闻焉，斯亦不足畏也已"。

常言道，有志不在年高，无志空长百岁。一个人不应单因年龄较长而被尊敬，也不应因为年幼而被轻视，因此有些孩童即便年幼，却可能具有伟大潜质，这就是所谓的"后生可畏"，因而不容忽视。孔子鼓励年轻人积极作为，抓住青春的大好时光作出成就。假如一个人在中年的时候还没有作出名堂，那么随着年纪的增长，生命开始走向下坡路，再想一鸣惊人就很难了。

总结一下这几条，从孔子个人的功业选择，经由"逝者如斯夫"转向对生命短暂、证道为要的警示，又提及颜回，赞叹其不懈之心，同时也以"苗而不秀者"为例，表达对不进取者的失望，指出人应当警惕半途而废的情况。最后得出结论：后生可畏。孔子接受了自己此生立功无望的事实，但可以立言，整理文化典籍，传承后世，而且鼓励后学要去做广大的功业。总的来说，这一段概括了孔子在五十而知天命后对现实的认知，是他直面生命的反思。

第二十六讲

心生万物，自天佑之

《周易》所言的“自天佑之，吉无不利”，这里的“自天佑之”也就是心物合一的状态。当人处于静定状态，自己的心与外物合一，就能得到己心（自）和外物（天）两方面的帮助。在这种状态下，才会“吉无不利”。如何才能做到心物合一呢？其实最终还是要在心上下功夫，不起分别就是合一，因为外物本身无所谓好坏、善恶、美丑，一切都需要人心的观照才能产生意义。历史上，明代心学家王阳明先生就曾提出著名的“岩中花树”一例。

《传习录》有云：

先生（王阳明）游南镇，一友指岩中花树问曰：“天下无心外之物，如此花树在深山中自开自落，于我心亦何相关？”先生曰：“你未看此花时，此花与汝心同归于寂；你来看此花时，则此花颜色一时明白起来。便知此花不在你的心外。”

阳明先生秉承心外无理、心外无物的观点，许多人都对此有疑惑。有人问他，比如在这深山中自开自落的花，花朵的开放是自然而然的，不是为了人才特意生长的，那岩中花树与我的心有何关系？阳明先生的回答十分巧妙，花朵的存在不是由人心决定的，但是花朵存在的价值、意义、美好则是由人心所观照的。假如你没有来到此处，没有看到岩中花树的景致，花朵仍然会开放，但是它的“颜色”却是寂灭的，只有当人看到了这朵花、感受到这朵花的美好、芬芳，去赞叹了这朵花，它存在的价值才“一时明白起来”。明白了这个例子，我们才能明白“心生万法”的真实含义。

有句话叫“一切唯心造”，很多人对此有误解，猛烈的批判这一观点。但在我看来，其实心所造的是“相”，是人对外物的感知、态度、看法，而非外物本身。所谓的妄想就是心上着相，心物合一就是去除掉这种妄想，让人清楚地看到外物的本来面目，因此会产生极为强大的力量。心生万法这一观点是大道的真相，儒释道各家都有过阐发，具体的表达方式虽有不同，但是在根源上是一样的。对于儒家而言，孔子所说的“吾道一以贯之”就是这样一种心法，曾子以忠恕一贯解之，忠恕就是如实观照，就是心物合一的状态，当人心处于“中”时就达到了“忠”。

孔子所谓“吾道”，是天人合一之道、心物合一之道、自天佑之之道、忠恕一贯之道。“吾道一以贯之”也可以称为“吾道自天佑之”。这里的“自”即是能生万法的心，心是根本，唯有开放自我的心胸，才能探索无限的世界，否则将被束缚。

心是如何生灭万法的呢？对此儒家有具体的太极动静模型，图 26-1 展示的是动态太极图。图中虽然是二维平面图，但实际上它是一个圆球，是三维立体的。我们可以将太极视作辽阔宇宙的奇点化身的原点，这即是所谓的“吾道”。太极生出两仪，阴面代表自、心、忠，阳面则代表天、物、恕。就像银河系一样，围绕着中心的太极点可以延伸、展开出无限多的星球，围绕着一以贯之的“吾道”也可以展开阴阳、动静、忠恕、自天、心物等一系列法门。

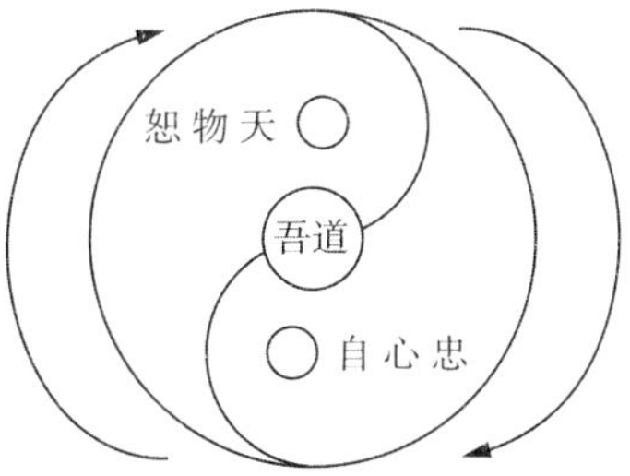

图 26-1 动态太极图

所谓“文以载道”，孔子的道记载在经典之中，经过历代儒者的精心保护、收藏才得以流传后世。实际上，如果没有孔子的弟子，圣人孔子也很可能早已被历史湮灭。即使孔子的学生们后来发扬光大了，到秦朝的焚书坑儒，孔子的影响也受到极大冲击。直到汉朝的兴起，孔子的思想才得以再度复苏。如今，四书五经等许多经典，也有些是当时的儒生们口耳相传，通过背诵才传承下来的。因此，某些字眼存在歧义或许是因为记忆不够清晰，或在书写时出现了错误。幸运的是，在西汉时期，人们在孔氏墙壁中发现了一批密藏的儒家经典，这就是历史上有名的孔壁古文经。通过古文经和当时流传经典的对比校正，我们今天所见的经典才得以呈现。无论是天意还是儒门后学的努力，两者都是相辅相成的。仅凭天意而缺乏后学的努力，道是无法传承下去的，这就是"人能弘道，非道弘人"的含义。历史上有那么多儒门后学殚精竭虑的为圣人传道弘道，因此我们今天在读经典的时候要心存感激和敬畏，在字里行间中用心体会圣人之意。

我们现在看到的《论语》共 20 篇，古文经则还要加上鲁论语和齐论语两篇，共 22 篇。前面提到过，《论语》是中华民族的道统之树，可以用十天干和十二地支进行排列组合，前 10 篇代表十天干，后 12 篇代表十二地支。结合此处的动态太极图，前十篇的结构可以用米字图（图 26-2）来表达。

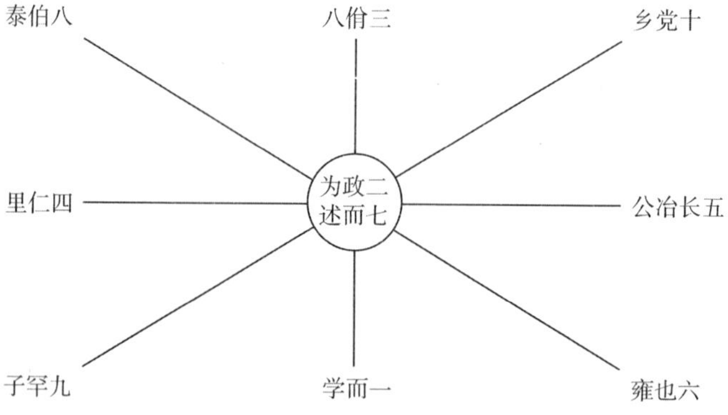

图 26-2　论语十篇米字图

实际上，米字图就是"卍"字形，去掉中间演化出来的《论语・述而第七》就成为"九宫"（图 26-2）。中国古人用河图洛书来模拟宇宙运行的规律，将孔子蕴含在《论语》中的"吾道"按照数字规律展开，就形成了九宫格的形态（图 26-3）。

圣人教导我们最快的修行途径是先把心性修好。因此，前五篇分

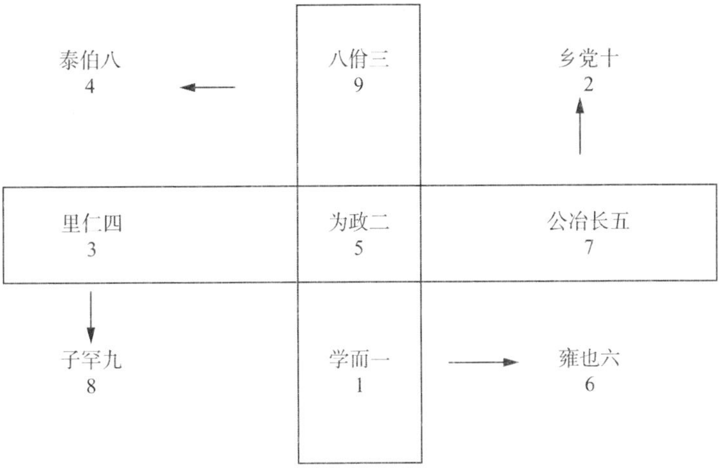

图 26-3　九宫图

别对应仁、义、礼、智、信，这五者中任何一个都可作为入门之法，《为政》之后就开始《八佾》《里仁》了，随之至《公冶长》《雍也》，意味着吾道初显，但尚未通达一以贯之。然后要传而起信，就是它一运转，信就出来了，这便是“传而生信，传而立信”。

“信”如同立下一份不容置疑的契约，在《论语》前十篇中，对应《述而》和《为政》这两篇。假如不考虑《述而》和《为政》这两篇，其实就是一个后天八卦图，我们先讲一部分。

《学而第一》对应智，智为水，为坎卦。

《八佾第三》对应礼，礼为火，为离卦。

《里仁第四》对应仁，仁主木，居东方，为震卦。（后天八卦中震居东方）

《公冶长第五》对应义，义主金，居西方，为兑卦。（后天八卦中兑居西方）

古人根据对天象的观察得出了三元九运的纪年法：即 60 甲子为一元，每 20 年为一运，即一元有三运，若三元则九运，总共包括 3×60＝180 年。这九运也各有名称：一白、二黑、三碧、四绿、五黄、六白、七赤、八白、九紫。分别对应卦象五行：坎水、坤土、震木、巽木、中土、乾金、兑金、艮土、离火。《论语》的九宫格在方位上与后天八卦相配，也可以与九运相配。

一运是坎卦，对应《学而第一》；

二运是坤卦，对应《乡党第十》；

三运是震卦，对应《里仁第四》；

四运是巽卦，对应《泰伯第八》；

五运是寄二宫，对应《为政第二》；

六运是乾卦，对应《雍也第六》；

七运是兑卦，对应《公冶长第五》；

八运是艮卦，对应《子罕第九》；

九运是离卦，对应《八佾第三》。

一运对应《学而第一》，为坎卦。坎卦有行险用险之象，亦有上善若水之象，亦有破而后立、利建侯之象，亦有后天坎卦承先天坤卦、厚德载物之象，所谓“普天之下，莫非王土。率土之滨，莫非王臣”。

二运对应《乡党第十》，为坤卦。坤卦有厚德成业之象，亦有保守鼎成、改良渐进之象，亦有酝酿各方、群贤集备、上下协力、造福四方之象，还有后天坤卦承先天巽卦、有顺承天之象。巽卦曰：“利有攸往”，所谓“刚巽乎中正而志行”，乃是二运有刚健中正、志存高远之象。

三运对应《里仁第四》，为震卦。震卦有后天震卦承先天艮卦、诸力有所知止之象，亦有止于至善之象。通过人的提高和完善来实现天下有道的目标。震卦代表着除暴安良、正义、真理、仁爱，以及阳气的上升。

四运对应《泰伯第八》，为巽卦。巽卦有后天巽卦承先天兑卦、有喜乐之象。《泰伯》篇代表着大仁大爱，以礼让天下，这一阶段为顺应天理、认命之时。巽卦象征着顺从，认命体现了巽卦的概念。要顺应天道，听天由命，顺势而为，承担厚德载物的责任。

五运对应《为政第二》，为寄二宫，有一统江山之象。五居中央，《内经图》有云：五十境内隐玄关。中央四方一体为用，社会、事业进入了升华点，有分权合权之争。或有局部内战、外争之象，亦有百家争鸣之象；由此盛世有成。

六运对应《雍也第六》，为乾卦，为彰显阳刚之气、刚毅进取之卦；此卦亦有沉迷之象，故而对此社会奢华之象，必要出击整治，以安定社会。从而显示乾阳之元亨利贞，促进经济健康发展。

七运对应《公冶长第五》，为兑卦，为少女之卦，后天兑卦承先天坎卦，有行险用险之象。这一阶段人们开始享受生活，物质生活得到极大改善。兑卦上缺，中间为口，代表少女眼中闪烁着对美好生活的渴望。这可以正向解读为物质生活极大丰富，人们生活愉悦美好的状态，也可以反向解读为物欲上升的复杂状态。

八运对应《子罕第九》，为艮卦。艮卦为山，为止，此卦象中土木十分兴盛，各地大兴土木，进行资源开发、庭院建设，百姓生活日渐富足。

九运对应《八佾第三》，为离卦，有兴学复礼之象。这是一个修身养性的阶段，修身养性需要心之力，心要虚而腹要实。就是需要有虚心，但同时也需要保持实在。离代表着火焰，象征着神秘。离者，丽也，人们开始注重美丽的东西，比如汉服的出圈、各种非遗、艺术品等。火焰给人带来光明和温暖，人们开始注重文化与精神需求，是传统节日、民俗、道德文化复兴的阶段。

在八卦的基础上将“为政”放上去，就出现了前面的九宫图（图26-3）。图中的数字是按照洛书的排列顺序而来的。

如图 26-4 所示，洛书口诀为：载九履一，左三右七，二四为肩，六八为足。记住这个口诀，就可以对应九宫的数字和方位。在这十个数字中，13579 为阳，2468 为阴。九宫格上下左右叠加都是 15，九宫格底部（横行）的黄金分割数是 816，357，492。洛书的数字、九宫图蕴含着深刻的含义，而且与我们所要谈及的心性图相关联。

当一个人的心性得以完善，对待周围的世界也随之有所改变。如何去建功立业？按照“卍”字形的方向一旋转，便映射出我们纯阳的十字（如图 26-5），即九宫格中的阳数：13579 所形成的十字，意味着我们的生命初具，生命的核心特质仁义礼智信显现；随后再继续旋转，呈现出阴数 2468，是物质性的元素，具有具象性，属阴的性质。如何启动这个过程？即是在世间建功立业，使得内心与外界产生链接。随

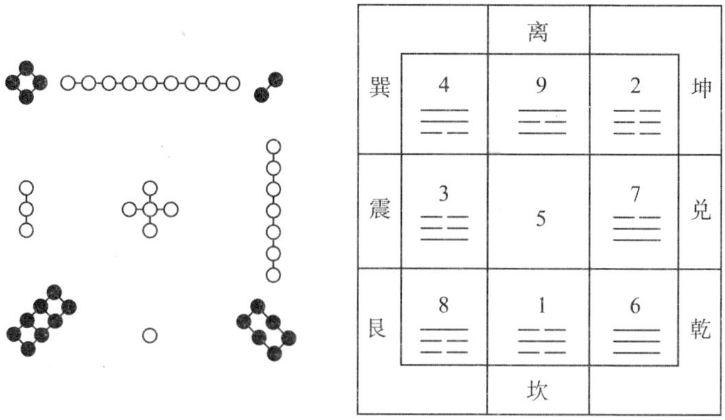

图 26-4 洛书九宫图

着这个图形的旋转，象征着我们成为一个完整的个体，既包括融入社会，也包括超脱尘世，既有出世，又能入世，人就圆满了。

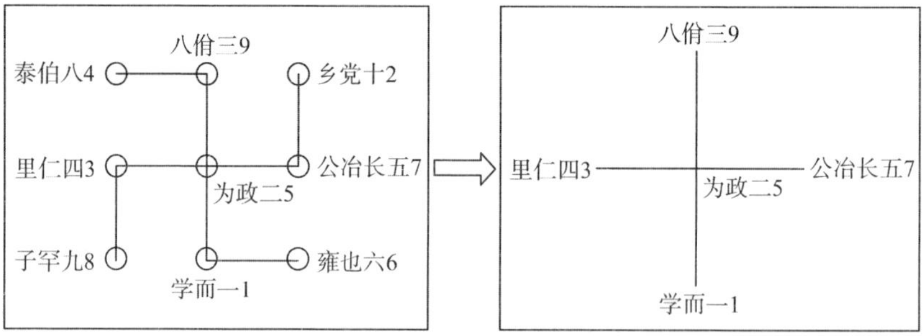

图 26-5 纯阳十字

气一转，气脉就循环了。逆时针是生生不息之道，顺时针是顺从享受、纵情享乐之途。在这里，顺时针和逆时针象征着社会中的两股力量，逆时针代表着建功立业、追求抱负和理想，体现着正直和正义；而顺时针则代表着沉溺于虚荣和享乐，沦为庸俗和低迷。它们都代表督脉，督脉上行是修行，下行就是堕落。一个人若不修身养性，督脉就会向下走。任督二脉交汇处，后方流动的是精之气，前方流动的是精，精气相融，谓之"下流"。后者漏，是气流向下，前者漏是精流向下，而修行则是将气提升，实质上是炼精化气，将精气提上去。

不管是九宫图，还是米字图，文中呈现的都是平面示意图，实际上它们都不是静止的，一直在动态旋转中。转着转着就进入《述而》了，《述而》是什么？是觉悟，是圣人之境界。为政不觉，谓之无恕，恕的就是觉。

《易经》透过其64卦和384爻的精确描述揭示了世界万象，虽然无法穷尽所有事物，但关键在于找到正确的解读方式。孔子传世的《论语》并非仅仅是简单的500多句言论，结合占卜书籍和其他研究著作可以帮助我们更好地理解世界。我们研究十天干和十二地支，将其组合成了六十甲子，这种编排能够涵盖更多的八字组合，我认为在一定程度上比《易经》更为广博深入。

《论语》之所以独具预见性，是因为其超越了形而下的层面，普及广泛、无所不在。有多种方法可用于预测国家、民族和社会的走势，并揭示各板块预测的具体内容。要了解这些奥秘，可以参考《论语》这部经典，其中蕴含着深邃的密码，具备预见的特质，比其他占卜书籍更为精妙。

第二十七讲

孔子学问的三大工具论

孔子之所以被誉为集大成者，原因是多方面的，其中非常重要的一点就是孔子培养了众多弟子，并且弟子把他的言论流传了下来。历史上有很多立功立德的人，他们为何没有留下言？因为缺少人传承，所以无论做什么事业一定要有人，人能弘道，非道弘人。

从孔子去世后，历经战国、秦朝，一直到儒家被打压，跨越了大约两百年的时间，许多孔子的法脉传承被中断。尽管如此，孔子对中国文化仍然产生了不可忽视的影响。这与孔子损益六经、传承文化的功绩是分不开的。孔子在继承上古文化的时候，他更多强调“道”之真意而非考据具体的知识、年代。据说，在经典文献的筛选和编辑过程中，孔子删除了许多内容，这或许对当前追溯中华民族历史谱系存在潜在影响。我认为，孔子在编辑《诗经》和《尚书》时所做的删减，是为了传承和提炼文化精髓，而非删减历史。这些经典文献的编辑是一个复杂的选择过程，旨在保留最有价值的部分以供后人学习，而后人应以全面和客观的视角来认识和评价历史。

幸运的是，一些古籍如《竹书纪年》等被留存下来，从古墓中挖掘出来的书籍也透露了一些古代历史。例如，我们对夏朝历史了解有限，可能是因为在孔子时代被删除或未被选录。在秦始皇统一天下时期，一些典籍可能遭到烧毁，而项羽攻克咸阳时也焚烧了书籍。关于秦始皇焚书事件是否包括六国历史等具体情况，至今缺乏实证，文字记载也无法明确，更不用说考古证据了。根据孔子拟定的四书五经的这个系统的历史观中，中华文明以黄河文明为中心。而中华文明的起源并不是单一的，商周时期，南方还有一个古蜀国，现在我们看到的“三星堆遗址”就是古蜀国的文明遗留，它的发掘意味着长江流域也是中华文明发源地，中华文明发源不局限在黄河流域。现在地下出土的遗物正逐渐揭示中华文明的辉煌历史。知道这些历史背景，在解读孔子时，便明白应该站在何种角度，理解孔子所运用的指导思想和方法论。

孔子的学问涉及几个核心观点：第一是围绕着中道，第二是侧重于常道，第三是关注当下的觉知。这些是孔子思想的重要方面，我们可以逐渐深入探讨，现在先抓住这三个要点，这也是孔子学说的三大工具论。

孔子的方法论可以概括为中道、常道、觉知。当下就是此时，就是即时、现时的观念。孔子始终站在现实的立场上，例如他提倡“敬鬼神而远之”，就是以当下来说的。在我看来，孔子是一位现实主义者，“富贵于我如浮云”等言论均体现了他的现实主义观念，可以说孔子是真正的现实主义者。站在注重现实这一视角去解读《论语》，我们可以看到子所罕言的利、命、仁都在世间，然后再运用其常道思想进行解读，这样将会更加清晰。

《论语》整体上是按照十天干编排的。十天干内圈代表着体。前五篇是仁义礼智信的体，第六篇到第十篇则是仁义礼智信的用。这非常符合中道思想。

《论语·子罕第九》前二十八条主要讲忠信，忠信是仁义的核心内容，因为仁义离不开忠信，而忠信的核心是信。信是体，没有信就无法谈论忠，忠则是信的用。在这个体用关系背后，还存在着更根本的东西：信实际上就是在讲常道，而忠讲的是中道。抓住这一点，就能够更好地理解这些内容。

《论语·子罕第九》第二十九条：

子曰：“知者不惑，仁者不忧，勇者不惧。”

知（智）、仁、勇合称三达德，它们不是显用的知识，而是指功业之所成，指的是世间大道，因此智、仁、勇是围绕着功业来展开的。智是由勇产生的，大勇必产生大智，当一个人具备勇气时，他会努力找到解决问题的方法，智慧就得以“打开”。智是能生仁的，看到世间真相之后就会生出仁爱和慈悲心。仁能生出勇，《论语·宪问第十四》中言道：“仁者必有勇，勇者不必有仁”，仁者在行仁的过程中必定会产生大勇，比如母亲在救孩子时往往会爆发出超乎想象的潜能。这就是智、仁、勇之间的关系。子罕言的利、命、仁与智、仁、勇相呼应，而信始终贯穿其中，因此这三达德必然包含着信。

在孔子那里，智、仁、勇三者一般是相互配合的，很少对立的讲。举例来说，他提到“克己复礼为仁”，克己是木克土，复礼是火生土，为仁是木生火，火又生土，形成一个循环。孔子始终不离五常，三达德虽未提及天命，恰恰是呼应天命，与之息息相关。此三者皆天命之诚也，就是指一个人对天命的坚定认知，坚信不疑，忠心不二。

《大学》有云：“所谓修身在正其心者，身有所忿懥，则不得其正；有所恐惧，则不得其正；有所好乐，则不得其正；有所忧患，则不得其正。”“有所忿懥”表明仁不足，那些经常易怒的人实际内心缺乏仁爱；“有所恐惧”表明义不足，心底有亏心事才会惶惶不可终日；“有所好乐”代表智不足，好乐是一种兽性，像禽兽那般沉溺于本能之欲，沉迷享受，导致智力下降；“有所忧患”代表信不足，说明对未来缺乏信心。可见，《大学》修身条目下的这四个“不得其正”都可以在《论语》中找到答案，所谓的“不得其正”其实是修心不到位。儒家的修心之道，是通过仁义礼智信来引导并规范仁的情绪，使得情“发而中节”，一切离不开中道。

这启示我们在读经典的时候，一定要找出它内在的联系，如果只用现代人的思维模式来解读，就可能会失去其深层意义，就容易不明所指。东方有圣人，西方也有圣人，有些人一味用其它理论来压制儒家，这实际上是缺乏智慧的行为。在这里引用《六祖坛经》的一句话：“何期自性，本自清净；何期自性，本不生灭；何期自性，本自具足；何期自性，本无动摇；何期自性，能生万法。”这句话用日常生活的语言来解释，即人的本性本身就是圆满的，却被外在干扰所遮蔽了。

这句话也与儒家之道相贯通：能生万法，智也；本无动摇，义也；本自清净，仁也；本自具足，信也。本自具足指的是信之缘起。信为道缘功德母，人的信体是本来具足的。为什么不具足了？因为有所动摇，被外在的干扰所遮蔽，才使得人们逐渐失去了信念、信仰。不生不灭，天理也。不生不灭即为事物的本原面貌，是宇宙的真实本质，因此不生不灭代表着理。不生不灭乃心的本来面目，是常在中道，而有生有灭的东西其实是一股气，有所忿懥也是一种气，其实就是我们的七情六欲。

中国文化与时间和空间相结合，并运用中医理论，其根本目的是解决五常的问题，五常对应着我们的五脏，如图 27-1 所示。仁对应肝，义对应肺，智对应肾，礼对应心，信对应脾。

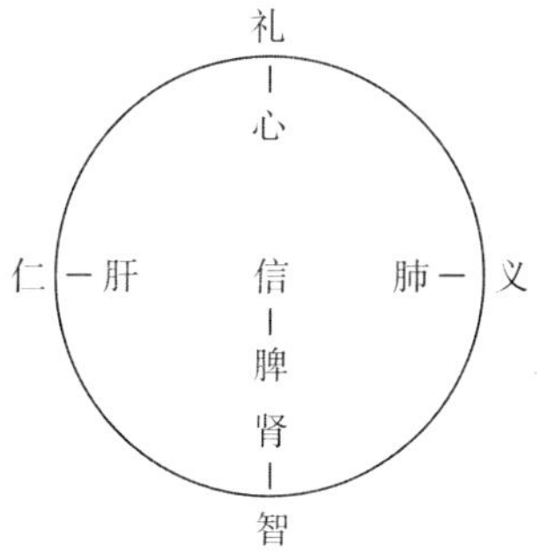

图 27-1　五常对应

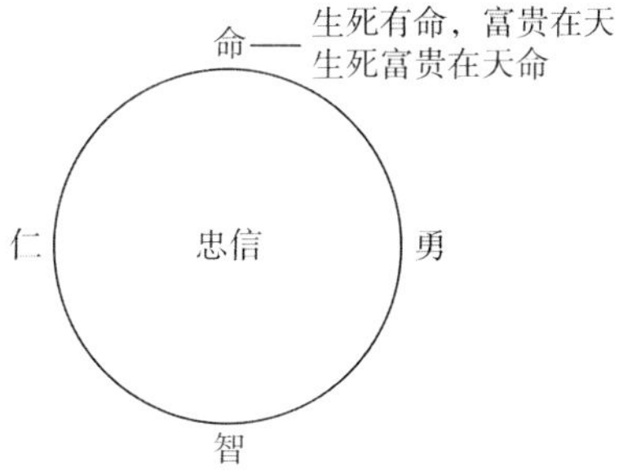

图 27-2　三达德与天命忠信

孔子说的智、仁、勇三达德是对应世间的，世间之上则关乎天命忠信（图 27-2)。《论语》中有谈及命的问题，如“死生有命，富贵在天”，其实是在讲述生死和富贵均受于天命。要想超越天命这一层次，必须达到不生不灭的境界，方可实现真正的证悟和超脱。

在这里还有一段值得一提的名言，来自慧海禅师：“其心不青不黄、不赤不白、不长不短、不去不来、非垢非净、不生不灭，湛然常寂，此是本心形相也，亦是本身。本身者，即佛身也。”品鉴《论语》，深入阅读之后便会发现，孔子达到了何等境界，这并非凡夫俗子所能轻易谈论的，在我看来只能用《金刚经》的“一切贤圣皆以无为法而有差别”来概括。实际上，儒释道皆致力于解决生命问题，佛家更注重探究生命的本体，儒家既有现实性，又具备超越性。以上我引用了禅宗的思想来阐述以便于理解，但儒家本身并未将其思想宗教化，而是充满了现实主义精神，在世间实现生命的转化和超越，这正是儒家的伟大之处。

与学，与道，与立，与权

《论语·子罕第九》第三十条：

子曰："可与共学，未可与适道；可与适道，未可与立；可与立，未可与权。

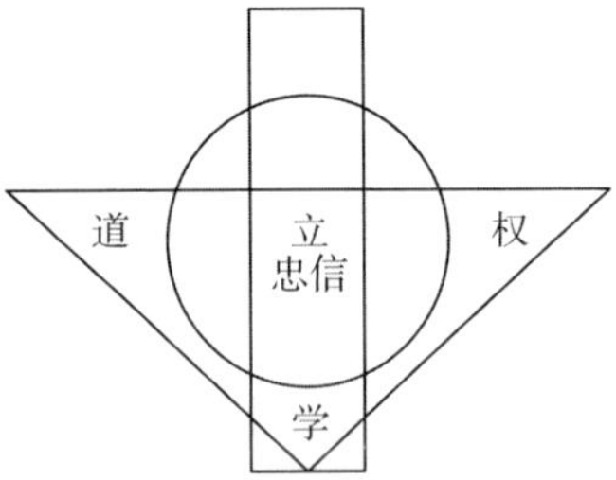

图 27-3　学、道、立、权

学、道、立、权讲的是达道，是一种方法，其中含有忠信，但却没有忠恕。原因是什么？如图 27-3 所示，中间这一圈都叫作"恕"，出了这个圈就有所偏离了。"可与共学"，立在中间，左边是道，右边是权。立在中间，意为在世间。为什么不写仁？因为孔子要实现的就是世间的仁。世间之达道，有学有道，与学与道，与立与权，可谓仁者也与，是以仁之道，大矣哉。能做到这些，就是达到孔子念念不忘的仁者境界了。

《论语》数载数谈，孔子说"未仁也"，不是没有仁，而是仁之境界难以达到。只有在与学、与道、与立、与权之这四者兼顾的基础上，才可谓之仁。

例如《论语·公冶长第五》第八条：

孟武伯问子路仁乎？子曰："不知也。"又问。子曰："由也，千乘之国，可使治其赋也，不知其仁也。""求也何如？"子曰："求也，千室之邑，百乘之家，可使为之宰也，不知其仁也。""赤也何如？"子曰："赤也，束带立于朝，可使与宾客言也，不知其仁也。"

孟武伯问子路是否算得上仁呢？孔子说："不知也"。子路这个人，可以管理千乘之国的军事和财政，孔子也不知道他是不是做到了仁。然后孟武伯又问："冉求这个人怎么样？"孔子说"求也，千室之邑，百乘之家，可使为之宰也"，但仁则不知。冉求有经邦济世之才，但是也"不知其仁也"。孔子有时候批评冉求，认为他一味聚敛财富是无道之举。当然冉求也是先贤，我们是站在孔子的角度看，可以说冉求对天道的理解还是不够深入。相比之下，子路对忠信和天道有坚定的信念，但在应对变化和灵活处事方面有所不足。"赤也，束带立于朝，可使与宾客言也，不知其仁也。""赤也"就是公西华，孔门七十二贤之一，孔子认为公西华虽能在朝廷中言辞得体，却不明了仁德之实。

"可与共学"即可以与他共同探讨学问，"可与适道"意味着都有对道的追求，可以顺应道，实践道。大家为了相同的理想走到一起，但是最后能否一起建功立业还未可知，中途也可能发生很多变故。"可与立"就包含了事业的成就，功业有所树立，同时也可以理解为立于礼，在礼的坚守上达成一致。"可与权"涉及经权之辨，如果说礼的坚守是遵经守常，权则是权衡变通而不离经叛道，是在真正把握中道的基础上结合现实情况所做的改变。

在五常模型中，将学、道、立、权这四个字都对应上去，忠信立于中间，竖线是经，横线是权，可以演化出以学（智）为主、以道（礼）为主、以权（义）为主的三个模型（图 27-4）。这三个图皆为仁之一用，即仁在一个方面的体现。当这三个图共同融合在一起时，便构成了大仁大义的境界，即尽仁也。

知仁勇，世之达德也未尽仁也。做到了知仁勇，可以在世间立功，如图 27-4 左上，但要想立言，必须有礼和义。觉则礼，言千秋，领会礼义背后的天道精神，同时要表达出来才能立言。因此礼智义是天道之达德也未尽仁也。做到了礼智义，就可以立言，如图 27-4 右上。爱礼智，是达己之德也未尽仁也。这里的爱是仁道的东西，只不过是个人之仁，也就是我们个人的德行很好，即有爱、有礼、有智，是为达己，如同穷则独善其身，尚未达到达则兼济天下的大仁境界，如图 27-4 下方。

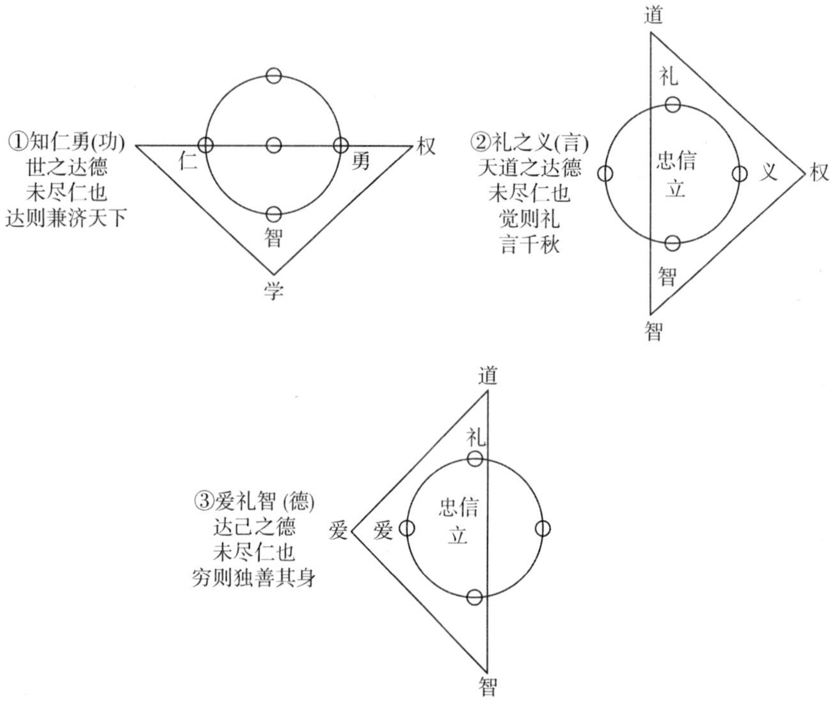

图 27-4　仁之一用

学、道、立、权，这四者缺一个都是不仁，但它们是配合仁的，是圆满仁德的方法，是仁的条件，仁之用可以展开为智、勇、信、礼。就是说，要想在世间做一个仁者，十分不容易。即使能够有世间之达道，能建立世间功业，也未必能成为仁者。注意区分这里的仁，智、仁、勇三达德中的仁是小仁，而学、道、立、权后方可达到的仁是大仁，是仁的臻化之境。

《论语》讲到仁的地方很多，例如《论语·子路第十三》第二十七条：

子曰："刚、毅、木、讷近仁。"

这一条可以看作对仁者的描述（图 27-5），刚毅木讷是仁义礼智的"用"，但不是仁的"体"。由于只是仁的"用"，所以它接近仁。讷就是巧言令色者的反面，显得有些笨拙，言辞少而谨慎，刚就是义的显现，木就是仁的象，毅就是认命不疑。孔子在这里没有提忠，但我想刚毅木讷的人中间一定是有忠信的。所以，刚者，毅之显也；毅者，认命不疑也；木者，仁之象也；讷者，智之直也。

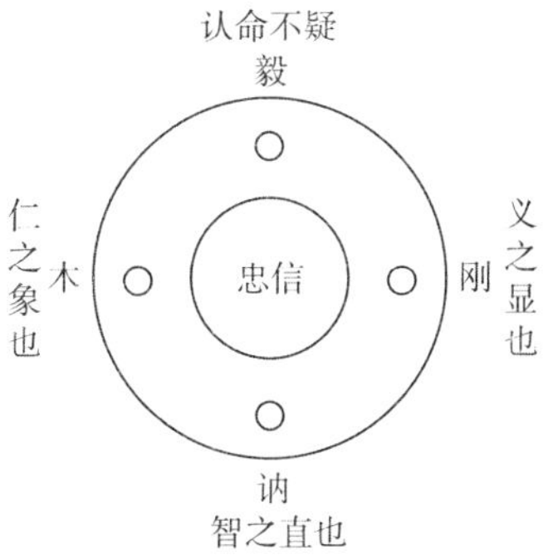

图 27-5　刚毅木讷近仁

毅，表示坚定的意思，那么认命不疑又该作何理解呢？据说，“毅”的造字本义为捕杀浑身箭刺的箭猪。“豙”为猪毛竖起，是刚猛的表现。“殳”是一种古代兵器，寓意行为果断而坚决，志向坚定而刚强。《说文》中记载：“毅，果决也。”本义为果断、坚强，引申意为人要时时鞭策自己，奋发向上，培养刚毅、坚毅的品质。

唐棣之华，思仁不远

《论语·子罕第九》第三十一条：

“唐棣之华，偏其反而。岂不尔思？室是远而。”子曰：“未之思也，夫何远之有？”

唐棣即棠棣，棠棣花开繁密，花序低垂，白花细瓣，并有香气，它结的果实很小，成束生长，每束上通常有二三十个果实。“偏其反而”，这里的“偏”有人认为通“翩”，描述花朵翩翩摇摆的样子，还有人认为传达出一种捉摸不定的意思，与颜回讲孔子之道“瞻之在前，忽焉在后”有异曲同工之妙。“岂不尔思？室是远而”是指棠棣花开的那么美丽繁茂，我怎能不思念，只是由于家住的地方太远了。孔子说“未之思也，夫何远之有？”其实根本没有思念，如果真的思念，有什么遥远呢？

这段话实际上是以诗言志，以唐棣喻其道。正如孔子在《述而》篇所言：“仁远乎哉？我欲仁，斯仁至矣。”不仁者，实不欲仁也，欲仁，则何远之有！

在我看来，最后一句话也是对《子罕》整篇作总结，此篇的开头孔子“子罕言利与命与仁”，利所不言也，命所不能言也，仁无以言也。对于仁，难以找到言语的起点。篇章的结尾则借唐棣花的意象与开篇遥相呼应。在篇章次第的安排上，大有深意。因此，《论语》实际上具有内在的逻辑，我们在解读时务必保持道的一贯性，而不能割裂地去理解。

第二十八讲

子何罕言利与命与仁

《论语·子罕第九》开篇言："子罕言利与命与仁。"利所不言，何也？小人滥也，利不可倡也。命不能言，何也？允其认也。命由天也，所谓谋事在人，成事在天者，命也，时也！仁无以言也！何也？世道伪也，仁不能行也。

什么是"命也，时也"？如果一个人对命和时没有充分的认识，念头是难以通达的。他会不甘心，会自命清高，会愤世嫉俗。他或许会认为自己与众不同，但实际上，若缺乏适时的机遇和命运，与生俱来的才能又能发挥多少作用呢？即便有这个命，若他最终错失了机遇，同样是徒劳无功。当他遇到了适宜的机遇，却没有这个命，同样毫无意义。因此，命和时是紧密相连的。

《论语·乡党第十》和《论语·尧曰第二十》都在讲道统。道包括了天、地、人、性、命、名、相、心、智、情、理、数、术、艺、器、物，概括起来就是自—天—心（图 28-1）。

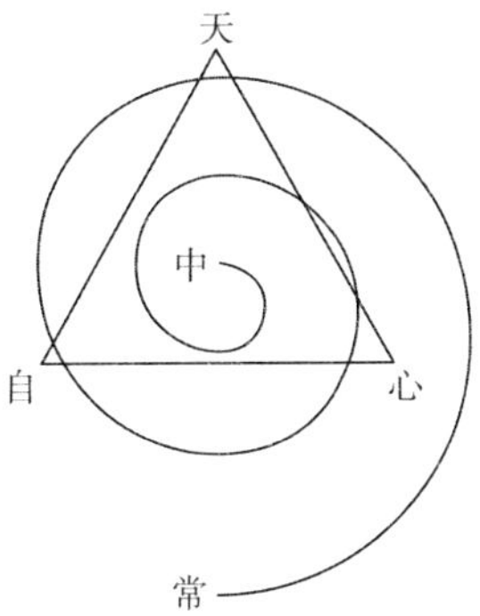

图 28-1　道统三角

中间这一点就是道统所在，它被称为中，但实际上不是固定居中的，也没有一个固定点。若刻意坚持一个固定点，便是异化。这就是道，它可以是不变的，一旦变动，便有了常。它在运动中形成，它既是天，也是自，还是心。

天就是心，心就是天，天和心既是分开又是合一的。自即是心，心即是自，自又是天，它既不是天，又是天，若仅执着于心即为天，那必然是错误的。《尚书·泰誓》中说“天视自我民视，天听自我民听”，民心即为天，民心即为天心。因此，这就是常，也是中国文化里的三五之道。

三五之道是如何体现的呢？想象一下，“三”合而为“一”，我认为这个“三”可以写作“叁”，读作“cān”，即参与天的化育，天、自、心一起化育。化育离不开中间的中，如果过度执着于中道肯定就不是中道了，守中道的人一定要恕。三五之道中间就是四，二四之道在三五之间。这句话包含了大道，我细讲的话要花很长时间才能说清楚，但现在主要围绕五常展开讨论。围绕这个“叁”转的就是五常，这个“叁”怎么参天？就是用常来参天。常道有五：仁义礼智信，所以外边这一画（图 28-1 下方）就是“仁义礼智信”。那么二四又在何处？四位于三五之间，二就在三之内。把忠一分就是二，忠就是“不二”，“不二”中既有忠又有恕。其实本来无恕可恕，也没有所谓的恕道，只有中道。然而，普通人常常会执着于中道，因此孔子提出了恕道。若将忠道与恕道相对照，便处于二，因为忠和恕不可分割。因此孔子言“吾道一以贯之”是“不二”，曾子言“夫子之道，忠恕而已矣”是一分为二。实际上忠即是恕，恕即是忠。因为二者是一体的，所以要惟精惟一。

世间有时命

《论语》中所阐述的道理实际上非常简单，而最简单的道理往往是永恒的真理。这就是所谓的“大道不移，大道不易。”用人也是如此。孔子说“唯上智与下愚不移”，中间的人是可移的，就是易受外在环境的影响，能够通过教化改变。上智者心性坚定故不移，下愚者不思进取而不移，因此在选人用人之时，切勿选择那些不愿意学习的人，因为他们无法进取，也不愿意踏出舒适区。观察孔子在教育方面的才能，可以发现学是教化之道，信是行持之道，孔子一生主要强调的便是做与教。《乡党》篇提到了忠信，谈及忠与信，可将忠和信置于中心（图 28-2）。

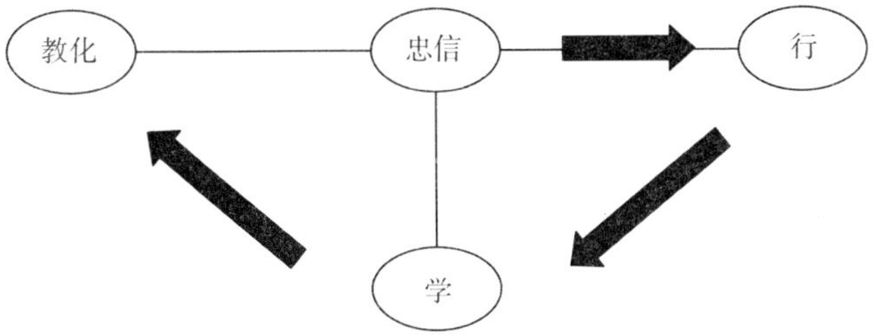

图 28-2　忠信

忠信之行，曰义。它不动的时候在中间，行时便落到义上。学行时，教化就推广到世间了。孔子之行即孔子如何做人，如何在世间立足，如何生活，这才是孔子的日常所思所行。《乡党》篇正是向我们展示了圣贤如何行事，如何处世的。里面记载的是圣贤的行为模范，君子的应有之道。

前面我讲了这么多都是在铺垫《子罕》篇与《乡党》篇之间的关系。《子罕》篇强调的忠信遵循五常之序。《子罕》篇讲述了三，三为五常之体，二是四的体，所以二四之道与三五之道需要同时运用忠信和教化，这样，孔子的世间之道就出来了。孔子的世间之道体现在由达己到达人、达乡、达事、达国、达天下的过程中，这个过程中自然有格物、致知、诚意、正心、修身、齐家、治国和平天下的次第。

我们可以将孔子的世间简化成“达己、达人、达世间”这三个阶段。在世间，我们应当谈教化、忠信和仁义这三个点，谈别的容易出问题。许多电影、电视剧、文学作品，都是围绕这三个要素展开的，这是世间的本质。忠信是里子，显现于外的就是教化，有个词叫体面，里子即是体，里子面子合起来就叫体面。仁是情，所谓仁就是要讲情，义则是要把情理搞通，有情有理就叫仁义，这就是世间之道。

孔子既然通达了世间之道，为何最终还是没有实现自己的理想呢？这就是时也，命也！世间就是这样，有些人什么都做好了，但仍未能如愿。在世间想要真正把故事讲好、把事情做到体面、把人的情理做到圆满具足了是有路的。孔子深通此理最后却没有成功，这就告诉我们，即便按照世间之道的要求，把教化、忠信、仁义这三个方面都做好了，也未必成功，所谓“谋事在人，成事在天”，成与不成还要看时机和命运等外部因素的影响。那么，人是不是就不要努力做事了？非也，我们看孔子他老人家是怎么做的：明知其不可为而为之。成功不成功是天的事情，我做我应该做的，这就是中国的君子之道。君子居易以俟命，君子无所居，无所执着，达则兼济天下，穷则独善其身，做好自己该做的，这就是中国的圣人之道。成事在人、在天、在命，最终在于自己的一颗心。君子反求诸己，内省不疚，即使最终没有成功也不执着于外在的成败，这就是君子之道。

乡党乃行持之道

孔子的君子之道是如此美好，《论语·乡党第十》对此有细致入微的刻画。

《乡党》篇记载了孔子在不同地方的言行举止、容貌辞气，展示了他的日常生活和处世之道。无论是他独处时，还是在家、乡党、朝堂、庙堂之中，《乡党》篇都有所留意。走出家后第一是乡党，乡党之外就是野；第二是朝堂；第三是外交场合，孔子在外交礼仪中担任傧相；第四是与官府、政府机构，包括朝廷大门。弄清这些场所对于理解孔子如何在世间行事至关重要。

《乡党》篇展示了孔子如何进退、遇到不同情况的心态、容貌如何变化等。我们若想成为圣贤，就需超越字面理解，探究道的真谛。探究需要有方法论，即：道—德—理—气—象—数—术—艺—器—物，与之对应的是：天—地—人—性—命—名—相—心—志—情。在这些概念之间存在着体用关系，例如，道即是天之用，天体现于道之中，德对应天同时也对应地……我认为这二十个字基本涵盖了中国文化的精髓，不仅限于儒家，而是儒释道各家。老子一生探讨道与德；宋明理学主要研究几个关键概念：理、气、性、命、心；历史上的诸子百家，包括后来的研究者多聚焦于其中一两个字。我们今天重点关注其中的几个要素：心、性、命、德。

这二十个字在孔子的生活中肯定有所体现，因此我们可以利用这些字来研究《乡党》篇，例如，第三条“君召使摈”涉及外交接待，第五条“执圭”则指出使外国的使节，第六条“君子不以绀緅饰”描述了孔子平日的穿着打扮。第七条讲孔子的斋戒和祭祀活动，以及他独自时的状态，包括慎独和饮食生活。第十三、十四条“乡人饮酒，杖者出，斯出矣。”“乡人傩，朝服而立于阼阶”描述了乡间的饮食习俗，反映了他的生活状态。如果你与长者一起进餐，而你在长者尚未离席时就离开，会被视为极不礼貌。“乡人傩”谈及戏剧表演，“傩戏”是一种古老且富有宗教色彩的舞蹈形式，旨在祭神驱鬼、逐疫避凶，至今在湖南、广东等地还有所保留。这种戏并非为生者表演，而是演给鬼神看的。虽然戏剧本身是虚假的，但孔子的态度却是真实的，因为所表演的故事是需要敬重的。“朝服而立于阼阶”则强调在观戏时应当庄重肃穆，不能放肆，因为戏剧展示的是天地鬼神之道。

第二十九讲

《论语·乡党第十》全篇对孔子的生活、行为举止、言语辞气进行了细致的记录和刻画，最后一条却落在了似乎不太写实的一个故事上：

色斯举矣，翔而后集。曰："山梁雌雉，时哉时哉！"子路共之，三嗅而作。

这一条有微言大义，看似说鸟，实则喻人。历代学者的解读有很多，许多人认为这里的鸟（野雉）乃夫子自比之意向。孔子一生周游列国，奔波辗转，所求的就是推行复兴周礼之道，这正如鸟儿在天空盘旋观察何枝可依一样，一旦察觉到任何风吹草动，便飞走了，所留心乃"时"。况且雏鸟是被成鸟孵化出来的，夫子亦如育雏之鸟"孵化"出了众多优秀的弟子。子路理解到这个大道了，非常有感触，升起了感恩之心，深呼吸几下，郑重地给孔子鞠躬。"翔而后集"就是"学而时习之"。"集"是指集中到一起学习，"翔"就是去实践飞行。

《论语》纵横纲要

有些人认为《论语》只是编纂了一系列格言，等同于世俗谚语，实际并非如此。黑格尔在其著作《哲学史讲演录》中对孔子及其著作《论语》持批评态度，他认为《论语》所传达的不过是普通的道德常识，这些道德常识在许多文化和民族中都能找到，并且可能更加出色。他甚至认为，如果《论语》从未被翻译成其他语言，对孔子的名声可能更好。黑格尔的批评也反映了他对东方文化的局限性理解。若要全面理解孔子及其学说的价值，需要超越单一的文本和表面的道德训诫，深入到孔子及其学派的整个思想体系中去。

《论语》可谓儒家十三经的总论与开宗明义，它的汇总不在于《论语》的一部分章节，而在于它整体结构中蕴藏的大道，《论语》中所言的每个部分都有体用关系，显现于十三经的各处。十三经是在南宋时期并称的儒家十三部经典，其中包括《易经》《尚书》《诗经》《周礼》《仪礼》《礼记》《春秋左传》《春秋公羊传》《春秋穀梁传》《孝经》《论语》《孟子》《尔雅》。为了方便记忆，可以记这个口诀：诗书易，礼三经，乐春秋，著三传，孝经后，尔论孟。

《论语》前十篇讲述了中国文化的核心：学依托于上面的信，如图 29-1 所示，学而优则仕以忠信为体，离开了忠信，学会有所偏。忠信依托于敬，敬之上是德，德之本是礼，礼是符合天道、天理的，因此礼也是德的依据和来源。可见《论语》是一个有机的整体，如果抓不住语句之间的联系，只是机械地学《论语》，终其一生也难以领略其中的大道。为什么孔子之后大道会佚失？在我看来是因为大家没领悟核心的内容。

《论语》纵向的层次分别为：礼之用德，显诸和；信之用忠，显诸恕；学之用治，显诸权，如图 29-1 所示。《论语·八佾第三》讲礼，礼之用为德，显诸和，所以“礼之用，和为贵”，和是德所显现出来的，缺了德肯定不和。假如一群匪徒制定了一套礼仪规范，最终很可能因为无德而分崩离析。

《论语》中为政之道的核心是信，信之用曰忠。“雍也可使南面”，南面的是君，君之道，治天下，君乃治之本。学之用为治，学而优则仕，仕而优则学。学是为了仕，仕是为了回头再学。现在也有些人是学而优则商，商而优则学，仕和商都有其治理模式。信与忠，最大的忠是述而不作，即忠于道。述而不作忠于原文，忠于原体，忠于天道，忠于最初的证悟者。学而优则仕也是有忠信的，没有忠信用着用着就偏了，君子之学一定要忠于本体。信之用忠，显诸恕。

学之用为治，显诸权，因为所学的东西最终要落地，落地就需要权力的支持和各方资源的配合。那么就需要有一套治理体系和领导核

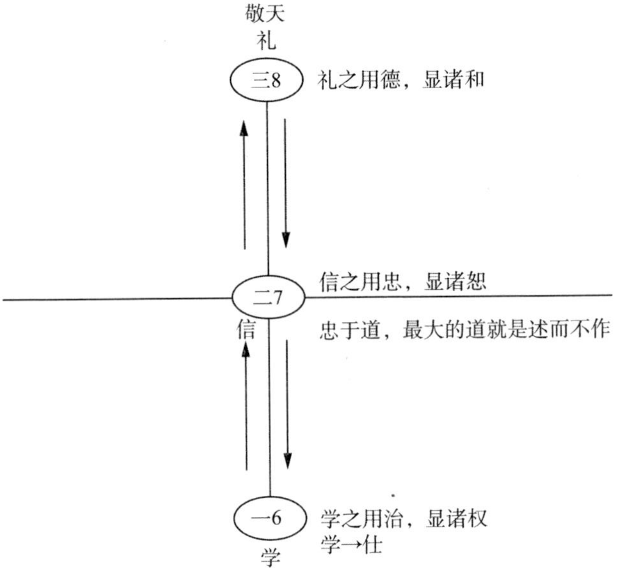

图 29-1　礼—信—学之用

心，如：需要哲学思想的引领，需要团队内外的统一配合，需要多部门统筹配合执行，共同配合核心思想理念的落地。治国理论如此，办企业也是一样，如果没有一个共同的价值观引领，这个团队走不远。学之用治就是学而优则仕，就是治理天下，入仕途，显诸权。注意这里的权不是权力，而是权衡，政治的最高境界是平衡，各种势力的平衡是最重要的。

讨论完竖线这一部分后，我们再来谈论横线这一部分（图 29-2）。分别为仁之用世，显诸爱；政之用文武，显诸公；义之用财，显诸勇。仁是用在世间的，其实爱只是仁的一个最大体现，仁不仅有爱，仁还有很多东西。政之用文武，显诸公。世间若要安定有序，离不开文武之政，文武之政即礼乐教化、军事保障、法律制度等一系列治理措施。这些手段的运用一定要公平，如果不公，那么世间这条横线将岌岌可危。此外，世间要仁义并举，义之用财，显诸勇。求财是需要有勇气的，孔子说“不义而富且贵，于我如浮云”体现了一种大勇，孔子能放下身段，能舍能得，这何尝不是一种勇，一舍一得都要勇气。无论是给人弓下腰低下头去求，还是面对富贵扬长而去都需要大勇，所以舍要大勇，得也要大勇。

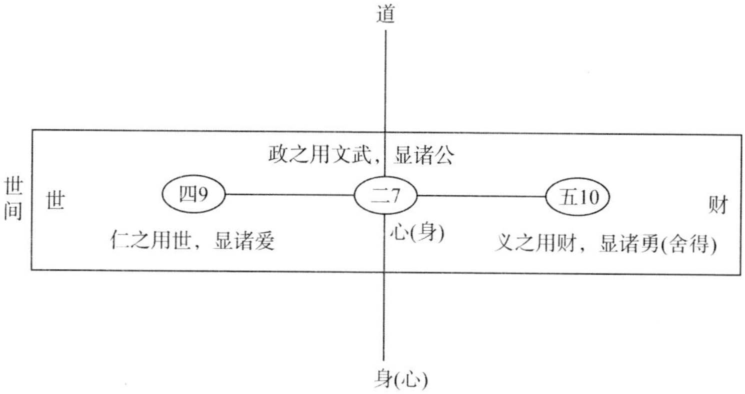

图 29-2　道心身世财

《论语》选篇导读

前面梳理了《论语》前十篇的核心框架，下面进行《论语》后十篇的简单提要，涉及的内容比较细碎也有所跳跃，因为我们的目的不是对《论语》进行详尽解读，而是进行导读。在本书上册第五讲提过，《论语》整体的结构是总分关系，如图 29-3 所示。前十篇是内经，皆为夫子曰，是讲内圣之道。第十二篇到第二十篇属于外经，大多以各位弟子问开头，是讲外王的。第十篇和第十一篇是孔夫子及弟子的评述，即孔子平常是怎么生活的，还有他对弟子的评价。

下面就对外篇进行解读。大家可以结合《论语目录诗》（图 29-4 左）先了解一下第十二篇到第十九篇分别是怎样开头的，讨论的主题是什么。

《论语·颜渊第十二》开头“颜渊问仁……”，总论仁之体，涉及仁礼关系；第二条“仲弓问仁……”，是以仁为体讲恕道；第三条“司马牛问仁……”，是以仁为体问智的；第四条“司马牛问君子……”，是以仁为体讲信的；第五条“司马牛忧曰……”是讲君子之用的，用在信、敬、恭、礼。

- 总
  - 内经：（一）——（十）夫子曰
  - （十）——（十一）夫子及弟子评述
  - 外经：（十一）——（二十）
- 分
  - 一——九　：孔夫子曰
  - 十——十一　：评
  - 十二——二十：外篇（尧曰第二十：外王）

图 29-3　论语总体框架

论语目录诗	《论语》外篇
学而为政始	12篇 颜渊问仁
八佾里仁篇	13篇 子路问政
公冶长雍也	14篇 宪问耻
述而泰伯焉	15篇 卫灵公问阵
子罕到乡党	16篇 季氏将伐颛
先进后颜渊	17篇 阳货欲见孔子
子路随宪问	18篇 微子去
卫灵公问阵	19篇 子张曰士见危致命
季氏将伐颛	20篇 尧曰
阳货微子去	
子张尧曰全	

图 29-4　目录诗与外篇

《论语·子路第十三》第一条“子路问政。子曰：‘先之劳之。’”所谓先之劳之，就是政的基础。做人是从习劳开始，我们安身立命是从成家立业开始的。第二条“仲弓为季氏宰”，还是讲问政的。第三条“子路曰：‘卫君待子而为政，子将奚先？’子曰：‘必也正名乎！’”孔子强调在为政中正名非常重要，也是在讲为政入仕的。

《论语·宪问第十四》第一条“宪问耻……”，耻是什么？是做人之大义底线，孔子告诉原宪不要突破仁与道的底线。第二条“士而怀居，不足以为士矣”，是讲士的底线要怀仁、怀道。第三条“子曰：‘邦有道’”，是接着第一条邦有道而论，无道之邦就要远离。第四条“子曰：‘有德者必有言，有言者不必有德’”，这一条是讲仁德的，仁德是体，道显现出的就是仁德，还是讲大义的。

《论语·卫灵公第十五》第一条“卫灵公问陈于孔子。孔子对曰：‘俎豆之事，则尝闻之矣；军旅之事，未之学也。’明日遂行。”做人要有大义底线，孔子察觉到卫灵公是一个无道之君后就果断离去。第二条“在陈绝粮……子曰：‘君子固穷，小人穷斯滥矣。’”即使绝粮，孔子也没突破底线。第九条“志士仁人，无求生以害仁，有杀身以成仁”，讨论了志向高尚的人和仁人，他们不会为了保全生命而损害仁德，甚至愿意舍身成就仁德。这是在探讨仁义的底线，这个底线包括道、仁、义、礼、智、信。

《论语·季氏第十六》第一条“季氏将伐颛臾。”季氏要进攻颛臾是违背礼与天道的。接着第二条“孔子曰：‘天下有道，则礼乐征伐自天子出；天下无道，则礼乐征伐自诸侯出。’”季氏并非天子，他并无资格伐讨颛臾，季氏伐颛臾，那不就是礼崩乐坏了吗？这是讲礼乐之根本，是讲如何复礼的。怎么复礼？那就要把礼复到天子那去。“礼乐征伐自天子出”就是复礼，如果礼乐征伐都是季氏出，就是违背天理。再然后第三条，“孔子曰：‘禄之去公室五世矣，政逮于大夫四世矣。故夫三桓之子孙微矣。’”这句话的意思是，鲁国已经连续五代没有了公家的执政地位，政权已经四代由大夫掌握。这里暗示当时的礼乐征伐已经不再由天子出，因此，孔子旨在复兴周礼。那么，孔子是如何实现周礼的复兴的呢？孔子在本篇提到“益者三友”“益者三乐”，以及“君子三戒”“君子三畏”，强调“生而知之”“学而知之”等教诲，旨在教导我们谨守本分、安立本命。君子应当知命、安命，坚守本分。

《论语·阳货第十七》阳货欲见孔子的目的是什么？为何孔子避而不见？这里面讲了一个故事。阳货欲请孔子出仕，孔子不愿，故避而不见。阳货利用礼的规定迫使孔子回见，孔子本来想趁阳货不在家完成这个礼，结果二人在路上碰到了，阳货向孔子问了三个犀利的问题，涉及东方木的概念，如同一个环，循环不息。“怀其宝而迷其邦，可谓仁乎？”曰：“不可。好从事而亟失时，可谓知乎？”曰：“不可。日月逝矣，岁不我与。”孔子曰：“诺，吾将仕矣。”探讨了仁者在世间应有所作为，强调仁者应该为世间尽责，而非自私自利。

《论语·微子第十八》微子是一位伟大的圣人，被孔子认定为圣贤。微子讲授三仁、三贤，殷有三仁焉。我们再来看看《论语·微子第十八》第八条：“逸民：伯夷、叔齐、虞仲、夷逸、朱张、柳下惠、少连……”最后一条：“周有八士：伯达、伯适、仲突、仲忽、叔夜、叔夏、季随、季騧。”这一篇讲的全是仁人志士，即“微子十八圣贤”。

《论语·子张第十九》这一篇为什么以子张开头？《论语》编者不

是随便以谁开头的，子张小孔子约50岁，是孔子晚年的弟子，他好学深思，喜欢与孔子讨论问题。在忠、信的思想上受孔子教化极深，把孔子关于忠、信的教导写在大带上，以示永远不忘，并在实践中收到明显效果。《子张》篇实际上是对孔学门派的总结，此篇中把孔子各大弟子、主要派别几乎都写了一遍，子张、子夏、子游、曾子、子贡、卫公孙、子路等。《论语·子张》第一条"子张曰'士见危致命……'"到第三条"子夏之门人问交于子张……"都是讲孔子的弟子是怎么传承天命与外王之道的。

关于人性的讨论

下面重点讲一讲《论语·阳货第十七》中关于人性的描述："性相近也，习相远也""唯上知与下愚不移。"

这里强调了即使具备才智，若无恒心，未达到巅峰，也难以得到认可。孔子强调应当运用上智，远离下愚，同时积极教化、影响介于两者之间的人。这表明极具智慧的人不仅有才智，而且有恒心，具有坚定的志向。真正的下愚不是指智商不够，而是那些故步自封、不愿改变、放弃学习的人。这句话还是在强调自强不息、主动进取的重要性。孔子的言论应当结合实际情况去理解，否则容易造成曲解。

在中国哲学史上，有一个重要的话题就是关于人性的讨论。孔子说"性相近也，习相远也"（《论语·阳货第十七》），孟子说"人性之善也，犹水之就下也"（《孟子·告子上》）荀子说"人之性恶，其善者伪也"。（《荀子·性恶》）这三位都是儒家圣贤，到底谁说的对？人性究竟是善的还是恶的？关于这个问题，其实是角度的问题。孟子和荀子都是孔子的继承者，他们解读孔子都是有角度的，而孔子是没有角度的，谈论的是人性的本来。我认为可以归纳为这样一个三段论：性本仁，性相近，习性恶。

南宋王应麟所作的《三字经》也言"人之初，性本善"。性善论是儒家的基调，但这个性善不是说人人天生就是圣人了，而是说人天性中有一颗纯良仁爱之心。孟子举了很多例子来说明这一点，比如人天生的恻隐之心，不忍人之心。这是在每个人生活中现实存在、真实可感的。所谓性相近是指人的天性本来相近，皆本于仁，至于习相远则是在后天环境中产生的恶习。所以在一定程度上，荀子是对的，孟子说的也是对的，他们都是在传承和发扬孔子的思想，只是后来有些人理解错了。

联系前面《论语》的纵横交叉的十字，性善论是在仁的一端；性恶论在面对世间、面对物欲（利益）时，是义的一端。因为义中有利在，利益处理不好就是不义。而孔子所言的性相近，是说人人生命本来的那个心性，是纵贯的。人性中仁的本质是恒定不变的，但在具体的行为表现上，则可能呈现出善恶的不同。荀子是站在世间功用的角度讲的，在进行管理工作时就得用性恶论，在把握人性弱点的基础上，用有效的管理手段和制度治理它。

性相近即指生命的本真，这代表了孔子所提及的生命维度的观点，而性善论则是孟子的推演和总结。由此可见，中国文化实际上并不矛盾，看似矛盾是由于有些人用对立的观点看待这些理论，将性恶论、性善论以及性相近放在同一平面上，实际它们并非同一维度。本体上的性善强调忠信，是关乎心性的；而性恶论则涉及世间管理之道，偏向法家思想。荀子的弟子韩非子后来成了法家代表，故荀子有时会被归为法家，有时又被视为儒家。荀子的思想有时显得复杂，但是把握其核心才能领悟其高深之处。因此，儒家三圣对于性善恶的观点同时在这三个维度上展开并不矛盾，各个观点皆有其适用范围和合理之处，真正修行的人会认识到人性中既有善也有恶，从而在不同方面针对性的解读运用。

第三十讲

文明的主要构成

据我所知，文明即为文化、土地和人口的综合体，也是天地人的交融，涵盖五个维度（图 30-1），也是五个次第，层层降级。

- (一) 文明
  - ①文化
  - ③人口
    - (二) 国
      - ①领袖
      - ③文化
        - (三) 家庭
          - ③风水
          - ①个人
            - (四) 人生
              - ①寿生
              - ③事业
                - (五) 人生
                  - ①开窍
                  - ②恒久
                  - ③专注
              - ②福报
          - ②丁
      - ②戎
  - ②土地

图 30-1 文明的主要构成

中华文明的传承主要依靠文化、土地和人口三个要素。我认为一个国家最重要的是有领袖，第二是强大的军事力量，第三是要有与武力相对应的强大实力，包括硬实力和软实力，软实力即文化实力。同样，我认为一个家族要想实现辉煌，也有三个要素，首先是个人要实现辉煌人生，第二是要有子孙，第三是传承，家庭要有好风水。

在我看来，成就人生的三要素是寿命、福报和事业。首先要长寿，不长寿的人是难以做成大功业的，历史上的帝王将相也是如此。以汉高祖和秦始皇为例，虽然分属两个朝代的开国君主，但实际上处于同一历史时期，刘邦比秦始皇小三岁，由于秦始皇早逝，他的帝业也随之终结，因此长寿至关重要。第二是福报，福报是托底的资粮，没有福报是寸步难行的。第三是事业，人要有热爱的事业，这样活着才有意义、有价值。就三者的关系来说，活得久，才有福报；活得久没有福报，那生命质量就很低。虽然长寿本身已经算一种福报，但若没有成就事业，无法为社会作出贡献，便显得无足轻重。

我认为成就事业的三要素是开窍、友朋、专注。如果一个小孩不开窍，无法专注学习，缺乏毅力，那么学业将难有成就。即使一个人智商再高，若无法专注、缺乏毅力，也难以取得成功。当然，要取得成就，这三个条件只是最基本的要求。具备这三个元素就容易成为学霸，一个学霸必须具备专注的品质。现在许多学生虽然很努力，但学习成绩仍然不佳，原因可能是他们还未开窍。有些人开窍了，学得很快，也很专注，但缺乏耐心和持之以恒的精神，同样也难以取得长久的成功。

从人生长度的角度讲，只有活得长久，才可能为他人做更多贡献。至于事业，并非靠自己一人就能实现的，最终能否成功还需要大家的支持、时代的机遇。因为世间的功名利禄并非刻意追求而来，每个人都应以平常心对待这些，得之我幸，失之我命，有如此的心态，人才可以安时处顺，笑对人生。

圣人之五心

圣人有五心，分别是清净心、慈悲心、智慧心、平常心和平等心（图 30-2）。

何谓圣人？“圣”的繁体字写作“聖”，上部为耳目加口，下部也形似壬。壬涉及任脉、妊娠、六壬、壬水等要素，无论从哪个角度理解，都与生育、传承、生生不息有关。壬对应肾，而肾开窍于耳，所以圣人有个标志——耳大。从造字本义来说，圣人往往指一个族群中

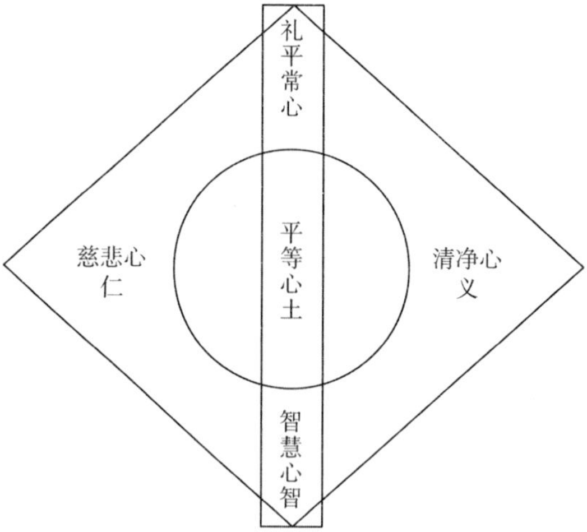

图 30-2　圣人五心

最耳聪目明的人，能够聆听、传达上天的旨意，此之谓“聖”。所以圣人乃是人群中最为聪明俊秀之人，因而展现出某些非凡的气象。为什么讲到圣？我们要向圣人学习，学会觉察自己的心。

聖人的心在哪？在肾，肾最喜欢温暖，肾里面有个心，叫小心。聖人为什么好？因为他有水有火。壬实际上就是指聖人下面的那一股真气，就是指壬水中有小心。所以聖人解决的是水（耳、壬），木（目、口），火（壬中之心）的问题，聖人不牵扯到金和土。在聖人这里，水对应学问，木对应仁，火对应礼。如图 30-3 所示，中间的土是己，所以聖人的核心就是“克己复礼”。

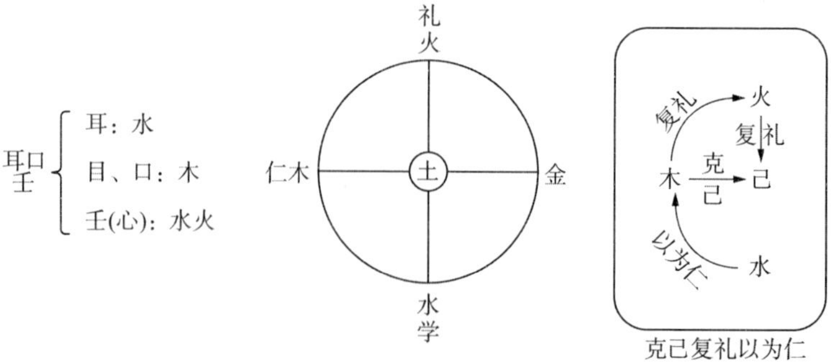

图 30-3　克己复礼

水生木，所以学能生仁；木生火，所以仁能生礼；火生土、木克土，所以叫“克己复礼为仁”。如此构成一个生生不息、水火既济的循环系统，这就告诉我们，孔孟之道是真实不虚的。孔孟之道有一个重要核心，就是它的教育理念，实际上这就是内圣、传教的问题。剩下的问题就是治国，是外王的部分。

孔子的一生都在修炼内圣和外王功夫（图 30-4），外王部分也是孔子所致力于推广的，实际上孔子的学问包括四个部分，即内圣、传教、外王、治国。孔子解决了三个问题，内圣、外王以及传教，唯独没有完全完成治国。其实孔子是治过国的，孔子当大司寇的时候管理过国家。但在我看来，他是一个完美主义者，不善于用权，在治国方面是要相对薄弱一点，这似乎是孔子的一个短板。

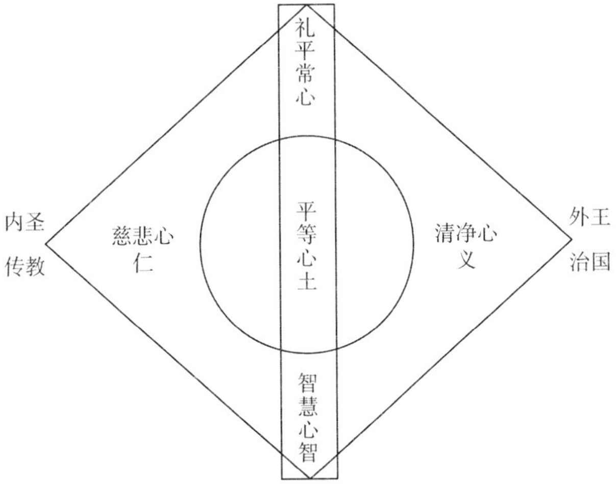

图 30-4　内圣外王五心图

“克己复礼为仁”是内圣之道、传教之道。内圣的问题要解决心性的问题。孔子学问的核心就是仁，即心性的问题。心性的完美呈现，就是一颗慈悲心，我们带着一颗慈悲心入世，才能真正地造福世间。义对应的是一颗清净心，从治国角度来看，清净心至关重要，因为有清净心，才有纯粹无私的公义。从清净心中可以生出智慧心，对应真正的智慧觉知。还有一心，显化在礼上，天道有常，是为平常心。最后是平等心，平等心是土，土是最平等均衡的。为什么不是水？究竟是水平还是大地平？我认为大地是最平的，因为水有不平的时候，本来平静的水面，外力一动就会起波澜，水就不平了；但是风吹大地，大地还是平的。有人说大地之上有高山、低谷，那不是不平吗？其实高山也是平的，高山在卦象上是艮卦，艮仍然是土，这里不作细讲。

慈悲心、清净心、智慧心、平常心、平等心，这就是圣人之五心。

内圣之道：克己复礼为仁

通过前面的解读可知，“克己复礼为仁”里面蕴含着五行的智慧。那么，孔子和一般的五行家有何不同？在比孔子晚一些的时代，有一个名叫邹衍的人，他擅长研究五行学说，但他的境界比孔子低。因为孔子探讨五行是从圣贤之道出发，更注重道德理念和原则的阐述；邹衍研究的五行则是应用于解决世俗生活中的实际问题。这就告诉我们，孔子是在研究道德原理的基础上结合了五行之道，而不是为了研究五行去研究五行，这是孔子和一般五行家的根本区别。

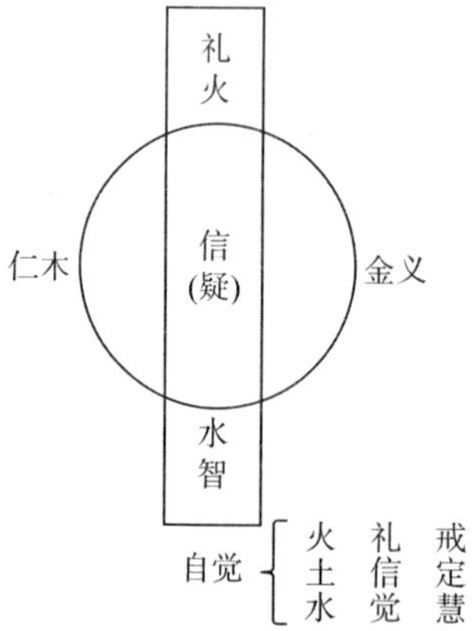

图 30-5 内圣之道的核心

圣贤探讨的是天道，是一门大学问。内圣之道像一个圆的半面（图 30-5），想外王也可以，内圣之道加一个要素就是外王之道，这一点即内圣之道和外王之道的核心区别。内圣是传道、传承、传教，外王是治国，教化和治国的核心区别就在于有没有杀伐。治国是有杀伐的，也就是刑罚，也就是规则。内圣的时候，对学生、对内圣之道之人不能进行惩治，原则上也不能用义的奖罚。在这里义是指分配制度、奖惩制度、杀伐制度。

内圣之道是不用规则的，因为心性是靠自觉的（图 30-5）。内圣之道的核心是自觉，自觉在火、土、水，竖着的这条线就是解决心性

（自觉）问题的。解决完心性问题，归结到仁，内圣之道大成，就可以出去治国平天下了。火、土、水这三个方面正好对应修行：水就是智慧，是觉的层面；土就是信，是不疑；火就是礼，是榜样，对应佛陀的瞻仰恭敬。合起来对应：礼—戒，信—定，觉—慧。其实儒家和佛家是有相通之处的，解来解去，是金木水火土，是五行能量运转起来。具有这三个基础，再生出慈悲心，就可以出山了。至于具体的本事，那要在实践中进一步再学。

“克己复礼为仁”是内圣。内圣的关键在于己的那颗心。克己复礼是通过仁来克己，礼来通关。在我看来，修行（内圣）最大的挑战是己，外王最大的挑战是智，带团队或者做企业，最怕的就是用智太过，所以要克智。其实在团队中最重要的是信，团队的愿景、自己对这个事业的信仰、对客户的初心，好的团队以信为核心，然后以为义，即财富、利益各方面都来了，所以是“克智复信为义”。

外王之道：克智复信以为义

孔子说的“克己复礼为仁”乃是内圣，治理国家则是“克智复信为义”。为什么说为政最重要的是信？因为有信才能“克智复信为义”，如果一味依靠智巧，就容易产生阴谋诡计，国家社会就可能会产生纷争。当忠信足的时候，智巧就适当减少了，因为土克水，水会被消耗；而后土生金，复信还会带来义，金再生水就是有信义的智慧了（图 30-6）。

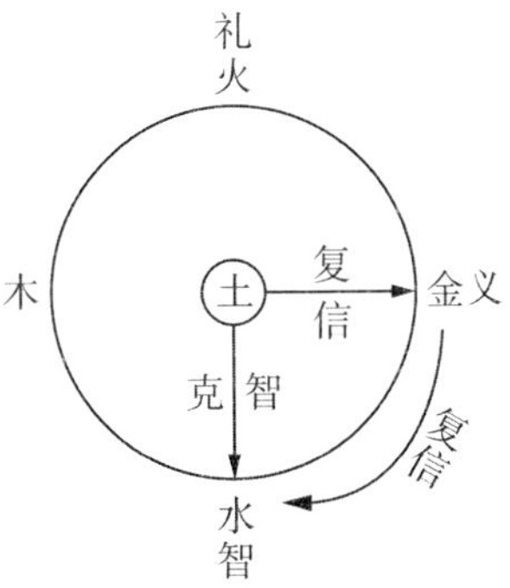

图 30-6　克智复信以为义

因此，中国文化中有两句核心要义：克己复礼以为仁，克智复信以为义。修身用仁，治国用义，合起来才是真正圆满的内圣外王之道。

礼、信、智

《论语》是开放的，它展现了自我修行的次第，实际上就是礼、信、智（图 30-7）。礼包括则、式、法，对应佛家的戒；信包括中、诚、明，对应佛家的定；智包括慧、悟、觉，对应佛家的慧。礼、信、智对应佛家修行的三个入手处，即戒、定、慧。对于不同的人，修行的路径又有所差别。对于凡夫要由戒入定，然后生慧；对于上根器的人，可直接从慧到定；还有一种特殊的人叫异根，不走常规路线，是从定入，一旦入定，戒和慧就一起出来了。

礼	则、式、法、戒
信	中、诚、明、定
智	慧、悟、觉、慧

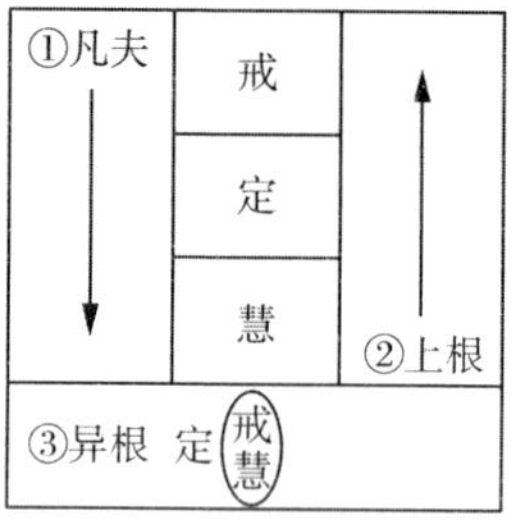

图 30-7 礼、信、智

传承学问、教授学生，重要的是要对学生进行管教、克制，但是克制的同时还要用“火”来生他，给他知识，让他光明。

老师与老板

在孔子的“学术团队”中，老师有时会对学生进行评点，因为老师有责任帮助学生成长。阅读《论语》会发现，孔子常常对他的学生进行批评，有时甚至会直言责备。老师若不能帮助学生改正错误，又怎能成为一位好老师呢？老师和学生是因为“志于道”而结成的学术共同体，因此师友间有相互劝善之义。而在工作中，领导不应该轻易批评下属，领导要善用人才，善于管理团队，发现问题时可以调换岗位，若实在不行再考虑辞退。

老板和老师的区别在于前者是使用人才，而后者是培养人才。培养人才需要进行心灵上的引导和批评，但这种批评并不带有攻击性，也不带有情绪，只是就事论事，旨在促进大家的成长。如果在教育过程中只注重灌输知识，就难以承担起塑造学生道德品质与成长教育、挫折教育的任务，学生也可能缺乏被教化、被批评、被指导的经验，这就颠倒了师生应有的秩序。在家庭中，父母对待子女也是类似情况，不能只是养育而缺乏真正的教育，一味放任孩子、不沟通、不指导、不批评，这种做法实际上可能会害了孩子。

老师和老板的核心区别在于一个是内圣，一个是外王。老师扮演的是教化、引导的角色，当发现了学生在心性方面的缺失要直言指出；老板则是王道管理的角色，更注重育人、识人、用人、御人、治人之道，最终服务于外王的治理目标。

王道管理

在王道管理层面，对于人才有阴阳相济的策略，总共分为五个层面，分别是识人、育人、用人、御人、治人（图 30-8）。我们这里探讨的王道管理和一般的管理不同，真正的王道管理是有内在仁义礼智信的，是以内圣为基础的外王之道。也就是说，对于人才的运用不是工具性的，而是通过外王事业的实践带动、帮助员工心性成长。王道管理是尊重人性的管理，是以为政之道施行教化之本。

在王道管理领域，识人靠智，育人靠仁，用人靠信，御人要礼，治人要义。以企业管理为例，企业在招聘人才的时候需要有一双慧眼，识别出那些企业真正所需要的人才。在识人的过程中不仅要考验对方

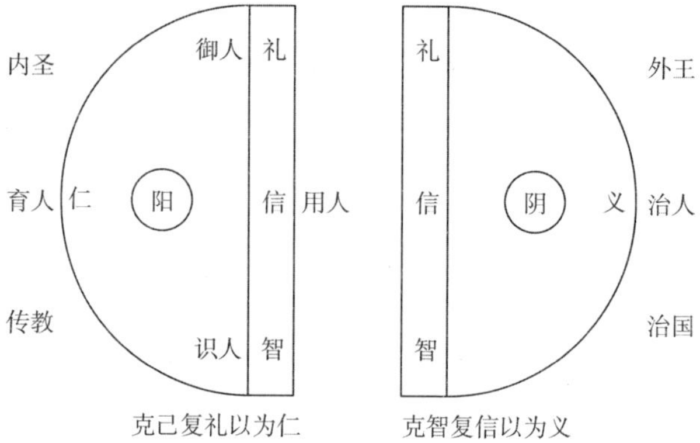

图 30-8 王道管理图

是否具有专业能力，而且要考察其心性，是否有付出奉献的意愿，是否与企业的价值观契合（信）。招聘进入公司之后，公司应当有完善的机制和专门的人员来帮助员工快速学习、适应岗位，完成育人的任务。孔子说“不教而杀谓之虐”，同样，没有给员工进行系统的培训就要求员工创造业绩，是对员工的不仁。当员工具备了相应的能力、素质之后，就要用人不疑、疑人不用，提拔那些值得信赖的伙伴，给予他们一定的权力和资源，给他们一个广阔的舞台，从而使他们更好地展现自己的能力、实现自己的价值。以上的识人、育人、用人是从阳的一面来说的，此外还要配合阴的一面。

御人要靠戒律和规则，即靠礼法，驾驭人才有两种手段，一阴一阳。《论语·为政第二》中记载，“子曰：‘道之以政，齐之以刑，民免而无耻；道之以德，齐之以礼，有耻且格。’”理想的方式当然是让人“有耻且格”，从内心认同这一套礼法的意义，从而自觉主动地避免不好的行为，这需要管理者给他们礼乐教化的引导，创造一种礼乐和谐的环境。当这些条件不具足时，纯粹靠规则的力量进行惩戒也是可以的，这就需要树立法的权威。通过刑罚的手段虽然也可以达到相应的效果，但本质上是一种消极的手段。

治人要靠义，义是公平，是合宜，是利益，是分配制度。当公司创造了良好的业绩，如何分配利益也是至关重要的一环。好的分配制度是“举直错诸枉”，是“嘉善而矜不能”。这就需要在团队内部发现那些对组织有贡献的人才，让他们的美好被看见、被认可、被加持、被奖励。这些同样需要一套行之有效的制度来保障。

一个企业，如果在识人、育人、用人、御人、治人方面做到了仁义礼智信，那么这个团队将是一个有生命力、战斗力，可以激发人心性成长的好团队，这样的管理才是符合儒家内圣外王之道的王道管理。

世间修行的三个维度

我们在世间修行，有三个维度，如图 30-9 所示，分上、中、下三部分。中间部分是仁、信、义；上部分为礼带着仁、信、义；下部分为智带着仁、信、义。也就是说，在世间修行，仁、信、义是必不可少的。为什么？因为横行世间的法门即是赞叹和舍得，即仁和义，而仁义中都是有信的。赞叹即给人欢喜、给人希望、给人温暖、给人力量，这正是仁爱慈悲的表现。舍得即正确处理利益，取之有道，散之亦有道。财富是要流通的，很多人不知道这个真相，一味固守财富的

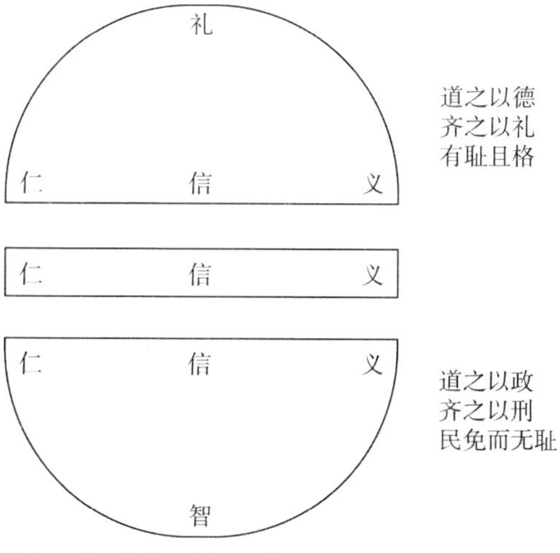

子曰：“道之以政，齐之以刑，民免而无耻；
道之以德，齐之以礼，有耻且格。”（《论语·为政第二》）

图 30-9　修行的三个维度

人难以发挥财富的真正价值。《大学》言："财聚则民散，财散则民聚"。财富是养道的，是用来赡养父母、孝敬祖先、传承子孙、成就世间功业的工具。而信在其中也发挥了至关重要的作用，若没有信，仁便成了伪善；若没有信，义也不可能实现公平。

至于礼和智，则对应不同的修行路径。对于上根器的人，可以要求他"克己复礼为仁"，即主动自觉地遵守礼，效法天道。中国古代也秉承"礼不下庶人，刑不上大夫"的原则，因为礼对于士以上的贵族才有效，普通百姓也不具备完全按照礼仪生活的条件，但是这并不意味着普通百姓不需要接受礼的教化。百姓通过礼俗、礼教在无形中被移风易俗，却不一定能真正明白礼的意义，这就是"百姓日用而不知"。对于普通民众来说，有时不需要全都"知"，只需要做就行了。一般的老百姓，要用"克智复信为义"的方式来引导，克制他们的机巧之心、小聪明，而以忠信之、德厚之、实之，最终实现义。

在究竟层面，一个人要想在世间修行并修证成功，需要仁义礼智信五者齐备，而且不是小仁小义，是大仁、大义、大智、大礼，具备了四个"大"，才能有大信。一个大信的人，必然是仁义礼智全部具备的，少一个都不能叫大信。大信之中有大仁，大仁必然依托于信，大仁也必然通达礼智义；大义也必然通达仁、礼、智，如果没有智慧不叫大义；大礼也必然有仁、智、义。因此，现在这个模型（图 30-9）是一个方便模型，而不是本相模型，仁义礼智信之间缺一不可，相互联系才是实相。

所谓仁者爱人，要爱人以礼，爱人以智，爱人以义。爱人就要给别人利益，而且要有善巧方便，嗟来之食不叫爱。大义里面如果没有仁爱、智慧，也就不叫大义，这样是冷酷无情之举。比如有的富人前往灾区行善，象征性地向贫困人群提供一袋大米，只是为了叫他们过来摆拍。这种行为算得上是真正的义吗？非也，我认为这是不义之举。这种行为既不义，也不仁。真正的大义在于帮助他人时，不仅仅给予物质上的帮助，更要在行善过程中给予他们尊严，通过智慧的方式表达自己的仁爱之心，给予他人足够的尊重，让他们接受你的慷慨并感到安心，这才是真正的大义。

第三十一讲

何为修行

世俗追求名利之人，妄谈修行，不足为意。何谓修行？我们这里有一位同学曾走过很多弯路，被世俗纷扰所困扰，然而他一直怀揣着一颗真诚的道心，尽管这颗道心曾被尘世所掩盖，但这并非他的错，只因他未能找到正确的传承之道，所以过去信这信那。周围了解我的人都知道，我对所谓神通之事十分厌恶，在2002年之前，我曾运用所谓“神通”为人卜算，然而这并非神通，实际上只是每个人的第六感，一种特殊的感知。与其他人所说的附体或仙灵附身无关，这只是自身的感知。

《论语·述而第七》言“子不语怪，力，乱，神。”儒家走的是中道，既不迷信鬼神，也不亵渎鬼神，而是敬鬼神而远之。儒家的修行路线既不避世，也不与世俗同流合污，而是就在世间修行，寻求超越。儒家修行的场域在世间，修的是心性，走的是中道。

传说中释迦牟尼涅槃之后，众弟子对其所说的法进行了编纂集结，唯有其亲授的法被称为“经”，如《金刚经》《心经》等，后世针对此类的解说均被称为“论”，唯有《六祖坛经》被尊为“经”。现代科学研究表明，地球上的生命起源于单细胞生物，如果没有最初的单细胞生命，整个星球就不会有生命存在。这表明单细胞生物具有独特的生命繁衍能力，如同星星之火能够燎原一般。佛陀当年曾经以拈花微笑的方式启发众生，就是这样一个小小的公案最终孕育了禅宗这棵参天大树。为什么禅宗这颗种子几千年中没有在别的地方扎根生长，而是在中土萌芽且流传至今呢？原因在于中土适宜禅宗落地生根，传承千年的儒家文化，如同一块肥沃的土壤，一旦因缘条件具足，便能迅速地开花结果。禅宗在中国大地的传承证明了中华文化具有强大的包容性、吸收力，能够将中华文化和外来文化有机结合。或许，正是由于中华文化独有的包容、开放，才使得这一文明具有如此顽强的生命力，从历史上一直绵延至今。

儒家、道家、佛家，这三种思想体系都在探讨宇宙的本源和天道。中国传统观念认为天道有多个层面，但其最高境界要追溯到宇宙自性。据我所知，儒家文化实际上是原始道家文化的延续，在孔子之前，儒家和道家并未有明显的分野，二者的根源可以共同追溯到伏羲老祖。孔子、老子之后，后世的文献整理者才开始强调儒道之别。至于后来的道教，则是中国本土神话体系、方术、民间信仰等影响下形成的一个独立的体系。我们在这里不谈宗教，只谈思想，儒家、道家、佛家作为一种哲学思想，都有对宇宙真理的探求，各家各派的前辈也总结出了一定的修行路径。那么关于修行，我们应该如何选择？

生命短暂，时间不等人，几十年转瞬即逝。我们生存的地球放眼宇宙来说其实是微不足道的空间，我们的寿命、体重和身高都有限，我们所能接触到的人也仅仅是地球上的一小部分。我们自己活着时所能见到的上辈和下辈加起来也就是五六代。在古代，有些人可以跨越九代，能见到四代的上辈和下辈，能够见到高祖父的人，也就经历了九代人的生命。但是，如今很少有人能够经历如此多代人的生命。面对中国文化当前的发展现状，我们必须明确自己肩负的使命。在确保生存的前提下，注重修身养性，寻求生命的觉醒。

如何修行

岁月匆匆，光阴易逝，更加凸显出修行的重要性。对于在世间修行的路线来说，人生境界最基本的层次是食色，但这并不意味着我们应该摒弃食色。毕竟，没有食色，我们便无法填饱肚子；没有食色，也无法繁衍后代，食色关乎肉体存亡和种族的延续，因此是我们人生的基础。在这个世界上，若没有一套方法，普通人难以实践辟谷；有人声称自己从没有任何淫念，这也很可能是欺骗。其实食色不需要否定，承认食色和修行并不矛盾。中国文化为我们揭示了一条深邃、安宁、慈悲的道路，即“节制”和“中道”。

我们从食色开始，逐渐修行，首先维持自己的生命，完成家族血脉传承。有些人一心追求食色之上的财富，声称追求财富是为了过得更好，但在这个世界上，一心追求财富的人真的过得更好了吗？有些人被物质奴役，还有人贪图名誉地位，甚至为了追求名誉地位不惜损害自己的身体，连生命都变得微不足道，这种现象就是异化。

如图 31-1 所示，初阶的五级由低到高分别为：器，名，食，色，心；对应的修行阶段为：物，相，命，性，灵。我认为，世间万物皆从炁开始，生命起源于炁，炁固定下来即为器，也就是物质。随后，物质被赋予名字，这个名字就是世间的相。再往上是食，实际上食已经代表了生命，尽管是较初级的生命形式，比如动物、植物，无论是何种繁育方式，它们都需要摄取食物。然后是色，色相对于食物来说更高一层次，代表了更高级的生命形态。植物有色彩，而且有雌雄同株和异株，这代表着生命已经具备了性别。无论何种生命形态，食时有命，色时有性，便有了性命。人是从畜生道开始修起，总共有五层十级，一层层向上。食色之上，人开始有灵，有灵就是长心了，一点点长，然后更高。生命短暂，每次我讲课时都会感叹，希望有生之年能有所修行、有所突破。人在修行时，外在气质和行为表现会在一定程度上受到影响。虽然遗传因素对相貌起着决定性作用，但通过修行，人可以展现出更加积极和健康的精神面貌。

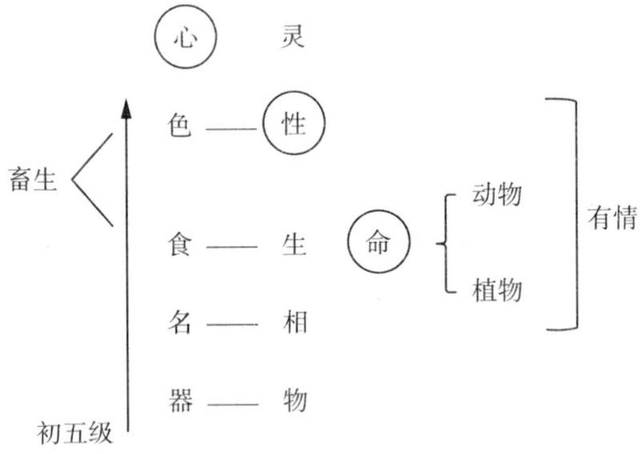

图 31-1 五层十级

文化的赋能

生命如此短暂，我曾多次阅读南怀瑾老师的著作，每每泪如泉涌。南怀瑾先生一生致力于让传统文化重新焕发光彩，普及儒释道，延续中国文化命脉。南怀瑾老师创办了老古出版社，后改组为老古文化事业公司。至于为何选用“老古”这个名字，据我所知原因有二：一是他的学生姓古，以学生的名义推动成立这家出版社，主要出版南怀瑾先生的著作；二是寓意重新呈现中国古老的文化。南怀瑾老师并未对这些文化进行过于深入的解读，而是侧重于宣传介绍，启发现代人的认知。《原本大学微言》在某种程度上提供了一些点拨，但就其完善落实及系统性而言，尚未有进一步的探讨。这就给当代有志于传承弘扬传统文化的人留下了更重要的使命，我们要深入挖掘传统文化的精髓，并结合现代社会生活的实际，激发传统文化在当代的生命力、创造力和影响力。

站在更大的视角看，我们的传统文化正面临着前所未有的挑战。

为什么这么说呢？因为在良莠不齐的信息洪流中，许多人的思维容易被外物所异化，生命缺乏传统文化的滋养，难以通向更高的修行目标。针对这种情况，我们究竟应该做什么呢？最近我聆听了一些大德的教诲，突然间感受到一股强烈的使命感，其实这种使命感一直存在于我心中，我的前半生一直在为之奋斗。最近这种使命感给我一种全新的觉悟，我突然感到自己肩负起了一项重要使命，那就是致力于为我们民族的传统文化赋能。

我们的当务之急是要为这个时代、这个国家、这个民族以及全人类的发展贡献文化能量，通过共同培育和弘扬文化精神，我们能够充分展现一个具有独特魅力的文化大国形象。大国崛起时一定有和大国相匹配的文化体系，我们需要拥有这种文化自信。历史上，老庄孔孟为中华民族赋能，朱熹为宋朝赋能，王阳明为明朝赋能……中华民族的伟大复兴必然伴随着文化复兴，因此这一时期也有文化为其源源不断注入能量。

我一直研究关注近代大德们的活动，发现他们致力于承前启后，重振传统文化，让传统文化重新焕发生机，但对于传统文化的全面梳理和深入探讨，却涉及不多。有人称今日之风为现代新儒家，尤其像牟宗三等前辈做出了不可磨灭的贡献，但我认为，他们中有些人侧重于用西方文化的逻辑重新审视和诠释传统文化，有一定的局限性。真正对中国文化内涵进行重新诠释以适应当前国情的，还有待于当代人的进一步努力。总书记在庆祝中国共产党成立 100 周年大会上明确提出“两个结合”，即“把马克思主义基本原理同中国具体实际相结合、同中华优秀传统文化相结合。”正为当代文化发展的方向指明了路径。所谓“两创”，即传统文化的创造性转化、创新性发展，我们要回归本民族文化的传统，在继承的基础上才能更好的创新。

因此，要想让真正的周孔之道、本体的周孔之道进一步提炼、升华、传播和弘扬，持续打造适用于我们国家民族文化的文化赋能系统，我们必须清楚自己站在何种基础上，了解自己处于何种文化体系中，在哪一个阶段。我们需要认清自我，知晓自己的根本。

文化的追溯

中华文化源自伏羲女娲，经过炎帝黄帝、尧舜禹汤、文武周公、孔子等诸位圣贤，在周公和孔子时期，由孔夫子集大成，总结上古文化源流，建立了本体，简称“建体”。谈及中华民族的上古文明，必须站在历史的宏观背景中，否则就容易迷失方向。我方学派认为，伏羲女娲时代对应修身文明，这种文明在炎黄时代基本结束。从炎黄时代开始，道德文明逐渐兴起，结束于夏商时期。夏朝是一个过渡时期，既延续了道德文明，又开始了礼乐文明。虽然夏朝已经有了礼乐文明的端倪，但总体还是以道德文明为主。到了商朝，礼乐文明和道德文明共存，而到了西周，道德文明逐渐消退，礼乐文明开始主导。孔子继承了西周以来的礼乐文明，并尝试建立其仁义文明，仁象征着文明、礼貌，君子风范；义代表着武道精神，用必要的武力屏退小人。虽然这种仁义文明在孔子那个时期没能大力推行，但在后世经过董仲舒的继承之后成了历史发展的主流。

自伏羲女娲、炎帝黄帝、尧舜禹汤、文武周公以来近乎所有的文明系统，基本都汇总到了孔子这里，因此我们说孔子是中华文明的集大成者。这就是中国文化的本体，而后的各个时代则是对于本体的发用。从孔子时代至今，可以划分为五个时代的致用分期（图 31-2）。孔子在建体的同时，也构建了一套中国文化的致用体系，这套体系实质上构成了第一阶段。然而，我们所应当学习的并非只是孔子的致用系统，而是文化的本体。

纵观历史的脉络，在这里我们运用太极图旋转的模型来演绎，由中间的太极点延续至今，共展开为五个时期。根据我的理解，按照历史分期大致可分为：第一期先秦，第二期西汉，第三期隋唐，第四期宋明，第五期清末民初至今。

首个体系可追溯至先秦时期，孔子通过整理文献典籍，完成了中

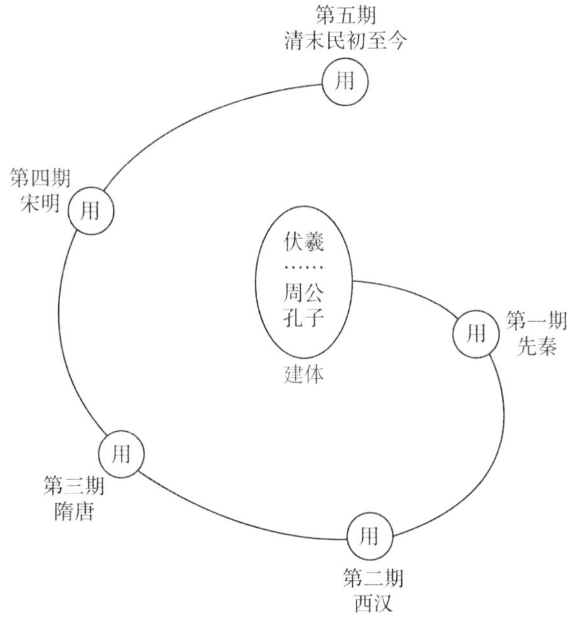

图 31-2　文化体系的历史沿革

华文明的建体，正式奠定了中国文化的基础，并落实于现实生活中，自觉构建了一套致用体系。第二期，西汉董仲舒结合阴阳家的学说对儒学进行了改造，汉武帝采纳了其“罢黜百家，独尊儒术”的策略，确立了儒家思想的正统与主导地位。汉朝设立五经博士，儒生开始进入朝廷可以议政。因此这一时期的文化系统带有很强的实践性，而第一阶段的文化体系则更为理论化。第三期，隋唐时期，这一时期儒家的地位逐渐下降，孔子的文化系统并未被广泛传承。三教关系开始冲突、发展、融合。第四期，宋明时期，从北宋五子的酝酿、发展到南宋朱子的集大成，理学思想不断丰富、完善。南宋后期陆象山开创了心学一系，至明代王阳明发展至巅峰。在宋明理学内部，有理学、气学、心学等不同分支，各派的核心概念虽有不同，但所讨论的话题均为理气关系、心性问题。

第五期，清末民初至今，这一时期历史跨度较大，外部冲击也比较多。清朝是满人政权，对待汉族恩威并施，同时清朝推行的一系列书籍整理工作，比如《四库全书》的编纂在一定程度上对中国古典文化进行了梳理总结和删减。在外交上，清王朝闭关锁国，只关心中华地区，对海外地区不予理会，这种狭隘的视野最终导致中国遭受重创。西方侵略者用坚船利炮打开中国国门之后，内忧外患随之而来。在甲午战争中，日本之所以敢于侵略中国，是因为抓住了清朝的弱点。在我看来，清朝宁愿选择亡国也不愿亡朝，我认为这种私心是清王朝腐朽灭亡的重要原因。清朝无法实现全民动员，因为这意味着要动员汉人，而一旦汉人全面动员起来，清朝就可能灭亡。日本正是抓住了清王朝的软肋，只要不动摇清王朝的统治基础，他们可以为所欲为。若清王朝实行全面动员，情况可能完全不同。我们应该审视历史，深刻了解其真实脉络。

梳理完历史发展的脉络后，我们就会发现，孔子的思想凝结于《论语》中，如果说孔子建立了中华文化的本体，《论语》则是文化本体的承载和显现。因此《论语》并非零散的道德箴言集，而是一个有体系、有系统的作品，类似于《大学》《中庸》等著作，其中蕴含着深刻的内涵和逻辑。孔子的思想贯穿于整个《论语》之中，形成了一个有机的整体。正如孔子所言“吾道一以贯之”，《论语》也是一以贯之的。

《论语》纲目

学而为政始，
八佾里仁篇。
公冶长雍也，
述而泰伯焉。
子罕到乡党，
先进后颜渊。
子路随宪问，
卫灵公问阵。

季氏将伐颛，
阳货微子去，
子张尧曰全。

《论语》的前十篇主要探讨内圣之道，后十篇则是关于外王之道。《尧曰》篇讨论的是外王之道，也在讨论传承的重要性。中国文化的传承实质上是指将天命的秩序延续在个人身上，而这个人就是在座的每个人。中国人强调修行始于修身。在现实社会中，我们需要育儿养女，从事世俗事务，无法像出家人那样全心修行。

文化传承——《尧曰》篇

《论语·尧曰第二十》第一条：

尧曰："咨！尔舜！天之历数在尔躬，允执其中。四海困穷，天禄永终。"舜亦以命禹。曰："予小子履敢用玄牡，敢昭告于皇皇后帝：有罪不敢赦。帝臣不蔽，简在帝心。朕躬有罪，无以万方；万方有罪，罪在朕躬。"周有大赉，善人是富。"虽有周亲，不如仁人。百姓有过，在予一人。"谨权量，审法度，修废官，四方之政行焉。兴灭国，继绝世，举逸民，天下之民归心焉。所重：民、食、丧、祭。宽则得众，信则民任焉，敏则有功，公则说。

此篇的重点首先是传承之义，我们要传承的是尧。尧是一位圣王，圣王是指那些既具备内圣之德又实践外王之能的人。孔子被尊称为至圣先师，而非圣王，因为孔子没有取得位，未能实现外王的功业。尧传承的是外王之道，在现实中我们都是一个个普通人，但普通人也能够从事内圣外王的实践。内圣外王的境界是有等级和范围的，例如，救助家庭与救助整个国家就是不同层级的表现。开办一家公司算是从事一项事业，而投身国家公益事业则更显高尚。

在中国文化中，存在着"天之历数"的重要传承，历数即天命，统治者需要有天命才能承担道统，体现为"允执其中"。那么，何为

"中"？接下来我们谈谈《中庸》。中道文化可以层层分级，其中最高层的中道文化是述而不作。如孔子一生述而不作，实际上又大有作为。又犹如佛陀拈花微笑，虽未言明，却留下禅宗法脉，后世产生众多经典著作。这一点看似自相矛盾，需要大家各自领悟。

《中庸》开篇阐述其核心要旨："天命之谓性，率性之谓道，修道之谓教。"这即是中庸。接着对此道进行了定义，称"道也者，不可须臾离也，可离非道也。"确立了人道合一的前提，这即是"人能弘道，非道弘人"的道理。接着又探讨圣贤君子对修道的态度："是故君子戒慎乎其所不睹，恐惧乎其所不闻。莫见乎隐，莫显乎微，故君子慎其独也。"从内圣的立场看，中庸之道与他人无关，皆关乎自身，慎独即慎己。

"喜怒哀乐之未发，谓之中；发而皆中节，谓之和。"这段话强调了已发未发、中与和的概念。情感未发之时，心中不偏不倚，一片清明便是"中"；情感发动时，却能控制在一定范围内，不过度，则称为"节"。若仅仅停留在未发状态，也不足以称之为中庸。中庸是既发又未发，未发又已发，这才是真正的中庸之道。这种循环似乎没有实质答案，只有通过自我觉知和领悟才能真正理解，也难以与他人共享。

"中也者，天下之大本也；和也者，天下之达道也。"本体是静的、永恒的、不动的，然而本体需要有发用，若仅有本体没有致用，也难以称之为中国文化，无法体现其体用合一的特性。"致中和，天地位焉，万物育焉。"这是运用中庸之道所达到的理想境界，即天地万物各守其位，各自行其道。所谓"君君臣臣父父子子"，就是天下人皆能安分守己，务其本命。

孔子也对中庸的价值进行了感叹，"君子中庸，小人反中庸"，君子之中庸，在君子中体现；小人之反中庸，在小人中表现无所忌惮。小人为了一己私欲，他们可以不择手段，敢于传播异端邪说，只要能求得利益和名声，无所顾忌；君子则是述而不作，谨言慎行，甚至不言。

《中庸》有云：

子曰："中庸其至矣乎！民鲜能久矣！"

子曰："道之不行也，我知之矣：知者过之，愚者不及也；道之不明也，我知之矣：贤者过之，不肖者不及也。人莫不饮食也，鲜能知味也。"

聪明者做过度了，愚蠢者又做不到，故而"道之不行也，我知之矣。"当孔子说出这番话时，可以想象他是何等心境，如此之痛苦，几近泪下，"道其不行矣夫！"道似乎已无法实践了！表达完感慨后，他举一个典型的正面例子。子曰："舜其大知也与！舜好问而好察迩言，隐恶而扬善，执其两端，用其中于民，其斯以为舜乎！"舜具有非凡的智慧！舜善于提问，善于审视周围言行，包容短处而宣扬善行，把握两端之处，从中造福于民众，这便是舜之所在！这段话阐述了中庸之道。据前文所述，小人们无法做到中庸，他们反中庸，而要找到一个君子、一位圣贤来实践中庸，就应该找舜。舜怎么做到的？"好问而好察迩言。"如果一个人光问，而不好察迩言，就不是好学生，迩言的言是言外之意，是深处的言，无字天书。舜"隐恶而扬善"，舜"执其两端，用其中于民"，为什么不说用其中于君子？因为君子可左可右，君子处于中庸之道上。如图 31-3 所示，中间是中道，左右两条直线为两端，端外就叫异端。"用其中于民"，对老百姓尽量用合理适中的方式，中是动态的，有的时候左是中，有时候右是中，就如驾车行驶在马路上，是不断调整的动态过程，这正是从中造福于民的意义，此亦即舜所在。

君子可以根据时代的需要调整行为，如果这个时代过于偏右了，君子的行为可以酌情左一点；如果这个时代过于偏左了，君子的行为可以适度右一点。但是对于普通人来说，始终都应保持中立，因为普通人容易被偏见所左右，一旦偏向过甚，就容易误入歧途，失去平衡，这也是中庸不易实践之处。举例来说，假如某个时期偏向右，领导者引导人们稍微向左调整，但普通民众却可能误入歧途，引发内讧。因此，圣人施政必须采取中正之道，避免左右偏颇。古代有的王朝之所以能延续几百年，是因为他们能够坚持中上之道，不轻易左右摇摆。我们不可小觑这句话"治大国如烹小鲜"（《道德经·第六十章》），只

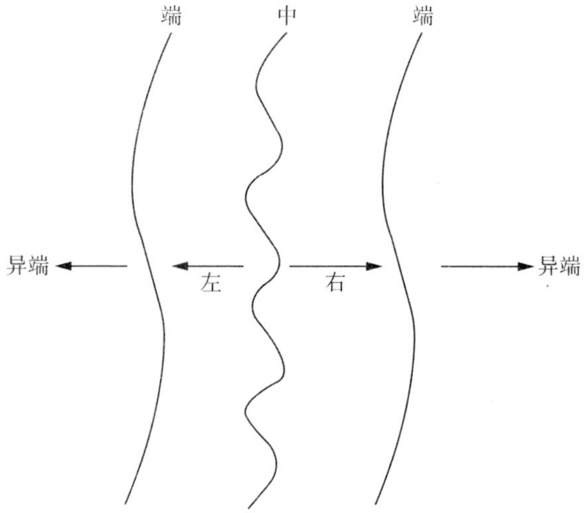

图 31-3　中庸之道

有做到这一点，国家才能够长治久安。

前面我们解读“允执其中”时顺带讲了《中庸》，现在回来继续看尧所说的话：“四海困穷，天禄永终。”这里说如果四海陷入困穷，君主的统治也就走到尽头，国家也将走向灭亡。历史的经验也是如此，当一个国家走到末路时，往往四方困顿，民生艰难。比如明朝末期大旱成灾，清朝晚期国库枯竭，四方困顿，即是如此。尧这样交代舜，有两个要点，第一个是谈及天命在于个人，而天命的核心就是允执其中；第二个是为民众造福。“四海困穷”的反义是“国泰民安”，国泰民安意味着要为民众谋福祉，一方面要国家要强大，一方面百姓要幸福，也就是全心全意为百姓造福，一个国家只有做到这两点，才能够实现繁荣强大。

“国之大事在祀与戎”，阐述的也是这个道理。祭祀就是把民众当作天对待，把民众当作神明一样尊敬。我们供奉神祇、祖庙、历代先祖以及革命先烈，实质上就是在尊敬民众，为民众服务。他们之所以被供奉，是因为他们为百姓做出了贡献。因此，中国传统文化体现在国家层面有两个要点，首先是天命，也就是“历数”，这种天命包括了“允执其中”，即中庸之道；其次是国泰民安，国泰是指国家安定，民安就是为民服务。为百姓服务可以一定程度体现在祭祀上，因为祭的背后有国家的道统，这是王道之道统，此外家道、国道、学道，各个道都有道统，如家道之道统有丁财、孝和家法传承等。总而言之，我认为这两者实质上是一体的，若无法实现这一切，便可能会导致四海困穷。

“舜亦以命禹”，表明这个传承是代代相传，绵延不绝的。我们看舜是怎么传承给禹的：

“予小子履敢用玄牡，敢昭告于皇皇后帝：有罪不敢赦。帝臣不蔽，简在帝心。朕躬有罪，无以万方；万方有罪，罪在朕躬。”

接下来具体讲讲“有罪不敢赦。帝臣不蔽，简在帝心。”“有罪不敢赦”，这个罪我认为是王之罪，是王说如果自己有罪，不敢祈求天地的原谅。“帝臣不蔽”帝臣是自称，指敞开心扉，不敢隐藏。“简在帝心”，“简”即阅，这里有明白、知道的意思，“简在帝心”我认为是指王说天理在我心中明明白白，对错我心里都知道，我怎么敢对天地有所隐瞒隐藏，怎么还敢要求天地的原谅呢！有错就要改，不要求天地来原谅。“朕躬有罪，无以万方；万方有罪，罪在朕躬”，我的错乃是我一人之过，不能波及天下百姓，但是天下百姓要是有罪了，那都是我的过错。这句话表明了一个原则，民众有过失，责任在我一人，这便是王者的担当，其中有大道。实际上这段话讲的是自天佑之。不一味祈求老天保佑，自己保佑自己，人要学会为自己负责，而且是为自己的一切负责，自己就是自己的王。

接着“周有大赉，善人是富”“虽有周亲，不如仁人”，西周王朝采取的是将利益奖赏分给诸侯的方式，不将好处独占，而是与天下诸侯共享。“善人是富”意味着奖励善良之人得以富有，恶人将被清除，这是奖惩分明的原则。“虽有周亲，不如仁人”，即使是至亲，也不如有仁德的人。周亲中若有小人，则需予以清除。“百姓有过，在予一人。”实际上是关心百姓的利益。那么具体而言，对百姓的关怀必须以仁心为怀，让仁者来掌控，这句话强调的是以仁者为主宰，全部责任应由我承担。

下面这一段逐渐深入具体，前文探讨的是道统，而这一部分已经涉及实践层面、术的层面了："谨权量，审法度，修废官，四方之政行焉。兴灭国，继绝世，举逸民，天下之民归心焉。"这些内容描述了具体操作步骤，属于实践层面。"所重：民、食、丧、祭。"这些都与生活息息相关，都是关乎国计民生的方面。"宽则得众，信则民任焉，敏则有功，公则说"，"宽、信、敏、公"在讲对待百姓具体的方略。总而言之，《尧曰》第一条总论外王之道。

《论语·尧曰第二十》第二条：

子张问于孔子曰："何如斯可以从政矣？"子曰："尊五美，屏四恶，斯可以从政矣。"子张曰："何谓五美？"子曰："君子惠而不费，劳而不怨，欲而不贪，泰而不骄，威而不猛。"子张曰："何谓惠而不费？"子曰："因民之所利而利之，斯不亦惠而不费乎？择可劳而劳之，又谁怨？欲仁而得仁，又焉贪？君子无众寡，无小大，无敢慢，斯不亦泰而不骄乎？君子正其衣冠，尊其瞻视，俨然人望而畏之，斯不亦威而不猛乎？"子张曰："何谓四恶？"子曰："不教而杀谓之虐；不戒视成谓之暴；慢令致期谓之贼；犹之与人也，出纳之吝谓之有司。"

随后，子张向孔子询问如何执政，实际上是在探讨具体外王的刑政手段。这里也不要孤立地去看，外王之道的一个具体内容就是为政。《为政第二》开篇即开宗明义："为政以德，譬如北辰，居其所而众星共之。"而这里所说的"尊五美，屏四恶"就是具体的操作手段。

《论语·尧曰第二十》第三条：

孔子曰："不知命，无以为君子也；不知礼，无以立也；不知言，无以知人也。"

在《论语·尧曰第二十》的最后三句中，首先是要有命，因为圣王必定是具有天命的；第二，命的具体内容就是心法，要有为政之道；第三是要有学，归根结底，这一切也是为了传承学问，要有传承。这三句话实际上反映了孔子的核心思想，体现了道统的连贯性。

《论语》全书，以"学而三句"为始，以"尧曰三句"为终，遵守首尾呼应的原则，都是至关重要的心法传承。在孔门心法中，首要原则是"学而时习之"。"时"就是当下、自己，学了要跟实际相结合，不要脱离自己，要根据当时的情况，在当下时刻结合实际情况进行实践和训练。“习”不仅是训练，也是实际执行，学习后必须在实践中进行落实。“不亦乐乎”的“乐”是指乐乎世间，带有说服、传播的意思。孔子所言之“学”其实就是天道，“學”的造字本义就是传承心法的过程。后人在接收心法时需要结合当下的时机，继续操练习行，这样才能使这种心法被世间普遍接受。

“学”要配合“时”，学了以后，我们了解到天道、天命，但是领悟自己的使命还需要一段过程，或许直至五十岁方能洞悉命运。认识并掌握自己的命运是一生的命题，所以孔子说“不知命，无以为君子也；不知礼，无以立也；不知言，无以知人也”。这意味着大家都认识到自己的责任，整个社会都意识到自己的使命。在这个理念下，社会到处都是君子，即“六亿神州尽尧舜”。

“学”是从一人到天下，也是从一人到众人，“有朋自远方来，不亦乐乎”，众人来了要乐，在《诗经》中有一句“我有嘉宾，鼓瑟吹笙”，表达了“德不孤，必有邻”的意义。这即是礼乐之道。朋友来了以礼待之，以乐和之，是符合天道和天命的。不了解礼乐，如何与他人相处，又如何在世间安顿自己呢？不同时期有不同的教化风尚，不同时期也有着不同的礼乐观念，就比如我曾经不了解当下社会的礼乐，直到有人提醒我需要融入当下社会的文化礼仪，否则又怎能传承道义、传播教诲。所以“人不知而不愠，不亦君子乎？”“人不知”我认为指的是人不知言，言就是上天垂象、万物说法。“不愠”是指若他人未能领悟天道，我们又何必与其争论呢？夏虫不可语冰，中人以下不可语上也。人无需与无知之人争执，君子不会因小人之过而生气，这是君子所应有之态度。圣人不计较小人的过错，君子亦不计较小人的过失。对待不明事理者不仅不生愠怒，还要谦和相处，随顺他们，当其做正确时还要称赞，这即为君子之道。

“不知言，无以知人也”，认知他人是君子还是小人，首要在于自己明了天道，若自身尚未通晓天道，又如何分辨君子与小人呢？通达天道后，自然可以辨别清晰。未通天道多为小人，对小人则无需与其争执。若一位君子不明天道，我们便可与之坐而论道，切磋琢磨，与之辩论、修行。因此修行只适用于君子，小人何谈修行。修行之人即君子，而非小人。

实际上，“尧曰三句”已经涵盖了内在、外在、中间等各个层面。知命为君子，这是做人最基础；立事以礼乐，这是人生的基础。先内圣知命，外王以礼乐立世，再修炼心性，不亦君子乎！这就是其中的内在联系。

第三十二讲

善一、觉二

从内圣之道到外王之道，构成了整个道统。《大学》中内圣外王交汇之处为修身。如何修身？儒家的修身以家为中心(图32-1)，家处于世间，家之上是道，家之下是心、智慧，这其实就是念。人出生之后，念头就来了。中国人通过家庭、人伦修行，由家通向道。人的心念向下是阴的，向上则是阳的，所以中国人的修行即是修心，让心上升，最终达到纯阳之境。如果心向下，纯阳之境也将化为虚无。因此中国人在竖线这条心性线上修行就是从智开始，从出生的原点，即天一生水的地方开始向上修行。人是从道而来的，天一生水的地方别名就叫道初，因此修行要从道初开始。

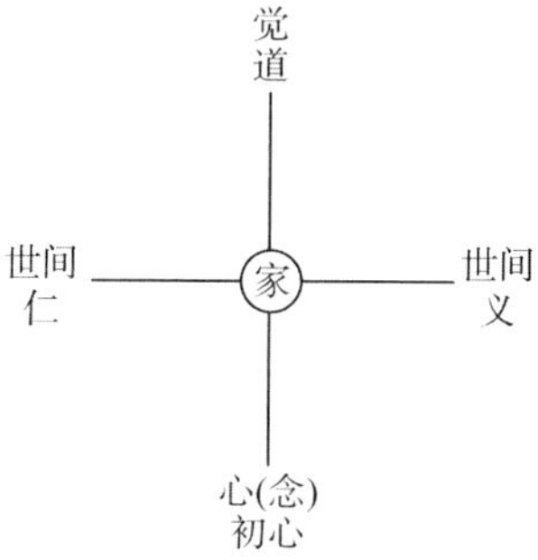

图32-1　原道

道初即是至善之物，也就是说每个人出生时都是至善的。婴儿和成年人之间的区别在于，婴儿虽至善却无觉察，而成年人具有觉知，同时也掺杂了不善。人在刚出生时，对世间一无所知的状态是至善的，但此时不能觉。随着人的成长，慢慢开始有了觉察，因此会有人说孩子“长心了”“开窍了”。随着时间的推移，孩子开始有了志向、产生欲望，同时也夹杂着其他因素。随着岁月的增长，掌握的知识越来越丰富，在世间的熏染也越来越严重，因此可能误入歧途，变得不善。因此，我们的修行始于道初，逐步走向觉。如果一个人能够始终保持最初的至善本性，并且具备完全的觉知，那就是佛菩萨的境界。

天地最初的状态便是至善，老子称之为“上善”，孔子称之为“至善”，孟子表述为“良知”，《三字经》提到的“人之初，性本善”，实质上都在探讨同一概念。善良的具备并不难，难的是将我们的善修行至觉知的境界。善且觉即是慧，实现这种慧就要通过心性的修炼。人的心性如何修炼？要在世间磨砺。如果一个人避世修行，超然物外，看起来心性境界非常高了，但是一入世，还是经不住考验，就不是真正的觉知。真正的心性修炼要在世间立住，长出根来。

世间仁义

我方学派认为，世间万事，无非仁、义二字。仁是一种爱、一种情，有情就叫仁。仁是一种气，一种生气、阳气，是一种活泼泼的气；而义是阴性的一面。“义”的繁体字是“義”，代表很多内容，舍财曰义、杀伐曰义、重行曰义，其中包括对财富的取舍。财可谓是世间阴气很重的东西，财富过多可能会压身，得到的财富越多，阴气越重，这时便需要舍财，因此舍财曰义。想做世间事业，先要学会舍得，若贪图已经拥有的事物，不舍、藏匿，便难以在世间展现自己的力量。

当阴气过重时，拥有财富的人可能会变得固执，这是由于过多的阴性元素导致了固化、凝滞。这时就需要仁的力量来调节，将财富布施给有需要的人。反面也是一样，如果一个人太仁了而义不足，行事不够果决，就需要舍仁。古语有云：“慈不掌兵，情不立事，义不理财，善不为官”，“慈不掌兵”就是一个人过于仁爱便不能掌兵，掌兵的人要杀伐果决，这里的义就体现为敢于舍得、敢于杀伐。

财和兵这两样东西都是阴气很重的，都与死亡有关系。我们修行要走向阴的反面，但不要出圈。这个圈的界限就叫端，圈外就叫异端。

一个人如果无限制的仁义，则又越界了，因为你对敌人仁义，其实就是不仁义。我们看，即使最强调慈悲心（仁）的寺庙也会有护法神来降妖除魔（义）。护法神的职责就是驱除邪祟，因此需要杀伐，对恶的霹雳手段反而是对善的保护。

如果我们舍财，舍了杀伐，就走向了仁义。所以说“慈不掌兵”就是仁不掌兵，“义不掌财”是因为仗义疏财。义的存在是为了约束利，可以视为仁的一种体现，因此一个人既有仁心，又能舍得、懂得杀伐果决，才是真正的仁义。这正是中国文化的核心所在。

武道精神

我们要看到真正的圣人孔子，而非被道德化和世俗化的孔子。孔子本人身高九尺，也曾仗剑走天下。传闻中孔子的父亲能单手举起城门，这是何等的英武！另一方面，孔夫子也会说些詈语，《论语》中多次记录了他的斥责之辞，比如“老而不死是为贼”，这在当时已经是相当严厉的批评了。孔子一上台就处决了少正卯，可见孔子温情脉脉的同时也带有杀伐果决、雷厉风行的君子之风，这才是真正的儒家气派。很多人将“文质彬彬”误以为是文弱书生，实际上真正的君子是具有“质”的，这个“质”展现为刚猛行义、驱除邪恶的武道精神。

不仅孔子如此，历史上很多儒家的圣贤都是如此。我们看武王是如何统一天下的。武王征讨纣王，付出了巨大的代价，流血飘杵，牺牲了很多人。难道武王伐纣是不仁吗？这恰恰是为了平定天下，是大仁大义，展现了一种智慧和决断。周公摄政时也是通过平定三监之乱，才得以稳定天下，治理有方。古代中国的知识分子，如辛弃疾这样的诗人，他们不仅具有满腹的文学才华，也具有像岳飞那样的战斗精神，他们是真实具有报国之志与带兵之才的。这一点我们绝对不能忽视，绝不能让中国传统文化中的武道精神被埋没。

古人认为，仁义的背后包含着杀与财，这意味着杀戮可以守护道，财富可以滋养道。因此追求财富要在仁义的限制之内，君子爱财，取之有道。在某些必要的时刻，杀戮反而是行善之举，是为了更好地守护正道。

因此，当我们谈论仁义时，一定要明白仁义不能走极端，要站在中道的角度看。在中道的范围内，可以稍微偏左或偏右，但不要走出这个圈，因为一旦偏离就可能成为异端。在这个圈内，即便向左右两端稍有偏斜，仍然是在保持中道，就像驾驶车辆时，方向盘不应偏向极端，而应随着道路的变化动态调整。换言之，你的行动路线必须是灵活多变的，适度调整，没有绝对的偏向，这才是中庸之道。

道统传承，天之历数

上一讲我们提到《论语·尧曰第二十》是讲道统传承的，那么，何为道统？所谓“道统”，是指儒家传道的脉络和系统。“道”，即儒家之道，亦即儒学之根本精神、核心理论；“统”，即儒家之道在其传播、流布、变迁、发展和前后传承过程中形成的脉络、系统。因此，道统即儒家关于儒学根本思想传承系统的理论。

根据我的理解，儒家的思想大致可分为：家统、学统、政统、教统、道统。家道血脉传承即家统；学问传承的谱系称为学统，又称文脉；政权传承的脉络就是政统（或称国统）；圣人的引导教化称为教统，教统属于精英阶层，因为孔子无法终日对着百姓耳提面命，便在民间形成乡约民俗。随着时间推移，这种教化方式有时会变得陈旧，但总体上符合道的原则。

上一讲提到“天之历数”，“天之历数”是指道统传承的过程，天是有天命的，在这里才是真正的传承，其中包含五个层面：第一条是允执其中；第二条是国泰民安；第三条是自天佑之，人主当王；第四条为天命在我，当天下；第五条为天下归心，善人是富。

若天下在我，就必须为天下尽责，承担天下的恶行与罪责。天命在我意味着当天下，因此君王不仅要为天下负责，还要让天下归心。天下之民必须心向其归。天下归心又是如何实现？这意味着要具备福德，因此这一部分都是对应内圣之学的修炼。天下归心，善人是富，就是功德财富。

讲述完内圣之学后，接着探讨了外王。“谨权量，审法度，修废官，四方之政行焉”，这里的政即是外王；“兴灭国，继绝世，举逸民”，代表内圣与外王的统一，通过外王来实现内圣。这告诉我们，修行之路可以由内圣走向外王，也可由外王反哺内圣。首先，内圣体现在君王个人身上，若天命在君王身上，那是一人内圣；若天下之民心向着他，即为天下内圣。若个人内圣无法带动天下内圣，又如何实现真正的内圣外王？唯有当天下之民与你同心时，内圣外王方得以实现。无论是否已经达到那个程度，内圣外王的关键在于实践，而非仅仅停留在理论层面。

民、食、丧、祭

《论语·尧曰第二十》有云：

所重：民、食、丧、祭。宽则得众，信则民任焉。敏则有功，公则说。

下面过渡到外王的具体手段，也就是说为政要注重哪些因素。首先是爱民、信任民，民将回报爱和信任。民以食为天，让老百姓吃饱饭，让公司的员工都能安顿好生活，就叫食。丧就是引导人去祭祀，例如在中元节、清明节祭拜祖坟等。古人祭祀天地祖先，恭敬对待山川土地，尊重一切生灵。祭是祭拜，见到庙宇或祖坟时行礼，常常烧香祭拜，对先烈纪念堂鞠躬，到陵园也怀着敬意就是祭。公司员工若敬畏天地、爱护他人，遵守法纪，自我激励，能够做到这些，就不需要过于提倡爱护公物、保护花草了。儿童从小明白花草有生命，就不会随意践踏，教育即从这种恻隐之心开始。当老百姓、公司、平台都自觉实践“民、食、丧、祭”，自然会形成一股凝聚力。

这段文字虽然是“尧曰”，实际是孔子引述了“尧曰”的内容，接着提到了商汤的言论。以下是子张向孔子提问，孔子的回答，通过子张之口说出。就比如我们现在写一篇文章，引用孔子的观点，实际上也是在支持先贤的观点，这就是类似的道理。这体现了中国文化中的传承与道统，孔子所说“述而不作，信而好古”就是这个意思。谈论道义时，我们引用周公、孔子的话语，这便是一种传承，即言必有出处。

尊五美，屏四恶

《论语·尧曰第二十》第二条：

子张问于孔子曰：“何如斯可以从政矣？”子曰：“尊五美，屏四恶，斯可以从政矣。”子张曰：“何谓五美？”子曰：“君子惠而不费，劳而不怨，欲而不贪，泰而不骄，威而不猛。”子张曰：“何谓惠而不费？”子曰：“因民之所利而利之，斯不亦惠而不费乎？择可劳而劳之，又谁怨？欲仁而得仁，又焉贪？君子无众寡，无小大，无敢慢，斯不亦泰而不骄乎？君子正其衣冠，尊其瞻视，俨然人望而畏之，斯不亦威而不猛乎？”子张曰：“何谓四恶？”子曰：“不教而杀谓之虐；不戒视成谓之暴；慢令致期谓之贼；犹之与人也，出纳之吝谓之有司。”

孔子指出，从政的关键在于“尊五美”和“屏四恶”。随后，子张问道：“何谓五美？”孔子首先列举了“惠、劳、欲、泰、威”这五个品德（图 32-2）。

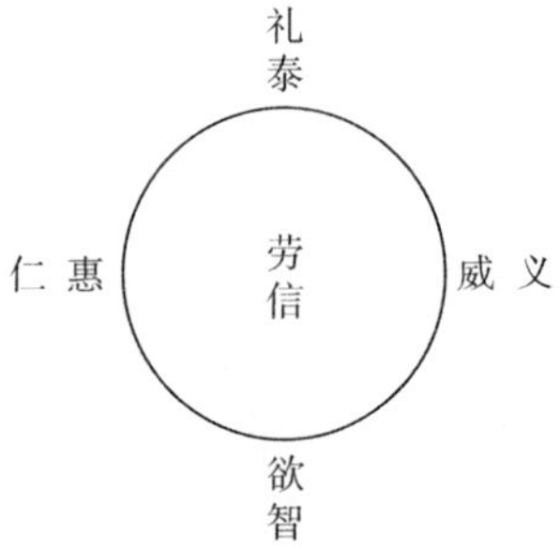

图 32-2 五美

礼之用，和为贵。礼最大的用是和，其次是泰。仁者爱人，仁之用即仁者惠人、帮人、助人。最大的智慧就是止欲，因为“知止而后有定，定而后能静，静而后能安，安而后能虑，虑而后能得”。当一个人大义凛然的时候，就会体现出“威”。“劳”是什么？这里所说的“劳”并非指体力劳动，而是指心。心是怎么“劳”的？这里的“劳”通扰乱的“扰”，在生活中有很多事情会劳心劳神，“劳”的本质即受七情六欲所扰。扰的反面是安，所谓“劳而不怨”其实就是安而不怨。我们可以将“劳”解释为“扰”，其对立面便是安宁，这样就更为贴合了。

子张接着问什么是“惠而不费”？孔子回答“因民之所利而利之”，意为顺应民情，使之获益而不需要额外耗费。顺从民众所需，是顺应天意，所以叫奉天承运。“择可劳而劳之，又谁怨”，即应该按照各人的才能和岗位去安排工作，各司其职，各尽其责，如果岗位安排不当就容易引起怨怼。比如，一个铁匠被要求挖河，一个木匠被要求打铁，必然会感到不满；“欲仁而得仁，又焉贪”，这句话是针对执政者说的，执政者应注重的是仁政，而不是贪图小利，所欲的也应是仁；“君子无众寡，无小大，无敢慢”，君子不管对方人口多少、不管年龄小大、都尊重他们，不就是平易近人而不骄傲自大吗？“君子正其衣冠，尊其瞻视，俨然人望而畏之，斯不亦威而不猛乎”，君子衣冠整齐，注重仪表，庄重严肃，人人见了都很敬畏，这不就是威武严肃却不凶猛可怕吗？

君子三变

关于“俨然人望而畏之”，子夏曰：“望之俨然，即之也温，听其言也厉。”其中蕴含着君子的三种变化，君子在不言之时庄严肃穆，与人相处时温和亲近，但一旦开口说话，便严肃有力，绝非轻率。

当我们真正领悟了孔子心法，自认为是周孔之徒，真正承担起道义责任时，自然会表现出这种风范。若对方提出一个严肃的问题，我必然会报以严肃的回答，特别是在涉及学问时，我会十分认真，尽管在日常生活中可能不那么严肃。此之所谓“即之也温”，即与他人接近时会显得十分温和。“听其言也厉”，这个言是指天道，天道称之为言，因此会厉声宣教，不容置疑。结合此处，“君子正其衣冠，尊其瞻视”就是“望之俨然”的具体状态，“望之俨然”即君子之外在形象也，“即之也温”是气场表现，而“听其言也厉”则是内在的气节。因此，君子三变包含了三种状态，内外兼备，宏观来看是俨然望而畏之，内在是即之也温的，谈及正事、传承天道时则是端正严肃的。

四恶

讨论完五美之后，子张又问“何谓四恶?”子曰：“不教而杀谓之虐；不戒视成谓之暴；慢令致期谓之贼；犹之与人也，出纳之吝谓之有司。”君子和小人之间的区别在于有没有教化，小人往往是不教而杀。杀是指制约、整治、剪裁，小人有时会直接对他人下手，不解释原因。相比之下，君子会逐步建立规矩。“不戒视成谓之暴”指小人缺乏规矩，直接要求结果，这展示了人性中的暴戾。“慢令致期”是一种诱导，放任你犯错，然后在你无法胜任时施以惩罚，这其实是一种欺诈行为。在人际交往中，“犹之与人也”意味着将事物与人相提并论，以出纳为例，出指向外，纳指接受。出纳这一过程谁负责？也就是“有司”，专门司其职的出纳人员。因为“四恶”主要存在于执政者中，当他们答应给予民众某些东西时，如果拖延不兑现，这种行为令人反感，这便是北方方言中的“馊抠”行为。这一句指的就是这样一类人，他们给予别人东西时非常吝啬，然后告诉你，不是我不想给你，而是因为有一套制度、一系列规则在起作用。这句话是在批判执政者应该给予百姓的却未给予，然后推诿给制度的行为。

君子之道，内圣外王

究其根本，《论语》阐述的是君子之道，君子之道的核心是内圣外王，君子之道的最高境界则是王道。未得位曰君子，得位曰王。君子在政统谓之王，在家道谓之祖，在学统谓之圣，在世间谓之善人，在天道谓之真。其实这五个层面都是一个意思，就是道统所在，它们分别代表了道统的五个层面所达到的最高境界。所以我们凡夫修到最后修到天真，就是一个相当高的境界了。而我们在世间做人的最高境界是内圣外王。内圣外王之道最终要实现，君子要达到何种境界呢？孔子说："不知命，无以为君子也；不知礼，无以立也；不知言，无以知人也。"不知命指的是天命，不知礼指的是世道之礼，不知言是什么？言是讲天道的。谈论天道涉及仁，实际上是关乎天命和世间，最终体现为仁，而仁又体现在谁身上呢？最终体现在君子身上。因此，"尧曰三句"最终形成了一个逻辑闭环。君子既要知命，又要知礼，也要知言。《论语》的落脚点最终放在"知言"二字上，也蕴含着《论语》作者对读者的一种期许，希望读者能够做到"知言"，通过《论语》的表面文字领会背后的天道真意。

第三十三讲

师与弟

我们观察《论语》的体例，其中包含大量师生之间的对话、问答。古代的师生关系既涉及老师和学生，也包含同学关系，大家一同学习，形成先生与后生的关系。如今，人们视“先生”为高雅用语，实际上它也可以理解为一种谦称，表示“我比你早生两年，我比你年长几岁”的含义，“夫子”才是更加尊敬的称谓。

何谓“夫子”？我认为“夫”为助词，指代先天之气。就如同人们在演讲时使用的“啊”，实际上是在表达思想时的一种停顿，通达天地间的深远。“夫”字可以拆分为“大”字多一横，“大”在古代有两个含义，一指天之大，二指王之尊，后来演变为夫，再延伸为男子。因此，“夫子”可为男子，同时也代表成年人。古代将女子和儿童并列，而在男子之中，那些没有男子汉气概的人被称为“小人”。真正的男子端立不倚，顶天立地称之为“大丈夫”。

师相当于一个引导者，带领大家顺着梯子走向道，走向光明，走向真理。师是引导，在古代战争中有“出兵、出师”的说法，出兵和出师都有打仗的意思，兵是指武器，师是指军队。师又称先生，学生称为后生，先生并不只是敬称，也是一种谦称。不管先生还是后生，老师和学生都是同窗，共同传承天道。既然同为学生，彼此后继有人，但双方又有近与远之别，因此师生之间在道面前可以算是同道关系，只是在位上面还有师父、弟子的区别。居于上位者为师，居于下位者为弟，师和弟的关系在这里面就很微妙了。

“弟”有双重意义，即孝和悌，也就是说学生或弟子应以孝悌之道来对待老师。不光是对老师，对父母也要孝顺，这就意味着子女不应违背父母的心意，而是要尽量顺从他们。同样，古代帝王颁布诏令要遵循天命，称之为“顺天承运，皇帝诏曰”，这其中也体现了顺的道义。

孝顺悌

中国文化注重顺，顺是大道，宇宙的道就是按照顺演化而来的，顺的意思就是轨迹、循序有恒，持续渐进。因此顺演化出了顺应、遵循、和谐的意思。顺道是中国文化的核心，对应阴阳大道之一（乾，健也；坤，顺也）。

中国文化最初被称为“无极”，虽然“无极”可以勉强理解为零，但实际上它并非真正的零。无极就是什么都没有，空白。接着从无到有，就有了太极，太极是一点，一画开天，然后是两仪，两仪之后出现阴阳，两仪即是乾坤。人的上面有天，天行健，健就是永远自强不息；下面是地，地要顺承天意，永远追随天的轨迹，顺应天地万物的自然运转，因此顺是厚德载物。健是天道，坤是地道，人在天地之间，就要法地曰顺，法天曰健，所以说顺乃大道也。

孝道应天，顺道应地，悌道应人，做人就要有悌道。孝道是道统的核心之一，所有道当中都有孝道的元素。有人说家道的核心是孝道，我认为这是不对的。这句话颠倒了先后次序，孝道是家道成立的前提，是先有孝道后有家道，而家道的核心是顺道。所以是先有了孝道、家道再谈顺道。有天、有地，再谈人，这就是中国文化讲的君亲师。

一般人对君道的理解是单纯的上层统治下层，我认为这并非其本意。君道实为健道，君道是一种先行之道，一种担当之道，是一种自强不息的道。在我看来，中国古代的君与后来尤其是清朝时期的所谓君王，以及西方的君主，是不一样的概念。古代中国的君主与王并驾齐驱，担负着牧民的责任，类似于放牧者。中国文化与西方文化各有其特点，它们在历史发展中形成了不同的思想体系和价值观念。西方文化中也存在着对立统一的概念，如善与恶、秩序与混乱，这些元素在文化发展中有着重要意义。同时，西方文化虽然也包含了对精神与物质对立的探索，但缺乏无极的理念，更遑论太极。中国文化则强调天人合一，倡导与自然和谐相处，以及通过教化引导人们遵循社会规范，顺应自然实现个人与社会的和谐。如天子设立郡县，以牧民为责，通过设立郡县进行教化，使百姓能自由生活、自由成长。

古代的王道并非过度管制人民，管制也是对环境变化的一种应对。古代中国的道德文化让人们能够自由自在地生活，是指田园牧歌般的生活，乡村化与农耕文化，自然而然地和谐存在。从更深层次来看，中国文化实际上也是一种“丛林文化”，只不过在这自然丛林中，山仍是山，水仍是水。中国人尊重自然，视自然为一体，山水画卷、采菊东篱，这种田园牧歌般的乡村景象，正是中国文化的体现。西方文化的“丛林”则是适者生存，弱肉强食，强者称王。只有深刻理解东西方文化的差异，再回顾我们自己的中国文化，才能真正理解我们的圣贤是何等伟大！

亲道是顺道，因此，在家庭中如果子女与父母无法和睦相处，只是不断地争辩，这个家庭将变得不和谐。家庭和谐的首要之处在于父母应当施以教导，作为子女则要顺承、听从父母的教导，不要一味地和父母对抗。如果不顺亲、逆亲，这其实是一种逆天，容易导致顺天者昌、逆天者亡的结局。

中国文化强调自我要求，而非他人要求。中国人通过自身榜样来影响他人，在无形中完成了教化，这就是言传身教。不仅父母是这样，师长更是如此。因此，谈及师道，实为探讨中国文化的教化之道。

在三纲五常中，师生关系对应的是悌道，悌道涵盖在五伦大道中，强调长幼有序。那么，“悌”又是何含义呢？“悌”包含着追随、传承以及有序位的概念，兄弟之间的关系便是悌道的典范。悌道关系首先是平行的，但同时也存在上下的序位关系。兄弟之间是同辈关系，平起平坐，但存在上下之分。在师生关系中，老师传授道理给学生，二者虽是同学，在道上却存在着序位关系。老师与学生亦可像兄弟般相处，比如老师是哥哥，学生是弟弟或徒弟。在古代，父亲也可以成为老师（儿子）的徒弟，这种情况屡见不鲜，因为道上存在着序位关系。例如，父子两人都是地藏菩萨的弟子，但因为儿子是先学的，所以儿子站在前面，父亲反而站在后边。由于存在着道的序位关系，因此老师才在序位的前方，这就是中国文化的独特之处。

圣人之教化

圣人在教化人民时分为两个层次，第一层是君子圣贤，第二层为普通百姓。对于君子圣贤来说，日复一日都要自我反省，不断寻找自身的错误，持续忏悔。《论语·学而第一》中曾子曰："吾日三省吾身：为人谋而不忠乎？与朋友交而不信乎？传不习乎？"首先，"为人谋"并非仅指为君王谋事，而是双向的，既包括为君王、为天下着想，也包括为臣子、为道义着想，体现了换位思考；其次，"与朋友交而不信乎"意味着在与朋友相处时要保持诚信，反省自己的同时也要反省对方是否对自己也一样诚信；最后，"传不习乎"指的是老师所传授的知识是否被学生实践和运用，强调实践和行动，而非仅停留在理论层面。因此，这三句话所体现的精神是持续反省自身，同时也要考虑他人的立场和实践，实现真正的成长与进步。

阅读《论语》时，应该从多个角度进行思考。首先是对君子圣贤的看法，比如君子谋道，小人谋食，君子喻于义，小人喻于利。《论语》展现了孔子对弟子们的严格批评以及同学之间的互相批判，这体现了孔子在教化君子圣贤方面的思想。他这种批评是高维度的批判，是在大我、超我层面的批判，没有发泄个人情绪，也没有人身攻击。孔子提倡"既往不咎"，因此不会过度情绪化地追究对错，这是区别于小人的所作所为。

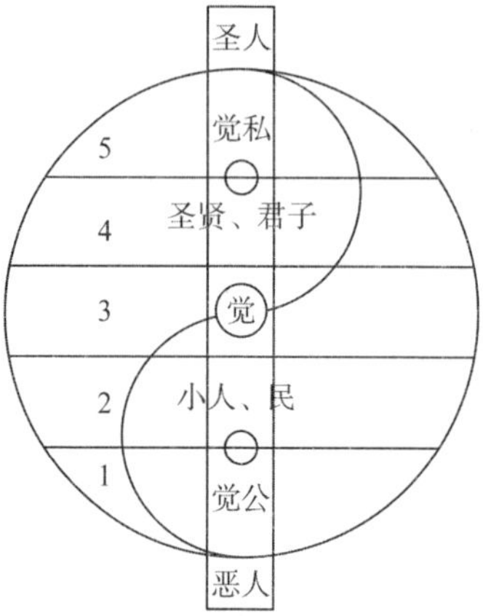

图 33-1　凡圣维度示意图

另一方面，君子圣贤对待普通民众和小人时则显得宽容。中国古代君王、圣人对百姓多采取类似牧养的政策，知民心、顺民意、成民情。其实圣人无常道，却有常识，民众的生存不要去过多干涉，而要从旁去帮助他们。比如平常不要去干涉他们，但遇到干旱，老百姓没有粮食吃了，要救助他们，要放粮赈济，不能任其生死。这就需要掌握一个中道。

普通民众既不应被过度鼓励放纵欲望，也不应被置于生活困境之中。我认为“国泰民安”的“泰”是中道的意思，只有处于中道，人才能处之泰然，人才会安。《论语》中的圣人教化方式可以通过太极图来展现：太极图中的阳部代表圣贤君子，阴部则代表民众、小人和女子。需要强调的是，女子中有着学识和见地的高尚人士也应被尊称为先生，而不是简单地称之为女子。因此，中国文化中的男女概念并非仅仅涉及性别，更多的是基于个人境界的高低来加以区分。太极动静，一阴一阳，刚柔相济，是为教化之道。

公与私

君子和小人之间的区别在于心中所持的觉察。君子察觉到自身的私心，而小人察觉到公心。君子时刻自我反省，扪心自问，不断找寻自身的过失和不足，同时也接受他人的批评。这种批评与自我批评的态度体现在“吾日三省吾身”中，即时刻审视自己的言行，及时纠正错误，巧妙处理利弊得失。然而，这种态度并不带有过多情感色彩，也不会制造对立。

君子每日都意识到内心的私欲却不沉迷其中，小人虽然深陷私心之中，却也有着对公心的觉知。小人追求私利、情感，沉溺于名利之中，但心底仍有一线光明。君子应当保护小人心中的这一线光明，因为这微弱的光辉也可能使小人转变为君子。小人与君子之间的转变是可能的，个人的境界也可能高低互转。公心和私心都能激发人性的奋斗精神，私欲同样可以引导人性的奋斗。私心驱动着欲望和私欲，公心则代表着更高尚的情感。

心与欲是两个不同的概念。一个人若怀有信仰之心，将激发其奋斗意志；反之，缺乏信仰心则只能启动私欲促使其奋斗。国家以调动人们的信仰心来激励其奋斗，动员民众的公心和觉知，将带来积极进取的社会能量。一定程度上来说，公心和私心都可推动进步，心与欲都能激发人的奋斗意志。公心和私心原本没有对错善恶之分，只是人性的自然表现，显现在不同的方面。它们之间的转换点在于觉知。君子追求圣贤，舍弃私心，小人则抛弃公心。只要小人内心存在一丝公心，便不至于失去底线，这就是为人之本。

境界维度

在《论语》中有许多地方强调“五个我”。这“五个我”的差异体现在方方面面，其中包括维度、境界和心性。若想提升自我境界，就必须先解决心性问题。若心性得不到突破，谈论提升境界为时尚早。

图 33-2 左边是境界维度的示意图，它不是真相图。境界不是固定不变的，而是可以变化的，境界有 1、2、3、4、5 和 0 层，要想提高自己的维度，首先是提升自己的心性。

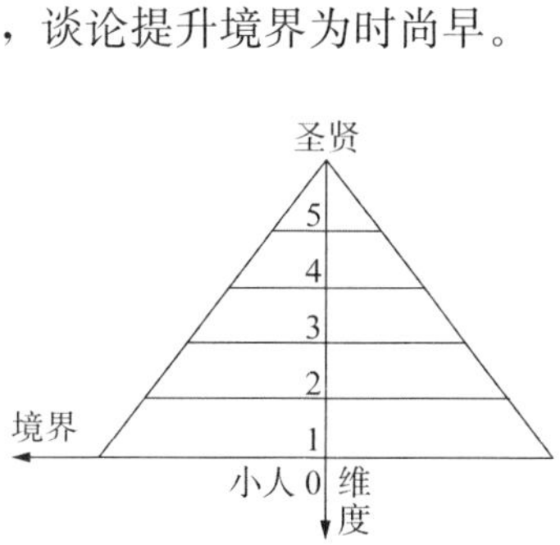

图 33-2　境界维度示意图

随着维度的升高，个体的“我”越来越微小。在低维度中，个体的自我占比大，存在更多的以自我为中心的个人意识。当个体舍弃自我时，心智便拓展至更高的维度，达到最高维度时，个体几乎变得微不足道。这种心性和境界之间存在着同步关系，心性的提升带来境界的提高。心性和境界的差异何在呢？心性是内在的，境界则是外显的结果，即显化的境况。境界是一种度量词，代表程度，类似于界、度、级等概念。每一个层次的提升都代表着一个境界，就如同一年级、二年级，或者第一境界、第二境界，以此类推。境界的核心在于境的高低，每当境提高一个维度，就意味着境界上升一个层次。

内在心性提升，内在境界随之提高，外在显化的境界也会随之提升。境界既有内在又有外在的因素，内在的不易被看见，外在的显化则较为明显。例如，一个在吃饭时总是找借口不买单的人，其境界可能较低。这种低境界可能源自内在心性的局限，而心性则涉及公心和私心的选择。在社会中，有的年轻人过度自私，这种情况往往源自个体习性的影响。尽管他们本性善良，也可能拥有较高的天性，却缺乏站在他人立场考虑问题的能力。因此，塑造孩子的心性这一点至关重要。学历并不是考查人的唯一标准，人真正的进步在于提升心性，拓展境界，提升维度。心性之圆满，境界之扩张，维度之提升，才是我们成长中真正必须关注的方面。

人如何提升自身的维度和境界呢？古代的圣贤在教化人的时候，采用了一种层级分明的方法（图 33-1），分为 5 个层。图中底部代表了个体私心最重的时候，接着是一个公心点。当个体超越公心点，跨越到更高的维度时，这三者会同步提升。因为维度是总体表达，而心性和境界则是具体表现。当心性、境界同时提升时，便意味着维度得到提升。随后，当个体达到第三个维度，在“觉”这一阶段时，可能会遇到一种情况，即在中间阶段无法继续前进，甚至出现倒退的情况。只有跨越了这个中间点，才能进入圣贤阶段，圣贤阶段可分为初级和高级两部分。在初级阶段，圣贤有时需要进行自我监督、反思和忏悔，到了高级阶段则完全融入率性，达到所谓“率性之谓道”的境界。

最底层的境界被视为恶人的领域。当境界提升至更高层时，便是圣人的领域，圣人和恶人都可视为回归零点。恶人因其心存恶念，甚至连一丝公觉之心都已失去，故称为恶人。小人有公觉之心，并非恶人。恶人心中明知自己危害社会，伤害他人；小人虽受欲望驱使，缺乏自省，但在犯错时会感到愧疚，尽力避免过分越过底线。

在这五层境界之中，最高境界是圣人，最低境界是恶人。圣人教化民众，顺从民情、顺应民心，将民众视为重中之重，进行引导和关怀，尤其在民众遇到困难时给予帮助；君子如同孔子所言“吾日三省吾身”，每日不断觉察、反省，不断努力提升自己，每日在学习中，每日在进步中；民众则多是一种顺从自然、安于现状、不想改变的状态。这些观念构成了以心性和境界为基础的价值观。

中国文化五大板块

有许多原先是儒家出身的人，初读《论语》时感到困惑，在转向修习道家或学习佛家后，便有所悟。再回头审视《论语》时，便能理解。这是因为他们从不同的视角看待问题，产生了新的感悟。实际上，儒家、释家和道家是有内在统一性的，但有时候很多儒者并不进行实践、修行，这些人可能会陷入腐儒、庶儒、小人儒或俗儒的状态。《论语》中孔子也直接谴责了这些小人之儒。这些人有时会迷失在儒家体系内，变得教条化。由于缺乏实践经验，他们可能会用自己的经验去解读孔子，便容易造成误解。

有些人通过修行道家或学习佛家，改变了视角之后再回头审视儒家，才领悟其中奥妙。中国文化胸怀博大，兼收并蓄。若有出家的意愿和缘分，可以直接选择出家修行；若无缘出家，则最好专心学习儒家，我们可以借助佛家的智慧来丰富儒家。道家和儒家则存在更深层次的联系，实际上道家和儒家是相辅相成的，只是侧重点和角度略有不同。孔子和老子都在探讨同一个道，只是老子更注重自然和生命，而孔子更专注于社会和家庭。人类和自然本质上是一体的，都是宇宙天地的一部分。

儒家和道家从不同角度诠释了原始道家的思想，这便是最初的道，叫原道。随后诸子百家涌现，儒家是各家思想的集大成者。在诸子百家中又发展出了一种独特的道家思想，这便形成了道家的独特体系。随着佛教传入中国，我认为佛教更像是中国文化的一个旁观者，让中国人从中国文化走出来，站在另一个维度回看中国文化，这也是一种借鉴。后来，佛教继续传承，道家和道教也都在传承，同时诸子百家和儒家也在传承，中国文化便形成了三大流派，即原始道教、诸子百家和儒释道。此外，还有民间文化在这一基础上发展。而在这一文化板块之外，还有西方文化的影响，这些因素综合构成了中国文化的流变。

我认为，当今时代，中国文化有五个分类，分别为：第一大板块是儒释道；第二大板块是原道及诸子百家；第三大板块是民间文化；第四大板块是西方文化；第五大板块是红色文化。在我看来这是真实的中国现代文化的分布格局。诸子百家和原始道家思想已经融为一体，我们可以将原始道家思想和诸子百家思想视为当今中国文化的基本底色。

中国文化实际上源自于原始道家文化，因为在原始道家文化中，衍生出了夏商周文化，而中国的整个历史也是原始道家文化的延伸。因此，可以说整个中国历史都贯穿着原始道家文化的精髓。

对于道家、儒家和诸子百家在中间发展的情况，以及其他方面的进展，涉及内容繁多，此处不再详述。后来在大众的认知里道家和道教合一了，都称道，现在人也很难分清道家和道教了。用一句话概括就是：儒释道文化，变成今天的大宗文化了。

在这样的分类中，在儒释道三家以及原道和诸子百家之外，还有源远流长的民间文化。中国的民间文化实际上是原始道家文化的土壤。缺少了民间文化，原道文化就无法生存，因此民间文化的重要性不可忽视。儒释道属于三大主导文化；原道和诸子百家则形成了较为小众的文化；民间文化则被视为一种浅层文化。因此这三者的格局呈现出一大一小还有一浅的状态，在这种大小不一的文化体系中，我们还不得不面对第四种文化，即西方文化。西方文化中包括很多，比如西方的管理文化、科技文化等，这构成了一个重要的组成部分。

我认为这种西方文化对于东方的影响和冲击，主要体现于19世纪60年代，日本的明治维新改革取得成功，而清王朝则遭受改革失败的打击，形成了鲜明的对比。清王朝的溃败如同洪水肆虐，伴随着火药和武器，将西方文化带入中国，最终裹挟了一部分文人，导致传统文化遭受冲击，造成了后续之局面，我们有必要正视西方文化对中华文化产生的刺激和影响。

后来，中国人民开始挺起脊梁，实行改革开放，逐步转向市场经济，让一部分人先富起来，强调发展才是硬道理。随后，传统文化的复兴逐渐上升到议程。中华文明是德法并进，以德为本，以法为手段的。与之相比，西方文明仿佛自带海洋法的烙印，更强调程序正义，但这并不意味着忽视对错，而是在确保程序合法的前提下，追求事实真相和公正裁决。我认为这种对程序正义的重视，与中国文明中追求法律公正与事实真相的理念并无本质区别。

中国文明显然具有卓越的特点，注重德法结合、软硬兼施、内外相应。它融合了道、术、德、法等元素，体用内外兼备。在文化的交流与碰撞中，我们需要理解并尊重不同文化的差异与共通之处，推动文明的多元交流与互鉴，构建更加包容与和谐的世界。

第三十四讲

文化碰撞

在过去的几年，传统文化与西方文化之间的碰撞是难以避免的。特别是在人们的思想领域，许多人曾受到过西方文化的影响，因此他们可能会坚持一些观念。过去一百多年来，我们也培养出了一批受西方科学文化影响的人。在这种情况下，政府通常采取开放的态度，不限制外来文化的合理交流，因为这种多元文化交流的现象是政策导向和教育方针共同作用的结果。政策的推动往往是为了顺应民意、顺应时势、顺应潮流。如果政策与民意或发展趋势相悖，可能会引起公众质疑，这体现了民意的重要性。一些潮流和观念的流行，如全球化和对生活质量的追求，是社会发展的自然现象。有些事情是大势所趋的，有些事情则需要政策干预。

我个人认为，西方文化常体现为人我对立、二元分立的模式，强调非此即彼、非胜即败；中国文化则更注重共赢，体现了一种合作的精神。在西方，人们常常将生活看作是一场博弈，主要是因为他们通常设定有敌人存在的框架，这体现了西方思维模式的特点。西方的二元观与中国的二元观有所不同。中国文化中的二元观念更强调相互融合，相互包容，最终趋向于统一。中国的园林常常以小桥流水、花草自然、曲径通幽为特色；而西方的园林则更多呈现方正结构，注重规则和尺寸。

西方人对中国文化常常存在一些误解，因为他们往往无法理解中国文化的内涵。在我看来，某种程度上，具有低心性的人可能会批评高心性的人，因为他们无法理解高心性所带来的自在自如，这种情况下他们会倾向于用规则来批判。历史上曾有过中华中心论，也存在过所谓的西方中心论。但是，在当下的角度，我们应当坚守文化自信，系统地传承优秀文化传统。

生命五层十阶

我们应该珍视生命，不违背生命的本质，在这个基础上进行修行，逐步提升自我。我们都是生命的一部分，修行是一个随着年龄增长逐渐提高的过程。五层十阶是我们正常修行的阶段（图 34-1），每个维度对应着不同的含义。

⑤	自性 →	从心所欲不逾矩 →	自在、率性谓之道
	道德 →	耳顺 →	合天
④	慧命 →	知命 →	知天 (明理、知理)
③	心性 →	不惑 →	定 (起修)
②	灵性 →	而立 →	开窍 (悟)
①	肉身 →	立志 →	起戒

图 34-1　*五层十阶*

我们的肉身对应着食色，这是我们的先天本性，当我们到达十五岁时，就应当超越食色，需要确立人生的志向。从教育的角度来看，在十五岁之前，需要让食色这一方面得到充分的发展，因为在食色方面未能圆满的问题可能会引发其他方面的困扰。举例来说，如果一个孩子在幼年时期食物摄入不足，他就有可能发育不良。食色不仅仅指身体的滋养，也包括情感体验和感情世界的建立，如果一个孩子在幼年时期没有得到足够的关爱，他在心灵方面就可能会有所欠缺。幼儿时期孩子们特别喜欢吃好东西、喜欢玩具，因为这些能满足他们的感官需求。婴儿吃母亲的乳汁，实际上也是食色的一种表现，因为吃母乳不仅仅是填饱肚子，同时也满足了孩子的情感需求。有些孩子虽然早已断奶了，但仍然喜欢躺在母亲的怀里，这其实也是对感觉体验的一种依恋。

我们小时候都有这些经历，所以对待食色要给予充分的重视，确保孩子们在这一方面得到满足。如果他们在这个阶段不完整，他们就可能在以后的生活中出现缺陷。心理学在这方面有着丰富的研究成果，比如原生家庭理论和心灵创伤概念等，强调了童年时期的经历对成年后的心理发展有着深远影响，如果童年阶段没有得到充分满足，这些问题可能会一直伴随着一个人的一生。人的肉身是原生的，在肉身生长的这个阶段一定要给他机会，给他全方位的、完整的爱。

在中国文化中，在确保肉身得到满足后，就会转向立志的阶段。立志意味着对食色的克制，十五岁立志，标志着需要遵守规则和戒律。然后是三十而立，孔子所说的“而立”没有具体内容，因为这其中包含了许多方面，包括立家、立业、立世、立道等。“而立”即是心智开启的象征，到了三十岁，一个人应当开始心智开启。心智开启一定要在三十岁吗？实际上不限于此，也就是说，在 15 岁到 30 岁之间随时都有可能心智开启，有些人在确定立志的那一刻就已经心智开启了。当然，人在心智开启后仍可能迷失方向，当心灵陷入迷惘时，心智可能会关闭；当内心受到负面影响时，心智也可能会关闭。只有当心智开启之后，灵性才能真正启动，如果没有心智开启，灵性就无法得以展现。一个孩子开窍了，就会变得聪明，聪明是开窍带来的副产品。因此，用一个词来概括开窍，就是“领悟”。

到了四十岁，当心性稳定下来，具备了定力后，会进入不惑阶段，不惑就意味着明智。这时开始初步修行，因此深入修行只能在心性稳定后。在心智尚未清晰的时候，难以谈论什么修行。五十岁而知命，领悟到命运的时候才能称之为知天，知晓自己的命运，接着才能谈知理，或者称之为明理，此时我们才真正具备了明理，也才能更好地展现智慧。一个人知命了，并通过自我修养和社会互动，培养出良好的道德品质，这是构建和谐社会的重要元素之一。

六十而耳顺，耳顺即是与天合一，与天合一后，便不再执着于琐事。有些人在小时候就能与天合，合天即是顺应自然，违背天命则会感到不顺。与天地君亲师相处不融洽，便是不合天。有些人认为顺应天命容易，顺从大地也容易，但要顺从君亲师这些普通人却不能接受，他们会质疑父母的无知、不合理之处，当他们看到父母的缺点时便不再顺从。有些书籍会描述老师的不美好之处，比如有老师睡在路边，甚至残疾等描写，我认为这是为了突出反差，并非真实描绘。跟随老师学习的是道理，而非学习其生活中的不良习气。因此，我们不能以凡人眼光评判他人，对君亲师应有顺从。这便是中华民族的大道之一。

其实，耳顺只是一个代称，如果眼耳鼻舌身意这六根都顺了，或可用“根顺”来描述，当根顺的时候就是全然化性了。其实从立志的时候就开始化性了，到了耳顺代表化性的完成。我们越早了解顺的深刻内涵，就越能理解我们文化的深远含义所在。“孝—顺—悌”必须被铭记在心，孝顺和悌不只存在于家道伦理中，也存在于我们生活的方方面面。最终，随心所欲即达到自由自在、顺应本性的道路。何谓道？每个层次都叫道，道的层级各不相同，最上面才是究竟圆满的道。

心性修行之学

我们将中国心性之学解读为孔子所罕言的利、命、仁，实质上是关乎人与天命之学，是中华文化中极为宝贵的智慧。如今的时代，我认为儒家理念需要重新被阐释，以免儒学沦为一种世俗伦理。如今有些人所谓的复兴儒学，实际上是在复兴世俗伦理，仅将其视为一种治理社会的道德工具。实则不然，儒学是关乎心性的学问，旨在引导我们修身养性，引领生命走向超越，让我们对自身生命负责。人常说有三个指标：一百多斤、一百多厘米、一百多年。这是关乎生命活动的，引领我们生命提升，让我们超越这有限的体重和身高，进入更广阔的生命维度，超越今世百年后、百斤之外、百厘米之上的境界。

五层十阶涉及五个级别（图 34-1），实际上应包括六项，自性与道德可以分而言之也可以合为一项。我们一出生是食色一体，关于 15 岁之前的学问，可以借鉴心理学，还有原生家庭等说法，但原生家庭理论不能完全解释为什么有些人会出现很多问题。这些问题的答案，我认为是他们从来没有立过志，没有进入立志修行等方面，所以他们永远被困在原生家庭里出不来。古代中国人 15 岁就要立志，比如苏轼的父亲苏洵，《三字经》里面是这样说的，“苏老泉，二十七，始发奋，读书籍”，27 岁之前苏爸爸是游手好闲的，社会名声不太好，但是后来发奋图强，立志读书才有了后来的成就。如果人一生都不立志，一生都只活在原生家庭里，大概率就需要不断地疗愈。如果我们学好中国文化，及时立志，按照生命的节奏，不断自我突破和成长，可能就会减少这种问题。

在古代，人们注重在年幼时就确立自己的志向和目标，以追求修身养性的道路。以苏轼的父亲苏洵为例，他早年或许混迹社会，但在某个转折点上开始努力追求更高的目标，通过学习和修行，逐渐摆脱原有的困境，走向成熟和智慧。现在有些人缺乏这种清晰的目标和自我修行的意识，导致生活困顿和情感问题的滋生。因此，我们需要从古人的经验中汲取智慧，努力确立自己的志向，通过学习、反思和修行，使自己得以超越原生家庭的限制，实现个人的成长与发展。

儒释道

具体而言，要立什么样的志向？我的答案是立志于圣贤之道的书籍中，并决心追求圣贤之道。我们前面提到了中国文化的五大板块，根据我方学派的梳理，第一个板块是儒释道三家，第二个板块是原道和诸子百家等，第三板块是民间文化，第四板块是西方文化，第五个板块是红色文化。其中前三个板块构成了传统文化的基础。西方文化在一些时期为我们提供过一定程度的借鉴和参考，也带来过一定程度的影响和冲击。红色文化是推动我国革命、建设、改革事业不断向前发展的强大精神动力，为我们坚定文化自信提供了重要基石。

1949年中华人民共和国成立后，随着1956年“三大改造”的基本完成，我国基本建立起以公有制为基础的社会主义制度。在当时国力有限的条件下，运用计划经济体制，带动了国民经济的良性循环。改革开放为中国特色社会主义奠定了坚实基础，建立了社会主义市场经济体制。在现代化的浪潮中，传统的儒释道三家有其时代的局限性，原始道家和诸子百家同样如此，民间文化亦然。在国家建设的不同时期，我们需要计划经济，也需要市场经济，只有将两者进行符合实际情况的平衡和协调，才能更好地实现国家经济建设的目标。国家计划和社会市场在中国历史上一直都有存在。比如，在宋朝时期，市场十分繁荣。尽管市场经济发达，但国家在宏观层面上仍然有严格的控制。在明朝时期，中国就已经建立了养老机构和社会福利机构，这些并非现代才有的概念。混合所有制经济的提倡以及后来“两个三十年都不能否定”的提出，都体现了时代的进步和发展。

伦常模型

上一讲提到孝是天道，顺是地道，悌是人道。还有一个层面叫作“肖”，“肖”对应的是世间之道，中间的是伦常（图34-2）。中华民族始终围绕着人做文章，儒家偏重于世间，道家偏重于自然，佛家则是偏重于内在。

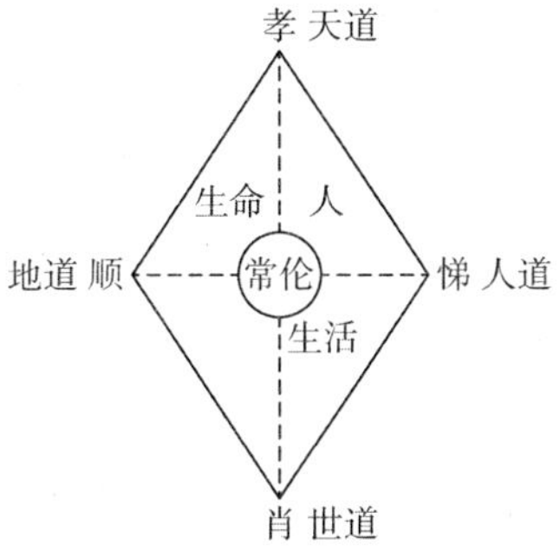

图34-2　伦常模型

在这个伦常模型中（图34-3），总共对应六个层次：孝—顺—悌—肖—常—保，自性维度对应“孝”，慧命维度对应

“顺”，心性维度对应“悌”，灵性维度对应“肖”，立志维度对应“常”，“0”层是肉身和食色，对应“保”。有的人没有“保”好，小时候心性就被破坏了，因此这六个层次需要一层一层去突破，正如“童蒙养正，幼童养性，青年立志”的说法。突破并不代表之前的就没了，就像立志已经突破食色的维度了，那人还需不需要食色呢？当然需要，人还是要继续穿衣吃饭的。

食色	立志	保					
食色	立志	肉身	常				
食色	立志	而立	灵性	肖			
食色	立志	而立	不惑	心性	悌		
食色	立志	而立	不惑	知命	慧命	顺	
食色	立志	而立	不惑	知命	耳顺	道德	孝
食色	立志	而立	不惑	知命	耳顺	从心	自觉

图 34-3　孝—顺—悌—肖—常—保

完全的孝道在自性，换句话说孝是随着我们修行的次第在增长的。维度低的人谈孝就是低纬度的孝，例如心性不好的人，他能养活父母就很好了。我们立志首先要从伦常开始，这里面也是心性的问题。当我们处于肉身和灵性的维度时，某种程度上还是脑子立志，本来立志应该是立心里面，把脑子的志往心里安。这时心性就开始“觉”了，也就进入“觉”的层次了。立志如果没有入心，仅停留在头脑层面，说到底还是没有真正的“觉”。在这个过程中，我们开始意识到内心的力量和意愿，以及如何将这种意愿传达到我们的行动和生活中。这种内在的转变和觉醒，带来了对自我的深刻认识和自我塑造的机会，使我们能够更有意识地选择和引导自己的生活方向。

因此，要想真正实现孝道、悌道以及更高境界的道德和修养，我们需要从内心深处开始，通过觉醒和自我意识的培养，逐步提升自己的灵性境界，从而实现更高层次的人生目标和境界。这个过程是一个持续的修行和提升之旅，需要我们不断地反思、修正和成长。

观《论语》

《论语》实际上是孔子留给我们的一部工具书，我们要活用《论语》。在这里我给大家分享一个小技巧：尝试屏蔽大脑念头的干扰，用眼睛和心去“观”《论语》并进行思考。当你通过背诵让文字在脑海中浮现并进行思考时，与用眼睛看并用心体会是两种完全不同的体验。有时候，你会发现自己不必刻意去背诵东西，因为背诵往往需要心智和大脑同时参与，而当你用心去专注观察文字时，你完全投入了心思。

《论语》的后十篇是从事业发展的角度讲的。我们研究管理之道，要特别注意这两篇：《为政》篇是讲大的纲要，“为政以德，譬如北辰”，这是大政之纲；《颜渊》篇是讲春秋那个时代如何为政。

《颜渊》篇的核心就是在讲仁政之道，仁政之道的核心就是礼治天下，但我认为仁政之道在历史上至少是在孔子之后没有真正实现过。若要称其为存在过的，那便是西周，然而西周的礼乐文明如今已难以辨识，我们只能看到孔子所倡导的礼乐文明。在我看来，汉朝时期迎来了仁义文明，实际上我们所真正经历过的是这种仁义文明，而仁义文明已经演变为二元融合统一。仁义文明和仁是两个概念，仁是一元的，仁义是二元的。民间传统中仍保留着礼乐文明的基调，然而在古代统治者层面，却常常将其用于控制民众。由此，我们可以通过仁政之道更好地理解这一情况。

《论语·颜渊第十二》第一条：

颜渊问仁。子曰：“克己复礼为仁。一日克己复礼，天下归仁焉。为仁由己，而由人乎哉？”颜渊曰：“请问其目。”子曰：“非礼勿视，非礼勿听，非礼勿言，非礼勿动。”颜渊曰：“回虽不敏，请事斯语矣。”

这段对话体现了当时处于礼乐时代，孔子说为政先要安立礼，然后颜渊问如何安？孔子回答他四个“非”。颜渊回答说我很笨，但我就按照夫子您老人家说的去做。孔子与颜渊一问一答，一唱一和，很像一场演示，演给谁看？演给当世的人看。因为不光是颜渊，所有的为政者都应该这样去做。所以孔子在这里既是讲仁、讲礼，实际上也是讲为政。

“克己复礼为仁”体现了孔子当时的治国理论。春秋战国时代，孔子的治国理论没有得到施行，到了汉朝已经是中国文化分期的第二期了。因此孔子的为政只能作为一种理想，在历史上可以说是未被真正实践过。这种为政具有很高的理想主义成分，因为为政之前需要先把仁立起来。“一日克己复礼，天下归仁焉”此乃天下归仁政之大者也。

克己复礼包含着深刻的五行原理，五行的特点是一生一克，真正的好老师、圣贤老师，一定是一生一克的。在他们的八字生命模型中，这一点得到体现，这就是道。仅生而不克，或者仅克而不生，皆不可取。管理之道的关键在于恩威并施，管理者主要以克为主，而老师是以生为主，以克为辅。

一方面，以克为主意味着利用人心的弱点；另一方面，利用利益工具，平衡人心和利益，这构成了现代管理的核心。如果你不能赢得人心，不会利用利益激励这种工具，比如金钱、福利、待遇，甚至表扬和肯定等工具，那么你将无法有效管理现代组织。

“为仁由己，而由人乎哉?”是反问，也就是说为仁不要诉诸别人，而要诉诸自己，由己及人，孔子也曾说过类似的话“我欲仁，斯仁至矣”。

孔子教导颜渊，以礼待人、以仁为本是治理社会的关键。在这段对话中，孔子与颜渊展示了一种师生关系，通过演示交流，向当时的人们传达了为政之道。孔子所倡导的理想并非一成不变，而是随着时代的变迁而演化。礼乐时代代表了孔子的理想，而仁义时代则展示了其思想在实践中的演变。这种演变反映了孔子思想的灵活性和适应性，同时也凸显了其为政之道的深刻内涵。总的来说，孔子的思想在历史上虽未完全实现，但其对于仁德与礼仪关系的探讨仍然具有深远的影响。通过对话与实践，孔子向后人传递了一种为政之道，强调以仁为本、以礼相待，为当今社会政治与伦理提供了珍贵的启示。

礼乐之敬

《论语·颜渊第十二》第二条：

仲弓问仁。子曰："出门如见大宾，使民如承大祭。己所不欲，勿施于人。在邦无怨，在家无怨。"仲弓曰："雍虽不敏，请事斯语矣。"

这段对话强调了仁德与礼仪的重要性。孔子对仲弓说，出门办事时要像接待贵宾一样，役使百姓时要如同承担盛大祭典一般，以示尊敬。这就是《礼记》中所谓的"毋不敬"的态度，是礼乐精神的体现，因此，仁政之道需要达到礼乐的境界。孔子随后提出了仁治的原则，实际上是王道的体现。

王道可以分出多种道，其中之一便是仁政。在王道的诸多条例中，仁政占有重要地位，其核心理念便是"己所不欲，勿施于人"。举一个现实的例子来说明，宋朝就是一个接近仁政理念的代表朝代，我个人认为宋朝相较于汉唐更为开明，可以视为仁政时代。在宋仁宗治下，国家多年保持安定，甚至在宋仁宗逝世后，西辽等国也向其致哀。然而，宋朝毕竟先天不足。这种仁政理念适用于一个大国内部稳定，没有外部势力威胁的情况。如果外部力量会影响国家，实行仁政就可能会面临困难。

在孔子之前，礼乐文明已经存在，但那是西周版本的礼乐文明，孔子所倡导的则是周孔版本的礼乐文明。孔子提出了一套理念，但这些理念没有完全得到实现。孔子认为如果杀伐不能自天子出，就无法真正谈礼乐文明。放在现代团队来看，如果领导者没有一定的权力，就无法有效传达理念，团队也将无法正常运作。如果一个人拥有某个职务，但最终却没有权力做出决策，无法贯彻自己的理念，那么这个人就失去了实际控制权，变得无能为力，类似于东周时期的虚位天子。到了东周后期，这种虚位似乎也消失了，导致了周王室彻底衰落。这些都是历史上的基本常识。

所以《颜渊》篇的前两条，第一个讲政之大者，是理想之仁政，第二个就是直接具体到“毋不敬”，然后具体到施政措施：“己所不欲，勿施于人”，这个“人”可以理解成百姓、天下。就是王自己都不喜欢的东西，不要去强加给别人。“在邦无怨，在家无怨”这是讲施政者的，其实就是那些掌权的人。除了理解这两条的内容以外，我们一定要知道颜渊是谁，仲弓是谁，为什么孔子对不同的人有不同的回答？第一是他们的秉性，第二是他们的身份。颜渊是一个修行者，孔子告诉他的是内圣之道；仲弓是一个当政者，是当时一个领地的宰官，因此孔子告诉他具体的施政方略。

仁者慎言天道

《论语·颜渊第十二》第三条：

司马牛问仁。子曰：“仁者，其言也讱。”曰：“其言也讱，斯谓之仁已乎？”子曰：“为之难，言之得无讱乎？”

在我看来，“讱”并不是指少说话，而是要说的精准有力，避免冗长空洞。虽然可以将其引申为谨慎，但我认为其主要含义是指说话要准确、有力，而非简单地表达谨慎。做到“其言也讱”就是仁了吗？当然不是，这里孔子是根据司马牛的秉性来讲的，因为司马牛多言而躁，他对贵族社会不了解，他说话有时候拿捏不准，说不到点子上去。如果说话都不谨慎，做的时候不就更不谨慎了。因此，这句话的仁政就落到具体的操作层面了。

孔子提倡“君子不以言举人，不以人废言”，是因为言是讲天道的。一个仁者开口即表达天道，他并非空谈，且言辞珍贵稀少，正如俗语所说，“人贵语迟，贵人言少”，这意味着“讱”可以理解为迟、少，因而更显珍贵。这启示我们在当老师时，应当谨言慎行，特别是在面对他人时，不可言多语滥，应言简意赅，点到为止。因为在传达天道时须格外慎重，一旦言辞不当，便无法得以实行，更无法使其落地生根。这是孔子的本意。

前面问仁，一个是讲仁政之大也，第二个是讲礼乐之敬也，礼乐是当时孔子追求的为政之道的最高境界，然后列举司马牛问仁的例子论证谨言慎行的重要性。若他是当权者本人，在制定政策时，其言行必须经过慎重考虑，否则政策无法得以实施。若他是一个给为政者进言的人，言语一定要精准有力，言简意赅。下面司马牛可能觉得他做不了仁者，就开始担忧，暗示了对自身能力的怀疑，司马牛问完仁之后，接着问君子。

君子载仁中道

《论语·颜渊第十二》第四条：

司马牛问君子。子曰："君子不忧不惧。"曰："不忧不惧，斯谓之君子已乎？"子曰："内省不疚，夫何忧何惧？"

司马牛问君子，孔子回答说：君子是不忧愁不畏惧的，这里其实是讲君子中道的。孔子看出司马牛的忧惧，所以叫他不忧不惧。如果孔子说司马牛你要中道，恐怕就不知道孔子话的含义了。

在这段对话中，司马牛关注的问题是：如果坚持某种观点会导致什么后果，如果孔子回答肯定，他可能会固执于无忧无惧的立场，这样又陷入偏执了。孔子是先将他从一个极端拉向另一端，然后再引导至中间。因此，孔子说："内省不疚，夫何忧何惧？"这里的"内省不疚"是指在中道上进行反思，或者说是中道的内省。这就是说，孔子先把他从忧惧的右边给拉到左边，当他执着于左边的时候，孔子又把他推到中间，孔子一共回答了两段，忧惧是右边，无忧无惧是左边。在中国文化中，左代表阳刚，右代表保守，左右大多是这样定义的，过于阳刚的称左，左为阳；消极的保守的是右，右为阴。

孔子强调，“疚”指的是感到惭愧和错误，他告诉我们在反省时不应情绪化，而应基于理性。要讨论事实，对事情进行反思，而不是简单地争论对错。若缺乏对事情的反思能力，我们很容易陷入情绪化的状态，将问题简化为是非曲直，这种情况就会变得复杂。在实际管理中，需要谨慎对待境界较低的个体。对于这样的人，帮助他们进行反思可能会导致情绪化，会让对方误以为是在批评或打压他们。虽然你的初衷是帮助他们反思问题，但他们却可能误解你的意图。因此，在管理中要注意这一点。孔子没有详细说明具体方法，但强调了大的原则。在管理阶段，首先需要对个体进行具体定性，判断其是否属于修行者。对于修行者，可以在无情绪干扰下协助其内省；而对于非修行者，即一味追求名利的人，可能难以直接帮助其内省，而需要依靠制度、原则和方法来激励他们。

仁政为家

《论语·颜渊第十二》第五条：

司马牛忧曰：“人皆有兄弟，我独亡。”子夏曰：“商闻之矣：死生有命，富贵在天。君子敬而无失，与人恭而有礼，四海之内，皆兄弟也。君子何患乎无兄弟也?”

司马牛接着又说，别人都有兄弟，唯独我没有兄弟，怎么办？从这里看出司马牛的忧患，他还是心不安。这时子夏引用了一句古话“死生有命，富贵在天”来回应，这句话代表了当时古代人的智慧。接着，子夏谈到了“君子敬而无失”的理念，再次提及了仲弓询问仁的情景。“己所不欲，勿施于人”强调不要对他人做自己不愿意被施加的事情；“君子敬而无失”则强调了对他人恭敬并且不出错，即要对每个人都恭敬有礼，不应只对某些人或某些事恭敬，应该普遍地对所有人和所有事恭敬，不应有所疏漏，要对一切事物都全心恭敬。

在这段话中，敬的是人与事，恭的还是人与事，一个人如果做到这一点了，四海之内都是兄弟。因此，无论何时出门，我们都应该保持温和、谦恭、节俭、礼让的态度。如果我们对他人有礼有敬，自然就会赢得朋友与兄弟。因为礼敬的行为实际上就是传承家庭价值观的表现，当我们将这种价值观传播到社会中时，原本家中没有的兄弟关系，就会在社会中成为一个大家庭，大家都将相互视为兄弟。这告诉我们，为政之道要以政为家，即仁政之道，以政为家，将治理国家看作经营家庭。现在有的人提倡将企业视为家庭，有些情况下可能只是口号，但古人是真正怀有这种理想。就是说，家道是政道的底色，虽然在做事时不强调个人情感，但实际上是充满了情感的，在完成任务后，大家会彼此视为兄弟。

综上所述，《颜渊》篇前五条，我们可以总结概括一下，第一条“颜渊问仁……”是理想之仁政、政之大也、克己复礼，第二条“仲弓问仁……”是礼乐之政、礼治天下、毋不敬、己所不欲勿施于人，第三条“司马牛问仁……”是仁者慎言天道，第四条“司马牛问君子……”是说君子载仁而中道，第五条“司马牛忧曰……”是仁政为家。

第三十五讲

道心身世财

《论语·颜渊第十二》探讨的是王道中的仁政之道，这一点我们必须要明确。《论语》前十篇侧重于内圣，后十篇侧重于外王。《学而》首篇内圣三句实际上代表了五个维度的平衡，即道、心、身、世、财(图 35-1)。

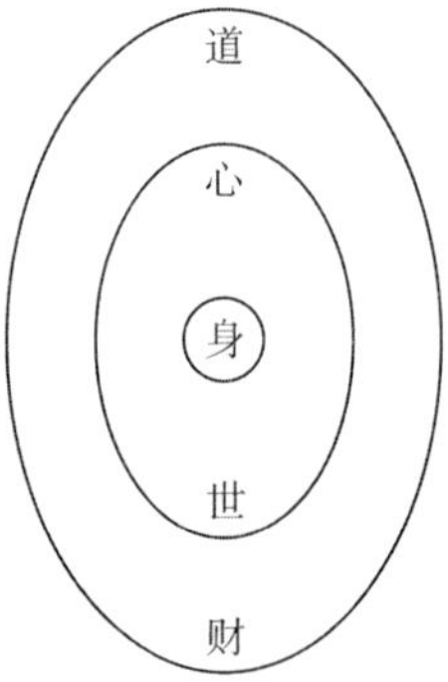

图 35-1　道心身世财

在这些维度中，哪一个是首要的呢？首先是道与身的维度，其次是心与身的维度，第三是心与世间的维度，道与世间财的维度排在最后。实际上，世间和财可视为同一维度，从广义上说是道与财，狭义上侧重于财富。道与财之间的平衡是传道的基础，这也是我一直强调的，既不能轻财重道，也不能轻道重财。世间人常常重财轻道，而修行的人又往往轻财重道，其实轻财重道也是难以成道的。我们需要平衡这些点，只有这样才能真正理解《论语》传达的意义，从而更好地阐释其中的教义。

齐鲁《论语》

从《学而》首篇内圣三句，到《尧曰》尾篇外王三句，展现了内圣与外王之道，构成了《鲁论语》。许多人未必了解《鲁论语》和《齐论语》之间的区别，据我所知，它们的世界观和方法论截然不同，代表了两种完全不同的学术体系。因此，同一篇《论语》用《鲁论语》解读和《齐论语》解读可能会有着不同的理解。

鲁论主张天道，而齐论主张天地并论。相较而言，我认为鲁论更贴近孔子思想，因为孔子思想的内涵其实就是天道思想。齐论更接地气，因为齐人的祖宗是姜子牙，姜子牙还有个名字叫吕尚，他为什么叫吕尚？据说姜子牙的祖先因辅佐大禹治水有功，被封在吕地，因此封为吕氏，这也是他后来被称为吕尚的原因。西周得天下在某种程度上和吕国的合并有关，因为吕国的女儿嫁给了西伯侯，加强了双方的政治联盟，为西周的建立提供了重要的支持。姜尚的女儿又嫁给了武王，这个就是西周的天下和姜子牙的关系。但是姜子牙与周公有着明显的差异，姜子牙尚贤重武重谋略，主杀伐；周公则注重确立礼乐制度，认为只有通过礼乐制度，天下才能更加持久。从西周到春秋几百年来，民众一直秉持着礼乐之风。换言之，姜尚开创的思想被后来的法家尊为祖师，他们尊崇他的谋略、治理、奖罚分明、恩威并用等。而孔子的思想追求礼乐之道，尽管军事和治国也十分重要，孔门弟子同样有治军理政之能，他们的才能也是孔子教化的结果。然而，孔子这一脉更多的是把“我”藏在里面，把谋略藏起来，以礼乐教化育人。总之，孔子的思想注重礼乐，而姜子牙的传统更侧重于智谋和军事，这两种传统在中国文化中并存，各有其价值所在。

孔子讲正道，回避奇道，点到为止。他强调常道的教诲，对大众趋之若鹜的东西尽量回避。比如大众都讲“利”，而孔子尽量回避。绝对的天道“仁”，孔子对大众也很少讲，因为大众是难以理解的。天命虽是孔子关注的话题，但他鲜少言及，因为这些都是大众困惑的，大众难以接受和理解的。大多数人日复一日地追求财富和物质欲望，他们对这些超越世俗的概念缺乏理解和接受，所以孔子罕言。

有些人倾向于谋略、权术以及阴谋诡计，偏好奇特、歪门邪道，追求侥幸和捷径。谁会愿意花上数十年时间坚持修行，专心做一件事，或者阅读一本书呢？能做到这些的人要么不成功，要么能够创造出独特的东西。孔子便是这样的人，他坚持正道，他认真地研读一本书，一生致力于一门学问，持守一种信念，一直走在一条道路上。有些人见风使舵，这个生意不行马上换个生意做，这本书看几页感觉不行就换一本看，这种大多是走奇道、走偏门、走侥幸之道。孔子作为圣人不谈奇门遁甲，不是因为他学不会，是因为他就要走正，他就要走为学为德之路，以德治行仁政，所以说他是以天道为主导。

其实姜子牙也遵循了天道，此外他还融入了地道。不同的学派对于地道的诠释各有不同：孔子称之为厚德载物，老子称之为上善若水，法家兵家则强调利用事物、谋略和地势。只有地才能决定地势的高低，而天空的高度无人可知。地包含至善之道、至顺之道、厚德之道以及载物之道，地也包含势利之道、顽固之道、藏污纳垢之道，所以齐论里面有地道。

孔子一生讲的话难道就只是《论语》里面这五百多句吗？圣人的智慧远远超过这些言语，这些言语是从圣人的千言万语中归纳出来的。在当时，竹简十分稀缺，每次讲课学生都需要记录，三千名弟子每人记一句，就会有三千多句，不可能仅仅只有五百句。因此，我们所阅读的《论语》其实是后人精选、修订过的孔子的言语，是他们有意呈现给我们的孔子形象。据说后来流传出的《鲁论语》删除了《齐论语》的最后两篇，这样的传承难以称之为完整，但是最后《鲁论语》流传了下来。

虽然《鲁论语》版本或许显得有些缺失，缺乏善用兵器与谋略的内容，但这样的版本却延续的时间较长。相比田文代齐的齐国，拥有《鲁论语》的鲁国的国祚更长久，鲁国坚持到了秦始皇统一天下的时期。我认为这就是拥有推行礼制的周公孔子的鲁国与拥有善谋、尚贤的姜子牙的齐国的不同之处。因为一个人的起始往往决定了他的终结，因果循环贯穿着生命，事业，乃至帝王将相皆是如此，只有真正的道义才能长存。历史上的很多事件都展现了因果报应的现象，就像清王朝的兴衰，以孤儿寡母入关开始，最终又以孤儿寡母亡国而告终，这种轮回的反转令人深思。

人们的命运常常与其行为息息相关，善恶之报不容忽视。姜子牙之后的齐国命运凄惨，正是因为前代的所作所为。生命如同一条河流，起点决定了终点，每一个选择都将影响着未来的发展。在历史的大潮中，因果轮回，道义存焉，这是古往今来不变的真理。因此，无论是个人，抑或是一个国家，都应当铭记因果循环的法则。只有秉持道义，追求善良与正义，才能立于不败之地，才能在历史的长河中留下光辉的足迹。这是我们从历史中汲取的教训，也是我们在当下和未来应当牢记的至理。

我批判清王朝，是因为我认为清朝削弱了中华民族的武道精神。清朝在与西方博弈时，往往站在自身王朝的角度，而非全国性的角度，显露出的是私利至上的倾向。然而，从另一个角度看，历代王朝都有各自的私心，他们往往是为自家利益而服务的，这种做法本质上是合乎情理的。如果我们超越民族之争的范畴来看待问题，即使清朝不是满族，他们也必然要为维护自己爱新觉罗姓氏的权益负责。因此，他们怎么可能全心全意为全天下百姓谋福祉呢?

《论语》结构内容

前面讲了一些《鲁论》与《齐论》之间的差异。在学习《鲁论》时，我们应该感到自豪，因为这是真正的王道，王道就是天道。儒家经典中囊括了两千多年来的智慧，虽然其中包含谋略和法家思想，但在教授经典时，我会根据自己的理解屏蔽那些奇道、诡道、伪道、偏道以及军旅之道的内容。在实际运用层面，这些内容当然也需要学习，但需要首先抓住学习的根，这样我们才能知道如何学习《论语》。

《论语》前十篇可视为十天干，后十篇同样是十天干。不同之处在于前十篇代表内圣十天干，后十篇代表外王十天干。从第一篇到第十篇描述了孔子的生平及圣人君子的行为方式，孔子现身说法，以孔子为主角。第十一篇开始涉及他的弟子们，阐述了孔子对他们的评价，整体内容都围绕这一主题展开。第十二篇开始探讨为政之道，告诉我们如何在外王上为政，即仁政之道，也就是这一理念要如何具体实践。了解了这个脉络后，我们可以更深入地研究儒家思想。

仁政之道模型

仁政是最理想的道，也是政之大焉。孔子说克己，如果不理解“己”代表着中心、坐标的含义，就难以进一步深入探讨中国文化。在五行中，戊己居于中央，是坐标。“克己复礼为仁”，一方面用仁来克己（木克土），己会受制，就是用仁这个标准来约束管制自己。另一方面就要用礼来乐己，让礼来喜悦自己。仁来克己是木克土，仁来复礼则是木生火，礼来乐己就是火生土，有克有生，就运转起来了。

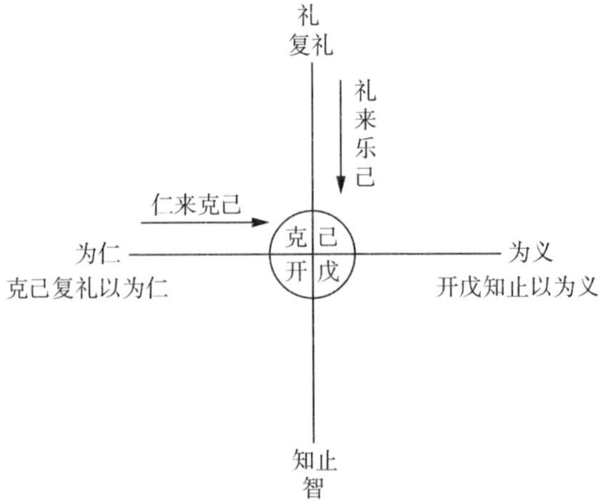

图 35-2　仁政之道

通过深入理解这些概念，我们可以更好地领会儒家思想中的内涵，这种理解也能帮助我们更好地应用这些道理于日常生活中。在探究儒家经典时，结合实际情境和个人八字进行思考，能够更深入地理解其中的哲学内涵，并将其融入自己的生活实践之中。这种对应关系的理解不仅有助于我们更好地理解儒家思想，也可以帮助我们更好地应用这些智慧于实际生活中，从而提升自己的修养和智慧。这便是“克己复礼”，然后经历这一轮循环，便能达到“为仁”的境界。

一个真正的仁者应当能够通达，并通过克己复礼，以为仁。我认为孔子在这里并没有说完，还留有后续。在克己复礼以为仁之后，其实还有一句“开戊知止以为义”。为什么孔子没有继续说下去呢？因为他相信后人必定能够理解，即便需要一千年、两千年，甚至是两千五百年，总会有人能够领悟。仁义礼智信都是孔子最早提出的，后来被孟子进一步升华和总结，金木水火土则是古代留下来的宝贵遗产。这些思想不仅贯穿了孔孟之道，也承载了古代至今的智慧。

事实上，孔子所言的是五行的运行之道。一侧象征着克己复礼以为仁，另一侧主张智。智的本质即“知止”，若过度运用智，容易导致不义。什么是“上善若水”？我们在阅读《老子》时应当审慎体会，“上善若水”的后面隐藏着什么？即“厚土”。上善的前提是厚土，水如果没有土的制约将会变得泛滥，导致灾祸。因此，水需要用厚土来加以约束，唯有经过土的规范与约束，水才能称之为“上善若水”。但老子没有直言，因为当时的人已具备厚土之德，而后世却有人缺乏这份德行。我们讲述古代的事，若无法理解可能是与时代背景有关。

“戊”代表着大我，在古代人看来，要抑制己的小我。在五行中，除了“克”之外，还有“开”，即“开戊知止以为义”。因为戊土需要被开发，一旦开发了戊土，戊土便生出义。因此，“知止”便可避免义的消散，一旦戊土得到开发，便能约束水的行为。若要水知止，需要从两方面考虑，其一，不要泄金气；其二，戊土需要进行规范与约束，即“开戊知止以为义”。

在孔子的思想中，蕴含着“知止”的一面，象征着“为仁”的“复礼”的一面，以及“为义”的一面。在这些概念之间，既有克己，也有开戊。那么，克己开戊的目的是什么呢？这涉及一个概念——“开物成务”，“务”指的是世间的功业，“开物成务”其实是为政之道的另一种表达。实际上，克己开戊和开物成务都属于为政范畴。当颜渊询问仁时，孔子回答说：“克己复礼（以）为仁”，我在这里加了一个“以”，这样更顺畅。

一时一日一念

接下来是孔子对此的解释，他说：“一日克己复礼，天下归仁焉。”许多人误解了这句话，把这句话理解成“用一天的克己复礼就能让整个天下都归仁了”。其实在我看来，一日即日日、时时，甚至可以称为一念。一日克己复礼，天下归仁，与一念成佛相似，也可理解为一日归仁，一念成佛。在阅读古人著作时，我们不应误解其含义。

孔子指出一日一时，为避免误解，他对一日进行了澄清，称之为“由己”，为仁由己便是一日为仁。为仁是要坚持不懈，持之以恒；由己则是在当下，从自身开始。因此，空间轴和时间轴都有了，坐标得以确立。接着颜渊又问：“请问其目？”实际上，颜渊即使不发问，也能理解，他们这是在一步一步向下示范。

视听言动

颜渊说“请问其目？”孔子回答说：“非礼勿视，非礼勿听，非礼勿言，非礼勿动。”克己复礼的核心是礼，礼是通达的纽带，仁生礼，礼生己。因此这里的目即是礼，一目了然。孔子解释了四个“非”，礼的关键在于实践，其目的就是复礼。因此《礼记》一开篇便提到“毋不敬”。孔子在这里列举了四个“毋”，只有做到这四个毋，才算真正体现了敬。这也告诉我们，没有恭敬心就难以实现克己复礼，因为礼的核心就在于敬。礼之外显是一团和气，和气的内核则是敬。若人与人之间失去了基本的恭敬心，只带着傲慢自我，互相攻击批评，便无法实现真正的克己复礼。就如同国家之间的战争一样，他们失去了基本的礼。礼实际上是内敬外和，礼之用和为贵，和为贵即往外显化出的结果，内在有真正的恭敬的功夫。这种解读并非妄解，而是我们从形而上的角度深入挖掘而得。

颜渊曰："回虽不敏，请事斯语矣。"实际上在《论语》中多次记载颜渊（颜回）的聪慧，他可以做到学一知十。他为何说自己不敏呢？这并非只是在谦虚，也非为了凸显自身形象，而是因为他面对孔子这位全知全能的老师，即使学一知百，也显得不够敏。颜渊是孔子的弟子之一，被认为是传承天命之学的学生。孔子的天命心性之学，就是颜渊传的，这门学说据说已经失传，但事实上，只要十三经还存在，这门学说就不会真正失传，因为它蕴含在这些经典之中。所谓心性天命之学，简而言之就是一个观念。许多人未能深入理解经典内涵，无法掌握十三经的方法论，误以为这门学说已经失传。

下一条，孔子的另一个弟子仲弓又问仁：

仲弓问仁。子曰："出门如见大宾，使民如承大祭。己所不欲，勿施于人。在邦无怨，在家无怨。"仲弓曰："雍虽不敏，请事斯语矣。"

仲弓是一个实践者、从政者，因此孔子的回答更倾向于实际层面。值得注意的是，仲弓也像颜渊一样谦虚地表示："雍虽不敏，请事斯语矣！"《颜渊》篇和我们的生活太贴近了，是为政的致用。颜渊和仲弓他们两人都说"请事斯语矣"，就是老师请让我按照您的话去做吧，"事"就是从事、实行、执行的意思，而且很谦虚的请求执行，就按照老师说的话去做。

这段话实际上在提醒我们，对待圣贤之道，我们不能随意否定祖先的智慧，而应该辩正地看待并选择传承。很多人一来就想要推行自己的一套，而不是辩证地继承传统，并在此基础上结合实际情况推陈出新。历史上就有很多因贸然改革反而导致国家衰落的案例，比如王安石的改革虽然发心是好的，但实施方式可能缺乏妥善考虑，导致了灾难性后果。这仿佛是一个身患绝症的病人，罔顾其身体状况就做手术可能会加速他的死亡。王安石主要是对当政者以及当时的朝廷这些人的情况判断不够准确，所以他的改革引起了“新旧党争”。王安石变法虽然在解决问题的思路上有其合理性，但却像匆忙施行手术一样，结果不尽如人意。也许他并未站在更广阔的历史宏观背景下审视问题，而是仅仅从当时北宋时期的角度出发。如果他能够更好地理解历史，真正领悟孔子思想，知晓“治大国如烹小鲜”的道理，或许就应该明白改革不能硬来了。

颜渊提要

《颜渊》篇的主要内容是关于仁政之道，其核心理念是：克己复礼以为仁。事实上，这里提到的后三条都与司马牛有关。有人误解，认为这句话是孔子在何时说的，但实际情况或许并非如此。很难确定孔子何时说过这句话，因为后人编辑时是按照道的逻辑来组织的。这些章节按照道的发展次第编写，是道从形而上到形而下逐步演化的过程。

接下来是司马牛问仁，孔子进一步深化和具体化了仁的内容。从“司马牛问仁……”到“司马牛忧曰……”这三条都是司马牛提出的有关仁的具体内容，都是在讲君子应载仁而中道的。所谓“载仁”即是指君子时刻坚守仁，走中道，不偏不倚，不走极端，这已经涉及方法论。第三条、第四条、第五条都是在探讨为政之道的方法论，这些都是关于为政之方的内容。最后，第四条总结道：“内省不疚，夫何忧何惧?”“内省不疚”即是走中道，用中道的方式进行内省，正如之前所言，君子载仁而中道。随后，司马牛进一步展开讨论，提出“人皆有兄弟，我独亡”，孔子没有回答，而是由孔子的一位弟子子夏回答。

司马牛的问题非常小我，而君子则具有大我情怀。子夏回答说：“商闻之矣：死生有命，富贵在天。”这其实也是在探讨天命之学。在这里，孔子谈论了天命之学，需要注意，《论语》中穿插了天命之学的内容，不时提及。如果一个人站在天命的高度，就不会一直执着于小我的概念。许多人这一生的使命其实就是在超我的层面上，投胎这一辈子干什么，就是在超我层面，这就是人的天命。人的天命看年柱，一个人有没有大的天命就看自己的年柱。子夏是研究《周易》的，《周易》是讲方法论，讲宇宙大法、天命之学的，也是讲言的，因此子夏是从天命的角度回答的。

因为司马牛很小我，孔子不置一词，子夏就从天命之学来回答，为什么让子夏回答？因为子夏就代表天命之学。死生有命，富贵在天，也就是说一个人不应过于执着小我，避免抱怨和不满，这样才不会显得颓废消极。讲完这个之后，又换个角度教他具体怎么做。“君子敬而无失，与人恭而有礼。四海之内，皆兄弟也。”这说明司马牛平常或许有些自闭，有点内向，和别人不大交流，他在信、敬、恭、礼这四个方面做得不够。司马牛出身不好，从小教养不够，他平常有点粗野，有时候缺少恭敬，失礼的地方很多，别人可能因此不愿跟他交朋友，不愿跟他称兄道弟了。之所以教他就是因为他尚还不具备，做到这些，四海之内皆兄弟也。做到这些，君子何患乎无兄弟也。

子夏从两个角度教他，也教他知命，说明司马牛这家伙是个逆天改命的人，他是小户人家，不懂得信、敬、恭、礼，但是他成为孔子的学生，也有了一番功夫成就了，要不然他也不会排在这了，说明他是有“修”、有“证”的。但是他君子的礼数功夫还做得不够，有时候可能还有点霸气、狂野，不过这种人是能干实事的。

信、敬、恭、礼做得不好的原因是家法、家教不够。一个人要想把仁政普及到外，他的家法功夫要好，个人修行功夫和涵养要好，所以叫“仁政为家”。从家开始，治国先治家，司马牛在修身齐家方面明显是不够的。但司马牛好学，你看他一问，再问，又问，孔子耐心地回答，最后孔子的学生又给他回答。从孔子一回答，二回答，到子夏的回答，次第由高到低，依次降低。司马牛也有怀有天下大道的理想，但是他涵养不够，所以孔子叫他讱言天道，叫他载仁而中道，要中道内省，有家教，要认命，要仁政为家，先把个人齐家的功夫做好。

修道的五个次第

修道的过程包括五个阶段，即知道、见道、修道、证道和传道。知道就要去学，要为学才能知道；见道就是明理，明理才能见道；然后开始修道，实践其所学，用阳明先生的话说就是“知行合一”。然而，很多人只停留在知而不见的层面。接着，进行证道。在孔子看来，知命就是证道。

经历见道和明理后，可以进行讲述，成为论师；修道后可以验师，但这两个阶段都是理念层面而非亲身实践的。当你具备了知、见、修、证之后，就能成为证师，就可以开始传道了。最后，你如果述而不作，即便不亲自实践，也能成为师，充当传承和传道的师。孔子作为证师，对待前人典籍有着独到的手法，他擅长删繁就简，能够辨别典籍中的冗赘之处，以及那些被后人传承时偏离原意的地方，将其予以修正。因此，孔子一生致力于两件大事：述和删。述的是先圣的本体，删的是传偏的地方。

每个人“知”的时候就可以传道了，但是“传”的时候仅仅是“述”，即机械地传授知识而不加以自己的理解和诠释，就如同现今有些读经班老师带领学生一样，只有背诵却不解释，只要学生跟着念就好了。在这个过程中可能会出现读音、断句等错误，但至少这些文字得以完整传承下去，这在一定程度上已经足够了。所以我们也要感恩这些述而不作的知道之师。

有些人有了一定的明理见证，他们还可以论一论，他们的论可以参考，但也只是一家之言。对于那些有实修的人，他们学而时行，行而后知，他们在行的过程中有真有假，有的对了，有的也会出错跑偏。只有那些证道之师才可以述和删，做到这两者的平衡。

第三十六讲

《论语》的形成

一般人之所以难以理解《论语》，是因为对其形成过程不了解。《论语》只是一个结论，其中蕴含的文化才是根本。先秦时，中国文化是如何传续的呢？传续需要载体，所以就需要籍。籍是由“⺮”加“耤”组成，通过竹简来承载文字。用木棍在地上画一条线，留下痕迹，这就是籍的意义。籍中藏昔，昔是过去的意思，过去的就是历史，代表痕迹的意思，因为它是一种过去的记忆或者叫痕。籍是动态的，籍还有积累的意思，它是有记忆的，古人通过竹简、木简、草纸、石刻等形式，将过去的历史和记忆记录下来，形成了书籍的传承，因此古人通过典籍来记录历史和记忆。

传承依赖于载体，载体就是“人能弘道”，不论是文字传承、口头传唱，还是代代相传的记忆，或是通过习俗和节日来体现，只要能传承下来就可以。在古代，传承的方式很多，但最主要的载体就是书籍。此外还有传唱、节日等方式，古代中国人可以通过口口相传的方式传承文化，如今西藏等地仍然保留着口头传唱的传统。在解放初期，一些民族如黎族并没有文字，他们也依赖口头传唱记忆，口头传唱的特点是能够保持传承的原始性和纯正性。古代的节日多种多样，有时候一天之内会有多个节日，不同地区也有不同的节日。古代中国有数千个节日，人们通过这些节日来传达记忆。例如，昨天是爷爷的生日，今天是父亲的生日，明天是曾祖父的忌日，某一天上午是祖先庆典，然后是炎黄、伏羲等纪念节日，代代相传，这些节日传续的是道。

不过，传承最重要的是按照一个指导原则，就是要“述”，就是不允许掺假，不允许作出偏离原意的新解读，要“温故而知新”。

温故而知新

什么叫“温故而知新”？举例来说，当杯子长时间使用后会变得脏乱和老旧，这就是“故旧”。然而，透过这个“故旧”的杯子，我们仿佛可以想象它当初从工厂出厂时的全新状态，由此就能体会“知新”。如今对于“温故而知新”的解读是指在学习古老事物后进行创新，但我个人认为这种解释不完全妥当。古人所说的“新”与我们现代理解的“新”有所不同，比如有一种解释是古人所谓的“新”指的是重新回归天道的新，而非主观臆断的新奇想法。

述与证是相辅相成的，若能达到与天合一的境界，就能揭示事物的本来面目。二者的核心在于追求天道，若直接证到真相，便无需再述。比如当我们展示一张宇宙的照片给孩子们看时，我们需要描述其中的星体，因为他们从未亲眼见过。但若他已经知道了太阳与月亮，他便能直接描述。因此，述的过程始终要坚持一个原则，那就是“新”。我认为古人所言的“新”并非现代所说的创新，而是近、亲的意思，即亲近、亲自。

《大学》强调“苟日新，日日新，又日新”。苟日新，即每天都要觉悟自己；日日新，即每天都要觉悟自己，修正自己的过错，要见到真相；又日新，即在之前的基础上不断精进。“大学之道，在明明德，在亲民”历史上诸多学者一直在辨析到底是“亲”民还是“新”民？依我个人浅见，若你已证悟，即“在亲民”；若仍在证悟过程中，即“在新民”，修行即是在“新”民，而且更多的是在“新”己。

《论语》的故事

了解了典籍的传承，我们便能理解《论语》的由来。那么，《论语》究竟是怎样产生的呢？《论语》记录着一位圣人孔丘的言行，这位先生被他的弟子们尊称为夫子。细心观察《论语》中的记载，不同的语境下对孔子有不同的称谓，系统内的人称他夫子，系统外的人则称之为孔子。孔子这一称呼属于系统外的称呼，《论语》中弟子们与先生的对话用的则是夫子。

尽管称呼不同，但是这位先生当年确实已经实证了天道，因此他所说的“述而不作”有两层含义。第一层“述而不作”是指典籍，即古人传承下来的经典著作。有人认为这些书籍有的可能已不再适用于当代，甚至有些内容被视为过时。尽管如此，经过千年岁月的传承和检验，许多典籍中所蕴含的智慧和价值仍被认为有重要意义，这些智慧往往超越了特定时代、国家和地域。孔子所述，作为这些传承中的一部分，至今仍被许多人认为是对天道的深刻阐释。第二层“述而不作”是指他采取“述而不作”的态度，是因为他亲身经历和实证过，也就是他亲眼所见的事物。例如，当我们看到某同学拿出他父亲的照片时，我们可以对他父亲的外貌进行描述，如皱纹、花白胡须等。每次我都这样描述，不敢有所改变，因为照片是静态的，我可以通过照片略微模拟真相，但这只是我的模拟。模拟不是原点，而是一种论述，我所提供的描述只是一种论述，每一位老师都可以进行论述，但是每一位老师所描述的原点是恒定不变的。直到有一天，我去了某同学家，与他的父亲相处了几天。回来后，某同学再给我看他父亲的照片的时候，我就说：“这张照片虽然真实，但显得太呆板了。”于是我生动地描述了他父亲的样子，过后还可以在不同场合描述，刻画他父亲的生动形象。我可以作出上千种不同的描述，但每一种都是在描绘他的父亲，这就是亲证后的情况。

孔夫子既能够述及经典，也能够实际亲证，所以在他三十多岁时就已经在鲁国和周边地区享有盛誉。孔子在鲁国都城一带讲学很有名气，许多人慕名而来，一开始收的学生多是些平民百姓，各种各样的都有，后来士大夫的儿女、包括士大夫本人都来拜他为师。可见孔子的学问逐渐得到当时人们的认可。

孔子经常给学生讲天道的真相，有时候也会引经据典，学生们记录笔记。后来他又跑去当了几年官，但由于他性格直率，不合官场作风，最终被罢职。孔子敏锐地认识到在鲁国待不下去，所以带着一群学生离开，周游列国十四年，回来之后一把年纪了，他带着这一群学生开始整理鲁国的典籍。因为鲁国是周公的分封地，周公是文王的儿子，是武王的亲弟弟，从血缘关系上说鲁国其实与武王是一家，所以鲁国保存了很多周王的典籍。最终，就有了我们现在看的五经。在五经中，《春秋》是从鲁国二百多年的历史当中整合出来的，后来又形成了《左传》《公羊传》《穀梁传》三传。尽管《春秋》的内容不多，但对后世产生了深远影响。孔子在整理《春秋》时运用了“春秋笔法”，其中蕴含微言大义，因此《孟子》评价为：“孔子成《春秋》而乱臣贼子惧”。

孔子在对上古文献的整理与传承过程中，不仅保留了这些经典文献，还通过他的教学和思想活动，将这些文献中的精神传递给了他的学生和后世。他对道德、治理和人性的思考影响深远，被奉为中国传统文化的重要奠基人之一。孔子所强调的仁义礼智信等观念，对后世的哲学、伦理学和政治学都产生了巨大影响。孔子的一生充满传奇色彩，他不仅是一位杰出的教育家和学者，更是一位追求真理、推崇道德的伟大思想家。他的思想贯穿古今，启迪着人们对于人生、伦理和社会的思考。通过他的言行和学说，孔子开创了儒家思想，成为中国传统文化的重要组成部分。他的学生们传承其思想，将其教导发扬光大，对中国乃至世界的文化演进产生了深远而持久的影响。

在孔子的弟子中，颜回常被认为是最好学开悟之人，几乎与孔子齐名。颜回传承的学问涵盖了许多分支。然而，关于颜回这一支学问的真伪却备受争议。颜回所传授的学问被称为“天命之学”或“天命心性之学”，但这一学说并没有完整地传承下来。

由于每位学生记录时都带有一定的主观性，这使得记录的内容更加丰富。随后，孔子的学生们，包括再传弟子以及后代，开始着手整理和梳理这些内容，类似于经书的编纂过程，逐渐形成了《论语》。此外，儒家的弟子们根据孔子的思想还整理出了《大学》《中庸》等经典。有人认为《大学》乃曾子所著，《中庸》是子思所著，但现在已很难确切考证，它们或许都应归功于孔子及其弟子。其中，《中庸》对天命、心性的论述展示了孔子的思想精华，后经整理编写成书。这些著作中的大部分文字都源自孔子的原始言论，而非他人的解释，诸如“子曰”之类的部分即为孔子的原始著述，而非他人的注解。

《论语》是孔子学生们记录笔记后整理编撰而成的，由于大家的记录不同，最终形成了不同的版本，分为《鲁论语》和《齐论语》以及其他版本。一般来说，传世本《论语》中“子曰”的部分很可能是学生们的记述，而“某某曰”的部分也很有可能是孔子的原话。比如，类似子夏曰“死生有命，富贵在天”这样的话记录在他学生的名下，但实际上可能是孔子所言。因此，我们在读《论语》时，不必过分较真每一句话的出处，《论语》中每一句话都包含了孔子的精神，有些内容虽然是借助学生之口表达的，但也是有用意的，最终体现的都是孔子本人的思想。

后来，孔子的思想成为诸子百家思想的重要源头之一。举例来说，如今我们所阅读的道家经典《庄子》中，记录了许多关于孔子的内容，有些记录了孔子的言论，有一些甚至看似是在批评孔子。然而，仔细观察便会发现，庄子并非真正批评孔子，而是以一种特殊的方式赞美他。有时会借孔子及其弟子之口来论述庄子的思想，但是庄子没有任何一句是贬低孔子的，他只是以相对客观的角度来表述。从这些言论中，也可以了解到孔子的不同侧面。因此，我们需要认真研读古人的著作，领会其内涵，认识到他们往往是以一种变相的方式来表达对某人或某事物的推崇。

《论语》亦可称之为《伦语》，“伦语”是站在人伦的角度来复制天伦的，那么伦就包括了天伦、地伦、人伦。其所指的就是伦常，其中的“常”代表宇宙中永恒不变的真理，这种“常”是静态的宇宙真理，“伦”则是动态的宇宙真理。比如，父子之间的关系即为一种“伦”，父子关系是动态的，如同地球绕太阳旋转、月亮绕地球旋转也属于“伦”。“常”则描述了一种静态状态，如日月经天永恒不变便是“常”。《论语》通过动态活泼的生活场景来描述宇宙之“常”，其核心是“常”，而“伦”则是“常”之应用，二者合而为一，构成了伦常。因此，我们要知道《论语》是一部演化宇宙之常的著作。当我们认识到《论语》的本质后，便能明确我们解读的方向。

如何读《论语》

《论语》后来的版本是由孔子弟子及其再传弟子编纂而成的。这个版本带有人文的痕迹，其中很多内容也是有选择性的整理而成的，而非随意记录。《论语》的逻辑体系非常严谨，遵循天干常道。《论语》可以被分成内外十篇，对应着天干的常道，即十个天干。我对《论语》的解读涵盖了两个体系，一个是按照十天干解读的方法，另一个是按照十二地支解读的方法。据我所知，古代的《论语》正是以这两种形式呈现的，即《鲁论》采用十天干的方式解读，《齐论》则采用十二地支的方式解读。

我方学派认为，《论语》的很多内容被隐去了，这是圣人的慈悲考量，因为圣人意识到，如果暴露太多真相，可能会被小人利用。因此，圣人留下了这个悬念，需要我们认真体会他的言外之意。在讲求天道的时候，无论是我还是其他人，只要述者心里有一丁点私念，就难以讲出来。只有心中无私的时候，才能和天道系统统一起来，天的伦脉直接注入大脑中，注入心灵中，就可以传道了。和我们频道不一致的人、对天道不感兴趣的人、对儒家系统没有信心的人、对传统文化有抵触的人，他就听不进去。我也只是借助这个载体来讲天道而已，说白了我也只是一个传达者。

那么，在孔夫子的证悟系统中，是如何对天道进行解读的呢？孔子对天道并未详细说明，而老子对此做出了具体的阐述。老子说，自一然一道一天一地一人，这是老子的天道观。老子所描绘的道即是这个系统，将“人”放在下方，且不像现在将“自然”视为一个单独的概念。孔子并没有特别详细地探讨这一点，孔子罕言天，罕言命，虽然罕言，难道他就从未提及过吗？事实上，他是有所讲述的，以后我们慢慢去讲。

颜回所传授的道已经几近失传，但在有些经典中，比如在《洪范九畴》中仍然有所提及（大家可以去网上查阅），它只是在五经中零散地出现，孔子没有将其系统化、逻辑化，或者说孔子当时已经逻辑化了，但未被记录下来。我们现在很幸运还能够阅读到《大学》和《中庸》，如果这些文章没有传世，我们就无法获得这个了解的机会。就像现在的禅宗思想一样，我真诚地告诉你，当你读完《大学》和《中庸》后，再去读禅宗，你会发现它们实际上是相通的，这并非妄语，大家可以自行阅读。阅读时切勿只用大脑思考，不要先加入自己的解释，古人的解释是“言”，自己千万不要一开始就尝试解释，要用心观察。

“言”的发音是“乾”。言者，乾也，“言”是表述天的。“言”是指天道的解说系统。中国的甲骨文经常用一个字来表述一个事件，通过这个“言”表现出万事万物，所以上天垂象，万物说法。当然我们普通人是很难看到上天垂象的，这时候我们就需要圣人，圣人能看到，所以“言”是圣人所述，是来表达天道的。“言”字上面的一点代表“太极”，中间三横代表“乾”，“口”是表达意义的工具，有上天垂象之意。

在这种体会中，我们能够窥见孔子与老子对天道的不同诠释。老子侧重于表达自然法则的包容与贯通，孔子则更注重于人与天地之间的关系。虽然孔子没有像老子那样系统化地提炼出一个类似《道德经》的著作，但他的思想在诸多经典中均有所体现。在探究这些经典时，我们应该以开放的心态去感悟，尽量避免用有限的个人理解去解读，而要像观看图画一样，体会其中的奥义。或许，这种方式更能帮助我们理解古代智者们留下的珍贵遗产，并从中汲取智慧。

为学日益、为道日损

如图 36-1，这是一个太极，中间围绕着修，左边上行代表“为学”，即不断向上进取，不断增长，每天都要不断积累；同时，右边下行代表“为道”，每天也要有所减损。

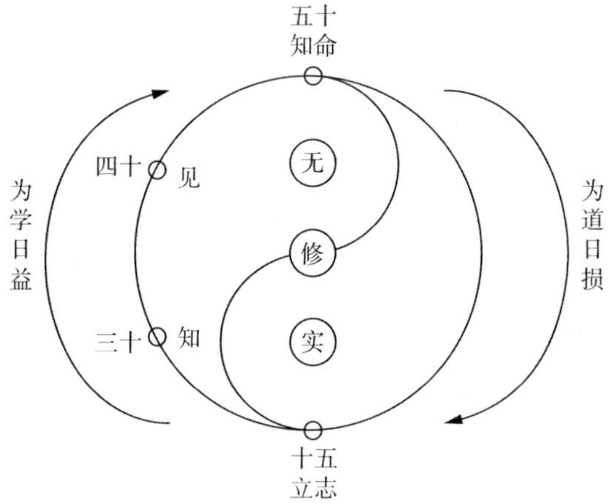

图 36-1　为学为道

“为学”是每天不断地积累知识，丰富一些具体而形象的内容。这个积累过程是有时间轴的，时间轴包括数量、质量的变化。当时间积累到一定程度时，突然会出现一种空白，是从有到无的转变。在这个“无”的状态中，一个人突然看到了“为道”的一面，意识到了“为道”的存在，于是从那一点开始追求“为道”。这个点就像鸡生蛋、蛋生鸡的循环，从十五岁立志开始，到了三四十岁，开始追求“为道”，四十岁时要体会到“无”。我们追求“为道”是一个不断修行的过程，其中还存在虚无和实相，这时需要虚实结合，阴阳互参。

一开始，我们学的是“知”，十五志于学，到了三十岁自己的这个“知”就形成了，到了四十岁有自己独立的见地了，到五十岁就忽然明白了，哦，人生原来不过如此！

天命本是空的，是中道，是自然本真无所执着的状态。领悟到这一点之后，我们开始学会如何放下、放下、再放下。但是，放下了并不意味着不需要吃饭，也不代表面对父母、子女不需要承担任何责任了。可见，虚无之中仍然存在实相。在这个过程中修行，四十岁见悟，五十岁开始证悟，六十岁便开始传道授业，发表言论。《论语》和《大学》中，许多地方都体现了这种精神。这种修行和追求太极是一个持续不断的过程。

颜渊再讲

《论语·颜渊第十二》讲的是为政之道。第三、第四、第五条司马牛三问其实可以合为一处，第六条是子张问明：

子张问明。子曰："浸润之谮，肤受之愬，不行焉，可谓明也已矣。浸润之谮，肤受之愬，不行焉，可谓远也已矣。"

子张是孔子一个著名的学生，孔子之后，儒分为八，其中有一支被称为"子张之学"。《论语·子张第十九》也包含了许多与子张相关的记录。这里的内容探讨了仁政之方，首先子张关注的就是仁政之明。明是什么意思？在这段讨论中，提到了"浸润"，我认为这里的"浸润"指的是如何处理类似于切肤之痛的直接指责。如果你能够应对这些挑战而不动容，就可以被视为明智之人。

我认为"愬"是指一种深深刺痛心灵的感觉，心灵受到摧残的那种痛苦，"不行焉"是指那些虚假谣言无法蔓延。古人云"谣言止于智者"，认为陷害仁政君子的诽谤无法得逞，只要自己内心坚定，不受外界干扰，就会使谣言平息。这里的"不行"可以改为"止"，即不为外在事物所动摇，这意味着无论外界风云如何变幻，智者心中依然充满阳光，即使天上无太阳，心中仍有光芒。面对这种受陷害、心生痛苦的情况，智者能够克制情绪，这种克制首先反映在明智和胸怀远大上，智者可以站在更加宏大的时间和历史视角上看问题。举个例子，就像我们做的事业，即使外界有些风言风语，对我们没有信心，易受动摇，但我心中依旧明白，未来是充满光辉和希望的。这就是所谓的明智和远见。实际上，明智和远见表示看到光明的前途，洞察遥远的未来，心中充满光明和希望。

祀与戎

《论语·颜渊第十二》第七条：

子贡问政。子曰："足食，足兵，民信之矣。"子贡曰："必不得已而去，于斯三者何先？"曰："去兵。"子贡曰："必不得已而去，于斯二者何先？"曰："去食。自古皆有死，民无信不立。"

"戎"是指军事力量，能够提升国家的实力，而实力的基础我认为是"祀"。"祀"代表的是精神层面，是象征性的存在，"戎"则代表实实在在的力量。这启示我们，一个国家的存亡与财富关系并非完全正相关。有些人认为国家的强大建立在财富之上，这是有一定局限性的，富裕并不完全代表强大，富裕也可能导致被他人控制，真正让国家强大的要素也包括军事力量。而国家之所以强大，也不仅仅是因为有了一定的军事实力，还是因为精神力量更加强大。

问政就是问这个国家的政权，为政必须解决民众生活中的基本需求。这些基本需求的核心问题是世间食色。我们需要沿着孔子的思维进一步探索，没有食物人将会饿死，吃饭解决的是眼前迫切的生存问题；欲望则关乎永恒的课题，比如结婚生子，后代延续。因此，这两者实际上都是解决生命存在的问题，一个关乎眼下的生存，至少吃饭让人延续生命；另一个则牵涉到永恒的问题，若人永无欲望则可能断绝子嗣。因此，食色构成了民众的基本需求。

孔子所提到的"去食"，可以理解为远离世俗诱惑，因为在世间食色之上有更重要的东西，在某些特殊情况下，欲望与世俗诸多诱惑是不得不舍弃的。

兵—祭—食—色—政

这一条提到了“兵、祭、食、色、政”这五个要素，它们构成了子贡问政的核心。当一个国家面临危机并需要做出选择时，首先要关注兵力。古语有云“兵可千日而不用，不可一日而不备。”体现了兵力对国家的重要性，但兵力并不是唯一因素，一个国家自身的精神和光荣传统也很重要。

因此，为了维护精神层面的信仰，我们应该重视“祭”，即对传统和历史的尊重和纪念。我们重视传统文化，这其实也算是在进行一种“祭”的行为。“祭”不仅仅是象征性的活动，它也有实质的作用。

排在第三位的是“食”。食物是人类生存的基本需求，一个国家如果不能解决民众的温饱问题，将难以维持社会稳定和发展。一个国家的国力强盛与否，往往也与其粮食安全息息相关。

排在第四位的是“色”，即娱乐和文化，通过这些，国家可以传播核心价值观，凝聚民心，同时也能为人民提供精神享受和放松。

最后是“政”，即政治。政治决策的正确与否，政府的廉洁与否，都将深刻影响一个国家的命运。政治稳定、民主公正的政治体制是国家长治久安的关键所在。对于一个国家来说，要想保持稳定繁荣，需要重视并平衡好这五个要素，才能确保国家发展的全面性和可持续性。

第三十七讲

问政表德

《颜渊》篇从司马牛探讨仁政之方（第三条），然后子张问明（第六条），子贡探讨治理（第七条），棘子成问文质，鲁哀公询政，再到子张问政，这些问题从不同角度出发，表面上是在讨论仁政的方法，实际上在探讨道德。这即“问政表德”。政为表，道德为本是这几句的一条主线，第十条直接扩展到谈论崇德辩惑，其实是第三至九条内容的深化和升华。

《论语·颜渊第十二》第九条：

哀公问于有若曰：“年饥，用不足，如之何？”有若对曰：“盍彻乎？”曰：“二，吾犹不足，如之何其彻也？”对曰：“百姓足，君孰与不足？百姓不足，君孰与足？”

“彻”指的是周朝的田赋制度。有若的回答代表了儒家的立场，即儒家如何为鲁国制定治国方略。我认为这一条要和第十一条对比来看，鲁国实行君子之政，而齐国则执行小人之政。齐国位于平原，物产丰富，可谓是富甲天下。在当时天下有两个富裕的地方，一个是关中，一个是齐国。这两地资源丰富，齐国享有渔盐之利，而关中拥有丰富的粮仓，地形险要易守难攻，齐国的地势也极难攻克。其实孔子为两国提供了不同的建议，鲁国应以民本为重，而齐国就要正名守礼，遵守礼治，否则就易出问题。最终，鲁哀公听了孔子的话，而齐国没听。

齐景公问政和鲁哀公问政有本质的区别。首先，鲁国和齐国具有不同的特质，鲁国被誉为君子之邦，齐国则被视为法家之邦。周朝得天下依赖于“祭”和“戎”这两个核心要素，鲁国和齐国恰恰分别成为“祭”和“戎”的代表。姜太公是周朝的征战之才，代表着上马争霸；周公制礼作乐则注重礼乐教化，代表着下马治国。这种文治武功的理念也在后世诸侯国的政治风格有所体现。通过鲁哀公与齐景公治国之道的对比，我们可以更好地理解这些思想。

在《论语》中，当齐景公询问为政之道时，孔子回答说：“君君，臣臣，父父，子子。”孔子的回答是告诉齐景公要“正名”，正名的实质是以礼治国，让百姓安常守分，这可能与齐国尚力的背景有关。而在《为政》篇中，哀公问曰：“何为则民服?”孔子对曰：“举直错诸枉，则民服；举枉错诸直，则民不服。”孔子回答鲁哀公的问题则是侧重于用人一方。

齐鲁文化

《淮南子·齐俗训》对此有过论述：

昔太公望、周公旦受封而相见，太公问周公曰：“何以治鲁?”周公曰：“尊尊亲亲。”太公曰：“鲁从此弱矣。”周公问太公曰：“何以治齐?”太公曰：“举贤而上功。”周公曰：“后世必有劫杀之君。”其后齐日以大，至于霸，二十四世而田氏代之。鲁日以削，至三十二世而亡。故《易》曰：“履霜，坚冰至。”圣人之见，终始微言。

从前，姜太公吕望、周公姬旦分别受封后见了面，太公问周公：“你打算怎样来治理鲁国?”周公回答说：“尊敬尊长，亲近亲人。”太公说：“鲁国从此要衰弱了。”周公问太公：“那你又打算怎样来治理齐国呢?”太公说：“我要举荐贤能，崇尚功绩。”周公说：“齐国后代一定有被篡夺弑杀的君主。”从那以后，齐国一天天强盛，一直到齐桓公称霸，传了二十四代时，国政被田氏篡夺；而鲁国日益衰弱，到三十四代亡国。所以《易经》说：“踩在深秋的薄霜上，便知道结硬冰的寒冬就快到了。”圣人就是能从开头细微的迹象预见到事物发展的结果。

这个故事说明，从建国之初，鲁国和齐国就遵奉不同的治国理念。即使多年过去了，这种政治风格也一直延续，这就是“如是因，如是果”。齐国文化具有鲜明的法家特质和强烈的军事色彩，因此它不过于注重祖制，而提倡创新、变革和发展，处于高度变化和动态之中。相比之下，鲁国文化相对保守，保持祖制，维持原有系统，相对守旧。然而守旧也利于维持原点的新，即所谓的“苟日新，日日新，又日新”。从国家实力角度去看，我认为如果是在乱世，齐国必然胜过鲁国，但在相对和平的年代，鲁国能够保国家更为长久。在乱世如果过分倚重鲁国文化，最终可能导致国家走向毁灭。而在和平年代，过度追求齐国文化则可能导致社会失衡和权力结构的变化，甚至会变质走向反面。实际上，鲁国文化和齐国文化恰恰是中国文化的两个文化系统，一个偏文的文化，一个偏武的文化。

鲁国文化以守旧传统为主，奉行法祖法天，这个文化的特点在于以民为本。其实，孔子所说的这种民本思想在《孟子》中也有提及，强调不与民争夺，将百姓放在首位，这是孔子给鲁哀公的方法。对于齐景公，孔子给出的建议是正名分。正名份的核心是礼，通过礼制进行解决，而礼的核心是法天示祖。如果齐国能抓住孔子的这个建议，并一直贯彻这个精神，齐国或许就不会轻易亡国。齐国最终被田氏所取代等同于国祚终结，后来的齐国已非昔日齐国。孔子对齐国的建议是“君君，臣臣，父父，子子”，事实上齐国最后灭亡确实是君不君，臣不臣，臣弑君夺权。齐国缺乏文治之道，应当正名，守礼，尊重祖制，尊重天道。但是齐国没有做到，因此，这一切似乎早已预示了齐国的命运。

齐政特点

齐政的特点首先是尚贤、尚功，齐政中可以看到许多后来秦始皇时期法家思想的影子，齐政的一个显著特征是偏重武，但是过于武就缺少圆满和圆融，这样就不够究竟，少了许多善巧方便，因为世间事并非全是非黑即白的。齐国比较重视功绩，有功劳就大加表彰，因此齐人比较功利，民风尚利。总结来看，齐民尚利，齐人尚功，齐政尚贤。这样往往会出现民众争利、争功、争名的风气，所以齐风尚争。

齐人善争，他们争得的是争理、输赢、对错、是非。齐人尚贤，有贤那就有不贤。尚功就会有对立，尚利就会有得失，尚勇就会有成败。齐人喜欢在这些方面争，争这些外在的东西，最终结果是少有人闷头做实事了。如果一个国家的氛围缺乏务实精神，只关注追逐虚名虚利，那么这个国家是不长久的。

针对这种情况，孔子就开始教诲了，《论语·颜渊第十二》第十二条：

子曰："片言可以折狱者，其由也与？"子路无宿诺。

这两条都是孔子针对齐国之政，进一步给出的解决方法。孔子以子路为例，因为子路有齐国人的气质，齐国人也尚勇。子路的性格是十分鲁莽的，案件的裁决有时会单凭只言片语就进行判定，只凭感觉下结论，一言不合就会采取行动，要砍头直接就拉出去砍了，从不拖沓。其实，这种做法会给社会留下很多隐患。

《论语·颜渊第十二》第十三条：

子曰："听讼，吾犹人也，必也使无讼乎！"

接着孔子展开具体讨论，关于审讯诉讼，他认为自己与一般人并无不同。孔子说："审理诉讼案件，我与他人无异（没有什么高明之处），只是让双方没有讼。"对于诉讼，孔子传达了一种态度，即尽量避免人们诉讼，减少官司的发生。这句话在其他经典中也有过类似的表达。儒家对于诉讼、司法的态度是不得已而用之的，也就是说，诉讼是到最后才使用的，前期更重要的是让人心得到明理和教化。这一点其实非常高明，值得深思。

治身治政图

孔子针对齐国的民风民俗予以针对性的建议，这就像中医诊断之后开药方一样。中医是高度辩证的学问，在古代，中医开的药方又叫时方，因为这个诊断是因时、因地、因人的。时间和方位合在一起就叫作时方，时方有时间效应，指导病人吃药的时间和吃什么方位的药，并说明这个药可以治什么方位的病，以及治什么时间的病，包括可以治疗什么心性的人。孔子的为政思想也是治病，只不过治的是国家病。孔子和中医，一个治政的病，一个治身的病。

在古代也有这种说法：上医治国，中医治人，下医治病。我们的身体内部器官心、肝、脾、肺、肾对应五行中的火、木、土、金、水。当这些元素在身体中失去平衡时，便可能导致疾病的发生。社会的运行则以仁、智、礼、义、信这五常，分别对应五行中的木、水、火、金、土。社会和个体的疾病实质上是五行在微观和宏观层面相互作用的结果。

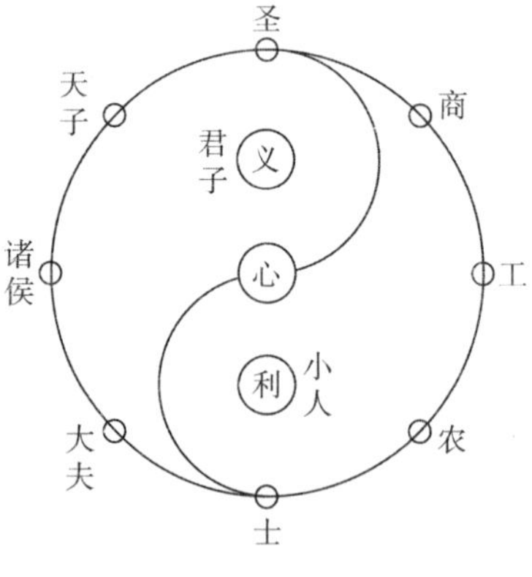

图 37-1　治身治政

图 37-1 展示了社会角色与五行的对应关系。在图中，右侧代表着义的阶层，左侧则代表仁爱的阶层。仁爱是一个士大夫必须具备的，为什么说“刑不上大夫”呢？我认为大夫以君子之行标榜，内讼其过，无需用刑。从这一点可以看出，古代真正的大夫具备很高的道德修养，是有仁德的，对这种人就不需要用刑。有人将此解读为大夫的特权。实际上，我认为这里包含着两层含义：首先，大夫犯错时会主动承担责任，不待刑罚来惩戒；其次，大夫对自己要求很高，时常自讼，有小错自己就已

经及时纠正了，因而不至于犯下触犯刑罚的重罪。图中右边一侧为士农工商，主线是利，依次越来越形而下；左边的主线是仁爱，对应大夫、诸侯、天子和圣人，依次越来越形而上。

士和君子要分开讲，士这个角色跨越了君子和小人。如果把士放在小人的群体中，他是小人中的君子，所以立志从士开始。士很重要，因为士代表着读书阶层，士通过读书进而明理，读书可以开智、开慧，最终明了天理。

读书明理需要有三个过程。首先要开始读书，其次需要立心。中国文化是先读书再立心，但是通过读书有人能立心，有人立不了心。当一个人立心时就开始生智，智是立心后的第二个阶段，有智便能达到士的境界。立心之后的第三个阶段是明理，明理就进入了圣贤之道。士是可以直达圣贤的，并不一定需要通过大夫、诸侯、天子的授予。当士直达圣贤明理之后，就可以去做大夫，也可以成诸侯，甚至成天子。但是，一个士要想成为大夫、成为诸侯或者天子，是需要条件的，成为诸侯要有封地，成为天子要得民心。

孔子在齐国最后没有得到封地被任用，有一种说法是齐景公接受晏子的建议。或许晏子并没有错，他是站在自己侯国的角度，而不是站在天下的角度做出的决定。诸侯争土，大夫争权，争并不是坏事情，争也有上进、争取的意思。天子不争，既不争民心，也不争理，天子是望天下，因为天子已经拥有天下，所以天子坐天下望天下。

士怀小人之利和君子之义

士对应人十四五岁的时期，在这个阶段是心气非常旺盛的时期。在这个时期引导心气去立志，就可能上达圣人之境，如果没有立志就容易沉迷于世间，所以士这个阶段是决定人一生非常关键的一个时期。前面讲过，士既是小人也是君子，“君子喻于义，小人喻于利”，虽然士、农、工、商都求利，但是士有君子之志。士既可以代表人生立志的时期，也可以代表一个社会阶层。我认为士是最能演绎中国文化的一个社会角色，士为了生存，要求利，但是士又有修己之志，不取不义之财，对士来说，在义利之间的权衡反而是修身的磨刀石。

士代表知识分子阶层，其中也有一部分知识分子成了官僚阶层。当一个国家的士不讲义时，这个国家可能就要没落了。士是托底的，而圣是最高境界，左右分别是农、工、商和大夫、诸侯、天子。前面讲过“刑不上大夫”，诸侯和天子的境界高于大夫，所以也不会将刑罚上诸诸侯和天子。在春秋时期，新王朝即使得了天下，一般也不会杀前朝天子，这就是当时的文化。比如西周推翻商朝，依然给殷商的后代封地，有一种观点认为商纣王并非被周武王所杀，而是无法面对天下自焚的。我注意到一个现象，当一个新朝代对前朝天子清算、无礼，这个新的朝代往往最后也会出问题。我认为这其中含有大道，一定要礼遇前朝，因为大夫、诸侯、天子他们有巨大的福德。一个朝代的天子或一方的诸侯，应当受到应有的尊重，绝不可受到羞辱，否则那些参与侮辱的人最终也难以有好结果。

据我所知，明清之际，清朝对于崇祯也很礼遇，至少表面上，当时闯王本无意杀崇祯皇帝。明朝的灭亡，与崇祯被朝臣误导有很大的关系。当时李自成提出了一个条件，因为李自成知道自己担不起天下，他只想成为西北王，但是他需要天子认可。最终，由于崇祯朝臣们的干预，没有答应李自成。如果崇祯答应了或许李自成就退回西北了，但是历史没有如果。其实李自成打了几年的江山，他很清楚天下形势。现在对李自成常常贬损，我认为是很多人并不知道李自成曾经想称臣，但是没有给他称臣的机会。再如曾国藩，我认为他如果成功攻占南京并继续发动灭清之战，他是有势力把清王朝灭掉的，但随之而来的将是诸侯纷争、五代十国的混乱局面。曾国藩没有走这条路，这也成就了他很大的功德福报。为什么曾国藩的后代中涌现出众多优秀的学者、教授、科学家、官员？有部分原因是他的德。曾国藩有诸侯的实力和机会，但站在更高的格局可以看到，如果这样做将不利于天下，因此他没有这么做，这样的行为类似于让天下之德。回顾历史，那些境界不高的人，担当不起天下却要强求，最后往往是功败垂成，没有获得好的结局。

图 37-1 是中国文化的实相，清晰地展示了小人之利和君子之义。在图中，君子和小人从士的位置开始向上升，沿着阴阳鱼的边界，士升至大人的层次就称为大人，大人再往上升则成为贤人，贤人之上则是圣人。在中国文化中，圣人、贤人、大人、士在中间这条线上修身，当大人带着仁爱之心进入政权的权力系统，进入为政系统就可称为大夫了。

举例来说，普通老百姓若修行到一定程度也可以叫大人。图 37-1 的中间是心，称为心王，心王就是自己能够做主，所以我们修行的目标应当是达到心的境界王。在士、农、工、商四民中，工代表着各行各业的从业者，农则依靠土地谋生，工靠劳动赖以生存，商人则凭借智和财为生。

居行为政无倦以忠

下面，子张又接着问政，前面讲的是为政之方，从这一条开始变了。《论语·颜渊第十二》第十四、十五、十六条：

子张问政。子曰："居之无倦，行之以忠。"

子曰："博学于文，约之以礼，亦可以弗畔矣夫!"

子曰："君子成人之美，不成人之恶。小人反是。"

前面，孔子针对齐国之政给出了他的方法，第一是正名，第二是息讼。一是要正名，从礼的角度，解决了"君君，臣臣，父父，子子"的问题。二是齐国人好争讼而且容易片面，因此要息讼。随后，话锋一转，孔子对齐鲁之政进行了升华，第十四至第十六条从文武之道来论"诉政"。

这三条的意思是：子张问政，孔子说："居于官位不懈怠，执行君令要忠心。"孔子说："君子广泛地学习文化典籍，并用礼来约束自己，也就可以不至于离经叛道了。"孔子说："君子成全别人的好事，而不促成别人的坏事。小人则与此相反。”

关于子张其人，《论语·子张第十九》是专门写子张的，这篇描述了孔子的几位重要学生门派之间进行的辨析，前两条是子张的言论，接着是子夏的言论。

《论语·子张第十九》开篇：

子张曰：“士见危致命，见得思义，祭思敬，丧思哀，其可已矣。”

子张曰：“执德不弘，信道不笃，焉能为有？焉能为亡？”

从以上两段话中可以窥探到《子张》篇含有信、义、勇的内容。在孔子看来，所有道最终都会回归中庸，他的学生在没有究竟圆满之前，也会有偏离中道的一面，人性都是如此。所以，在我们未最终达到真正的中道之前，都可能会偏离中道。

孔子对子张的回答是针对子张的天性来来回答的。齐国之政与子张的天性有相似之处，因此这一条是以子张问答讲齐政。齐国政治的另一个特点是其法规条文比较严谨，相较之下，鲁国的政治则较为宽松。换言之，齐国带有一种武风，就像军队的风格一样，齐国风格与鲁国的风格存在很大的差异。

那么，《颜渊》篇这一条“子张问政……”，孔子回答子张，为政之方有“居”与“行”两个要点。“居”和“行”是两种不同的状态，从为政的角度说，一是居政的状态，二是行政的状态。在何处体现“居”和“行”呢？我们一般解释为在官位时应勤勉不息，执行政令时要忠心。这种解释看起来似乎有些多此一举，因为担任官职时当然要执行政令。我认为，这里的“居”也可以视为在办公室办公，“行”则是外出工作。

在办公室工作时，不要懈怠，因为在办公室经常做重复性的工作，人的心容易松懈。在外出时，即使缺少人监督，仍要时刻提醒自己“为人谋而不忠乎”。为什么在办公室较少存在忠不忠的问题？因为大家都在一起办公，一言一行都有人看着，所以必须忠。而在外出无人监督时，是否尽心或许只有自己知道。我认为“行”可以解释为执行公务或出差，“居”则指在岗位上政务的日常状态。这是在提醒我们日常工作中不要松弛，不要官僚主义，不要麻木不仁。在日常生活中，我们可能会遇到这种倦的状态，比如公共服务窗口有时会出现服务态度不佳的情况，甚至在某些情况下，无法自理的老人被要求亲自前往窗口办理手续，这种现象反映出个别工作人员可能已经失去了对服务本质的敏感性和同情心。当一个人外出办公时，缺少监督和约束能否保持敬业和忠诚，这确实是对个人职业道德和责任感的重大考验。

子张问政，为什么孔子这样回答？似乎子张在这两点做得不好，所以孔子故意强调。《论语·子张第十九》中，也在强调这两方面。子张说："士见危致命，见得思义，祭思敬，丧思哀，其可已矣。"子张又说："执德不弘，信道不笃，焉能为有？焉能为亡？"其实，有时我们的短板，反而是修行成长的关键契机，问题处就是修行处，这一点用子张的例子说明得很清楚。孔子回答子张肯定是有的放矢，强调子张的忠，是因为齐国人尚贤、尚功、尚利、尚武、尚名。在这样的社会导向下，往往会出现争的风气，在这种争的风气下就容易滋生人性狡诈的一面，进而容易导致人们投机取巧、走捷径、耍奸耍滑而不踏实做事，爱要面子不重视里子，不忠不孝的事情可能就发生了。在这里究竟是孔子针对子张的秉性说的，还是子张配合齐景公的提问进一步讨论的，其实不重要，重要的是抓住原文表达的要义。

齐政的特点，我认为其实是那种特别有想法而且比较武的人，如果集体意志和他的想法相悖时，他就不一定会尽忠职守。在外出缺乏监督的情况下，他会做符合自己利益的事情。这是齐国当时的社会现象，而孔子对子张的教诲，也是针对齐政的。

正名、息讼、勤政、忠政

孔子对文政和武政升华归纳了四个要点（图 37-2），第一正名，第二息讼，第三勤政，第四忠政。如何做到无倦而忠呢？孔子给的答案是："博学于文，约之以礼，亦可以弗畔矣夫。"

《颜渊》篇第十三条讲的是息讼，通过息讼改变社会争的风气，这

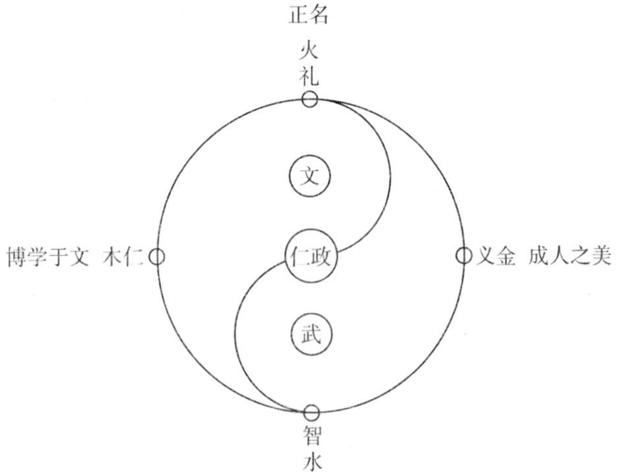

图 37-2 文武之政

是大智慧。这里讲的争讼实际上用的是形而下的智谋，孔子不强调智，因为过分强调智民众就容易形成小聪明、小智谋，所以孔子用息讼的大智慧对治小聪明。智对应坎卦，在《易经》中，坎有劳坎的意思，所以要崇德辨惑，息讼勤政也。在处理讼事时，应积极介入，深入一线调解，而非等到问题恶化、矛盾加深后再按照规章处理，这即是勤政的体现。

一个既不勤政又不忠的人，这种人和叛贼差不多了。那么，如何让人不叛呢？十五条孔子给出了解决方法——“博”和“约”。“博学于文”属于仁，在东方木的位置，心怀天下、教化世人这是大仁。正名是礼也，在图中南方火的位置。成人之美是义，成全别人就是大义，在图中西方金的位置。人博学后增加了见识改变了认知，人的胸怀就扩大了，然后再用礼来约束。齐政的问题恰恰是无礼，“约之以礼”具体的内容就是“君君，臣臣，父父，子子”。礼解决的是位序问题，有些人对待天地君亲师不恭敬，甚至忤逆父母，这就是君不君、臣不臣、父不父、子不子，这种情况古往今来都可能存在。

孔子用“约之以礼”来对治武，居之有倦是懒政、惰政，所以用“博学于文”来对治不勤政。我认为“博学于文”的“学”并非指现代学文的“学”，也不是指学习的“学”，而是指天道，“学”是指了解了天道，进而顺应天道。为政者应使民“博学于文”从而知晓天道，一个知天道的人，自然就会顺应天道，当然也包括知命，知命而为君子，自然也就不会有倦了。解决民本问题的核心是“博学于文”，其实就是对民众要有教化的责任。接着，必须要“约之以礼”，只有“约之以礼”才能做到正名、息讼、勤政、忠政。因此，第十五条是对文武之政进行了概括和升华。

接着在第十六条，孔子总结道：“君子成人之美，不成人之恶。小人反是。”由此可知，文武之政实际上是君子之政，君子之政仁政也。君子之政就是仁政，而仁政的核心是成人之美，博学约礼，文武兼备。《颜渊》篇中的第十四条、第十五条和第十六条，这三条实际上可以合而为一。真正的文武之政就是文武兼备之政，也是君子之政，也就是仁政，这些都是仁政的核心。

善政得风

《论语·颜渊第十二》第十七、十八、十九条：

季康子问政于孔子。孔子对曰：“政者，正也。子帅以正，孰敢不正？”

季康子患盗，问于孔子。孔子对曰：“苟子之不欲，虽赏之不窃。”

季康子问政于孔子曰：“如杀无道，以就有道，何如？”孔子对曰：“子为政，焉用杀？子欲善而民善矣。君子之德风，小人之德草。草上之风，必偃。”

季康子是鲁哀公的一个大臣，是当时季氏的当家人。在这里，季康子三连问政于孔子。需要注意的是，凡是提及“孔子”两字的内容为孔门系统外的记录，而带有“夫子”或直接带有“子”字的则属于系统内的记录。这三条属于社会记录，而非孔门系统内的。季康子问政于孔子，孔子如何回应呢？“子帅以正，孰敢不正？”孔子很犀利地指出了季氏的问题，似乎在从侧边敲打季氏：你以自身的端正作表率，谁敢不端正呢？上行下效，身居上位的人先能够正己，下位的人才会纷纷仿效学习。你这个人就其身不正，上梁不正下梁歪，还敢来问政？

政是文武之道，文武之道合起来是形而上的“文”。季康子怀有私心，虽未篡夺权力，却控制着朝政。季康子本身没有做到君君臣臣，他把鲁公变成傀儡，自身行为不端正，下面的人难免会叛乱。正所谓“其身正，不令而行；其身不正，虽令不从”，为政者当正己，先正己再正人。如果不能做到正己正人，这是无德的行为。为政正己，崇德仁也。

现在有些怪象，有些企业领导要求团队学习传统文化，例如《弟子规》，把员工变成他的弟子，自己却不学，仅将文化当作管理员工的工具，这种出发点本身就是有问题的。

接着，季康子患盗问于孔子，孔子回答说：“如果你不贪图财利，即使鼓励偷盗也没人去做。”这暗示在季康子执政期间，贼盗横行，暴露了季康子的贪婪之心。智的位置是息讼，勤政，辩惑，去贪（无欲）。

接着季康子说，如果通过除掉无道之人来支持有道之人，会带来何种后果呢？大家要明白一点，坏人是杀不完的，这是系统性问题。所有的系统都难免会有短板，一旦你消灭了那个短板，整个系统就不存在了。因为如果消灭了这个短板，还会出现新的短板，带着消灭的思维，最终这个系统就会消失。孔子说，何必用杀？上位者只需行善，百姓自然会效仿善行。上位者的品德如风，民众的品德如草，风吹草动，草必随风而倒。

前文讲了崇德，这里讲的是善政得风，对应的是“文”。第二十条子张再次出现，他总是能找到问题。所以，善于提问题的学生是好学生，子张这一问，孔子就知道讲什么了。

质直好义，察观而虑

《论语·颜渊第十二》第二十条：

子张问：“士何如斯可谓之达矣？”子曰：“何哉，尔所谓达者？”

子张对曰："在邦必闻，在家必闻。"子曰："是闻也，非达也。夫达也者，质直而好义，察言而观色，虑以下人。在邦必达，在家必达。夫闻也者，色取仁而行违，居之不疑。在邦必闻，在家必闻。"

子张问："士要怎么样才能算是通达？"孔子回答："你所说的通达是指什么呢？"子张答道："在国家一定有名声，在大夫的封地一定有名声。"孔子说："那只是有名声，并非通达。通达之人，本质正直而喜爱道义，体察他人言辞，观察他人神情，常常以谦恭待人。这样的人无论在国家还是家庭中都能通达，即礼贤下士，虑以下人。"

这里的"下人"并非是指低贱的人，而是指在人际交往中对人谦让、谦恭，能够把自己摆到下位，把别人捧上去，与人相处时能保持恭敬。这需要换位思考，体察言行。察言观色有时被误认为是贬义词，其实察言观色并非贬义用语，而是指揣度对方话语，观察对方脸色换位思考，站在他人立场上，摸清其真实意图，使其感到舒适并认同。如果做不到这一点，处处树敌，最后都成为政敌，这样就难以为政了。因此，察言观色是必要的，也体现了一种高度的修养和智慧。但是，察言观色需要满足一个前提："质直而好义"，首要条件是保持正直还要好义。好义意味着乐于助人，如朋友同事之间应秉持互相奉献和担当精神。在此基础上，再进行体察言行、换位思考。若无法做到"质直而好义"，仅凭察言观色，就容易本末倒置，成为"巧言令色鲜矣仁"。

前面几条讲政，这一条为何突然话锋一转讲起了闻达？这里孔子其实是要取达舍闻，即不要当闻人要当达人。孔子的回答非常明确"是闻也，非达也"。子张说的"达"其实是"闻"，孔子对真正的"达"做了描述："质直而好义，察言而观色，虑以下人"。能做到这些，就可以"在邦必达，在家必达"。接着，孔子又描述了什么是"闻"，即表面上表现出仁慈的样子，但缺少诚，装出来的仁慈在行为上最终往往会违背仁。一个人装模作样，刻意营造自己的形象，这就是"闻"，"闻"是出名的意思，类似于现代所说的"人设"。在孔子那个时代也有人喜欢搞人设。因此，这段内容表面上讨论的是闻达之辩，其实是讨论如何做好一个士。

图 37-1 的中间是心王，心王上升到圣人首先要有士，然后再立志，进而成为大人。接着再立心，立心后下功夫去践行，如此可成为圣人。士下面加心就有了志，人有志而学就可以上升到大人，再立心成为心王，进一步向上就是贤，再往上则成为圣人。孔子指出，士应该“质直而好义”。那么，士如何“质直”呢？之前我们讲过德是行直心，因此“质直”其实是行德之心也。我们的汉字很重要，如果不了解文字学，很难理解这些经典。实际上，只有把仁义都做到了，这样才能称为“质直而好义”。质直仁也，好义当然是义也。

允执厥中，礼以下人

察言观色所追求的目标可以用《中庸》中的一个词来准确表达，那就是“允执厥中”。为什么要进行察言观色？察言观色是一种觉，觉包括视、察、听、观等多方面的内容。因此，察言观色意味着人要有觉，不要迷。察言观色既需要察别人的言色也需要察自己的言色。一个有觉察的人，知道自己的言语和呈现的表情是否会伤害别人。时刻在觉的状态下，知道自己展现出来的言语、行为、表情，同时也能觉察到别人的言语、行为、表情以及反应，进而体贴他人。察言观色并不是让你察别人的言行以取悦讨好他人，这种反而是不仁的小人行径。

“虑以下人”的“虑”如何理解呢？《大学》中讲，“安而后能虑，虑而后能得”，“虑”之后应有所得。得的是道，“虑”后有得，可见“虑”非常接近证道真相，“虑”也是很高的境界。我们一定要知道，仅仅根据当今的汉字解释学习古代先贤的经典，往往难以理解经典的真义。古人之所以“惜字如金”，是因为在古代，并不是人人都可以学文化的。字大多是刻在竹简、木简等载体上，每写一个字都会付出一定的成本。所以，理解这一句需要结合《十三经》来研究如何“虑以下人”。

总结一下，质直和好义是为政的基础，察言观色是要有觉，知止才会定静安，最终有虑有得，此外还要礼贤下士。孔子并没有否定“闻”，而是强调“达”，成为闻达之士的基础在于做到前面所讲的五点“质直而好义，察言而观色，虑以下人”，这五点最终目标是“虑以下人”。

第三十八讲

现在人们热衷于学习知识，但是要学好中国传统文化，仅仅掌握知识是远远不够的。这本书没有完全按照《论语》的顺序讲解，其实是在引导大家领悟中国文化的道体。当我们领会了这个道体，自然就会理解传统文化的深意。学习国学文化，不要妄图仅用理性分析经典，也不要过分依赖注释或仅从字面理解经典，学习传统文化没有捷径，唯有下功夫去读。正所谓“书读百遍，其义自见”，这里所指的“义”实际上就是那个道体。当然大家也不要教条化，机械地读一百遍并不能帮助我们准确地解经，只有当我们用心地去读经典时，才可能做到《大学》中“止”的境界。当放下脑中的偏见和质疑，心中对经典充分地信和接受，最后功夫到了自然就会定、静、安、虑，然后有所得。“书读百遍”指的就是下功夫，这实际上和佛教说的很相似，佛教认为真信就开悟了，虽然从理论上如此说，但是要做到极难，要让一个人真信、真行善是极难的。不过，一旦能稍有所悟，就能够豁然开朗，洞悉更多。

世间修身之门，中庸之道

与佛家不同的是，儒家并不回避外物。儒家强调恰到好处、节制，倡导走中庸之道，避免走向极端。相较于佛家的果断斩除，中庸之道在微妙之处寻求平衡，可见儒家的修行更难。中庸之道在仁义之间，要做到义很不容易，义本身就是中，义是适当、适中、恰到好处，因此义有中的意思。所以本质上可以把仁义礼智信改成仁中礼智信，或者把中庸之道改成义庸之道。然而几千年来已经形成了这种语言惯例，在我们的日常生活中继续沿用即可。

以钱财来说，通常是家境困难的人更容易执着于钱财，富家子弟相对而言对财富看得会淡一些，因为他们对金钱没有那么迫切的需求。早年人们的物质生活并不那么丰富，后来生活条件刚改善时，初到饭店可能就会过度点菜、暴饮暴食。如今的年轻人则较少这样做，他们往往会点适量食物，不刻意考虑价格，更注重菜品的口味、品质和外观，未吃完的食物会自然地打包带走，这就是大道在其中了。

中国文化不提倡戒绝，而讲中道节制，这其实就是礼。用礼来规范节制我们的生活，进而引导人走向中道。当礼无法发挥作用时可用刑惩治，刑类似于戒。现在的法律法规其实就类似于古代的刑和戒。“戒”字源自院子周围用木条做成的篱笆，越界者将受到惩罚。以前农村生活很朴实，家里不锁门，也少有人会去偷东西，出门时就用木棍插一下，有些院子甚至没有围墙，仅用玉米秆作为简单的障挡。有的孩子偶尔翻墙偷些果子，但长大后就不会这样了。如果一个村庄出现了小偷，这个村的人在十里八乡都感觉丢人，小偷被捉住有时还要示众，因为人们保持着道德底线。反观有些人只要偷盗行为未被发现，就厚着脸皮不认账，通过法律漏洞规避责任，已经没有羞耻心了。

如果辟财色名食睡，乃至于呼吸都辟掉，通过辟掉外物，进而觉证，这是一种比较极端的修行方式。如果物欲太盛，为了身体健康，我们也可以用“辟”来中庸一下生活状态。对欲望不要太放纵，对亲情不要过于感性，对居住不要太豪华奢侈，对名利可以松一松。古人以前常吃两顿饭，晚间常饮汤。随着社会的发展和变迁，人们的饮食习惯也在不断变化。我们有时也可以适度辟一辟，少吃谷类食物，当然如果嘴馋了也可以多吃些，这就是一张一弛之道。

浅谈东西文化

原始道家认为大道本源就是自然，因此关注生命和人本身。《道德经》讲“人法地，地法天，天法道，道法自然”。儒家和道家一样都来自原始道家，同样注重天道。墨家可以说是儒道的延伸，而法家产生于儒道墨之后。儒道墨法对中国传统文化产生了深刻的影响。

近代以来的事实证明，资本主义救不了中国，是马克思列宁主义拯救了中国。众所周知，马克思列宁主义是早期的共产主义形态之一，共产主义是人类最崇高的社会理想。在我看来共产主义和我国传统文化的精神是一脉相通的。例如儒家讲“仁”“大同”和“亲民”，墨家讲“兼爱”，共产主义本身就是一种大爱，它们有共通之处。

墨家衰落的原因，我认为是在于没有讲清楚生命和灵魂的问题，不够圆满究竟。

如今，要建立起我们的文化自信，我认为必须解决物质、心灵和肉身三者相统一的问题。如果空谈文化，没有正确地对待物质，不解决生存需要，便不能真正地让人安心，也就难以让文化融入人们的日常生活，容易沦为教条。儒家思想之所以影响深远，正是因为它融入了人们生活的方方面面。在《学而》篇中，孔子和他的弟子对这一问题也进行了详细探讨。孔子提到：“弟子，入则孝，出则悌，谨而信，泛爱众，而亲仁。行有余力，则以学文。”子夏曰：“贤贤易色；事父母，能竭其力；事君，能致其身；与朋友交，言而有信。虽曰未学，吾必谓之学矣。”可见文化的根本是回归生活。

道、心、身、世、财

儒家文化可以传承两千多年，我认为是因为儒家坚持走中道而不走极端，儒家思想建立在肉体、生命、灵魂统一的基础上。肉体、生命和灵魂可以构成一个三角形模型（图 38-1），这个模型相对简单易懂，但是不足以全息解读中国文化，只是一个局部模型。

这个图包含了五层十阶，五层分别是：道、心、身、世、财。道、心、身、世、财的主体是灵魂、肉体、物质，这三者缺一不可。孔子

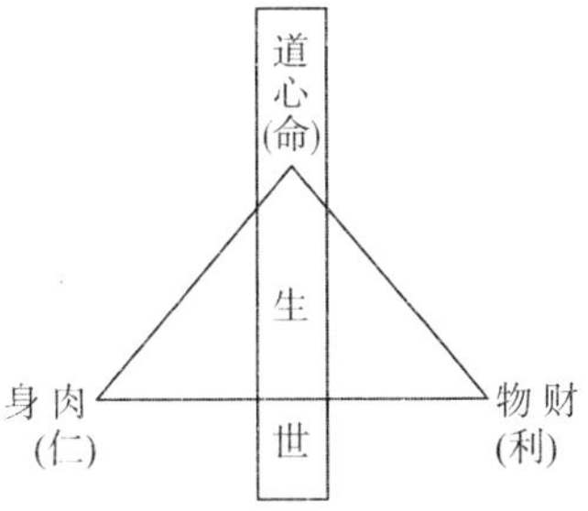

图 38-1　肉体、生命和灵魂

罕言利与命与仁，天命在图中之南方，仁在东方，利在西方。孔子罕言这些，是因为这些是生命的底层逻辑，只有看到生命的底层逻辑，才能真正理解《论语》。

大家可能会注意到，每一讲开始时我经常会谈论一些看似与《论语》无关的内容，实际上这些内容是为了引导大家理解道体，若不理解这些底层逻辑是难以学会《论语》的。就像经营事业一样，有人在事业中遇到了困难，因为他们不在道上，其实他们只要按道去做，一切自会水到渠成。

德与刑

《论语》在我们文化中具有重要地位，文化的至高点之一是“孝”，而《论语》的核心就是“伦”和“常”。“常”指的是底层逻辑。在古代，国家治理的底层逻辑基本是儒、释、道三家思想以及法家思想，这几家学说是综合运用、综合治理的。《论语》中所讲的“刑”即是法。因此，在孔子时代，强调德法并重，但是法家往往只注重法而忽视德，这也是法家偏离中道之处。中国古代帝王治理往往外用儒，内用法，这实际上是孔子说的德刑并重。对上层强调德，因此“刑不上大夫”；对下层不需要过多谈礼，因此“礼不下庶人”，而是侧重利和法，先给其利，再以法律规范其行为。

对君子，不需要滥用法律，应当先以德来约束他们。小人通常贪生怕死，对于这样的人，就需要通过刑罚来威慑。司马迁遭受宫刑，宫刑对任何人来说都是极大的耻辱，何况刑上大夫，可见汉武帝的手腕非常强硬。其实中国早在春秋之前就是按照前述方式治理的。西周将君子和小人分开治理，士大夫犯错无需刑罚惩治，犯错者就会自我放逐了，而小人往往文过饰非，委过于他人，自然需要用刑罚处理。

中华文化的经典体系

在古代，圣贤的教化是在不知不觉中进行的，是通过生活场景潜移默化地对人产生影响。有些人不能理解这些是因为缺少相应的语言环境和客观的生活载体，单纯抽象地学习传统文化，因此很难学会。若能进入到那种传统的语境和生活方式中，一切就变得很简单了。就像学习英语一样，如果没有语言环境，只是死记硬背，可能数十年依然难以流畅地用英语交流。而幼儿生下来后，仅仅几年的时间就能够掌握一门语言。我要求我的学生学习传统文化必须完成《论语》《大学》《中庸》《心经》《易经》和《道德经》等经典选章 108 遍的读诵，其实这个过程就是让大家逐渐进入古人的语境。

在我所列的五大基础功课中，讲的主要都是心性之学，而非单独讲世间的学问。实际上，《论语》中就包含了世间的学问。《论语》是教我们在世间修心性的，如果没有《论语》，纯讲心性的内容就可能会演变成宗教。有人认为孔子的学问是世间之学，但我认为其中也包含了出世，只是孔子不太强调。孔子主张邦有道则现，邦无道则隐，人应“居易以俟命”，当入世则入世，当隐则隐，孔子晚年回到家乡何尝不是出世？当然，古代的隐者与后来的出家人并不相同，前者是与家人一同隐居，古代也有一批人终身不婚专心修道的。在我看来，孔子统一了心性和世间之学，打通了世间和出世间。

若将《论语》仅视为世俗生活的讨论，显然是不全面的，因为《论语》中也包含心性大道，《论语》本身就如同一个十字，并且这个十字是动态的，旋转起来没有间隙，因此《论语》无处不在。孔子是中华文化的集大成者，学习传统文化如果依托于《论语》，就能很好地贯通其他内容。但如果只是教条式地解读《论语》，这样就很难打通了。

中国文化多是解读心性的，《论语》是其中的集大成者，将心性与世间进行了详细的演绎。《论语》出现后，奠定了儒家精神的基础，之后才逐渐发展出了十三经。我们读《论语》最终目的是通过《论语》全面地了解中国文化。

十三经之间的关系

十三经以四书五经为基础，而五经又先于四书出现。十三经正式形成于南宋时期，此前有五经、七经、九经的说法，最终演变成十三经。五经是指《诗经》《尚书》《礼记》《周易》和《春秋》，四书是《论语》《孟子》《大学》《中庸》。在图 38-2 中，介绍了十三经的关系和次第，首先是《孝经》，接着是五经，其中，礼一分为三，包括《周礼》《仪礼》和《礼记》，春秋也一分为三，包含了《左传》《公羊传》《穀梁传》，《尔雅》则作为十三经的解读工具书出现。现在大家很容易忽视《孝经》，《孝经》据说是曾子所作，记录了曾子与孔子的对话，从内容来看，孝道与天道相呼应，是讲源头的经。

《孝经》为什么是源头呢？因为孝道精神是中国文化的总纲，接着依次是《诗经》《书经》《易经》《周礼》《仪礼》《礼记》《春秋》《左传》《公羊传》《穀梁传》，然后是《论语》和《孟子》，最后是《尔雅》。这种顺序是按照历史成书的逻辑编排的。

《诗经》是开发灵性的，它表达情感，背后蕴藏着故事，位于东方（图 38-3）；《春秋》处于左右两侧，整个世间横线都是春秋；剩下的《尚书》讲述历史，居于下方；《周礼》《仪礼》《礼记》居于上方；《易经》则位于中间。虽然《尚书》被视为上古史书，但我认为它不仅仅是史书，《尚书》表面是世间叙事，但实际上历史故事较少，更多是典谟制度层面的内容，就像《洪范九畴》实际讲文明智慧。《尚书》是形而上的叙事，而非简单的形而下的史实记载，因此它被置于竖线上。实际上在我看来它应该位于竖线的中下部位置，而不是在代表智的北方水的位置。从某种程度来说，《尚书》和《易经》同等重要，其中涵

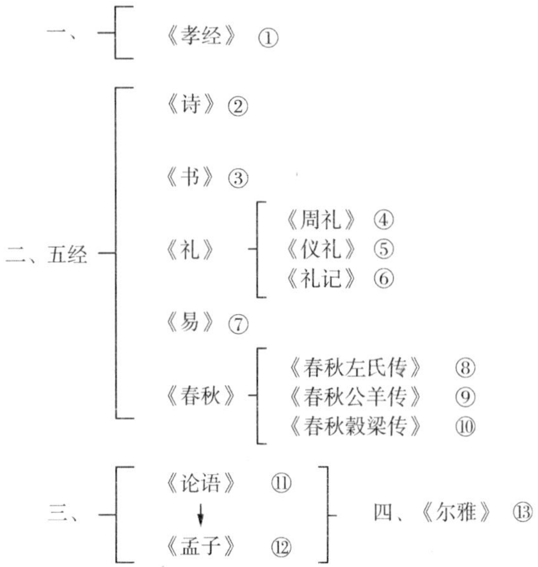

图 38-2　五经次第图

盖了治理、历史、天道文明等多方面内容，可以说《尚书》是一个没有被完全挖掘的瑰宝。

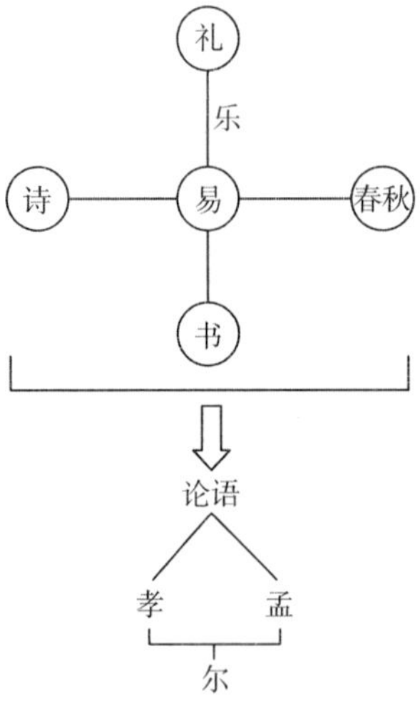

图 38-3　五经次第图

言此及彼，这里我们提及一下《心经》。《心经》的主要内容是“观”，与《大学》一样都围绕心做学问。有人认为孔子不及释迦牟尼佛，孔子什么境界我不清楚，但是我认为很多人低估了孔子。至少《大学》和《心经》从某种程度上说是具有一致性的，只不过是佛当年对《心经》的智慧做出了更广大的解读。现在佛教传下来了六百卷《般若经》，而当年佛说的经何止六百卷，只是浓缩为现在的六百卷，而这六百卷又浓缩成一部《金刚经》，一部《金刚经》又浓缩成一部《心经》，《心经》的智慧和《大学》是具有一致性的，大家可以想象下孔子是什么境界。

五四运动激起了国人的爱国之心，这场运动打倒了清王朝塑造起来的“孔家店”，同时也在某种程度上批判了孔子。但是，如果没有前人推翻被塑造起来的“孔家店”，我们现在哪有机会看到真正的、最初的、生活中的孔子?

化繁为简，援艺入道

儒家的学问经过几千年的发展，难免在一定程度上偏离了孔子的原义，也需要智者对它进行梳理、清扫。其实，有时只需抓住其中一两点就能有所成就，在中国传统文化中也有“援艺入道”一说，各个宗派援易、医、技等行业技能而入道，通过精通某一领域或技能入道。还可以借着典籍、经典援典，读通一本书入道。此外，通过习武也可以援人的肉身皮囊入道，因此人要珍惜自己身体，把身体修好了可以借假修真。可以借助的方式有很多，综合在一起可以叫“援世入道”。借助的可以是书法、绘画、古琴等，古代的一些僧人甚至通过绘画入道，挑水僧可以通过挑水入道，老老实实、日复一日重复做一件事也能入道，即使火头僧烧火做饭最后也能入道。实际上，一门深入，一心做一件事，背后都有道。

正所谓“离世觅菩提，恰如求兔角”，“援艺入道”更广义地说，其实是“援世间入道”，因为无论是典籍还是肉身，最终都属于世间。医道、学问之道、武道、艺道等皆源自世间，这些统称为“援世间入道”，因此离开世间难以入道。

我们学习《论语》，是因为我们需要援孔子而入道，其实《论语》中的每一条都可以归结到道上去。读懂《论语》可以使我们理上通，但理上通的人很多，能实证的人太少了。孔子的学问能引导我们到这一步，理通了就要去行，这也是知行合一。世间太多耍嘴皮子功夫的人，能实行的人却没有几个。就拿道家的辟谷来说，有人辟谷时对食物望眼欲穿，恨不得用眼睛摄取食物，太辛苦了。据我所知，真正的辟谷功夫到最后会失去对食物的欲望。如果一个人在辟谷过程中仍有贪欲之感，说明并未完全达到辟谷的效果，仍需继续修行。因此，能做到知行合一是很难的，因为修身是逆水行舟，需要足够的毅力勇气。

为政之大义

《颜渊》篇讲的是仁政之道，这一期我们接着讲。

《论语·颜渊第十二》第二十条：

子张问："士何如斯可谓之达矣？"子曰："何哉，尔所谓达者？"子张对曰："在邦必闻，在家必闻。"子曰："是闻也，非达也。夫达也者，质直而好义，察言而观色，虑以下人。在邦必达，在家必达。夫闻也者，色取仁而行违，居之不疑。在邦必闻，在家必闻。"

这一条通过对"闻达"的辨析，阐述了为政之士应具备的品质。在孔子看来，子张所认为的"达"，准确地讲是"闻"。接下来孔子讲了真正的"达"，即为政之士应具备的三个条件：质直好义，察言观色，虑以下人。

这里的"下"是动词，表示把自己放在下位，要有居于人下的那种恭敬。为政之士，要考虑周全并且放低姿态，避免高高在上心生傲慢。那么我们看图中的五行对应关系：质直好义属金为义，察言观色属水为智，虑以下人属火为礼。孔子所言的"质直而好义"本身就包含仁，因为仁之所宜是为义。而"质直"表达的正是中道，中道即"宜"。孔子说的"好义"必须建立在"质直"的基础上，这并非我们所理解的江湖义气，因为江湖义气不一定"质直"。如果没有"质直"，单纯讲义就容易出问题。通天彻地曰直，心中无私曰直，若心中有私则不能曰直，"质直而好义"本身即体现了仁义。

察言观色，这里的"言"是人心所显现的道。察言观色不同于察语观色，因为"语"已经被加工修饰过并不一定能表达真实的心，而

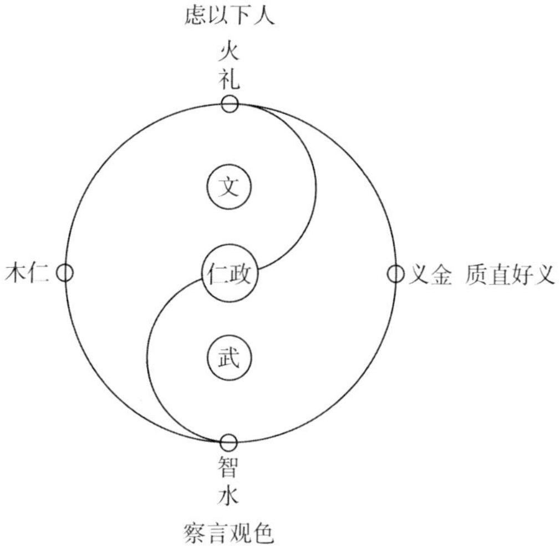

图 38-4 闻达之义

“话”和“说”就更远离心之道了。语为自言也，自说自话，说给自己听的曰“语”。悦他人曰“说”，即通过言语让他人感到快乐。在古代，“说”还有“说（shuì）”的意思，即让人信服、让人痛快，投其所好。这里我们再延伸说说“话”，话者假言也，说的假话就称为“话”，即非真言。我们可以发现这几个字都有言字旁，在之前讲过言为天道也。言是人内心最真实的东西，因此要察出他人的言。察言观色并非仅察言，而是通过观色，从而知他人心中真实语言。因此，察言观色是通过观察他人的色，从而推演出他的言，所以这是智。

儒家的学问通常从仁、智、礼、义、信这五个维度出发，但为什么在这一条中孔子只讲了智、礼、义？这或许是因为子张本身就具备信和仁，孔子强调的三个方面恰恰是子张需要加强的短板。

子张长相高大威猛，与孔子相似，在学问方面造诣也很深。当时，孔子的三大弟子中子路和颜回已经辞世，子张自然成为首选接班人。作为孔子的三大弟子，子张是一个非常厉害的人。据说在孔子去世之后，他的学生们曾推选子张继承孔门，准备建立一个类似社团的组织。后来有学生反对，因此子张也就没担任这个角色。如果子张担任负责人，或许孔门可以成为一个强大的组织，这样也许就可以更加完整地传承孔子的学问。但是后来子张未担任这个角色，儒家也衰弱了，直至汉武帝独尊儒术，儒门再度兴盛复苏。

从另一个角看，尽管第二十条并未明确提及信和仁，但实际上这两者已蕴含其中。信向直中取，直里就有信的成分，直的人一般都具备信的特点。尽管也有些直人坚决不信，但是这种坚决不信往往是因为信了另一个东西。因此，直人更容易信，而那些心性弯曲之人则不容易信。这一条讲士如何达于邦家，孔子给出了三个标准，质直好义，察言观色，虑以下人。做到这三个标准就可以成为达于邦家的士，但是如果想达到更深的层次，则需要做到信和仁。

子张已经具备信和仁的特质，在邦国做到达，只做到形而下的信和仁也足够了，因为形而上的信和仁是更深层次的要求。士做到达，就达到了君子的境界，如果圆满解决了信和仁，则达到了圣贤的境界。孔子所说的达的标准实际上已经很低了，只需要做到这五个板块中的三个即可。

《论语·颜渊第十二》第二十一条：

樊迟从游于舞雩之下，曰："敢问崇德，修慝，辨惑。"子曰："善哉问！先事后得，非崇德与？攻其恶，无攻人之恶，非修慝与？一朝之忿，忘其身，以及其亲，非惑与？"

这一条讲的是为政之大义，为政之大义在于坚持中道，最高境界的治理就是中庸之治。在这里，"雩"类似于遮蔽雨水的棚子，是古代进行傩戏和祭祀活动所搭建的棚子。"雩"有的可以移动，有的固定。"慝"这个字从结构解读是匿心，把黑暗的东西隐藏起来。

樊迟随着孔子在舞雩下漫步，他提出了一个问题，如何崇德修心，辨别是非，消除疑惑？孔子首先赞扬樊迟的问题问得好，接着回答做到"先事后得"就是崇德。孔子曾说，先行其言而后从之，为什么不说先行后得，而说先事后得呢？古人用字很讲究，每个字都有其特定含义。我认为这里的"事"不是指办事做事，而是指侍奉。古人的终极追求就是能够为江山社稷服务，其中包含了侍奉先王，祭拜鬼神和社稷等，所以这里的"事"在我看来是指侍奉，"先"是指先王、社稷和生民，"得"就是德。因此，没有所谓的崇德，把事做好即是崇德，不必口头上天天说崇德。

“攻其恶”中的“其”我认为并不是指自己，如果翻译成自己也许是不准确的。古人遣词造句是很准确的，如果广义地去翻译很容易错失微言大义。在我看来，“攻其恶”实际是省略了主语，“其恶”就是指前面的“慝”。在这句话中，主语是“我”，加上主语，这一句就是“我攻其恶”。“无攻人之恶”就是指他人了，这句话是说人应当审视自身的缺点，发现自己的私心和杂念。

“慝”和“惑”的区别在于，“惑”是分不清善与恶，而“慝”指的是明确认识的恶，有意隐藏在内心。因此“攻其恶”是攻自己心中已经确定是恶的东西，如果藏在内心中不愿意改变，这就是“匿慝”，不藏匿就是“修慝”，即消除心中的恶念。

一朝之忿，祸及于亲

“一朝之忿，忘其身，以及其亲”的意思是“忿”的念头一旦出现，就会让人迷失在这种情绪中，甚至忘记了自己的安危，也忘记了这样做会连累亲人。在古代，犯了大错会株连九族，因此个人要对自己和亲人负责，如果把自己害了还连累了亲人，这就是混账糊涂，不辨善恶。孔子在这里强调为政时要慎重，古代的官员也接受监督和考核，一旦其发布的政令祸害一方，就会受到追责，这句是针对为政者讲的，为政者要想广传道德，首先要去侍奉、祭祀先王，为生民办事，这样德自然就树立起来了，无需刻意推广崇德。这实际上是告诉我们，从政者应该坚持中庸之道，不要陷入极端。

为政者不要只是宣讲崇德，到处贴宣传标语，这些口头宣传的用处是有限的，应该注重实际行动。就像孔子所说的，不要走邪路，要坚持中道，为政也要坚持中道。“其身正，不令而行”，为政者修其慝，不要到处寻找别人的恶去惩治，要隐民之恶而扬其善，不要只顾挑剔寻找世间的恶，这即是中道。正如孔子所言“听讼，吾犹人也，必也使无讼乎”。为政者应该先改正自己的恶习，并想着如何让百姓息讼，而不是一味沾沾自喜于自己破了多少案子。

古人认为天人之间是可以感应的，人心能感格天地，一个君王的心能感格天下，一方执政者的心正了以后自然能感格一方风调雨顺，也能感格教化一方人民，这样就不需要天天去惩恶。古代有一个词叫“隐恶扬善”，“隐恶扬善”是中道，而“惩恶扬善”虽从行为上惩了恶，但一定程度上也宣传了恶。

孔子教弟子，是根据每位弟子的秉性去教的。樊迟相对较迟钝，他提出的问题比较简单，多是一些如何种花种草、养牛养马的问题，而其他学生问的大多是如何治理天下的问题。“一朝之忿”就是尚勇，尚勇就偏离了中道，忘记了身家以至于祸害了亲人，这就是迷。孔子说崇德修慝并不需要刻意宣扬，只要身体力行去做就可以了。孔子特别根据樊迟的特点和秉性，着重制止其尚勇。实际上，孔子强调人不应偏执在一端，而要以中道行事。为政就必须要做到中道，这一条是讲为政大义，也可说为政中道。

仁政两仪“爱人”“知人”

《论语·颜渊第十二》第二十二条：

樊迟问仁。子曰：“爱人。”问知。子曰：“知人。”樊迟未达。子曰：“举直错诸枉，能使枉者直。”樊迟退，见子夏曰：“乡也吾见于夫子而问知，子曰：‘举直错诸枉，能使枉者直’，何谓也？”子夏曰：“富哉言乎！舜有天下，选于众，举皋陶，不仁者远矣。汤有天下，选于众，举伊尹，不仁者远矣。”

这一条樊迟问的是仁政，孔子说“爱人”和“知人”，都和己有关，内圣之道为己，外王之道为政，而为政的核心就是“爱人”和“知人”。

为政知人之道有五端，能知人就能用人，能用人就能御人，能御人就需要能制人，为了长久，还要育人，这就是知人五端。实际上，这五端都是围绕用人和知人展开的。

爱人是仁，知人是义，合起来即仁义。因此为政爱人曰仁，为政用人曰义，仁政之道的两仪就是仁义。仁者爱人而仁，智者知人而义，仁义在世间横线上，因此爱人知人便能打通世间，这是外王之道。

第三十九讲

知人爱人

《论语·颜渊第十二》第二十二条：

樊迟问仁。子曰：“爱人。”问知。子曰：“知人。”樊迟未达。子曰：“举直错诸枉，能使枉者直。”樊迟退，见子夏曰：“乡也吾见于夫子而问知，子曰：‘举直错诸枉，能使枉者直’，何谓也?”子夏曰：“富哉言乎！舜有天下，选于众，举皋陶，不仁者远矣。汤有天下，选于众，举伊尹，不仁者远矣。”

这段话有很多情景，一开始樊迟向孔子请教何为仁，孔子了解樊迟的根器、秉性，因此只告诉他仁最基础的内涵：爱人。樊迟又问智，孔子也回答的很简单：知人。但是樊迟听完之后“未达”，也就是说没有完全想明白。孔子随后告诉他具体的为政之方：“举直错诸枉，能使枉者直。”这句话在《论语》中不是首次出现，在《为政》篇鲁哀公问政时也出现过。

《论语·为政第二》第十九条：

哀公问曰：“何为则民服?”孔子对曰：“举直错诸枉，则民服；举枉错诸直，则民不服。”

“直”代表那些忠信正直之人，“枉”代表那些不正之人，或者小人。“举直错诸枉”的意思就是以正压邪，能使邪者正，从中可以看到孔子的教化智慧。在这一句话里，既有爱人也有知人。首先正确地识别出对方是正者还是枉者，就需要识人之明。孔子不直接针对枉者，而是把那个好的举出来，通过树立典范的方式来引导枉者改直。举直的目的是教化世人，改变枉者不正确的习性，这本身就是一种大爱，举直的方式更加的温柔、潜移默化和自然，不容易对枉者产生伤害，这其中也体现了孔子的善巧和慈爱。

现在有些企业管理是反着来的："举枉错诸直"，往往就造成"民不服"，而且如果直者没有得到应有的认可，久而久之容易失去为企业奉献的动力。有一些企业老板认为员工把事做好是应该的，而那些表现不佳的人应受到批评和责罚。因此在工作中只顾点名批评那些表现不好的员工，而那些认真工作、积极付出的直者所做的贡献没有被看见、赞叹、认可，这样给整个团队带来的是负面、挑剔、高压的能量。在企业经营中，出现错误是很正常的事情，但如果管理者过于专注于责罚犯错，就容易导致员工不敢承担责任，那些直的人最后也可能会枉。

樊迟收到了这句话，却未领悟为什么要这样做，心中还是有困惑，因此当樊迟与同窗子夏相遇时，他再次向子夏请教。子夏是研究《周易》的，他继承了孔子的易学，后世传有《子夏易传》。其实子夏不仅继承了孔子的易学，还传承了孔子的生活方式，他通过日常生活来传承大道。在《学而》篇中，子夏说"贤贤易色；事父母，能竭其力"，在《子张》篇中，子游说"子夏之门人小子，当洒扫应对进退"从这些记录中可见子夏对生活有着深刻的体悟，是一个比较细腻的人。

樊迟见到子夏说，"乡也吾见于夫子而问知"，"乡"在此可理解为刚才、刚刚。樊迟向子夏复述了与老师的对话，子夏马上抓到了重点，赞叹老师说得太有内涵了："富哉言乎！舜有天下，选于众，举皋陶，不仁者远矣。汤有天下，选于众，举伊尹，不仁者远矣。"子夏说，这话很深刻！舜管理天下，从众人中选拔人才，选了皋陶，邪恶之徒从此销声匿迹。汤管理天下，从众人中选拔人才，选了伊尹，不法之徒从此无影无踪。

子夏引用舜治理天下的例子，舜任用皋陶，于是那些不仁者远离。汤王任用伊尹，于是不仁者远离。在当时，尧、舜、禹、汤被认为是治理天下最出色的典范，是仁政的代表，所以孔子常推崇尧、舜、禹、汤时期的文化。因此，子夏通过舜和汤的例子来现身说法，告诉樊迟“举直错诸枉”的效用和典范，最后这一段话核心要义在于仁政，而仁政需要“爱人”和“知人”。

《颜渊》篇脉络

上一条樊迟先问崇德、修慝、辨惑，这一条接着问仁政。其实崇德、修慝、辨惑讲的就是为己内圣之学，仁政之道首先要解决的问题就是内圣。在孔子的弟子中，颜渊常被认为是内圣之学第一人，所以樊迟的问题被放置在了《颜渊》篇，最终讲的还是内圣外王之道。

梳理一下《颜渊》篇的脉络，第一条是颜渊问仁，这是内圣之道。在孔子的弟子中，外王之道做得比较好的是仲弓，所以第二条是仲弓问仁，讲的是外王之道，外王即是为政。接着下面开始讲仁政之方，司马牛问仁、问君子、问兄弟，然后子张问明，接着子贡问为政的次第，强调民无信不立。第八条中，棘子成曰继续问政，讲为政之文质兼备，紧接着第九条哀公问、有若讲，仁政之方，不与民争，民为先。为政的核心在于民，即为百姓服务，第九条其实在强调为百姓服务的重要性。

子张问崇德辨惑，仍然是讲仁政之方，这一条其实是崇本辨用，辨析德乃为政之体也。第十一条中，齐景公问政，前几条都是孔子的学生提问，而齐景公则是代表王侯将相这个群体，这一条讲齐国“武政”，后面的十二、十三都是第十一条引发出来的。第十四条中，孔子的学生子张问政，子张是孔子非常优秀的学生，子张将为政升华至“文武兼备”。第十五条“博学于文，约之以礼”、第十六条“君子成人之美”都是在讲文武之道。

第十七至十九条是季康子问政，季康子更像是一个反面教材。季康子是鲁国的大夫，是鲁国的三桓之一，他们是当时朝政的实际掌控者，把鲁公给架空了。这几条中，孔子的回答都隐含着一个观点，引导季氏正己正人、以身作则。季氏所遇到的施政问题，正是上梁不正下梁歪的结果。这三条实际上是在暗示季氏，引导他为政首先自正。这也是在讲为政之方，自正也。

在第二十条中，子张的提问非常重要，他与子夏一样，都是儒家学问的传承者。儒家学问有八门，子张、子夏之学都传下来一部分。颜回之学是内圣心性之学，可惜的是颜回早亡，儒家心性之学几近失传。子贡传承了谋略之学，后来的法家纵横家都有他的痕迹，《荀子》中的很多内容也有子贡的思想。孔子之前，并无儒家之说，孔子的学问集诸子百家而大成，传承了西周及更早时期中华文明的整个道统。诸子百家各有所长，各自专注于不同领域，孔子的学问则是系统而全面的。我认为从更圆满的角度看，孔子或许超越了老子，因此被赋予“至圣先师”的尊号。某种程度上，老子、墨子，以及纵横家、五行学家、农学、杂家和阴阳家等，皆是一家之学。孔子集诸子百家之大统，其中当然也包括老子的学问。历史有明确记载孔子问礼于老子，说明在一定程度上孔子传承了老子的思想，将其融入儒家体系中。

儒，人之所需也

现在传承下来的儒家思想主要包含了两个部分，一方面是关于世间学问的儒家思想，另一方面则是与帝王治理相关的内容。然而，孔子的学问远不止这两个方面。孔子被尊称为“至圣先师”，他是开启智慧之门的至圣者，通达天地，无所不知。孔子在世时就已经被视为圣人，而非在死后才被追认为圣。孔子为了使中华文明有序传承，不讲神鬼之学，因此他说“敬鬼神而远之”“子不语怪力乱神”。孔子很清楚世人容易迷信鬼神，所以他回避谈及鬼神，强调“人能弘道”，而非依赖外力。

孔子并不回避世间富贵，曾言“富贵可求乎？可求，虽执鞭之士，吾亦为之。”孔子对富贵的态度很洒脱，能求则求，不能求则不刻意追求。然而，求富贵有个前提："不义而富且贵，于我如浮云"，也就是说不能求不义之财。后世一些自恃清高的竖子腐儒，谈利色变曰"富贵如浮云"，如此对待富贵则有些虚伪了，富贵本身怎能如浮云？富贵本身是一种极大的能量，有财富可以做很多事情，有财能养道。

有些后人对孔子学问的断章取义，可以归为两种情况：一是因不理解孔子学问真义而传播谬误，这类人智慧不足尚可原谅；二是出于恶意诋毁孔子，这类人可谓儒之贼也。有些人对儒家思想存在偏见，甚至有人对《论语》内容一无所知，却可以妄自评论儒家的种种问题，这类人被那些儒之贼误导，不知是可笑还是可怜。试想，如果儒家真的一无是处，在历史中也不会出现如此辉煌的大汉时代。站在致用的角度，汉武帝从孔子的宝殿中取了一件法宝来武装政权，同时也给儒家留下了发展的空间。换言之，虽然汉武帝推崇的儒术并非完整的孔学，但在政权的加持下，儒学在民间也得到了广泛的发展。汉武帝为儒家提供了生存的机会，我们由此得以窥见真正的孔子。孔子的学问有很多流派，他去世时传承了八种门派，其中义理之学传播得最为广泛。有学者认为儒家的义理之学实际上等同于道统，道统指的是原道。原道就是原始道家，后演变为道家。古代的道家与后来的道教并非同一概念，最初并不存在道教，只有原道。

孔子被尊崇为通天彻地的至圣，传承了原始道家老子的学问，因此孔子的学问至少也蕴含了道家思想。其实《易经》是先秦诸子百家共同的经典，其中也包括原始道家，我们现在所说的道教，有很多是继承了《易经》之学，关于此中细节我们就不展开讨论了。

儒家为什么用"儒"来命名呢？从字面上理解"儒"是"人"加"需"，因此儒是为人之所需。一个人若要成为"大人"就需要儒。孔子去世后，儒学演变成了子张、子夏等门人之学，后来又出现了思孟学派，形成了孔孟之道。据我所知，在唐朝之前并未有孔孟之说，唐朝之前孔子的学问被称为周孔之学，至宋明理学兴起，孟子的地位才被提升上来，《孟子》一书也是在宋朝时期才被纳入十三经之中的。

天文地理之学

《易经》不仅有义理派，还包含术法，以及道德和心性之学。其实，到汉朝儒学复兴阶段，为了更好地传承孔子的学问，他的学问已经被修剪和升华过。据说孔子早年曾从事为人相礼等职业，帮人主持红白喜事、担任乐师，吹拉弹唱等技艺都很擅长。他还担任过“司”和“相”，即祭祀时扮演神灵或祖先，辅助他人进行祭祀。子张、子夏的后人或许是认为孔子早年的这些职业形象不够高大，就避而不谈了。因此，我们现在所看到的孔子其实是升华后的孔子，是放在神坛上的孔子。现在的孔子距离我们太远了，真实的孔子充满生活气息，孔子自己也说“吾少也贱，故多能鄙事”，他极力反对自己被神化。

子夏传承了孔子的易学，可谓是现在卜算先生的祖师爷。子夏所传承的易学肯定是术数和义理并传的，然而遗憾的是子夏的术数并未被后人传下来。至今，传统文化中的术数学仍然在民间广泛传播，因为术数为道之用，更贴近生活。但是术数也有很大的弊端，孔子罕言“命”，正是因为人们很容易陷入迷信鬼神和命运之中，因此主流学术界也不宜过度宣扬。在实际运用中，术数有时能够解决一些生活问题。长期以来，由于缺乏权威对这一领域进行科普，也导致了术数和义理难以统一。民间在用但不了解其背后义理，因为不懂常道因此将术数之学冠以迷信。其实追踪术数的源头，伏羲女娲可谓是卜算先生和风水师的鼻祖。在我看来，那些未经研究便直接将风水和卜算视为封建迷信的人，可能是喜欢人云亦云，缺少科学精神，也可能是心怀恶意，或者已经完全被西化。作为中国人，我们应当知道术数之学是老祖宗留下来的瑰宝。当前社会中确实存在许多水平不足的风水师和卜算师，但我认为不轻易卜算的另一个原因是，过分依赖风水和卜算可能导致个人失去自身的主观能动性，最终陷入了迷信。

根据我的理解，风水是地理之学，卜算是天文之学，这两者构成了中国传统的天文地理学。近年来，中西方文化交流日益频繁。在这过程中，中国文化的多个方面，包括风水等传统知识，受到了国际社会的关注。中国社会经历了许多变化，但文化的传承并未因此而消失。现在香港还会把看风水称为堪舆，其实堪舆就是风水卜算，而孔子的核心学问就是知命。古代中国人在孩子出生时便会查看八字，周岁抓周、童蒙养正、十五志于学、嫁娶合婚、选吉日等都围绕这些开展。其实，中华民族是一个知命知止，活在当下，并且立志超越命运的民族。中华礼乐与仁义文化构成了我们深厚的文明传统。

义理之学和术数之学是中国文化的两大核心。如果把中华文化看作太极，易学即是太极的原点，天文地理和义理道德之学分别为两仪，即是中国文化的阴阳鱼。从中华文明的发展角度来看，自伏羲女娲到三皇五帝，再到夏商时期，以及周朝的文武周公，无一不探讨天文地理和义理道德之学。再回顾中国历代的大德和大贤，几乎无人不通晓天文地理之道。王阳明的“知行合一”广为人知，然而很多人并不知道他还精通风水。晚清的曾国藩笃信风水，面相之学造诣很深。

古代学问体系自孔子达到鼎盛，随后逐渐衰落，直至秦朝时期，典籍几近消失。汉朝建立后，儒者们凭借记忆恢复了一些典籍，后来又在孔子老宅的墙壁中发现了一部分古文经典。在此期间还发生了一件重要的历史公案，古今经典之辩。汉朝之后，中华文明能够薪火不断，我们应当感谢汉朝早期的先贤。尽管儒家思想与汉朝政权结合失去了部分原义，但毋庸置疑也极大地发扬了中华文化。

真正的学问贯穿于生活

在汉武帝时期，董仲舒先生将五行学说与政权相结合，从儒家的角度解释了政权的合法性，稳固了汉朝政权。董仲舒推行的学说自有其道理，否则人们也不会认同，更不会延续数千年。如果我们所学习的理念和思想不能够落地于生活，随着时间的推移，这些理念就容易沦为教条，因为它只是局部真理而不是圆满究竟的真理。为何孔子的学说数百年后在汉朝仍能传承并致用？虽然汉朝只致用了部分学说，但在我看来依然是究竟圆满的。在唐朝，柳宗元、韩愈等人再度弘扬了道统，再后来宋明理学兴起。宋代的朱熹也是一位证悟的圣人，他提出的理学在宋明备受推崇。如果这门学问仅仅是空洞的教条，便难以被世人在生活中广泛应用。朱熹的学问在当时被推崇，除了当时政权的推动之外，另一个重要的原因我认为是当时的书香门第将他的学问融入了生活实践中。

其实朱熹早年的学说存在一些偏差，当时的政权对他的学问也只是有选择地使用。即使到了朱熹晚年学问圆满时，政权也未全面施行他的学说。然而，有一点至关重要，那就是朱子的学问融入了宋明时代人们的日常生活，形成了修身齐家的生活方式。在我看来，只有那些能够贯彻生活，并真正圆满我们生活的学问，才能称之为真理。因此，站在这个角度看，我认为朱子的学问可谓是真理之学。

在朱子之后，另一个登上学问巅峰的人我认为是王阳明，我们绝对不能低估阳明先生的学问。阳明先生是明悟的圣人，阳明先生知行合一、致良知等学说揭示了中华文化的要点。但是有一点需要注意，阳明先生是在朱子学的基础上谈论心性问题的，而不是空谈心性。历史上有些人将他的阳明后学传歪了，变成了一种“狂禅”，就是以为自己证悟了，实则是任性妄为。因此，我们要将阳明学放置在中华民族文脉传承的道统中去看，不能忽略基础功夫，不能忽略儒家经典的传承，更不能脱离孔子、孟子、朱子等人的学问，一上来就谈阳明先生，否则很容易出问题。

大学之道在明德亲民

《论语》中有言：“死生有命，富贵在天。”一个健康的人可能短命，一个病恹恹的人也可能长命。我认为，命运是人的一生无法逃避的存在，人的寿命在出生时或许就已注定，我们的身体就像机器一样，有其固定的使用寿命。后天保养的好坏可能会造成上下的浮动，但基本的使用寿命或许早已确定。有人会问，人一旦开悟了是否就可以长寿？其实并没有这样的说法。这里说明一下，儒家叫明悟，一般不称为开悟。在王阳明之后，哪些儒家人达到了明悟的境界呢？曾国藩被后世评价为半个圣人，南怀瑾老师被认为已经明悟，其他儒家的人鲜少敢说自己明悟了。

历史上的圣贤大德多精通天文地理，他们多是通过援艺而入道，先明理进而明道。《大学》开篇讲明德和亲民，明德与亲民二者是一体的，明德解决心性问题，亲民解决世间外王问题。我认为佛家的修行体系某种程度上来说也是明德，度众生则是亲民。当明德亲民做到圆满时，就是"止于至善"。实际上，并不存在独立的"止于至善"，持续不断地亲民、持续不断地明德，才是做到了"止于至善"。

《大学》主要就是解决明德亲民的问题。《大学》是孔子之弟子曾子所作，准确来说，《大学》是曾子对孔子当年传授的要义进行整理、记录和注释的成果，其思想源头依然是孔子。在《大学》中，开篇直接传达孔子思想的话被称为经章，后面"所谓……在……者"是对经章的进一步解释。经章又分为两部分，第一部分从"大学之道，在明明德"至"知所先后，则近道矣"，第二部分则从"古之欲明明德于天下者"至"此谓知之至也"。

在"止于至善"部分，"至善"可分为两个方面，一方面是修身之学：止、定、静、安、虑、得；另一方面是立世之学：诚意、正心、格物、致知、修身、齐家、治国、平天下。通过这两个方面持续升华明德和亲民，反过来，这个过程也是不断通过提升明德和亲民来实现至善（图 39-1）。从古至今，至善是无止境的。每一代圣贤都在持续不断地明德亲民，这个过程是动态且无止尽的，代代相传，每一代人都在不断地明德。或许每一代人具体的明德会有一些差异，但都始终不离明德这条锁链，这条明德的锁链

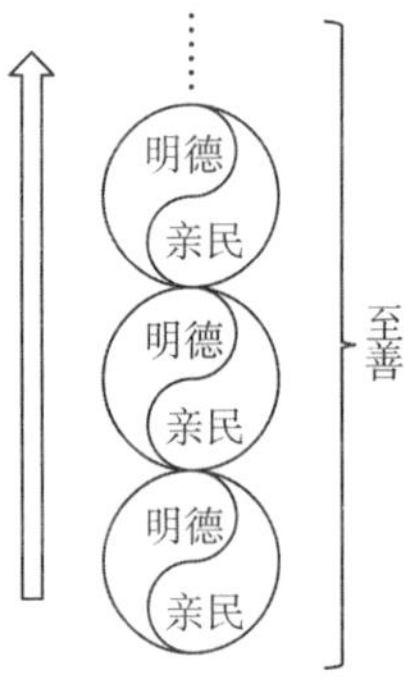

图 39-1

曰：至善。在实践明德方面，圣贤提供了一个步骤：止、定、静、安、虑、得，逐步达到至善的境界，这其实是内圣之学。而古之欲明明德于天下者，则是外王之学。

以文会友，以友辅仁

第二十一条和二十二条，通过樊迟讲为政之大义。第二十一条讲为政之先后次序，以及解决内部和自身的问题。第二十二条则通过樊迟之问引申出为政之“爱”和“知”，《颜渊》篇讲到这里其实就结束了。最后通过子贡和曾子，将为政之道进行升华。接下来我们看看具体是如何升华的。

《论语·颜渊第十二》第二十三、二十四条：

子贡问友。子曰：“忠告而善道之，不可则止，毋自辱焉。”

曾子曰：“君子以文会友，以友辅仁。”

为政之道其实就是治世之道，也就是东西仁义之道。当为政解决了东西世间的问题后，就需要着手解决南北的心性问题。因此，前文孔子所讲的为政之方，其实最终是在探讨为政之心性，即为政的素养问题。在第二十三中条，子贡问如何与朋友相处，这里的“友”我认为并不仅仅是指普通的友，还指同道共事之友，通俗讲即共同办公的同事。有些办公室文化十分恶劣，同事之间相互争斗，该如何应对？为了把工作做好，当他人犯错时，不应指手画脚，而应给予忠告、循循善诱，不能越俎代庖。不在其位不谋其政，他人的岗位不要擅自干预。如果他不听劝告，则适可而止，不要自取其辱。这表明一个为政者的心性应该淡定从容，但同时也不能放任不管。

本篇的最后，以曾子的一句话作为结束，曾子是孔子一直很欣赏的学生，他比孔子年轻几十岁，他的父亲也是孔子的学生。曾子说：“君子以文会友，以友辅仁。”这一句将为政之道进行了升华总结。上一条“子贡问友”，这一条曾子“以文会友”，实际上是在强调同道之间应该相互切磋。唯有通过切磋，才能不断提升学问、功夫和技能，有句话讲得好“独学而无友，则孤陋而寡闻”。然而，切磋的前提是“文”，这里用“文”而不用“武”其实是强调切磋要有礼，点到为止，正如《八佾》篇第七条所述：“君子无所争。必也射乎！揖让而升，下而饮。其争也君子。”就像在射礼中所进行的一样，君子之争是互相礼让、有序升降、谦逊待人的，这种场景太和谐了。

友、朋、好三个字有着不同的含义。同心为朋，即相同志向。同趣为友，即有共同的趣味。友者，左右也，左右并列两个“乂”，两个人在一起志趣相同，携手共进。朋需要同心，好需要同情，只有两人的情相同才能被称为好。在世间，美好的事物排在重要之位的就是爱情之好，因而有“冲冠一怒为红颜”。情之一字，雅一些可称为情，糙一些可谓之色。因此，同情曰好，也可以理解成现在的爱情，其实是情感，两情相悦或者说同色，即为好。

理解了友、朋、好的真义，然后再来理解子贡所说的友。友乃同趣，同为政之趣，即为友。君子以文会友，会文之趣；以友辅仁，辅仁之政。因此，孔子所讲的仁是落在实处的，最后子贡和曾子在友这一点上实现了升华，提示为政之道需要落在实处，要靠同道朋友来切磋琢磨，共同进步。

第四十讲

孔子文化的核心——仁与礼

我们讲《论语》重点是演绎圣人的心法，而非刻意解读具体的章句含义。这个心法可以称为“周孔心法”，是由周公到孔子，然后再到孟子的大道传承。确切地说，我们所讲的《论语》是《论语志钥》，属于开启圣人心法的一把钥匙，当然初学者也可以称之为《论语导读》或《论语初探》。在学习《论语》时，我们必须遵循严谨的次第，回顾前面的三十九讲大家会发现，其中暗含严谨的脉络。上一期讲完了《颜渊》篇，该篇主要讲仁政，实际上讲的是外王之道，仁政是王道很重要的一部分。在孔子的学问中，政有着非常重要的地位。

通过研究孔子的思想，可以发现其核心是仁与礼。孔子很少直接讲智，因为智容易走偏，智一旦走偏就可能会激发人的贪心和欲望，但在《论语》中涉及智的内容非常多。孔子也罕言仁，因为仁不是独立存在的，而是通过行体现出来的，他不希望后人空谈仁。孔子所讲的仁，实际上就是道统，仁可以理解为不二法门，即“吾道一以贯之”。我们必须明白一和二之间的内在联系，仁即不二。仁又是通过行体现的，所以讲仁的时候一定要有义。义者，仁之所宜也，把仁做到恰到好处即是义。若没有义，便不能称为仁，仁是由义来制约的。举一个例子：两个窃贼闯入一户善良家庭，偷走财物，犯下恶行，然后二人将赃款分割得干净利索，把两个人之间的情、义、利处理得恰到好处，颇似一番有情有义的情境。最后两个人对天发誓，誓言今天所做的勾当，如有泄露，天打雷劈。这算是真正的义吗？这显然不能称为义，因为仁义之间可以互证，这两个窃贼的行为首先不符合仁，因此也就不义。

再比如一个人整天强调善良、慈悲、仁爱，却缺乏智慧，在生活中频遭欺骗，我认为这也不能称为仁，因为真正的仁一定是有智的。真正的大仁应当具备礼、义、智，同时需要依赖于信。换言之，仁依托于信，同时需要礼、义、智的支持，方可称之为仁。

君子之治统御大局

在中国古代，学而优则仕，各个阶层的官员基本都是读书人出身，也就是《大学》中所言的“大人”，在他们之下，还有一部分负责具体事务的人。在古代，注重做事的人称为干吏，吏专注于事。国家也需要君子，因为君子可以统御大局，君子专注于礼而通天道。如果国家完全只由干事的吏才掌握，我认为这样就太危险了，因为吏的眼中往往只有事而没有道，这样的国家是难有未来的。古代各级县官、郡守被称为“首官”，首官之下为吏，吏之下为民。古人为政的方法是牧民，即让民众自我管理生活，类似于一种自然生态。县官对应君子的境界，君子的背后是圣贤。据说，县官又被称为“悬官”，县者，悬也，有一种说法叫“解民倒悬”，因此也有称“悬政”。县官是“悬政”，最终政归于王，归于朝廷，代表朝廷的意志。

古代的王朝政权为国政，在国政背后有道统，国政下面是家政，家政指民间。道统对天下负责，国政管理政权，家政由民自发形成。因此中国古代的治理模式是民间、国政和天下，分别对应民、君子和圣贤。

心性之境，世间之法

《论语》第二篇和第十二篇相互呼应，从不同的角度讲了为政之道。其中《论语·为政第二》讲理，着重于为政之德，《论语·颜渊第十二》则讲为政之术、为政之方。这两篇从道和术两方面共同构成了外王之道，而中国文化特有的王道结构是由仁、智、礼、义、信这五个要素排列组成的（图 40-1）。

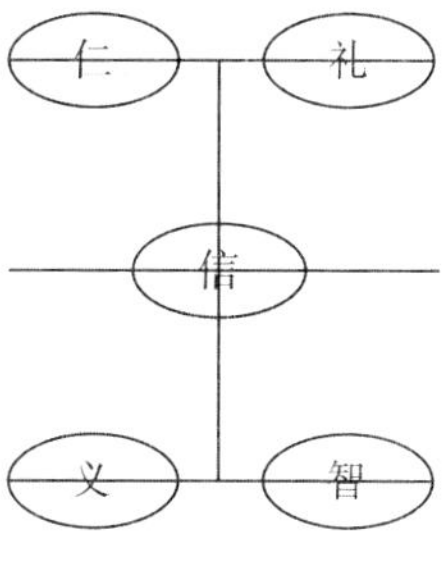

图 40-1　仁义礼智信

在这样一个王道模型中，信居中，为政的核心在于信。因此《论语》中讲："自古皆有死，民无信不立"。信的上方展开对应仁与礼，下方对应义与智。仁义礼智都是统归于信的，如果一个统治者缺乏信，就难以有仁治和礼治，仁义也就不存在了。

具体来看，仁治和礼治有些许区别（图 40-2）。义者，仁之所宜也，当义统礼智的时候，对应的是心性之境；礼者，智之所彰也，当智统仁义的时候，乃是世间之法。

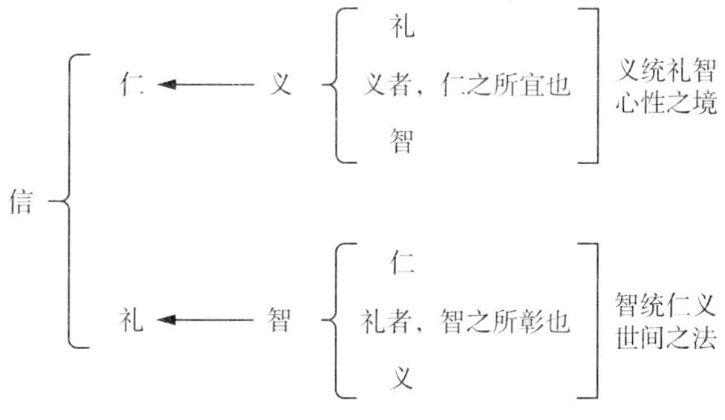

图 40-2　仁义礼智信

仁与义相对应，反过来义也与仁相对应。合乎礼，合乎智，即为义，这样就是义统领着礼和智。礼智是心性之境，你的心性达到什么境界，你的义就对应什么境界。前文讲过，心性在南北线上，把心性修好了，才能做到义，进而才能真正落到仁。仁和义之间有信，当达到了义，才可能做到仁。《论语》所呈现的周孔之道以仁和礼为核心，因此，讲“吾道一以贯之”是从仁道的角度讲道统，而讲礼则是站在天道的角度。

仁，以天人合一之道，述道统之大。礼，以上天垂象之道，述道统之盛。礼，有形有象，礼讲的是象。老子说，域中有四大：天大、地大、王大、道大。这里的“大”并不是我们日常所说的大小之“大”，而是一种盛德。仁述道统之大，礼述道统之盛。《中庸》云：“礼仪三百，威仪三千。”礼多而繁即盛。回顾《论语》的结构，第二篇和第三篇分别讲仁政与礼治，这两篇是孔孟之道的核心。世间最伟大的智慧是明理，若只有礼而缺乏智，所呈现的礼是教条而呆滞的礼。因此，礼必须与智慧相结合，这样的礼亦是理也。有智慧的礼，必定与仁义相通，所以礼者，仁之所宜也。

我们现在清楚了《论语》中《为政》篇和《颜渊》篇的关系，那么，为什么第十二篇以颜渊命名呢？在我看来是因为颜渊是仁之大者。颜渊在孔子的学生中是最接近仁的，乃是道德第一。如果孔子是国师，那么颜渊则是太傅。在古代，太傅都是大仁者，担任太傅并不只是需要他具备非凡才能，他必须达到仁的境界。

孔子之学包含四个方面：德行、政事、言语和文学，颜渊在德行方面排第一。就像在一个团队中，领导者需要有德者居之，而其下，还需要有能干事的吏者，以及负责外交和促进文化的人。实际上，德行、政事、言语和文学这四者，也是治理国家的四项重点。我这里所讲的“文学”并非仅指我们现今所称的诗歌、散文、小说等，其中“文”是指天文，“学”是指学问。天文地理，学问之道，故曰“文学”也。

讲到这里，《论语·为政第二》是讲为政之道体，《论语·颜渊第十二》是为政之述用，合而称为“仁政”，对应的是心性之境。第二篇讲完王道之为政，接着讲王道之礼乐，《论语·八佾第三》讲的就是王道礼乐之体，对应的是世间之法。

礼乐之体，王道礼乐

《论语·八佾第三》第一条：

孔子谓季氏，“八佾舞于庭，是可忍也，孰不可忍也？”

这一条强调了礼的重要性，礼是有规制的，礼之制不可毁，也就要有规矩，在社会生活中处处离不开规矩。举例来说，在课堂上就有着特定的规制。当老师进入教室开始上课时，学生应该起立或者至少起身示意，而不是坐等着老师先鞠躬行礼。这种教养其实非常美好，若将其运用到家庭生活中，保持尊重和适当的距离，就可以一定程度上避免僭越。

再举一个家庭中的例子，若老父亲打了儿子一巴掌，而儿子未感觉到疼痛，这时儿子其实应该感到伤感，意识到父亲已年迈，再也没有当年的力气。这种经历应唤起我们对生命和传承的危机感，父亲年事已高，而我至今一事无成，却仍然惹父亲生气，此时应感觉到惭愧。有子曰“其为人也孝弟，而好犯上者，鲜矣”，我们应当保持敬畏之心，如果失去敬畏之心，犯上作乱者就会越来越多。事实上，当父母责罚我们时，我们不应该生气，这才符合天道规律。父母管教子女是天地大爱，是对子女最大的护佑。孔子在《八佾》篇第一条中所强调的实际上是遵守规范的重要性。在我看来，礼是我们与天道相连的最后纽带，失去礼也就意味着彻底失去了天道。

接下来的三条传达了与第一条相同的观点，只是以不同的例子和视角呈现。

《论语·八佾第三》第二条：

三家者以《雍》彻。子曰：“‘相维辟公，天子穆穆’，奚取于三家之堂？”

这一条依然讲三家僭越礼治的行为，在第一条中是孔子谓季氏，为什么不用“子曰”呢？据说是因为这并非孔子的弟子记载的，而是社会人士所记载的，社会人士也看不下去季氏的做法。

《论语 · 八佾第三》第三条：

子曰："人而不仁，如礼何？人而不仁，如乐何？"

一个人如果丧失了仁，他所表现出的礼貌和恭敬也将沦为虚伪。这就是为什么在中国文化中仁和礼是统一的、不可分割的。《八佾》篇讲礼，而礼乐之体是建立在仁的基础上的，即礼与仁。仁与礼二者如果从天道的角度来看，是礼在前，仁在后。从仁道的角度来看，则是仁在前，礼在后。因此这一条是站在仁的角度讲礼，礼服务于生命。

《论语 · 八佾第三》第四条：

林放问礼之本。子曰："大哉问！礼，与其奢也，宁俭；丧，与其易也，宁戚。"

我认为在这一条中，"戚"带有仁的意思，而"俭"实际上代表义，因此这句话的概括是：礼之本，仁义者也。

《论语 · 八佾第三》第五条：

子曰："夷狄之有君，不如诸夏之亡也"。

从字面意思看，难道孔子是对夷狄带有偏见吗？当然不是。孔子仁爱天下，怎么会有偏见呢？夷狄之有君，不如诸夏之亡，并不是在讲夷狄卑贱，而是指夷狄无礼乐。即使诸夏亡了，但仍然有礼。

有些国家充满着霸权主义和野蛮行径，尽管他们在武力和经济方面强大，拥有所谓的国家领袖，但我认为他们就是文中所说的夷狄之有君，因为他们缺少礼乐文明，且夷狄不仁。这条其实也强调诸夏有礼，因为诸夏有礼，即使亡了，也优于夷狄之有君。亡和灭是不同的概念，灭即彻底消亡，而亡则代表散。

《论语 · 八佾第三》第六条：

季氏旅于泰山。子谓冉有曰："女弗能救与？"对曰："不能。"子曰："呜呼！曾谓泰山不如林放乎？"

季氏是鲁国的三家之一，冉有是季氏的管家，即负责家务的家臣。孔子对冉有说："季氏竟然去泰山祭祀，太越礼了。你与季氏关系密切，能不能制止他？"冉有说："不能。"孔子因而哀叹："曾谓泰山不如林放乎？"泰山只享受君王的祭品，季氏去祭祀，泰山神是不会享受他的祭品。因这不符合规制，所以季氏不配，难道泰山神还没季氏聪明？林放都知道问礼之本，难道泰山神不知礼之本？当然不可能。第五条和第六条是注释礼之本的。

《论语·八佾第三》第七条：

子曰："君子无所争。必也射乎！揖让而升，下而饮。其争也君子。"

这一条中，孔子通过射礼讲六艺。虽曰射礼，实曰六艺，六艺是君子演礼之用，其目的在于培养君子。换言之，君子之争，礼争也，礼争者，不争而让也，这就是重点。这其实是君子的一种状态，即仁者无敌。仁者可以抵御敌人，不仁者在仁者那里会被挫败，仁者无往不胜，难逢对手。有的人只要一争就会动怒，君子应争理，而不是争气，争而不动情绪。这一条以射礼为例子，依然是讲礼之本。

对于《论语·八佾第三》的具体回顾先进行到这里，我们讲《八佾》篇的目的是讲解礼治。礼是智之彰也，将智慧彰显至最高境界即合天理，而最高境界正是与天合一。仁义是世间之法，将世间仁义之道圆满展现离不开智，通过智可以将礼显化于世间，所以说"智统仁义，世间之法"。

何为信

在我看来，信是中国文化的一个原点，信和心同音，其实信即是心，当心中有信才谓之信（图 40-3）。

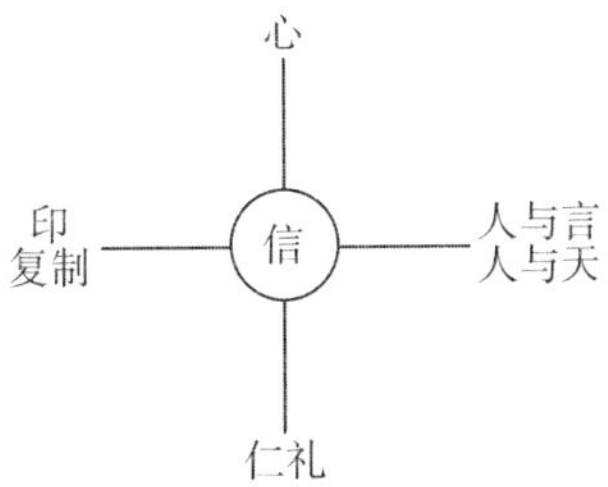

图 40-3　信、印

信源于心，而心对应辛金的辛，心即是金，金所代表的五行即宇宙的五行，宇宙的原初五行就属金。宇宙即为天，天一生水实质上是"金一生水"。

从字形结构来看，信由"人"和"言"构成。我认为言是指上天垂象，上天垂象与人合一即为天人合一，也可以理解为复制天道。信也叫“印”，即为复制。比如，我们让大家读一段经典，打通与孔子的沟通渠道，将孔子的能量复制给我们，从而可以实现和孔子合一，这是一种渠道。渠道的术语是什么？即“道”，或者称之为“路径”。我经常强调，不要试图以先入为主的思维方式理解古人的智慧。你只需要正心诚意的读诵，或许某一天，突然这个字的意思就打通了你的大脑，自然而然你就理解了。书读百遍，其义自现；读万卷书，义理万千。这就是学习传统文化极高效的方法，直接由信契入。继而，由信再展开仁与礼，如此孔子的文化也就展开了。

在五行结构中，信居中央，中国文化的四维（仁义礼智）都离不开信。信其实就是《中庸》所讲的诚明，而仁和礼则代表了中华文化的两端。孔子的文化以仁和礼为基础展开，其实仁非常简单，不需要过分复杂的解释，仁即义之所宜也。具体来说，做到礼和智，将礼与智相统一，通过心性的超越最终实现惟精惟一、一以贯之，最终归于一的境界，实现心性的超越，这便称为仁。

这里所讲的心性之境侧重于内圣之道，世间之法则侧重于外王之道。一个人要证道，有两个途径：通过心性成长实现内圣，或者通过世间法实现外王，这是孔子留给我们的修行途径。

仁与礼是儒家修行的两大法门，内圣之道是通过仁实现明德，外王之道是通过礼实现亲民。将仁与礼统一起来做到极致，谓之至善。

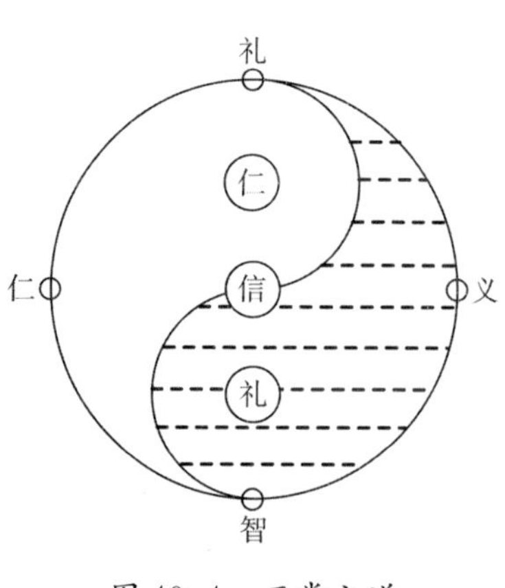

图 40-4　五常之道

世间没有绝对的至善，至善是无止境的，将这两者做到极致即为至善。不同境界对应不同层次的至善，无论初级或高级，只需去行，将明德和亲民发挥至极致，皆为至善。在前文中，我们讲过道、心、身、世、财。解决道心即是内圣的问题，解决世财则是外王的问题。将外王和内圣做到极致，并做到知行合一，谓之修身也。内圣和外王分别对应道心与世财，因此将道心与世财做到极致，谓之修身也。

上文铺垫了许多内容，从中可以了解到《论语》是由孔门后学按照王道结构精心编辑、整理而成的。孔子的文化可以用五常之道这一模型来诠释（图 40-4），其中，仁隐藏而不显现，而礼是显现的。礼是世间具体的规矩，显诸于外，因此多而繁。

中华文明之所以能够历经数千年持续辉煌，一部分原因是它坚守五常之道。由五常之道进而演化出五伦之道，五伦之道是生活具体的致用，我们一定要清楚五伦关系，因为我们生活在五伦关系中。

经典的背后是传承

仁与礼是儒家非常重要的两个修行法门，孔子的学问也是围绕这两个法门的传承而展开的，因此孔子的学问也可谓儒家道统。《论语》将《学而》篇置于首，《学而》篇的内容就是孔子的学问，也就是儒家的道统。其实中国文化非常容易理解，毕竟如果古人创造一种文化是为了让后人无法理解，就意义不大了，圣贤肯定希望后人能够学懂。但为何今人有时会看不懂呢？为了解决这个疑问，我们必须先追溯一下典籍的来源。

中国人喜欢记载历史，在古代圣王的衣食住行都有记录，书香门第家中保存着家谱、家训、家书等。记录是为了传承，《论语》就是孔门弟子依据孔子的言行所记录整理而成的。我们应效仿圣贤，记录下我们每一天的生活状态，时刻觉察自己是活在凡夫的层次，还是活在君子、圣贤的境界。将我们每天所处的境界，都记录在案，进而勉励自己和后人。

许多经典传承下来已有几千年的历史，当时的语境、社会背景、人文环境以及生活环境，与现在相比，有很大的不同。另外，在这些经典传世的过程中，它们经历了编纂、删减和改动，有些内容被赋予了人文色彩，因此我们有时可能会难以理解这些经典。以孔子为例，他的形象被赋予了近乎神话般的地位。然而孔子的学问源于日常生活，如果我们无法理解当时的语境，就很难读懂《论语》。

对于超脱世间生活的东西，孔子不加以评判，而是持恭敬心，敬而远之。迷信怪力乱神只会使我们远离真正的学问，这是“为人之学”。我们应有更远大的追求，也就是“为己之学”，“为己之学”所学的正是天道。我认为天道是存在且可以触及的，如若遥不可及，也不会传承几千年。既然古人如此热衷于记录历史，几千年下来那么多的典籍都去了哪里呢？在秦始皇统一中国时，六国的文献实在太多了，在当时进行了一部分整理。由此可见，中国朝代更替中或许存在一个现象，即对前朝文化遗产的选择性保留。因为是有导向的选择，所以这个过程也有可能影响文化传承。比如，我们现在所见的甲骨文，是商朝人用于祭祀祖先和占卜的一种文字。据传当时还有另一种写在竹简上的文字，但如今周朝时期的竹简可能已经绝迹，更不用说商朝时期的竹简了。

中华文明传承至今，或许也历经过典籍的中断和损毁。例如，据说夏朝之前有虞朝，有上千年的历史空白，那个时代的典籍似乎已经难以找到了。纵然有些朝代留下了典籍，如果没有今古文的对照，现代人也难以理解那些古代文献。例如汉朝初建，先秦许多典籍如果没有后人凭借记忆传承下来，恐早已失传。

再以商朝为例，六百年的历史留存的经典鲜少，传言纣王在朝歌自焚时，可能连朝歌的典籍记录也一同烧毁。我认为这种情况是很有可能发生的，想象一下当敌人即将占领城池时，守城人心有不甘就可能会破坏重要设施、武器和财产，宁愿毁掉也不愿留给敌人。在西周统一天下之后，保存下来的典籍有限。有一种说法是秦始皇统一天下后，将大量有用的典籍集中至咸阳，可惜后来被项羽焚毁，若非后来一些博士儒生重新口述经典，这些传承或许就出现断层了。

历史告诉我们，有些经典能够传承下来十分不易，即便像孔子这样的圣人一生留下的内容也不多，《论语》仅五百条，老子的《道德经》也只有五千言。我们如今还能看十三经，读这些古籍经典，实属幸运。在古代，有时为了减少工作量和方便存储携带，人们惜墨如宝、惜字如金，尽量用精简的文字记录事物。因此，每当看到其他国家宣称考古发现大量古籍，数十万字历经千年仍完整保存、内容丰富充实时，难免令人感到震惊。

讲到这里，便可以回答前面的问题了，我认为原因之一是由于传承可能存在中断，导致现在有时难以读懂孔子的经典。另外一个原因是，《论语》是孔子的弟子编辑而成，当年孔子之后儒分为八，我们今天所见的《鲁论语》只是其中一个学派的代表，《齐论语》则属于另一个学派，而其他六个学派的文献大多失传，所以我们也很难见到完整的夫子学问体系。大家一定要明白诸子百家与孔子有很深的关系，从时间上来说，先有孔子集大成，然后才有诸子百家。孔子生活在春秋初期，在他集了大成之后，才有春秋战国时期的诸子百家齐放。在孔子之前有老子，孔子作为老子的学生也传了老子的道，因此孔子集大成也包含了老子。在《庄子》《列子》等经典中常见提及孔子的弟子，在《墨子》中甚至有批判孔子的内容。诸子百家皆拿孔子做对镜，换言之，每家都离不开孔子。

为什么说孔子乃集大成者？因为孔子传承了自伏羲女娲、炎黄时代、尧舜禹汤、再到文武周公的道统和文化。除了周公、老子等，孔子的传承还有郯子、苌弘、师襄等，孔子曾说过“三人行，必有我师焉”，可见孔子的老师众多，可谓圣人无常师。孔子的学问博大精深，涵盖了天、地、文、理等多个领域，几乎无所不包。孔子的学术成就不仅集大成，而且为诸子百家的发展奠定了基础，对中华文明的构建做出了重要贡献。因此，我认为我们不能简单地将孔子与诸子百家并列，更不应低估孔子对中华文明的贡献。

身为华夏儿女，能有如此辉煌灿烂的文化传承，我们应当感到莫大的幸运。幸运之余，也要升起一种使命感，将经典文化传承给后世子孙的使命感。这就要求我们对经典文化有更真实、更全面的了解，认真汲取孔子他老人家的智慧。天不生仲尼，万古如长夜！